叢書・ウニベルシタス　739

導入としての現象学

ハンス・フリードリッヒ・フルダ
久保陽一／高山　守 訳

法政大学出版局

凡　例

一　本書は、Hans Friedrich Fulda, Das Problem einer Einleitung in Hegels Wissenschaft der Logik (1965), zweite Auflage, Frankfurt am Main 1975 の翻訳である。

二　原典において強調されている箇所（隔字体もしくはイタリック）は太字で表わし、隔字体であると同時にイタリックで表示されている場合は、太字にして同時に傍点を付ける。ヘーゲルを引用したテクストでヘーゲル自身によって強調されていた箇所や訳者によって強調される箇所は、おおむね傍点で表わす。

三　訳者の補足は〔……〕で表わす。

四　著者によって引用符がつけられていない語でも、それがヘーゲルの用語であり、重要である場合には（例えば、「論理的なもの」「現象」「境地」等）引用に準じて、鉤括弧「……」をつけた。なお、訳者あとがきで述べたように、「精神現象学」は『エンツュクロペディー』の精神哲学の中の「精神現象学」章を、「論理学」は『エンツュクロペディー』の中の論理学を、「エンツュクロペディー」は理念としてのエンツュクロペディー構想をさす。

五　引用テクストのドイツ語略記に対する日本語表記は次の通りである。

『書簡集』＝Briefe : Briefe von und an Hegel, ed. Hoffmeister. Hamburg 1952ff.

『ドクメンテ』＝Dokumente : Dokumente zu Hegels Entwicklung, ed. Hoffmeister. Stuttgart 1936.

『エンツュクロペディー』＝Enc : Encyclopädie der philosophischen Wissenschaften. Berlin

『歴史哲学講義』= Gph : Vorlesungen über die Philosophie der Weltgeschichte, ed. Lasson. Leipzig 1917.

『ハイデルベルク・エンツュクロペディー』= HEnc : Encyclopädie der philosophischen Wissenschaften. Heidelberg 1817. ed. Glockner. Stuttgart 1956.

『イェーナ論理学』= JL : Jenenser Logik, ed. Hoffmeister. Leipzig 1923.

『イェーナ実在哲学I』= JRI : Jenenser Realphilosophie I, ed. Hoffmeister. Leipzig 1932.

『イェーナ実在哲学II』= JRII : Jenenser Realphilosophie II, ed. Hoffmeister. Leipzig 1931.

『論理学』第一版（第一巻）= L¹I : Wissenschaft der Logik, Erster Band. Nürnberg 1812.

『論理学』= L : Wissenschaft der Logik, ed. Lasson. Leipzig 1948.

『ニュルンベルク著作集』= N : Nürnberger Schriften 1808-16, ed. Hoffmeister. Hamburg, Leipzig 1938.

『精神現象学』= Ph : Phänomenologie des Geistes, ed. Hoffmeister. Hamburg 1952.（同一テクストでも"Phänomenologie"とのみ表記されている場合は、『現象学』とした）

『法哲学』= Rph : Grundlinien der Philosophie des Rechts, ed. Glockner. Stuttgart 1952 und ed. Hoffmeister. Hamburg 1954.

『ラッソン版全集』= W : Sämtliche Werke, Kritische Ausgabe, Alte Band-Nr.

『ホフマイスター版全集』= WN : Sämtliche Werke, Kritische Ausgabe, Neue Band-Nr.

『グロックナー版全集』= WG : Sämtliche Werke, ed. Glockner.

『ベルリン版全集』= WW : Sämtliche Werke. Vollständige Ausgabe durch einen Verein der Freunde des Verewigten.

『雑誌』= Zs : Zeitschrift für Philosophie und spekulative Theologie. Tübingen 1837ff.

日本の読者への序文

本書の著者は、皆さんの国には、わずか十四日間滞在しただけで、皆さんの国についての知識といえば、その間に得た知識しか持ち合わせておりません。もっとも、そのような状況で、およそ知識といったことを語ってよいのだとすれば の話しですが。著者は、皆さんの言葉で書き表わされた文をおよそ理解することができませんし、皆さんの用いる文字で一語も書き記すことができません。大いに残念に思います。これは根本的に不面目でありまして、これによってヨーロッパ人は恥ずかしさでいっぱいになってしまうでありましょう。この著者とは、ほかでもない私でありますが、私は、この点で全く不利な立場にあって、翻訳者たちに劣っているわけで、まず初めにこのような恥ずかしさの気持ちを告白せざるをえません。このような気持ちで皆様に向かい合っております。私たち皆が分かち持っている有限性という名において、私は、日本文化への私の馴染みのなさにつきまして、皆様のご寛容をお願いいたす次第です。

さてこの度、私の博士論文が皆さんの言葉で公刊され、それによって、皆さんの精神世界に委ねられますことは、私にとりましては、娘を異境の地へ冒険の旅に送り出すかのようであります。そこで娘の身に何が起こるのか、想像することができません。いや、それどころか、将来娘の消息が得られることを期待してはいけないかもしれないのです。そもそも私ができることと言えば、せいぜい、健やかであれと願う私の精一杯の気持ちをはなむけとすることくらいです。もっとも私は、一九九〇年に短期間日本を訪問して以来、一つのことを知っています。すなわち、もし私の娘が、親切に受け入れられ、好意を持って歓待され、娘の特異な面に対しても思いやりを持ってつき合ってもらえるということ、これらのことを娘が、世界中のどこかで期待しうるとするならば、それは、皆さんのところでなのだ、と。

　高山守氏と久保陽一氏が、翻訳上の諸々の問いをめぐって行なった、私との数多くの立ち入ったやりとりによって、私にもまた確かであることは、著者である私の産み出したこの子供が、この二人の翻訳者によって、日出ずる国で親切丁寧に紹介されるということであります。ドイツ語ができて、すでに一度、かのギュッと押し込められた、ふんだんに構文を費やす文体――つまりそれが数十年前、私の理想とする文体であったのですが――に関わったことのある人は、翻訳のためにどれだけ多くの労力が費やされなければならなかったのか、正当に評価するでありましょう。久保陽一氏と高山守氏は、これによって私に大いに尽くしてくれました。私はここでお二人に、およそまったく遅ればせではありますが、感謝の意を表したいと思います。あわせて、このお二人のほかになお、私の著書が皆さん自身の言葉で皆さん方に出迎えられるという、このことのために尽くして下さった法政大学出版局を初めとするすべての方々にも、感謝申し上げます。

　ところで、一九六五年に初めて公刊された著作が、今日、つまり、三六年以上も後にあらためて出版されるとするならば、疑いもなく人々が知りたいと思う事は、その間その著作は、どのような反響を得、著者は、これだけの長期間を経た後、この著作をどのように見なしているのかということでありましょう。まず、反響から始めますならば、私自身驚いたのですが、とにかくもまずは、学者の研究に供しようと特殊な書名を付けたにもかかわらず、本書は、繰り返し何度も取り上げられ、しかもそのうちの一部においては詳細に論じられたということであります。例えば、『哲学年報』(1)においてハインツ・キンマーレによって、『哲学展望』[2]においてラインハート・クレメンス・マウラーによって、また、『ヘーゲル研究』[3]においてはヨセフ・ガウヴィンによって、『哲学および神学雑誌』[4]においてはB・ルメーガーによって。一九七五年に(幾つかの誤植を取り除いただけの訂正版である)第二版が刊行される以前に、ホルスト・ヘニング・オットマンは、本一冊のすべてを、私の戦略の批判的論議に捧げてくれました。私の戦略というのはほかでもない、『精神現象学』は、それ自体すでに学であり、かつ、ヘーゲルの『論理学』への導入でもあるという問題を、解決するということでありました。[5]

これが、私が知る限りでの、私の企てに直接立ち入った最初の態度表明でありました。その後の経緯においては、議論の重点が——私は正当であると思うのですが——変化いたしました。リュディガー・ブープナーは、すでに一九六九年に、次のことに注意を向けておりました。それは、私のテーマの論議は本来、ヘーゲルの現象学概念の**生成**を論じる包括的な章によって補完されるべきだ、というものです。[6]彼によれば、そうしてのみ、導入としての現象知の**学**という理念、ならびに、精神現象学の手続きが、一九六五年までに私がなしえた以上に正確に提示されうる、というのです。私は、一八〇七年のヘーゲルの『精神現象学』への問いを、ヘーゲルの後の思想体系を見やりつつ立てました。なぜなら、ひとつには、この思想体系のうちにこそ、(導入の機能を備えた)『精神現象学』の可能性に対する比較的旧い時期の疑いが養われる地盤が存していたからであり、またひとつには、重要な哲学的体系家の初期の著作の投げかける諸問題を、後の成熟した著作からアプローチするということは、総じて得策だからであります。したがって私にとりまして優先となる問いとは、次のものでありました。すなわち、後の一八一七年に『哲学的諸学のエンツュクロペディー』が完成したとき、ヘーゲルは、(現象知の導入的学という意味での)一八〇七年の『精神現象学』が、(私の言ったように、後の体系、すなわち)『エンツュクロペディー』の体系に対してどのような**関係**を持つものと規定したのか、と。

私が当時書いた序文の最終段落でまとめた、この関係に関する諸テーゼは、今日でもなお正しいと私は考えています。ただしこの間私は、これらのテーゼの根拠づけについては変更したいと考えるに至っています。例えばこうした改善を施す際に考慮しなければならないことは、私の著作の出発点であったテクスト、つまり、ヘーゲルの『エンツュクロペディー』が、特殊な目的および手続き上の構想を持った、手引き書だということでありましょう。(7) 一九六五年時点で私に可能であるように思われたほどには、また、ヘーゲル学派や、さらにはヘルマン・グロックナー率いる新ヘーゲル主義が示唆したほどには、事は単純ではありませんでした。要するに、『エンツュクロペディー』をヘーゲルの決定的な「哲学体系」と同一視することは、許されないということなのです。一八〇七年には確かに、「学の体系」という表題によって、『精神現象学』を第一部とする哲学的な知の全体が約束されていました。けれどもヘーゲルは、そのような**詳細な**全体を完成させることは決してありませんでしたし、遅くとも『エンツュクロペディー』出版以後には、もはやそのような全体を起草しようとも思っていなかったのです。もちろんそうはいってもヘーゲルが、『エンツュクロペディー』において「要綱として」構想し、大部分はなお詳論されるべき哲学的諸学を手がかりとして、哲学的諸分野の**体系**を、**認識しうるようにしようと**もくろんでいた、ということはないわけではありません。しかし、このような分野の幾つかを**詳論するということ**は、『論理学』の企てに劣らず、贅沢で大胆な目論見でありましょう。実際確かにこの詳論は、絶対精神論の場合においても成就されることはないでしょう。それは、私が第二部第一章の最後(C節)において提案した、かの単純な概念図式を用いても、成就されないでしょう。今日では私にはそう思われるのですが、この図式は、第二部第二章において講述される諸々の立論にとってもまた、必要のないものであります。

かの箇所［第二部第二章］に見いだされうる諸立論は、導入が必要であり、また、錯雑に起草せざるをえないということを、擁護しています。導入とはもはや、「学の体系」の第一部として現われるものではありませんが、しかしそれはやはり現象知の**学**なのです。つまりそれはいまや、『論理学』および『エンツュクロペディー』刊行後においては、要綱として存している（そして、基礎的な部分においてのみ範例的に詳論されている）哲学的な学の全体に**関係**しているのです。私の立論は、現在の私が見る限り、一八〇七年の著作［『精神現象学』］をめぐるそれ以後の議論には、なおほとんど役割を果たしてきませんでした。とはいえおそらくそれも、一時的なものであったのでしょう。といいますのも、現象知のこのような［導入としての］学の問題性が、［私の立論によって］投げかけられた後で初めて、次のことが問題となったからです。それは、一八〇七年の『精神現象学』の理念を、この著作に**固有の認識の地平**において明らかにするということであります。このことに関してつい最近ミヒャエル・N・フォルスターが、彼の記念碑的な第二著作によって、きわめて意味深い寄与を果たしました(8)。彼自身が私に確言したところによれば、彼がこの寄与を果たすについては、私の著作が彼を鼓舞したのです。このことは、私の目には、この著作にとっての最高の栄誉であるように映ります。それは、フォルスターが多くの個々の箇所において、この著作に対して表明する承認よりも、なお一層の栄誉なのです。そのほか、彼の行なう短慮ならざる批判も、私は傾向としては正しいと考えています。確かに私は、フォルスターが要求し遂行したように、『精神現象学』のもっと多くの課題を配慮すべきでありましたし、これらの課題を、私が当時なしえた以上に上手に相互区分し、また、これら相互を明確に結びつけなければなりませんでした(9)。私がフォルスターの正当性を認めたいもう一点は、（『論理学』によって提示されうる序列に従う）純粋な思考規定［『精神現象学』におけるローマ数字の区分］と、『精神現象学』における現象する精神の諸形態［アルファベット（A、B、

C……）の区分」との、問題的な対応関係に関してであります。この対応関係は、ヘーゲルが主張しました。[10] そして、この主張の解釈の試みを私が初めて企て、[11] その後すぐに、この試みの改善を一論文において行ないました。[12] これに関してその後提案されたいくつかの代案[13]のいずれにも、私は納得しませんでした。これに対して、フォルスターがこれに関する私の解釈の試みに対して行なった批判は、的を射ているように私には思われます。この争点をめぐるフォルスター自身の解釈の諸提言[14]は、少なくともこれまでになされたいずれよりも優れています。

フォルスターが私に対して行なった、これ以外のいくつかの異論[15]は、私のひとつふたつの見解に対する誤解によって損なわれているのではないかと恐れます。これらの誤解を正確に特定し、これらを取り除いて議論を先へと進めることは、骨の折れることでありましょうが、また、おそらく骨折り甲斐のあることでもありましょう。議論は、次のような重要な要件に従うことになりましょう。すなわち、ヘーゲル研究は何年間かは総じて、一八〇七年の著作の理念へと向かったヘーゲルの哲学的発展に取り組んできたが、その後においては、**結局のところ**再び強力に、私が当時そこから出発した**体系 - 論理的な考察**に立ち返らなければならないだろう、と。この要件を遂行することが私に課せられるならば、おそらくそこから新たに本が一冊生まれるでしょう。しかし、世界に広がる「**学の共同体**」に属する［日本の］比較的若い人々が、この課題を自ら引き受けるならば、確かに一層認識の進展に資することになりましょう。ここに存している本がドイツ人によって書かれ、それによって触発されたもう一冊の本が、今度は北アメリカ人によって書かれたわけですが、その後で、若いあなた方のうちから、なぜ執筆者が出ないことがありえましょうか。目下の課題に関する思想交流を、私は喜んで行ないましょう。

こうしたことを促すために、当時私を活気づけ、今日でも当時に劣らず重要であると私には思われる理念について、なお一言致しましょう。私がヘーゲルの『精神現象学』に携わり始めた際、この著作はすでに数年の間、とりわけ「人間学的に」解釈されていました。それによれば『精神現象学』とは、人間というものを、あふれるばかりの歴史的諸現象に基づいて、人間自身に対して明らかにしてみせるという、魅力的ではあるが、体系性ということに関しては必ずしも本気ではない、試みであるのです[16]。また、『精神現象学』において、なによりもまず問題なのは、次のような認識——すなわち、哲学がそこへと向かい、カントの形而上学批判によって問題化した認識——をめぐる**認識論**でありますが、こうしたことは、当時はもはや何の役割も果たしていないも同然でした。確かに哲学は総じて、哲学自身の認識の努力に関して情報提供する試みを説得的に行なうという点で、かなり貧困なのです。これを説得的に行なおうとすると、別の学問分野、例えば、数学とか経験科学とか、あるいはまた、別の手段をとる精神的な産出活動、例えば、宗教とか芸術とかを、手本としがちなのです。こうした点でヘーゲルは、他の分野や手段に訴えることなくこうした試みに重要な寄与をなした数少ない一人なのです。もっとも彼こそが、「認識論問題」を十分本気で取り上げなかったのではないかと、たびたび嫌疑を掛けられたのですが。とにかくも、彼がこうした認識論問題の取り扱いに対して行なった寄与が重要であるのは、とりわけ彼が次のことを顧慮したことによります。すなわち、哲学は、もしそれが認識論的に自己釈明をしようとするのであれば、哲学の時代的制約および歴史性とも根本的に取り組まなければならない、と。哲学は、自らの時代的制約が確証されることによって明らかとなる自らの要求の相対化を、専門的な科学者たちが通常やるように、自らの労苦の連続的な進歩を示唆することによって帳消しにするということは、できません。哲学的な研究の行程や、そのさまざまな領域間に存する多くの亀裂は、そのようなことを行なうにはあまりにも険しく、深いのです。哲学はまた、自らにおいて展開され、常に新たに硬直化から解き放たれるべき哲学自身の思考の権威よりも、「一層高次の」権威を引き合いに出すこともできません。したがって哲学には、現在もしくはかつて達せられたなんらかの認識の立場を、永遠に失われることのない真理の所有物であると宣言することも禁じられています。哲学は、時間的な移ろいゆくものの**なかで**真理を認識しようとし、**そうしたもののもとで**自らの真理要求を根拠づけなければなりません。したがって哲学はまた、真なるものを認識したという自らの主張を**次のように**正当化し、真なるものそのものを**次のように**認識しなければなりません。すなわち、この正当化も認識も、目下のところのものであるのだ、というように。これに対してかつては、それらとは別のものが、目下のところのものであったわけです。哲学がこのようでなければならないということは、次の点を考慮しても変わりません。すなわち、真なるもの**そのもの**は、やはりおそらく時間を越え出たものでもある、と。こうした観点からするならば、真なるものは、そのものとしては確かに単に、その時間制約的な現在ならびに歴史的な過去をはっきりと顧慮して探求されようとするのみでなく、さらには、そのような時間相対的な諸区別を**捨象して**、——否それどころか、こうした諸区別のみならず、とりわけ、真理が「意識」に対して与えられる仕方の特殊「主観的」ならびに有限的諸構造をも**捨象して**、探求されようとするのです。

もしもこのことが正しく考慮されるならば、哲学自身の認識の諸可能性を哲学に知らせ、これらの可能性の実現を通して哲学の自己発見に寄与しようという、ヘーゲルの骨折りは、いくつかの点で次の**二重の作業**とならざるをえなかったということが、了解されます。すなわち**第一に**その作業は、さしあたり端的に、真なるものそのものに向けられなければなりませんでした。それは、真なるものが与えられる相対的な諸条件を可能な限り捨象するという、かのことを遂行します。そうすることによってはじめてそれは、具体的なものに、そしてとりわけ、これら諸条件の根拠の洞察に到達し、最後にはまた、それら諸条件の歴史性、もしくは、それら諸条件のさらなる具体化の歴史性の洞察に、到達しうるというわけです。これこそが、「エンツュクロペディーの体系」――すなわち、思弁的論理学から始まり、精神の歴史で終わる、哲学的諸分野の体系的全体――へと至った、認識論的な自己反省のかの道程でした。

しかしこの「体系」は、可能的な哲学的認識のひとつなのであって、単に、要求される「概念把握」をなしうる精神的「立場」に、すでに到達してしまっている人のためだけのものでした。つまりそれは、根を下ろしてしまっている臆断や思いなしから出発して、体系的学的な哲学へと初めて努力して至ろうという人、あるいは、臆断や思いなしに囚われている人々に、かの立場へと至る道を拓いてあげなければならない人のためのものではありませんでした。したがって少なくとも、こうした「体系」の概略が存しているか、あるいは、「体系」が要綱として構想されているのであれば、こうした「体系」の側から、次のような問いが提起されるのです。すなわち、体系において遂行されたそのような認識への道筋は、どのようであるのか。その道筋は、学的に制御された手続きを通してどのように拓かれるのか。そして、それ自体すでに哲学的な認識であり、その行程の一つひとつが、それはそれでまた、最終的に満たされた認識諸条件に即して体系的に組織化された全体を包摂しているという、そういう歩みのなかで、その道筋は、どのように踏破されうるのか、と。こうしたことこそが、ヘーゲルの（導入の役割を担う意識学としての）『精神現象学』に私が取り組んだ際の、視座でありました。

ヘーゲルは、哲学の自己了解および自己発見の骨折りに際して、**他方**もう一つ克服作業をしなければならない課題を担ったわけですが、その際の視点は、次のようなものであります。すなわちそれは、ヘーゲルが、自らの思弁的論理学とは別の端緒を見いださなければならない、ということなのです。この端緒においては――先に言及したような捨象なしに――**意識**が哲学的な探求の対象とされます。意識においては、真なるものがおそらくすでに含まれているのですが、しかし、いずれにしてもそれは、誤った臆断によって歪められ、時代に制約された思いなしによって謀られて、現われてくるのです。そのような意識の論述においては、時代的に比較的旧い起源もしくは最も新たな起源のあれこれの内容に視点が定められ、そのつど**いま**時宜を得た形態が受け入れられるわけですが、そのような意識の論述に即してなされるべきことは、単に**現象する**だけの**思い誤った知**を検討することであり、また、そのような知の生じる意識を、意識自身次第次第に分別を身につけるという仕方で、「真なるものの真の形態における」知へともたらすということなのです。したがって、ここにおいては、哲学の認識論的な自己反省は、初めから意識の検討（すなわち「批判」）であるのですが、同時にそれはまた、意識の**歴史**の哲学であり、意識の歴史のうちに現われる、真なるものの思い誤った知の典型的な諸形態の、哲学なのです。この哲学は、こうした諸形態の一つひとつについて、それが意識それ自身の働きによっていかに自己崩壊し、他の形態へと道を拓くのか、そして、この道がいかに最終的に真なる知へと到達するのか（もしくは到達したのか）を明らかにします。このことによって、「エンツュクロペディー」におけるのとは**別の**哲学的自己了解がもたらされ、そこから最終的に、「エンツュクロペディー」と同様に体系的な自己発見が成立します。そしてこの自己発見が、思弁的論理学の端緒へと連なるのであり、ひいては、「哲学的諸学のエンツュクロペディー」の端緒へも通ずるのです。ただし、ヘーゲルの『論理学』〔思弁的論理学〕への導入の**問題**は、われわれが『論理学』へといかに至りうるのかを、納得のいく仕方で了解するという、この困難な作業に尽きるわけではありません。この問題が本当の意味で解決されるのは、そこへとなぜ至らなければならないのかを――『エンツュクロペディー』がわれわれにもたらしうる哲学に関して、われわれは本文においてある洞察を行なったが、その洞察にかなう仕方で――われわれが十分に理解して初めてであります。

このような基本構想からして、本書の**構成**は、容易に概観できましょう。第一部は、哲学的な導入学としての『精神現象学』をテーマとし、これを、『エンツュクロペディー』において簡潔に語られる別の導入構想のコンテクストのなかで論じます。それによって、導入学の課題は、『エンツュクロペディー』の意識哲学のなかで考慮されえている以上のことを包み込んでいるというが、明らかにされます。これに対して第二部は、一八〇七年の『精神現象学』と同様に『エンツュクロペディー』が含んでいる、導入学のための基盤の探求に向かいます。ここにおいてまず解明しようと試みることは、ヘーゲルが哲学の歴史性をどのように思い描き、その結果、体系的な哲学と哲学史との関係をどのように規定したのか[18]、ということです。最後に、導入学の必然性（したがってまた可能性）の根拠をあらわにする試みがなされます。この根拠は、『エンツュクロペディー』の最後で——精神の歴史性と完結性との両者の正当性を等しく認める、哲学概念に関する最終的な回答のなかで——示されるのです。

注

（1）第七十三巻、一九六五—六六年、三八五—三八八頁。
（2）第十四年次、テュービンゲン 一九六七年、二〇八—二二〇頁。
（3）第四巻、ボン 一九六七年、二四四—二五〇頁。
（4）第五十二巻、パリ 一九六八年、四五七—四六一頁、四七六頁。
（5）『ヘーゲル哲学への導入の挫折、精神現象学分析』、ミュンヘン 一九七三年、とりわけ三五頁以下。
（6）「現象学の問題史と体系的意味」（『ヘーゲル研究』第五巻、ボン 一九六九年、一二九—一五九頁所収）とりわけ一三二—三頁。
（7）これに関しては以下の私の諸論文に詳しい。「ヘーゲルにおける哲学の前概念と概念」（ディーター・ヘンリッヒ、ロルフ・ペーター・ホルストマン編『ヘーゲルにおける哲学の論理学』、シュトゥットガルト　一九八四年、一三一—三四頁所収）。「ヘーゲルのハイデルベルク・エンツュクロペディー」（『センペル・アペルトゥス』ハイデルベルクのルプレヒト・カール大学六百年一三八六—一九八六年全六巻記念論文集、ベルリン・ハイデルベルク・ニューヨーク・東京　一九八五年、第二巻、二九八—三二〇頁所収）。

（8）『ヘーゲルの精神現象学の理念』、シカゴ・ロンドン　一九九八年。同著者のこの書物に先立つのは、『ヘーゲルと懐疑主義』、ケンブリッジ、マサチューセッツ・ロンドン　一九八九年。

（9）上掲書、一六頁、二六八頁。総じて二章から七章、参照。

（10）『精神現象学』、「序論（Einleitung）」最終段落、および、第八章最後から四段落目。

（11）第一部、第二章、B、a、九三頁以下、および、C、b、一四〇頁以下。

（12）「一八〇七年の現象学の論理学をめぐって」（『ヘーゲル研究』別冊第三巻、ボン　一九六六年、七五—一〇一頁。この論文は、ヘーゲルの精神現象学概念の生成に関する一章という方向で書かれた小論であるとも、考えられた。

（13）O・ペゲラー『ヘーゲルの精神現象学の理念』、フライブルク・ミュンヘン、二六一頁、二六九—七〇頁。J・ハインリッヒ『〈精神現象学〉の論理学』、ボン　一九七四年、一〇二—三頁。

（14）上掲書、五一一頁以下。

（15）上掲書、二七三—四頁、五四九頁以下。上掲『ヘーゲルと懐疑論』、一五〇—一頁。

（16）私とディーター・ヘンリッヒとの共同で編集した巻『ヘーゲル〈精神現象学〉のための諸資料』フランクフルト・アム・マイン　一九七三年、の緒言、とりわけ二二頁以下における、『精神現象学』解釈史の概略、参照。

（17）こうした企てに関して私は、「〈本来の形而上学〉としての思弁的論理学」のなかで見解を述べた。ヘーゲルにおける近代形而上学理解の変遷に関しては、合わせて、「思弁的形而上学における哲学的思考」においても。両論文とも、『ヘーゲルにおける形而上学の変形』、デトレフ・ペツォルドおよびアルヨ・ヴァンダーヤクト編、ケルン　一九九一年、九—二七頁、六二—八二頁、所収。

（18）この点に対する比較的最近の考察を含んでいるのは、以下の私の論文である。「理性の自己認識としての哲学史

――われわれは哲学史を、なぜ、そして、いかに学ぶべきなのか」(『真理と歴史』、ロレンツ・クリューガーの六十歳の誕生日を讃えるコロッキウム、ヴォルフガング・カールおよびロレーヌ・ダストン編、ゲッティンゲン　一九九九年、一七―三八頁、所収)

目次

第二部　導入の体系的基盤

緒　言

ヘーゲルの体系構想は何らかの導入を必要とするのだろうか、あるいはそこにおいて導入といったようなものがありうるだろうか。こうした問いは、ここ数十年のヘーゲル文献においてはもはや真摯に議論されることはなくなってしまった。次に挙げるような相互に対立するふたつの予断によって、この問いの評判はきわめて悪いものになってしまったので、『精神現象学』〔以下『現象学』と略称〕は、［多くの文献において］きわめて包括的に論述されたにもかかわらず、そして、『現象学』は導入であるとヘーゲルが確かに指示していたにもかかわらず、もはや導入という視点の下では論じられなかったのである。すなわち、その第一の見解［予断］によれば、一八〇七年の『現象学』は、総じて体系的な統一性が認められてはならない著作と見なされた。したがってそれは、その豊かな思想内容の故にのみ、本来関心をもつに値するものであるように思われる、というのである。こうした先入見の最もはなはだしい形態は、それどころか、『現象学』を、ヘーゲルがその執筆当時おかれていた伝記上の状況に由来する、困窮故の天才的産物であると説明しようとした。[1] こうしたテーゼはひたすら軽薄なものであるが、[2] その軽薄さは、『現象学』がヘーゲルの他のあらゆる著作に先んじて、真っ先に人々を魅了したことと比較すると、奇妙なコントラストを見せた。しかしまた［他方］偏愛も、『現象学』を体系的に理解するのに好都合だというわけではなかった。〔すなわち、第二の見解〔予断〕では〕『現象学』はヘーゲルの最も現代的な著作と見なされたのである。しかしながら『現象学』は、現象学的に、存在論的に、実存哲学的に、そしてマルクス主義的にそれぞれなりに了解されてしまったために、〔ヘーゲル哲学のいわゆる〕体系に対する補助分野もしくは予備学問として十分に討議されることはなかった。むしろ、「エンツュクロペディー」という形態をとった体系が、次のような印象をよび起こした。すなわち、ヘーゲルはさまざまな仕方で〔哲学を〕大胆に始めた後、再び哲学における学校伝統の強制に屈したのだ、と。(3) それ故に、一八〇七年の『現象学』を一八一七年の体系に関係づけることは、『現象学』の本質的なモチーフに対する裏切りと見なされた。こうした傾向の最も意味深い表現形態が、『現象学』を近代の第一の学として、つまり、意識の存在論として、解釈しようとする試みのうちに見いだされるのである。(4)

さて、こうした二つの見解〔予断〕は、次のような信条を共有していた。すなわち、ヘーゲルの哲学は、絶対者の認識であるのだから、いかなる導入をも許容しないし、また、導入というようなものの必要性を主張するなどということは、ヘーゲルの意図のうちに存していたはずがない、と。(5)〔しかしまた、こうした信条を共有する〕この両見解は、意識の衰弱が――つまり、端緒についての思弁的な問題連関において導入ということがいかなる意味をもつのかに関して、残念ながら生じた意識の衰弱が――、それに先だっていなかったとするならば、ほとんどありえなかったであろう。すなわち、ヘーゲルとの取り組みにおいて、その思弁的論理学は単に疑惑の目で見られただけでなく、そもそも関心を引かないことが明らかになったところでは、哲学の端緒がどこに置かれなければならないかと問ういかなる理由も存しなかった。そして、ヘーゲルによれば哲学とはまさに円環なのだから、(6)『現象学』が体系のなかで占める場所に関する論争などは何の意味もない論争なのだと宣言されえたのであり、ここにおいて、体系への通路は、もはや準備教育的な見地でのみ論究されえたのである。[7] そうなると、かの［端緒もしくは導入をめぐる］論争にきっかけを与えたものは伝記上の珍事だと言ってみせることができた。そして、『現象学』を哲学への道程の描写として考察するという素朴さは、せいぜいあざけるような論評が付されるのみで、無視されたのである。[8]

だが、そうこうする間に、端緒の問題は総じて哲学に、[9] そしてとりわけヘーゲルの哲学に帰するのだという意識が、再びその価値を認められるようになったと言いえよう。端緒への道筋［導入］が哲学的思想の自己媒介というテーマとなるということがまた、ヘーゲルとは関係のないところで認識されるに至った。[11] 本研究は、この自己媒介というテーマがヘーゲルにとっては導入というテーマとならざるをえなかったということを明らかにしようとするものである。それは、前述の予断に抗して、体系的な全体としての一八〇七年の『現象学』に関心を寄せる。ここにおいては、包括的な形態をとった『現象学』は本来体系への導入であるというヘーゲルの主張が、まともに受け取られる。そして、『現象学』が体系に関係づけられ、体系における『現象学』の根拠づけの可能性と体系に対する『現象学』の機能とが検討される。

こうした問題設定はまた単に、一八〇七年の『現象学』がもっていた意義、および、それがヘーゲルのその後の展開の経緯のなかで獲得した意義を、正当に評価するためにのみもち出されたのではないと言いえよう。つまりそれは、今日非常な労力がさし向けられている『論理学』解釈にも適切に貢献しうるものでもある。というのも、『論理学』の端緒の問題を克服しようとする善意に満ちたさまざまの試みは、繰り返し『現象学』にまで遡るからである。『論理学』の端緒を理解するためには、それを『現象学』の結果として説明してよいということが、あたかも自明であるかのように。しかし、［この点で、まず確認しておくべきことは、いずれにしても］体系への導入としての『現象学』が占める位置から明らかになることなのだが、この自明の見方に反して、こうした［『論理学』の端緒を『現象学』の結果として説明する］ことは許されない、ということである。――これに対して、こうした誤りを見抜いてはいるが、しかしまた、『論理学』に対する『現象学』の関係を考えることなく、端緒の問題を論究する人々もいる。その場合には、その人々は、［端緒より］後の、それだけで理解することのできる『論理学』の箇所を、端緒を解く鍵だと言い立てる誘惑にほとんど抗することができない。[12]とりわけそのために適当であると思われるのは、概念論の諸部分である。なぜなら、これらの部分は、伝統的論理学に関する教育用の手持ちを変形させて含んでいると同時に、体系において論理的なものを思弁的に取り扱うということに関して、周知の意義をもっているからである。このような［端緒の問題の論究の］仕方は――［哲学的な真理を発見しようという］ヘーゲル研究の発見的な目的には有益であろうが――事柄としては、次のことの故に疑わしい。すなわち、それは、カテゴリー論的な立場――この立場から、端緒の諸困難は解消されるというのだが――という限定された真理から帰結する一面的な視座のもとで、端緒を主題化することになるからである。だが、論理学が真理をもっていると想定した場合、或る一定のカテゴリー［つまり部分］に基づいて論理学の端緒と進展［つまり全体］を解釈し、それによって、この真理に到達するということはありえないであろう。というのも論理学とはそもそも、あらゆる個々の形式が、自ら自己貫徹する自己批判であると把握されるべきであるのだから。この点、論理学の終結は確かに、それ自体もはや全体の単なる一部分ではない。しかし、それが、分かりやすくもあり［端緒の問題を解く］鍵として適当である、などと言う人もないであろう。［実際］論理学の終結が、端緒の諸困難の解消に、無制限に役立つのが当然だし役立ちうるなどということは全くない。というのもこの終結において端緒は、その単なる論理的な意義の観点から規定されているだけであり、したがってそれは、論理的なものの学の端緒をなすものと規定されてはいないからである。こうした学の端緒については、体系的な組織全体の終結において初めて情報が提供されうる。しかし、この終結は——このことが本研究において明らかにされるべきことだが——ただ導入の必然性と同時にのみ考えることができるのである。

だが、ヘーゲルにおける導入［の問題］について再び討議することが必要とされるのは、［以上のようなさまざまの困難をはらんだ］『論理学』解釈上の重要さの故にのみではない。一層本質的なのは、次のような根本問題にとっての導入の［問題の］重大さである。その根本問題とは、ヘーゲル以来哲学そのものが哲学自身にとって根本的な問題であるという、そういう根本問題［——哲学とは何か——］である。すなわち、哲学とは根源的に意識の学であるのだろうか。あるいは、意識の学は、それはそれで、意識の概念および意識の学の概念をおよそ初めて定義し導出する或る［先行］分野において根拠づけられる必要があるのだろうか。だが、もし後者であって、ヘーゲルの「思弁的論理学」の構想を［そうした先行分野として］認めようとするのだとすれば、その場合には、論理学に、実在的な妥当性がどのように保証されうるのだろうか。思想が全く同様に事柄それ自体である［とされるのである］限り、やはり明らかにこの［論理学の実在的な］妥当性は、思想が考察されることになるその端緒から前提されていることになろう(13)。だが、この前提が真であるということは、何によって保証されるのだろうか。［この場合］体系全体は論理学に依存するのだから、体系全体がこの証明のめんどうをみてやるなどということはできないように思われる。少なくともこの証明は、体系のみにおいては完全には遂行されえない。こうして、もし哲学が次のような精神の高揚に、すなわち、「ピストルから打ち出すように、直接絶対知から始め、他の諸々の立場にはおよそ注意を払わないと宣言することによって、これら諸々の立場ともとより手を切る(14)」というそうした精神の高揚に、存するべきでないとするならば、論理学に先行する学が必要とされるように思われる。しかし、このような［論理学に先行する］分野によって再びメリットが失われてしまわないだろうか。つまり、論理学が意識の学に先立って哲学の基礎づけのためにもつはずであったメリットが。こうして、この二つの分野〔論理学と意識の学（現象学）〕は相互に単に相関的にのみ根拠づけあい、したがって、そのいずれもが自己自身を根拠づけることはないということ〔になってしまいそうなのだが、このこと〕は、いかにして避けられうるだろうか。――これは、ヘーゲルの死後なされた、認識論と「思弁的論理学」との〔関係をめぐる〕古くからの論争であるが、導入の問題〔を解決すること〕によってこの論争に決着がつくのである。つまり、導入の問題はこの論争のうちに単に副次的に含まれているというのではない。そうではなくそれは、かの論争そのものが、ヘーゲルの体系構想という側面から明瞭にされなければならないのだということを明らかにするのであり、まさにこのことを明らかにする方途なのである。すなわち、思弁的な概念の客観的な妥当性に疑いを挟むことを不可能にするような学的な一分野〔現象学〕が、「思弁的論理学」に先行し、しかもそれが、この論理学の体系的な意義を損なってはならないのである。つまり、この学的な〔先行〕分野〔現象学〕が、〔論理学に先行しつつも〕論理学への積極的な認識根拠であってはならない――なぜなら、そうでなければ論理学は、この分野によって根拠づけられるものにおとしめられてしまうから。〔というように導入問題が論じられることによって、ヘーゲルの体系構想という側面から、かの論争に決着がつきうるのである。〕〔ここにおいて、論理学に先行する〕学的な分野はただ、始めたばかりの哲学的な営みが次のような確信を持ち続けることができるようにするだけでよい。すなわち、哲学的な営みは、思弁的な概念において自己自身を把握するのであり、もはや懐疑的な抗弁によって惑わされてはならないのだ、と。しかしながら問題は、この学的分野〔現象学〕が、〔このようなことを〕正当化しうる性格をもっているのかどうか、そしてその認識批判的な要求に見合っているのかどうか、である。この問題を主題化することを避けて通ることはできない。というのも〔いまこそまた〕、ヘーゲル以後の哲学においてもはや沈静化することのない、意識の基礎づけの機能についての問いが、適切な形でヘーゲルに向けられるべきであるのだからである。

いくぶん古いヘーゲル文献においては、この問題に関する議論はとりわけ、『現象学』が体系に対していかなる関係に立つのかという問いをめぐって行なわれた。［そこにおいては］現存する［ヘーゲルの］諸著作が相互に対比され、それらの諸著作が全体に対してもつ意義を決める試みがなされた。しかし、いかにして導入［端緒］の思想が明瞭にされて『現象学』となりえたかということについて、根本的に吟味されることはなかった。とはいえ、この議論は、そこにおいて『現象学』が少なくともまだ導入として主題化されていた限り、公正に扱われなければならない。『論理学』および『エンツュクロペディー』に対する『現象学』の外的な関係にかかわるこうした論争には、哲学的な事柄を問う意識が［依然］徹底的に含まれていたのであり、こうした事柄の問いがこの論争によって提起されていたのである。こうした点を顧慮するならば、この論争にはそれなりの権利が還付されなければならない。この論争はこの問題を十分一般的かつ正確に取り扱ったわけではなかったにしても⑮。

大部分のヘーゲル学徒は、導入の役割をする『現象学』の体系的な意義については、単に付随的に、かつ弁明するという意図でのみ、発言したにすぎない。彼らは、ヘーゲルの体系においては絶対者が臨在しているのだと自ら確信したと、揺らぐことなく考えた。それだけにますます、次の問い――すなわち、自分たちは、絶対知にいまだあずかっていない意識に自分たちの立場の真理を納得させられるのだろうか、という問い――に脅かされることはなくなった。［その限り『現象学』をまともには取り上げなかった。］そのうえ『現象学』は、『論理学』や『エンツュクロペディー』より以前に成立してしまっていたし、また、『現象学』のうちに含意されている論理学は、明らかに一八一二／一六年の『論理学』となお完全には一致していなかった、という事情も加わった。ハイデルベルクやベルリンでは、ヘーゲルは現象学についてただ「エンツュクロペディー」の枠の中でのみ講義をしたにすぎないということによってもまた、『現象学』が従順な学徒にとって疑わしいものにならざるをえなかった。『現象学』の「立場」は、かなりの人々によって、歴史的に過ぎ去った従属的な立場だと見なされた。そして、『現象学』によって育まれた比較的古いヘーゲル学徒たち（ガーブラー、ヒンリクス）は、『現象学』の立場に「立ち止まってしまっている」と見なされた。さらには、ヘーゲルの死後突如起こり学派を左翼と右翼とに分裂させた論争——つまり、ヘーゲルは、神の人格性と魂の不滅性を教授したのかどうか、また、いかなる意味で教授したのか、に関する論争——によって、『現象学』は、純粋思想の真理のみを認め、いかなる宗教の真理をも認めようとしない人々にとって、完全に不快なものとなるに至った。こうして、比較的狭い学徒集団において「右派」に対する最も鋭い反対者であったミシュレが、『現象学』から最も遠ざかったのみでなく、そのうえ、主観的精神の哲学から、現象学という体系的基礎を消し去るのを見るとしても、怪しむには及ばないのである。とはいえ、こうして現象学を消し去るためにミシュレが主張した根拠は奇妙にも、その立場に立ち止まったままであると彼がヒンリクスやガーブラーを非難した、かの『現象学』の立場、つまりすでに克服されてしまった『現象学』の立場に、とらわれたもののように思われる。すなわち、ミシュレは、現象学が体系の二箇所に現われることは学的に不可能であると、そして、それは、ヘーゲルによれば論理学に先立つ学を形成するのだから、再び主観的精神の契機として姿を現わすことは許されないのだと、こう考えたのである。(16)

だが、「この時期」一層流布したのは、これまでのとは別の見解、すなわち、『現象学』は本来主観的精神の領域に属するのだが、しかしまた、導入にも役立ちうるのだ、という見解である。『現象学』の『論理学』に対する関係に関して言うならば、ここにおいては、体系の主観的端緒［『現象学』］と客観的端緒［『論理学』］とが単純に区別されたのである。だが、そうなると、導入としての『現象学』――『現象学』は一八〇七年の詳述においてはまさに導入として登場した――が、本質的に一層具体的な内容を、つまり、主観的精神の意識論が『現象学』に調達可能であったものより一層具体的な内容をもたなければならなかったということが、説明を要することとなった。このことについて［あきらめることなく］なお思考をめぐらしたローゼンクランツは、こう考えた。(17) すなわち、『現象学』は、導入の機能を果たすために、その体系的な位置から「取り出される」。そして、あらゆる知られうるものが、『現象学』のうちへと「織り込まれ」、いわば、意識の対象として持ちこたえうるかどうかのテストに合格しなければならないのだ、と。ローゼンクランツは、さらに加えて、ヘーゲルのイェーナ時代の学徒、ガーブラーを見てみるようにと指示することができた。というのも、ガーブラーは、一八二七年には現象学を予備教育として展開し始めていたからである。(18) しかし、特徴的なことには、ガーブラーは、理性［の章］までしか行かなかったのである。すなわち、彼はまさに、一八〇七年の『現象学』の内容と、同一の名称をもつ一八一七年および一八二七年の体系部分の内容とがある程度重なっている点にまで、それ故に、ヘーゲルの特異な加工が現象学の内容に強要されなかった点にまでしか、行かなかったのである。想定されうることは、ガーブラーが、これ以降の部分に対して、体系内在的な内容の提示とは違った固有の必然性を認めなかった、ということである。こうして、いかにして学［体系］が、自らを正当化するためにその一部［体系の部分としての現象学］を切り離し、この部分を残りの部分の内容でもって肥大化させる［一八〇七年の『現象学』］などということが可能であるのかが、洞察されないままに残された。端緒の学的な媒介［『現象学』］からは、すでに予備教育的な教授というものが生じていたのだが、後には、導入はもはや、そうしたものとしてのみ理

解されたのである。(19)

学派の外部で導入の問題に携わったのは、なかんずくI・H・フィヒテとChr・H・ヴァイセであった。ミシュレは彼らを似非ヘーゲル主義者と呼んだわけだが、それは、彼らがヘーゲルの論理学に、しかも、単に形式的な学としての論理学に固執しようとしたからであり、また同時に彼らが、こう信じていたからである。すなわち、自分たち［の考え］は後期シェリングの有神論的な意向と一致している、と。(20)彼らは、導入の役割をする現象学を「エンツュクロペディー」の体系のうちに受け入れるという［ヘーゲル］学派の不明瞭な試みによっては納得することができず、正当にも、体系の端緒に関して明確な決着を要求したのである。体系の端緒は、ヘーゲルの後の見解によれば、論理的なものであるということは、彼らにとっては確かなことであった。彼らにとってはまた、絶対的な論理学で始まる体系には、シェリングの同一哲学に導入がありえないのと全く同様に、導入はありえない、ということも確かなことであった。しかし、彼らは、なぜ導入というものが体系の外部で展開されえないのかについて、弁じ立てることはできなかった。――他方、［ヘーゲル］学派とて、そのような導入がいかにして展開されうるのかを、明らかにしなかったわけだが。――導入としての学に対する彼ら［フィヒテやヴァイセ］自身の試みはすでに、とりわけ［彼らの］神学的な動機の故に、変化した体系構想に向かっていたのであり、こうした体系構想は、絶対精神が学として自らのうちへと還帰するということを許容しなかったのである［一六頁参照］。それ故に彼らは、論理的なものの学的な自己根拠づけというヘーゲルの理念を、導入の問題［と関連づけ］、この問題を解決する拠り所とすることはできなかった［九一頁参照］。また、当然のことながら彼らは、ヘーゲルがどの程度までこの問題を解決することができていたのかということを、議論することもなかった。しかし彼らは、［実は依然］導入としての学というもの［を考えていたのであり、この学］によって、すでに内容的に変化した［彼らなりの］課題を解決しようとしていたのである。とはいえ、彼らは、［相変わらず］体系を開始する認識論を要求し、この要求をなおヘーゲルに差し向けていた。このことによって、［実に］一連の歪んだ対立が生み出されるに至ったのだが、この対立は、［導入の］問題がその全広がりにおいて明白になりうる前に、まさにそうした歪んだ対立として見抜かれなければならない。

すなわち、思弁的観念論としてのヘーゲルの体系に対するこの反対者たち［I・H・フィヒテ、ヴァイセ］は、ヘーゲルから見れば、誤った二者択一を行なっていた。というのも彼らは、体系の端緒が［客観的端緒と主観的端緒という］二重の端緒とならないために、［客観的端緒である論理学の］端緒が同時に、主観にとっての端緒であり、認識論の第一歩［つまり、現象学の第一歩］でもなければならないと、考えていたからである。彼らはこの点で、『現象学』と『エンツュクロペディー』との関係についてヘーゲル学派で通常なされていた解釈（八頁から九頁参照）［すなわち、『現象学』は主観的な端緒であるという解釈］によって影響されていたのである。これに反して、ヘーゲルの後の見解では、ただ論理的な端緒のみが、認識においで実現されるべき学的体系の端緒であった。そして、それが［そのままただちに、つまり、現象学に関わりなく］同時に主観にとっての端緒でもあったのである。主観にとって、［論理学でなされるような］思想そのものにおける媒介とは違った、この主観の知を媒介する別のもの［例えば現象学］がなお必要であるとするならば、いずれにしてもその媒介は、体系の一項ではなかった。そして、その媒介が、哲学的な主観においてなされる体系の遂行に先立つ限り、それは、積極的に根拠づける認識論という性格をもたなかった。こうしてヘーゲルにとって、二者択一はもっぱら次のことにあったのである。すなわち、導入は学そのものの自己媒介を始めることができるのか、できないのか。換言すれば、論理的な理念の開示はそれ自体から理解することができるのか、できないのか、と。したがって［いずれにしても］、導入［の問題］

を主題化する際に、導入のうちに含まれている［客観的・実在的］妥当性の問題を、こうした学の絶対的自己媒介の問題［つまり論理学の自己根拠づけの問題］と結びつけないとするならば、そうした主題化はすべて、その［本来の］対象を欠くことになる。

「認識分析か論理的思弁か」という二者択一も、全く同様にヘーゲルの問題地平の的を射たものではない。というのも、ヘーゲルの問題地平には、次の問いが属しているからである。すなわち、純粋思考への高まりを説得的なものとする一切が、通常の意識およびその諸前提を懐疑的に自己破壊するという性格をもちえないのか、という問いである。ヘーゲルにとって、このこと［つまり、こういう性格をもちうるということ］は、疑いの余地なく確かであった。この［ヘーゲルの］確信がとにかくも維持しうるものと見なされうる限り、ヘーゲルが対峙せざるをえない二者択一は、もっぱらこのことであった。すなわち、意識の懐疑的な自己破壊は、学の遂行に先立つのか、それとも、あとに続くのか。純粋思考への高まりと純粋思考の正当化とは、［『現象学』においてなされたように］一緒に遂行されうるのか、それとも、この正当化は［論理学においてなされる］学の自己開示に基づいて初めて理解しうるものとなるのか、ということである。これまで立てられることのなかったこうした問いを解決するためには、一八〇七年の『現象学』の方法が、次の観点から――すなわち、この方法は、学一般の概念を、しかもそれを意識に基づいて、生み出すはずであるという観点から――論究されなければならないであろう。

以上のような点をめぐる決定がどのような結果に終わろうとも、それとは無関係にこのことは確かである。すなわち、純粋思考への高まりを正当化しようとするヘーゲルの試み［『現象学』］が、時代意識という歴史的規定を批判するという具体的性格をもつからといって、それを非難してはならないということである。この点でもまた、学徒たちや『現象学』の批判者や解釈者たちは、ヘーゲルの首尾一貫性を過小評価したのである。懐疑的な意識批判［『現象学』］は、［客観的］妥当性の理論的意義をもっていたわけだが、にもかかわらず、それは、意識が自らのうちに含んでいる不変のはたらきを、意識に即して吟味するだけであってはならなかった。というのも、意識に即して吟味するだけであるのならば、論理学の立場が絶えず異議にさらされ続けるからである。すなわち、［論理学とは、］確証することがもはや不可能な、あるいは、それどころか確証するなどということは許されない、抽象的な真理である、と。さらにまた、哲学の学的な形態を実現するべき実践的な必然性なども、疑わしいものとなる。ヘーゲルの行なう導入の問題を明瞭にするということは、とりわけ人倫的な実践の場で学を正当化するという意味をもっているのである。このことを明言することによって学は、体系に反対するヘーゲル左派の行なうような攻撃から、そして、全面的に体系に立てこもる［ヘーゲル］学派が、もはやそれを首尾よく拒絶することができなかったような、そのような攻撃から、守られるべきなのである。

こうして導入の問題においては、いく筋かの思想の糸が結び合わされている。ヘーゲルの『現象学』のみならず、哲学的意識の現代的な状況もまた、こうした糸の統一性の把握を必要としているのである。しかし、にもかかわらず、ヘーゲルとの取り組みはこれまで、これらの糸をばらばらに分けて論じてきた。こうした糸は、［統一的に把握されてしかるべきなのだが、とにかくもそれらは］次の三つの関係規定を示唆することで、大雑把に提示することができる。（ただし、［あらかじめ断るならば、］この三つの関係規定は、［これはこれでまた］その統一に関して問題含みであり、また、［ヘーゲル］哲学［研究］は、いつでもこの三つの関係規定を、ヘーゲルの体系の個々の部分に向けて、しかも多くの場合ばらばらに分離して持ち出してきたものなのである。とにかくも、その三つの関係規定とは、こうである。）すなわち、(1)体系的思弁的知と［客観的］妥当性の反省との関係という理論的な問題、(2)哲学と実践との関係という倫理的問題、

(3)自己を自己自身と媒介する主観性と絶対者との関係というかつての神学的な問題。これらの問題のそれぞれは、実はさらにまたさまざまな問題をそのうちに含んでいる。そして、それぞれが導入［の問題］に対して意義をもち、そうであることにおいて、自己を越え他を指示している。すなわち、第一の問題においては、思弁的な弁証法と意識の反省との統一ということのほかに、導入にとってはまた、次のような統一が、すなわち、行為と内容との、意識の反省と懐疑との、懐疑と反省の終結との、反省の終結と体系の端緒との、そして体系の端緒と体系の終結との統一が、問題である。学の末尾は、それが導入の必然性を含意しうるはずであるならば、その端緒へと引き戻されなければならない。だがまた、理念の開示は、それが単に知ばかりでなく、知の内容をも完全に媒介する場合にのみ、論理的な端緒へと立ち返ることができる。したがって、ここにおいては、主観の自己媒介が同時に絶対者の自己自身との自己媒介でなければならない。さらにまた、この統一の問題のうちには無知と絶対知との統一が含まれている。こうした統一をヘーゲルがどう把握したかは、おそらく最も緊急に正当な評価を必要とするものであろう。導入は、こうした［無知と絶対知との］統一の両側面が別々になって意識の形態——導入はこうした形態である限り人倫的な知でもあるのだが——となる様を叙述しなければならない。したがってまた、ここにおいては媒介の問題性によって、哲学の、実践に対する関係が指示される［第二の問題（i）］。全く同様に、体系の端緒と終結との方法的統一ということから、次の問いが惹起される。すなわち、理論的にも実践的にも自由な活動である哲学は何に起源をもつのか、そして、哲学は、哲学する諸主体自身が共に現実在することにおいて自らの現実性をもつわけだが、こうした自らの現実性の条件——つまり、それが導入なのだが——を、哲学は作り出しておく必要がないのかどうか、と［第二の問題（ii）］。最後に［第三の問題］、理論と実践的活動との統一——これが哲学そのものなのだが——に属することとして、導入にとっては体系と歴史との統一［という問題］がある。そして、この統一は、主体性の世界関係を超越する歴史においてのみ実現しうる。歴史において主体は同時に、自らが設定するものの有効性を確認しうるのである。[21] こうして、上述の諸関係の第三のものからも、他の二つの関係への移行が浮かび上がろう。

　ところで、認識の問題が思弁的な体系性の正当化の問題として提起される場合、そこには驚くべき紛糾が生じる。それは、認識論的に事柄を問う場合には通常遠ざけておかれるべきであるような、そのような事柄の問いとの間の紛糾である。こうした紛糾は偶然生じるものではない。したがって、［これまで見たように］ヘーゲルの『現象学』がこの紛糾をあえて貫き通したからといってこれを非難するのは、本末転倒であった。だが、なお一層本末転倒であったことは、『現象学』を、もはやおよそ全くこのような紛糾と解さず、もはやただ、精神の諸現象の展望、もしくは、導入を必要としない体系全体の特殊な形態と解したことである。『現象学』との取り組みが、ヘーゲルの問題意識を下回るべきではないとするならば、それが課題とすることはむしろ、『現象学』にぎっしり詰めこまれたたくさんのモチーフを、それらの統一の可能性に基づいて吟味することである。こうした吟味は同時に、ヘーゲルに対して我々が抱いている不信がどのようなものであるのかを上手に明らかにしてみせるために、とりわけ好適である。というのも、この吟味に即して、［我々がヘーゲルに対して抱いている］いくつかの［誤った］通念が［どのようなものであるのかが］明らかにされるに違いないと思われるからである。われわれは今日、こうした通念の故に、［ヘーゲルとは］単に過去の哲学的な自己了解の形態を信奉する者であるにすぎないという嫌疑を正当であると見なすのである。したがって、ヘーゲルの論理学への導入の問題を提起するという［目下の］要求によって意図されていることは、詳論されることによって維持されなくなってしまった、ヘーゲル哲学の理念の信憑性を、再度保証するということではない。そうではなくそれは、ヘーゲルに対して動員されるにちがいない諸々の問いを、ヘーゲルがそこにおいて誤解に曝されないように、そのように定式化することなのである。

本研究によって実現されるのは、こうした要求の全広がりのうちのささやかな一部であるにすぎない。それによって試みられるのは、次のことを証明することである。すなわち純粋な思考への高まりを正当化する導入は、「エンツュクロペディー」という形態をとるヘーゲル［哲学］の体系性にとっても、なお**必要である**ということであり、またさらに導入は、或る**特殊な**分野において論じられうるのだということである。或る特殊な分野とは、**意識の**学でなければならないが、しかし、［一八〇七年の『現象学』がそう位置づけられたような］体系の**第一部ではありえず**、また、意識といううわべの**形式に**限定されることも**ありえない**という、そして、その**基盤**を**体系の末尾**［絶対精神］にもつという、そういう特殊な分野である。ヘーゲル解釈上争点となるいくつかの問いに対してこのような形で寄与することによって、われわれは『現象学』の方法が提示する固有の問題へと導かれるはずである。もっとも、この問題は［本研究において
は］まだ独立に論究されるまでには至らないのだが。また、上述の諸点に話を限らざるをえなかったのは、ヘーゲル研究の解釈学的状況を考慮したからである。というのも、ヘーゲル研究の解釈学的状況は、論理学の方法を解明するには至っていないわけだが、『現象学』の方法となると、なおのこと解明するに至っていないと言わざるをえないからである。さらに、『現象学』の体系的な必然性と基盤とを、第二部になって初めて論究するのも、全く同じ理由からである。すなわちヘーゲルは、この必然性と基盤とをそのものとして際立たせてはいないのである。また今日、次のこと——つまり、思弁的観念論の立場への通路［導入］は、それ自体として要求されるというだけでなく、『エンツュクロペディー』というヘーゲルの体系性の内部においても必要であるということ——は、自明なことと見なされていないのである。それ故、

ヘーゲルがどのような仕方で導入を自らのテーマとするのかということをあらかじめ検討しておくことは、当然必要なのである。その出発点として好適であるのは、『エンツュクロペディー』において導入というテーマ設定が提供する、文献学的な観点である（第一章）。というのも、ひとつには、『エンツュクロペディー』は、『現象学』（一八〇七年）や『論理学』において、なくてはならぬものと宣言された形態とは別の「導入」［「予備概念」一九〜八三節］をもっているという事実によって、またひとつには、『現象学』（一八〇七年）は、この「導入」においてはもはやただ注解の対象でしかないという事実によって、導入の問題についての議論がかつて引き起こされたからである。また、これらの事実によって、この議論は、いつでもほかの何よりも持続的に行なわれてきたからである。明らかにされるべきことは、『エンツュクロペディー』に付けられた「導入」が、一八〇七年の『現象学』の主題全般に十分な関連をもっているということであり、また、この『現象学』が［その達成に］尽力する目的は、この「導入」においても、余分なものだとは宣告されていないということである。導入に対するヘーゲルの後の態度は、『エンツュクロペディー』において扱われた諸分野［論理学、自然哲学、精神哲学］を考慮することによって、仮説的にではあるが、根拠づけることができる。というのも、これらの諸分野は、『エンツュクロペディー』用の形式では、導入の機能を引き受けることはできないからである。また、導入は、単なる思想形式そのものの懐疑論［論理学］によってではなく、同時に意識の反省である懐疑論［現象学］によってのみ、実現しうるのである。このことの故に、一八〇七年の『現象学』を一八一七年の体系全般の地平で解釈することが可能となるのである（第二章）。さらに、ヘーゲルが『現象学』を『エンツュクロペディー』においてはもはや体系の第一部と考えないということは、首尾一貫した変更と見なされる。すなわち、この変更は、単に外面的な修正なのではなく、体系全般を組織する原理の真価をまずもって十全に発揮させるものなのである。一八〇七年の『現象学』の広がりが、あまりにも拡張されすぎているということはない。そうではなく、それは［むしろ］、導入の十全な意味を汲み尽くすにはおそらく小さすぎるのである。『現象学』の建築術は、とりわけ、『現象学』がいくつにも区分されて叙述されている限りにおいて、首尾一貫している。『現象学』の体系的な基盤［をなすもの］は、それと同名異義の分野［『エンツュクロペディー』の「現象学」］のみではない。『エンツュクロペディー』の解明においてはことさらに叙述されることのない、或る仕方での精神の歴史的展開もまた、その体系的な基盤である（第二部、第一章）。『現象学』の体系的な必然性は、体系の終結部から明らかとなる――が、しかしそれは、この終結部が『現象学』の存在に依存的になるという仕方においてではない（第二章）。

第一部　ヘーゲルの導入構想

第一章 『エンツュクロペディー』における導入の主題設定

ヘーゲルの諸々の著作の端緒がもつ外的な形態についての予備的説明
導入と「導入」

ヘーゲルは、読者が哲学的な学を外から見てとるような、そのような前庭を自らの体系的な諸著作に付加した。しかし彼はこの前庭において読者に同時に、こう言って聞かせる。すなわち、そこで［見ることが］許される事柄の光景は、単に暫定的なものであるにすぎず、その光景によって、何らかの判断をする資格が与えられるというわけではないのだ、と。こうして「緒言（Vorrede）」にはいつでも「導入（Einleitung）」が続き、「導入」には多くの場合再び、一層概論的な節が続く。例えばこうした節は、『エンツュクロペディー』においては論理学の「予備概念（Vorbegriff）」を提示するのであるが、この著作の第二版と三版では、この「予備概念」の内部でまたもや独立の表題が立てられ、そのもとで、思想の客観性に対するさまざまな態度が取り立てて論じられる。これらの態度は、「ここで論理学に与えられている意義や立場を解説し導き出すための」（第二五節）、「一層詳細な導入」であると明確に指示されているのである。［ただ］こうした予備折衝に共通していることは、［もとより］それらはいかなる学的な性格をもっていないということである。それらは、読者に何事かを証示することもできなければ、読者を理解するように強制することもできない。それらは、読者の側に、学的な立論についての一定の見解に固執しようとする意図のないことを前提にして、読者を学の内へと丁重に案内するということにだけ、役立つのである。本研究においては、その種の「導入」はとり上げない。[1] その種の「導入」は、次のことを除けば——すなわち、哲学者が学ではない仕方で哲学について語ることは、哲学的な学の理念に照らして不可能なのだということを除けば——、いかなる問題にもならない。以下においてヘーゲルの論理学への導入の問題が取り扱われるわけだが、そこにおいて導入という表現はいつでも、ヘーゲルが『現象学』（『エンツュクロペディー』、第二五節）および「懐疑論」（第七八節）との関係でそれを用いる意味で解されるべきである。この表現は、自分自身の前提を通して学への道へと強いられる日常的な意識に対して、首尾一貫して「学の立場」を媒介すること、このことを表示する。

したがって、ヘーゲルは『エンツュクロペディー』およびその他の諸著作へ「導入」を付したが、これらの「導入」に対して、導入問題の論究が関与するのは、そこに導入の思想に関する陳述が含まれている限りでのみである。とはいえ、かの諸々の「導入」がどういう形態をとっているのか、その他、それがどういう内容をもっているのか、といったことは導入の思想にとってはおよそ全くどうでもよいものである、などと言っているわけではない。というのも、これらの「導入」は、正確に解するならば、それらが先行している著作に関する序論であるわけだが、それらは、同時に学への導入に対する補充として役立つはずだからである。つまり、そうである限り、それらの「導入」は、それらが補充するもの［導入］と実際また何かを共有していると、想定されなければならないのである。そうでなければ、それらは、補充としては考察されえないことになろう。しかし、この共有がどの程度広がっているのかは、導入の理念に即してケース・バイ・ケースで吟味されなければならない。したがって、例えば、かの諸々の概論（Einführungen)［諸々の「導入」］が学についての「あらかじめの知見」をもたらそうとしているからといって、導入［ここでの主題としての導入］も哲学的な学についての肯定的な概念を提示しなければならないなどと、想定されてはならない。それ故に［また］導入の主題設定は、かの文献的な予備折衝(2)の形態［「導入」］への問いとは独立に論究されなければならない。

A　我々の卑近な意識との関係における哲学

ヘーゲルの『エンツュクロペディー』が［哲学的な］導入で始まっていないということが、しばしば不審の念を引き起こした。というのも、とりわけやはり、そうした導入を提示すべきであった『現象学』は、それが出版された際には、学の第一部と銘打たれていたからである。このことによって、自然的意識を学そのものによって組織された一連の形態において、学の立場へと誘うかの試みは、暗黙裏に放棄されたのだろうか。それとも、［自然的意識を学の立場へと誘う］かの試みは、この新しい著作が、学の内容をそれ本来の形式において解明するということに全面的に捧げられる、ということにもなったために、ただそれだけのために、この著作のうちに全く受容されなかったのだろうか。したがって、導入は、ただそれが［学の内容の解明という］与えられた課題には必要なかったがために、握りつぶされたのだろうか。――例えばちょうど、理論物理学の教科書のなかに、それへの導入を求めても、正当にも虚しく終わらざるをえないという場合のように。そうだとすると、［哲学的な］導入の課題は、せめて論述そのものに先立つ注意書きのなかで明瞭に名指され承認されている、ということが期待されなければならないことになろう(3)。

実際これらの注意書きには、導入の必要性を容認するもの［もしくは、導入の満たすべき諸条件］と解釈してみることのできる章句が含まれている。すなわち、『エンツュクロペディー』第四節ではこう言われている。哲学は、我々の卑近な意識との関係において、哲学本来の認識のあり方への**欲求**を明らかにしなければならない、あるいはそれどころかそれを目覚めさせなければならない〔哲学の条件一〕、と。そのような欲求は正当であるのかどうかと、疑問に思われることもあろうから、哲学はまた、この欲求の実現をも正当化しなければならない（第一〇節参照）。哲学が、この実現の必要性を詳述し、この必要性は**真理**を認識するのにふさわしいものであることをあらわにすることによって〔条件二〕。哲学はまた、真理が宗教の自然的な対象をなす限りにおいて、宗教に対して、哲学の真理**能力**を証明し、哲学の〔論じる〕概念が宗教的な表象とは**異なるもの**であることを**正当化し**なければならない〔条件三〕。

これによって、導入〔『現象学』〕の課題は定式化されているのだろうか。『エンツュクロペディー』におけるヘーゲルの「導入」は、いずれにしても、かの諸々の視点〔これらの諸条件〕を取り扱っている——これらの視点を完全に満たす見通しはもちろんないわけだが。この「導入」は、〔とりあえず〕ただ、次のことについての「暫定的な告知」をしようと努めることができるのみである。すなわち、真なるものを認識するためには熟慮が要求されるということ（第五節）である。しかし〔さらには〕、経験諸科学が行なうような熟慮（第七節）は、それだけでは十分ではない（第八節）ということでもある。なぜなら、これらの諸科学の対象とは別の対象、すなわち、感覚的には経験されることのない対象があるからであり、また、この熟慮においては、必然性の要求が余すところなくかなえられるということがない（第九節）からである。したがって、「必然性」の形式に満足が与えられる学の欲求が生じる。ところで、このような学の欲求の正当化に関しては、暫定的な告知はまずはじめに、こうした欲求の正当化は哲学に対してどのような関係にあるのかを、明らかにしなければならないのである（第一〇節）。だが、こうした正当化は

〔暫定的な解説にではなく、結局のところ〕、哲学に帰属しなければならない。というのも、暫定的な解説は、単に「偶然的な諸主張の」織物であるにすぎず、「こうした主張に対しては、対立する主張が全く同じ権利でもって断言されうるであろう」からである。それ故にこそ、〔カントが行なったような〕形而上学の前置きとして語られるべき認識批判という理念は、退けられるべきなのである。こうした認識批判は他方、「思考とは、次のような一定の形式、すなわち、前提されたものであってはならず、それが自己自身を検討し批判するというそうした性質をもつという、そのような一定の形式である」（「論理学・形而上学講義」（一八二三年夏）未公刊草稿、三二／三三）ということを、全く正当に主張するにもかかわらず。――そうだとすると、思弁的な思考の欲求を実現する必然性は、〔哲学そのものにおいて〕思考が、思考自身について熟慮することによって、矛盾に巻き込まれ、そこに立ち止まることはできないということから、明らかにされる（第一一節）。思考は、矛盾を克服することによって、真理を認識する。――こうして、注意を払うことによって、少なくとも〔『エンツュクロペディー』のこの箇所で主張されていると〕推測されうることは、哲学はそのような思考〔導入〕において、哲学の出発点を形づくる経験を越え出て、経験のうちに現象するものの普遍的な本質の理念〔つまり『現象学』〕へと高まるのだ、ということであり、また、哲学は――経験諸科学の進歩に請われて――哲学自身のうちから普遍的なものを展開することへと進んで行くのだ、ということである。というのも、そのことによって、経験諸科学の認識の内実が、自由な自己規定という形態をとるからであり、また、宗教において対象であるものの内容として認識されるからである（第一二節）。

かの主張〔本書二四頁、『エンツュクロペディー』第四節〕の資格と意味については、以上に参照した『エンツュクロペディー』の諸パラグラフによって、その詳細が与えられているはずである。が、そうしたかの主張において導入の課題が［上述の推測のように］定式化されているのかどうかは、やはり即座に再び疑わしいものとなる。というのも、導入ということで、おそらく一般に理解されることは、学の関わる内容が学に対して暫定的な仕方で論究される［——したがって、上述の推測のようであるとするならば、導入つまり『現象学』も単に暫定的な仕方で論じられたものである——］ということだからである。だが、ヘーゲルは、哲学的な認識の必然性と真理についての暫定的な解説といったものに断固反対するのである。このことはどのように理解したらよいのだろうか。認識批判に対するヘーゲルの論駁や認識批判の正しい意味についてのヘーゲルの固定的な見解を通して、あらゆる「正当化」は、［『現象学』ではなく、結局］論理学のうちに——もしくは、論理学とそれに続く学の諸部分のうちに——追い遣られるのだろうか。学の端緒に関して第一節と第七節とで述べられることが、こうした見解を立証しているようにも見ることができる。そこで主張されていることは、哲学は全く主観的な前提なしにもっぱら自己自身から始めなければならない、ということである。しかし［そうすると］、我々の卑近な意識に対して哲学を導入的に正当化するということは、学の主観的な前提であることになってしまわないのだろうか。したがって、哲学への導入は、ヘーゲルにとってはおよそ全く不可能な［ものとなってしまわない］のであろうか。(4)

B　二つの導入への言及

導入は不可能だと見なされるべきであるという想定は、ヘーゲル自身が『エンツュクロペディー』の入口の部分で相異なる二種類の導入に言及する（二五節注解、七八節注解、『ハイデルベルク・エンツュクロペディー』第三六節注解）という事実によって、またもや動揺させられる。もちろん、この二つの指示のうちの一方〔以下のa〕は、一八〇七年の『現象学』に関わるものである。この著作〔『現象学』〕は、すでに著述されてしまっており、導入であるという要求を携えて登場していたのであるから、この指示は次のことを示すしるしとして、些細なものとも見なされえよう。すなわち、ヘーゲルは、この以前の著作〔『現象学』〕との関係をきっぱりと断とうとするよりはむしろ、首尾一貫していないという嫌疑を我が身に引き受けたいと思ったのだ、と。あるいは、ヘーゲルは『現象学』の元来の構想と共に、そこに含まれている一切の内容とその独創的な形態化とを端的に棄却したのだという誤解を、彼はことによるとこの指示によって避けようとしたのだ、と。そして、もう一方の指示〔以下のb〕は、ヘーゲルがおそらく一度は構想したにもかかわらず、その詳細を決して公にはしなかったという、そういう導入の形態〔懐疑論〕に関わるものと見なされるのである。〔こうして総じて〕首尾一貫しないにもかかわらず、導入は可能でもあるとヘーゲル〔は言うのだが、そのようにヘーゲル〕に言わせるきっかけとなるべきものは、何であったのだろうか。思弁哲学への導入は根本において不可能であるという告白を『エンツュクロペディー』から読み取ろうとする、この著作のあらゆる解釈は、少なくとも『エンツュクロペディー』の字句と激しいあつれきを引き起こす。だがこの点では、第四節において導入の課題が承認されていると見なそうとする試みも、同様なのである。

どのような精神がこの字句に宿っているのかを認識するためには、言及された上述の二つの導入の構想を分析し、それらが体系と合致するかどうかを検討しなければならない。この目的のためには、『エンツュクロペディー』の諸注解（Anmerkungen）から始めることが適当である。なぜなら、これらの注解をとおして、二種類の導入の構想と実行に関して提起される諸問題が、最もよく解明されうるからである。これまでにおいて明白にされた解釈上のジレンマの解消が、さしあたりさまざまな方向で考えられうる。すなわち、ことによると、一層詳しく眺めることによって導入は、これまでの見かけとは違って、うまく体系と一致するということが分かるかもしれない。ことによるとまた、こういうことが明らかになるかもしれない。つまり、導入は確かに体系と調和することはないが、しかしにもかかわらず、それは体系においては決して解決されなかった問題を反映する限りにおいて必要である、ということが。

a 『精神現象学』への指示（第二五節、『ハイデルベルク・エンツュクロペディー』第三六節）

ヘーゲルは結局、一八〇七年の『現象学』が『哲学的諸学のエンツュクロペディー』に対してどのような意義をもつものと認めたのか、という問いに携わった著者たちに時折見られる見解は、次のようなものである。すなわち、ヘーゲルは『現象学』という形態の導入を、客観性に対する思想の三つの立場というものによって置き換えたのだ、と。[5] だが、こうした見解は、第二五節に付された注解の文面によっては立証されない。というのも、この文面の言っていることはただ、『現象学』の叙述が非常に錯綜しており、したがって、それが媒介する学への通路は楽なものではない、[6] ということだけだからである。しかし、客観性に対する思想の立場の考察は、――実証という性格が証示される『現象学』とは、明らかに違って――ただ歴史的にそして理屈の上だけでのみ行なわれうる限り、なお一層楽なものではない、と言われているのである。[7] したがって、［ヘーゲルが］『現象学』を指示することによって主張されていることは、単に導入の可能性のみでなく、その上導入の現実性でもあるのである。

しかし、『現象学』はいまやどのような意味で理解されるのであろうか。ヘーゲルが『現象学』を却下しなかったということは、彼が、『現象学』のもつ論理学や体系全体に対する関係を修正しなかった、ということを意味するわけではない。『ハイデルベルク・エンツュクロペディー』（第三六節注解）ではこう言われている。すなわち、『現象学』は、純粋な学の概念を産出するものであるのだから、この純粋な学に先行するべきであるという意味で、自分は、『現象学』を哲学の第一部として論じた、と。そして、「『エンツュクロペディー』の」後の版においても同じように、こう言われている。すなわち、『現象学』においては、直接的な意識から出発し、この意識の弁証法が、哲学的な知の立場にまで展開されたわけだが、こうした『現象学』は、まさにこのことの故に、発行する際に学の体系第一部と銘打たれた、と。だが、こうしたことが本当に、『現象学』が体系の第一部として現われた根拠であり意味であったのだろうか。そしてヘーゲルは、いまなお『現象学』をそのような第一部として通用させるなどということができるのだろうか。周知のようにヘーゲルは、『現象学』が学の概念を産出するものであるという意義をもつことを根拠にして、『現象学』の内容を他の哲学的な諸分野の内容よりも優位に置くということを、拒もうとする。意識とその歴史は、絶対的な端緒なのではなく、哲学の円環における一項なのである（『ハイデルベルク・エンツュクロペディー』第三六節）。このことは、『現象学』がいまや完全に、体系のうちに統合されていることを意味するのだろうか。それとも、『現象学』は学の一部であるとともに、学の概念を産出するものであるが、しかし、等しく同一の機能において両者であるわけではない、ということなのだろうか。[8]

現象学を体系のうちへと組み入れるということが問題であるとするならば、この組み入れはどのように行なわれるべきなのか、という問いもまた立てられることになる。意識とその歴史とは哲学の円環において、はたして全く同一の項をなすべきなのか、それとも、それぞれがそれだけで、固有の項をなすべきなのか。そもそも、意識の歴史は、『エンツュクロペディー』のどこに見いだされるのだろうか。[『エンツュクロペディー』における]「意識」章の区分、あるいはまた、「現象学」章（第二版）の区分が、意識の歴史に行き着くとは考えがたい。[9] それ故に、現象学において意識とその歴史とがどのように連関するのかという問いが、現象学の導入の形態にはね返ってくる。両者は、ただ外面的に相互に結び合わされているだけなのだろうか。それとも両者は、導入の理念において本質的な統一を形づくっているのだろうか。両者は本質的な統一を形づくっているとヘーゲルは想定しているように思われる。というのもヘーゲルは現象学を、それが学の概念を産み出すという意味において、「意識の学的な歴史」とよんでいるからである。そして、ヘーゲルは、〔現象学が〕かの〔概念の〕産出の故に、単なる意識という形式的なものに留まりえない必然性を、哲学的な知の立場とは最も内実に富む最も具体的な立場であるということに基づいて、根拠づける(『エンツュクロペディー』第二五節注解)。これに対して『現象学』の二、三の解釈——それらのうちでヘーリンクのそれがとりわけ有名になったが——は、次のことを明らかにしようと意図する。すなわち、事柄という観点からにせよ、ヘーゲルの元来の意図という観点からにせよ、『現象学』は、意識における形式的なものがその根底に存する部分に話を限ることができたし、また、限るべきであった、ということを。[10] では、『現象学』の区分とは何なのであろうか。そして、その区分の根拠はいかなるものなのであろうか。[11]

これらの解釈問題は、『現象学』の詳細なテクストに即して決定されるべきであるし、また、これまでの文献によっても、こうしたテクストを討議する場合にはこれらの解釈問題が論究されている。しかし、これらの解釈問題によって、我々が、『現象学』という導入の形態に対する諸々の最終的な根拠の次元にいまだ到達しているわけでは、もちろんない。導入としての『現象学』が、『エンツュクロペディー』によって企図された体系と一致しうるのかしえないのかということも、こうした点を視野に入れて論議されなければならない。というのも、『現象学』へと指示する先の文面に対しては、その文面を不適当と思わせるような、事柄に即した諸根拠が挙げられうるであろうからである。[12]

b　懐疑論への指示（『エンツュクロペディー』第七八節、『ハイデルベルク・エンツュクロペディー』第三六節）

ヘーゲルは、次のことを認めた。すなわち、『現象学』のほかに、「有限な認識のあらゆる形式を貫いて遂行される否定的な学としての懐疑論が、同様に導入として提供されることもあろう」、と。こうした考えは、少なくとも一八〇二年以来ヘーゲルの関心を引いていたにもかかわらず、導入という主題設定を論じる著者たちから、『現象学』ほどに注目されることはおよそなかった。[13] その責は、この考えが詳論されなかったという事実に存しようが、そのほかに、この考えへの言及につきまとう或る曖昧さにも存しよう。すなわち、そのような懐疑論がさしあたり可能であると見なされる反面、即座にこの懐疑論について次のように言われるのである。「懐疑論は、単にかんばしくない道筋であるばかりでなく、弁証法的なものはそれ自体肯定的な学の本質的な契機であるのだから、それ故にまた、余計なものでもあろう。……さらに言えばそれは、有限な諸形式を、ただ経験的に、かつ、学的ではない仕方でのみ、見いださねばならず、また、それらを所与として受容しなければならないであろう」（『ハイデルベルク・エンツュクロペディー』第三六節、『エンツュクロペディー』第七八節注解）、と。我々が疑問に思うのは、もし懐疑論が、有限な形式において現われ出るものを、単に経験的にかつ学的ではない仕方でのみ見いだし、それを所与として受容しなければならないのだとするならば、懐疑論は一体どのようにして「学」たりうるのか、ということである。またさらには、それがたとえ可能であっても、余分であるのだとするならば、その時には『現象学』もまた余分なものとして考察されるべきなのではないだろうか。ヘーゲルの結論的な所見は、こうしたことをただ裏づけるだけのように思われる。というのも、この所見によれば、このような懐疑論の要求は本来、「あらゆるものを捨象し、かつ、この自らの純粋な捨象つまり思考の単純性を捉える」[14] 自由によってなされる、純粋に思考しようとする決心において満たされるのだからである。この所見は容易に、無媒介的な恣意的な決心が、どんな導入にも取って代わることができるという見解であると解釈されえようし――実際またそのように解釈されてきた。そうなると、『エンツュクロペディー』においてなされている試みは、確かに導入の可能性を確保することではあっても、その必然性――『現象学』の緒言（Vorrede）や序論（Einleitung）がこの必然性についての確信を語っているのだが――を確保することではないことになろう。だが、そうであるとしても、［まずは］次のことが可能でなければならないであろう。すなわち、学に対する諸々の前提や先入見が、単純な意志の行為によって取り除いておかれるということが。このことによって、これらの前提や先入見は、論理的な思想の運動の内在的な進展を妨げることがなくなるのであり、また同時に、それらはこの進展においてとどめを刺されることになるのである。また［次に］、思弁と反省の諸前提の破壊とが一度に遂行されなければならないであろう。しかし、単にそうしたことに留まらずに、そうしたことを越えて、学は純粋な思考への直接的な決心を、信じるに値することとして要求することができなければならないことになろう。

しかし他方、我々は次のことを思い起こしてよいであろう。すなわち、ヘーゲルは『論理学』の第二版（一八三一年）において、論理学という学は『現象学』によって正当化される必然性をもつのだと主張するということ、ならびに、『現象学』は論理学を正当化しうる唯一の可能性を提示するのだという主張を堅持してもいるということを。また、次のことも奇異の念を引き起こす。すなわち、『ハイデルベルク・エンツュクロペディー』第三六節および『エンツュクロペディー』第二五節において、『現象学』という導入の形態は、その内容が実際はっきりと哲学の円環のうちに含まれていると言われるにもかかわらず（第三六節）――とはいえ、肯定的な学の契機としてではなく、区分の項としてではあるが――、余分なものだと記述されてはいない、ということである。［そうだとすると、］懐疑論が余分なものであるとはまさに、懐疑論が導入として、したがってまた『現象学』に比して、欠陥をもつということを示唆しているのではないだろうか。[15] したがって、懐疑論は本当は、必然的な『現象学』に対するいかなる対案でもなく、単に可能的でしかないもの――まさにそれ故に不可能でもある単に可能的でしかないものなのであろうか。[16] あるいは逆に、本当は『現象学』が**単に**体系の項でしかないのだろうか。だがこれに関しては、意識およびその歴史は**同時に**、絶対的な端緒であるのではない、という主張が再び難点となる。というのも、この主張においては、いずれにしても『現象学』は純粋な学に先行しなければならないものでもあり、したがってそれは、単に全体のなかの項であるだけではないということが、承認されているからである。

文面の変化はあるにしても、意識学［現象学］についての二つの異なった位置づけ［導入としての位置づけと項としての位置づけ］の間のこうした［両立しうる両者の］差異は、『エンツュクロペディー』の後の両版においても、放棄されてはいない。それどころかそれは、一層詳細に次のように規定されている。すなわち、導入としての現象学は、単なる意識の形式的なものに留まることはできず、哲学的な学の固有な部分の諸対象の展開を、自らのうちへと受容しているのでなければならない、と。そのことによって、体系の後の部分に帰属するものが、すでに一部、導入のうちに共に入り込んでいるのである。単に「一部」ではあるが。したがって、現象学は、導入として、学の形態の肯定的な展開と異なっているとも言えるのだが、しかしそれは、とりわけ、あたかも意識の展開がさしあたり意識の形式的なものに限定されているかのように、ただそのように見えるからであるにすぎない。しかしながら、［現象学の］位置についての［『エンツュクロペディー』］第一版［でまず提起された以上のような見解］とあくまで対立しようとするならば、ただ次のような言い逃れが考えられうるに留まるであろう。すなわち、上述のような異なりは、思想の有機的な構築への恣意的な介入によって成立するのだ、と。しかし、［現象学が］そこで言われるように、寄せ集め［にすぎないのだとするならば、その寄せ集め］の結果はなお、必然性が帰せられるべき展開とよばれうるのであろうか。導入としての現象学が体系全体にとって必然的ではないということを証示することは、この上なく困難なことだと言ってよいであろう。もし、現象学の素材が、そのもの自体において必然的な内容であり、かつ、現象学が実証しようとする目標が学の立場の必然性である、と言われることを受け入れるのだとするならば。

それ故に、懐疑論は余分なものであると言及することによって、同時に現象学をも余分なものにしてしまおうというわけではないということ、このことはおそらく確かである。そうだとすると、懐疑論は余分なものであるということは、どのように理解されるべきなのだろうか。懐疑論は、まさにそれを現象学と区別するものによって、余分なものとされるのだろうか。懐疑論は、現象学とは違って有限な認識の諸形式にのみ関わり、この諸形式がそこにおいて機能する意識には関わらない。そして、懐疑論はただ受容的にのみ振る舞うのだ、と。そこであるいは次のように思い描いてみることができようか。すなわち、懐疑論——導入として利用できるかもしれないこの否定的な学——は、学として余分である。なぜなら、その学的な契機つまり弁証法的なものは肯定的な学のうちに含まれているから、と。この学的な契機を導入に利用することは、［確かに］余分なことではないであろう。だが、懐疑論は、それが認識の諸形式を学的ではない仕方で見いださなければならないのだから、欠陥のあるものであることになろう。要するに懐疑論は、それ自体が本来の学の一契機をなすものである限りにおいては、余分なものであろう。しかし、懐疑論は、次の点を考慮するならば、その限りにおいては、余分なものではないであろう。すなわち、懐疑論が導入となるためには、この本来の学の一契機［懐疑論］が、学のそのほかの諸々の契機との連関から離れて、もうひとつ別の連関、つまり、我々の卑近な意識が自らは作り出すことのできない、見いだす意識［哲学者の意識、いわゆる我々］との連関を、引き受けなければならないわけだが、この点を考慮するならば、懐疑論は、その限りにおいては余分なものではないであろう。だが、懐疑論は［まさに］そうであることにおいて、全く学的なものではなく、またそれ故に学にとって必然的なものではないことになろう。懐疑論は、自らを導入としてただ「提供する」だけになろう。これに対して現象学は、それが、有限な認識の諸形式に対応する諸々の意識の振る舞いを主題化することによって、或る媒体を手にすることになろう。すなわち、この媒体において現象学は、この諸形式を強制的に相互転換させうるのであり、したがって、この諸形式を学的に獲得することができるのである。しかも現象学は、そのことによって、この諸形式の弁証法をこの諸形式それ自体に即して考察するもの［つまり論理学］となることはないのである。懐疑論は、現象学のうちに含まれることになろうが、しかし、その欠陥は除去されることになろう。以下においては、こうした方向で懐疑論と現象学との関係を一層詳細に規定したい[17]。

c　明確な主張と不明瞭な主張

『エンツュクロペディー』のうちには、『現象学』や導入の着想に対する直接的な発言が含まれているが、慎重に解釈する場合でさえもおそらく、こうした発言から、次のことを読み取ることが可能であろう。すなわち、ヘーゲルは自らの哲学への導入を一般に余分であるとは宣言しなかったし、また『現象学』を撤回することもなかった、ということを[18]。客観性に対する思想の三つの態度の考察は、導入の構想と同等のものとは見なされないし、また、導入の構想の完全に有効な代用品であるとも称されない。他方また、導入の最善の形式に関していかなる明確な決定もなされない。『現象学』は或る点では優遇されている。だがまたヘーゲルは、『現象学』について明らかによそよそしい判断をも下す。ヘーゲルの表現の仕方のうちにはおそらく、ヘーゲルが『現象学』を現在的な思想というよりは歴史的な事実と解し、したがって『現象学』の諸問題をそのまま放置しておく、ということが存しているであろう。『現象学』はもはやただ、『エンツュクロペディー』の体系への歴史的な移行［段階］と見なされるだけになってしまうのであろうか。あるいは、ヘーゲルの［『現象学』に対する］よそよそしさは、一八〇七年の『現象学』の遂行にのみ関わるのであって、現象学の構想には関わらないのであろうか。いずれにしても、ヘーゲルが一八〇七年の自らの著作に後になって与えた意義と地位には大きな不明瞭さがつきまとう、ということは否定することができないであろう。

さしあたり全く同様に不明確であるのは、導入は、ヘーゲルの後の見解によれば、どんな性質を示さなければならないのか、ということである。『現象学』や懐疑論に関する所見から読み取ることができるのはただ次のことのみである。すなわち、導入は、批判されるべきあらゆる立場もしくは形式を把握し（完全性）、精神の十全な規定性を獲得し（具体性）、必然的な経緯を辿らなければならない（学的であること）、と。学の暫定的な解説に対する前述の論駁を考慮に入れるならば、導入はまた、ラインホールトの言う意味での認識論もしくは仮言的哲学でもありえないということも、想定してよいであろう。だが、導入に、『エンツュクロペディー』第四節で定式化された課題を帰してよいかどうかが、すでに再び不確かである。しかし、こうした不明瞭さは、さまざまな主張の内的な連関を一層詳細に分析するならば、ことによると除去されうるかもしれないのである。次節はこの目的のために残しておく。

C　導入を行なう意識論の、仮定的必然性

立論の進め方についての序

『エンツュクロペディー』やその他の著作におけるヘーゲルの諸所見によれば、一八〇七年の『現象学』には、体系へと導いて行くその他の諸々の叙述に対して優越性が与えられている。したがって、通常の意識に対して哲学を正当化する必然性を、体系的に根拠づけることが可能であるということを前提とするならば、いまや次のことが見て取られるべきである。すなわち、この優越的な地位は何を意味するのか、そしてそれは、懐疑論についての諸々の発言や暫定的に哲学することに対する論駁と、どのように折り合いうるのか、ということである。こうしたことに対して、これまでに取り扱った諸テクストに基づいてさしあたり次の三つの推定を付加しておく。すなわち、想定されることは、

一、かの［哲学の］正当化は、体系から**切り離された**分野においてなされなければならないということ、

二、この分野は、有限な認識の諸形式を論じる**懐疑論**という形態をとるか、あるいは、**現象学**という形態をとるかのどちらかであり、

三、この分野はまた［『エンツュクロペディー』の］第四節で定式化された諸条件を満足するということ、このことである。

こうしたことから容易に推論されうることは、導入は意識論的な性格をもっていなければならない、ということである（a）。次に、まずは試みになされたこうした解釈を確かなものとするために、これらの推定を、他の箇所で裏付けうる諸々の論拠によって順次補う（b）。最後に、かの前提［——通常の意識に

対して哲学を正当化する必然性を、体系的に根拠づけることが可能であるということ——」を一層詳しく分析することによって、次のことが明らかになる。すなわち、第一の推定はこの前提から明らかにされうるのであり、したがって、まずは第三の推定から初めて出てくる結論が、すでにこの前提から帰結する、と（c）。

a　懐疑論と現象学。哲学に固有な認識の仕方の、要求、能力、および、権利に関して。

容易に見て取ることのできることは、**懐疑論**は第四節で定式化された諸条件［二四頁参照］のいくつかを満足しないということである。懐疑論は、宗教の対象を宗教とは異なった仕方で認識しうる可能性や権限を、明示しない。というのも、懐疑論は、自らにあらかじめ与えられるあらゆる認識に関して、ただ破壊的にふるまうのみだからである。したがって、懐疑論は或る認識の仕方に対して、別の認識の仕方の側面から承認を与えてやるということができないのである。しかし、そうだからといって全く同様に次のことが懐疑論には不可能だ、というわけではない。それは、懐疑論は通常の意識に対して、哲学的な認識の仕方が要求されることを説き、あるいはそれどころかこの要求を呼び起こしさえし、この要求の実現の必然性とこの必然性の真理とを正当化することができるということである。懐疑論は、われわれが学にまで携えて来ることもありうるようなあらゆる前提を破壊する。それ故にその帰結は無前提性である。懐疑論とは、懐疑論そのものにとって一つの前提であるが、懐疑論がこうした前提をも破壊するのだとするならば、懐疑論が論理学の認識の仕方を必然的に招来するということも起こりえよう。また、懐疑論の自己破壊の結果が哲学的な認識の仕方の概念以外の何ものでもないとするならば、懐疑論は哲学の立場を産み出すのである。だが、懐疑論は哲学の真理を明示するのであろうか。懐疑論に期待できるのは、たかだか哲学の真理の間接的な証明にすぎないであろうし、それもただ、懐疑論が、はじめに挙げた二つの条件［二四頁の条件一、二］を満たすことを前提としてであろう。懐疑論においては、哲学的な認識の仕方の要求が何に存するのかを肯定的に明らかにすることはできない。この要求は、懐疑論においてはまたその他の諸々の要求から際立たせられるということもありえない。だが、ことによると、この要求は懐疑論の反省の行程において呼び起こされるかもしれない。そうだとすると、哲学的な認識の仕方は、あらかじめ企図されたり主題であったりすることなく、否みがたく沸き上がってくることになろう。それはいわば、認識を、認識自身の一層完全な実現へと駆り立てる動揺からのみ成就することになろう。

こうした懐疑論においては、［かの哲学的な認識の仕方の要求を実現する］必然性の正当化が、固有の理論的対象となることは、全く同様にないであろう。というのも、懐疑論においてはあらゆる肯定的な概念がまさに没落してしまうことになるのだから、いうまでもなく学的な手続きの肯定的な概念は、懐疑論の自己破壊においては、もはやおよそ全く存在しえないからである。したがって、懐疑論の自己破壊の結果生じるはずである学の「概念」はもとより、通常の意味でのそれではありえない。懐疑的な導入は、いわゆる「導入」が与えるような、学についての「暫定的な知見」を伝えるものではありえない。しかしながら、こうした類いの［否定的な］「正当化」も、それに続くすべてのものに関係してこよう。すなわち、［学的］手続きの肯定的な概念は、それが後に証明されうる場合には、肯定的に正当化されたものと見なされることになろうが、しかし他方、かの否定的な正当化が欠けているとするならば、その概念は恣意的な端緒に依存しているものとして現われよう。あらゆる思想は、否定的な正当化に続くものであるならば、もはやそれが、偽りであるとか、ばかげているとか、また「単に主観的」であるとかという懐疑の手に落ちることはありえないであろう。したがって、その限り、懐疑的な導入は、哲学的な認識の仕方が要求されることの証明や正当化に関与すると言いえよう。

一層詳細に考察してみると、こうした［学的な］手続きにおいては、正当化の二重の概念が存しているということが明らかになる。すなわち、正当化とは一方で、学の概念を肯定的に導出することであり、学的な思考の正当性を学的な思考そのものに対して示してみせることである。他方正当化は、あらゆる不適切な概念を懐疑的に破壊することであり、学的な思考の正当性を「我々の通常の意識」に対して明らかにすることである。我々の通常の意識のこれらの要求が当然なものであるとするならば、しかも、この二種類の正当化が一度に実現されえないのだとするならば、［哲学から］分離された、哲学への導入が明らかに必要である。そこにおいては、学において展開される諸概念が実在への妥当性をもつことを証明するという、認識論的な要求が、導入によって満たされるのである。しかし同時に、こうした諸概念がいかなるものとして正当化されるのか［論理学の課題］は、認識論の意図とはまた別物であろう。というのも、認識論とはただ、客体の認識において諸概念が適用可能であることを証明するだけのものであるはずだからである。――客体は、認識論を欠くと、概念と同一であるとはとても見なされないのである。――これに対して、懐疑論の自己破壊によっては、諸概念はただ次の意味において正当化されうるのみである。すなわち、諸概念は、それらにおいて考えられるもの、つまり事象と、異ならないのだという意味においてである。

懐疑論はその否定的な性格の故に、学の「暫定的な開示」という、ヘーゲルによって（第一〇節）とがめられた過ちを犯すことはしないであろう。懐疑論は、開示ではなく、もっぱら開示されざる諸前提の破壊なのである。だが、懐疑論が寄与するはずの洞察について、それはただ哲学の**内部**にのみ帰属するということが言いうるのであろうか。実際［内部にのみ帰属するという］この主張も、おそらく次のように解されてはならないであろう。すなわち、かの洞察は、学そのもの以前に始まるどんな正当化をも不可能にする、とは。おそらくこの洞察はただ、次のことにのみ向けられている。すなわち、哲学の体系性は、第四節で承認された課題に依存するということである。というのも、この課題は、通常の意識および宗教的な意識（こうした意識は、自己自身を学として組織化するという思想形態を規定することはできない）に対して、哲学がどのように関係するのかということにのみ関わるからである。ところでこうした課題は、次の二点によって満たされるのである。すなわち第一に、意識が、学に対する予見や疑いの一切を断念させられることによって――つまり、いかなる肯定的な洞察をもたらさない導入において。第二に、学の体系性が実現して、次の点にまで至ることによって。すなわちその点とは、哲学的な認識様式の要求、必然性および真理について肯定的に洞察することへと導く諸概念が、そこにおいてこそ自らを展開する点である。そうであるとすると、この肯定的な洞察については、こう言いうるであろう。すなわち、それは、もっぱら哲学の内部に帰属するとはいえ、それによって、体系の展開に先行する否定的な論究の可能性と必然性とが、排除されることはない、と。

懐疑論と全く同様の仕方で体系に関係し、しかもその際、第四節で定式化された諸条件を完全に満たすという、そういう導入の分野がもしも存在するとするならば、ヘーゲルの論駁――すなわち、哲学的な認識の仕方の暫定的な開示ということに向けられるヘーゲルの論駁――が、次のことを妨げることにはならないだろう。つまり、第四節においては導入の課題が言い表わされていると見ることができる、ということである。こうした観点からいまや、**現象学**が吟味されるべきである。現象学とは、意識の行なう経験の学である、と言われる。すなわち、意識は、自らが真なるものとみなすものをめぐって経験を行なうのである。そうであるとすると、現象学は、第四節の諸要求を満たす、と推定されうるのである。というのも現象学は、意識が自己自身の経験において把握する、意識の学なのだから、意識を次のような自己了解にまで——すなわち、そこから学の要求とか学の必然性への洞察とかが意識に対して生じるという、そういう自己了解にまで——追跡するはずだからである。そして現象学は、周知のように、絶対知で終わる。絶対知とは、真なるものを把握する一切の先行様式の真理である。絶対知は宗教に続くが、しかしそれは単に、宗教の対象を知るもうひとつ別の仕方であるにすぎないのである。そうである限り、現象学は、そのことによって実際また、宗教と同一のものを自己のうちから認識する哲学の能力を明らかにするのである。最後に、概念の形式がキリスト教的精神の実際の歴史の結果として生じるのである限り、現象学は、概念の形式の諸規定が宗教的な諸表象とは異なることを正当化する。

現象学とは同時に、自らを成就する真の懐疑論である、と言われる（『現象学』六七頁）。現象学が学的な仕方で展開すると自称する内容を、それぞれの局面の最後で再び懐疑的な意識のうちへと解消させ、結局はこの意識そのものが自らを無きものとするということ、このことが［本当に］現象学において可能となっているのだとするならば、体系に対する現象学の関係は、［体系に対する］懐疑論の関係と同様に解釈することができる。

もちろん、こうした解釈はなお多くの問題をはらんでいる。現象学が懐疑論と同じような仕方で、認識論とか暫定的な哲学とかに向けられた論駁と調和しうるのかどうかということは、容易に疑わしく思われよう。懐疑論は、それが体系に対してもつ関係に関しては、問題の余地がない［——明らかに非体系的である——］とみなされてよいであろう。つまり懐疑論は、学の無前提性に疑問をさしはさまない。というのも、懐疑論は、ただ否定的な性格のみをもち、それ故に、肯定的な学の端緒を、内容的に何かに依存するものとはしないからである。また、懐疑論は単に受容的に振る舞うのみなので、学的ではない。もっともそれは、他方では、受容したものに対して厳密な手続きをとるのだが。したがって懐疑論は、いずれにしても「学の体系」から切り離されている。これに対して、現象学は、学の学的な証明であるはずである。したがって、意識の形式も、意識の背後で繰り広げられる意識の内容も、学的に規定されたものでなければならないであろう。だが、そうだとすると、この［学的な］証明は、証明されるべきもの［＝学］に依存することにならないだろうか。この証明は、そもそもなお何かを証明するのだろうか。この証明を「本来の学」から区別することは、どういう意味があるのだろうか。ここには、ヘーゲルがそのことの故に懐疑論をとがめる、かの余分だということがまさに入り込んでいるのではないだろうか。あるいは、それどころか、「暫定的な開示」という非難された試みが企てられているのだろうか。他方、その進展が単に否定的ではないといわれる（『現象学』三三頁、第二段落）、そのような導入によって、体系は、その端緒の無前提性を失わないのだろうか。――我々は、この無前提性を、次のように言うことによって守ろうと試みることもできるかもしれない。すなわち、学が導入において前提としているのは、ただ学**そのもの**のみである、と。しかし、学の端緒は、学そのものをもいまだ前提にしないという意味で無前提であるべきなのではないか。こうして、もし、導入が単に眼前の内容の破壊にのみ存するのではないとするならば、導入が学に対してもつ関係のうちには、ジレンマが存するように思われる。すなわち、導入が体系に先行するのか――この場合にはしかし、体系は絶対的な根拠づけという性格を失い、その端緒は無前提性を失う――。そうでなければ、導入は体系の一項であるのか――この場合にはしかし、これまでに挙げた諸困難に、さらに別の諸困難が付け加わる。というのも、端緒の無前提性および絶対的な根拠づけは、そのようにしても守ることはできないからである。つまり［いずれにしても］、導入が無前提的に始まることはほとんどできないのである。そのほか、いまやこういう問いが惹起される。すなわち、体系に帰属する導入は体系の第一部をなさなければならないのではないだろうか、と。そして、『エンツュクロペディー』の知らせるところによれば、体系の第一部とは論理学のはずではなかったか。だが、論理学において学的な認識の仕方の要求を明らかにし、あるいは、この要求を何よりもまず目覚めさせる、などということは、どのようにして可能なのであろうか。もしも、ヴァイセやフィヒテがしたように、導入を体系の第一部にしようとするのならば、おそらく、論理学を変形する（ヴァイセ）か、あるいは、論理学を、その端緒の位置から放逐しなければならない（フィヒテ）であろう。あるいは、導入の体系に対する関係は、後期ヘーゲルにあっては、あれか［体系に先行するか］—これか［体系の一項であるか］に決定することができず、ただ、〈あれも—これも〉によってのみ、あるいは〈あれでも—これでもない〉によってのみ、あるいは同時にこの両方によってのみ、規定することができるのであろうか。こうしたことが、上で立てられた問い、つまり、ヘーゲルは後に、現象学の体系に対する関係を修正したのかどうかという問いが、さらに論究されることとなる問題連関である。

予め示唆された諸問題にもかかわらず、これまでに重ねた考察によって次のような信念——すなわち、導入を行なう現象学は体系の第一部でなければならないか、さもなければ、それは、暫定的に哲学をすることに向けられたヘーゲル自身の論駁の手に落ちるか、のどちらかであるという信念——は、揺るがされることになりうる。第四節で哲学に課せられた課題には、現象学が果たす必要のなかったものは何も含まれていないのだから、かの節で導入の主題設定が定式化されているということが、少なくとも最初から全く排除されているということはない。こうした解釈は、懐疑論に対する現象学の優位性と、体系から分離された導入の必然性とが、上記の三つの推定のうちの最後の推定には全く関係なく成立するということが明らかにされた時、なお一層もっともなものに思われよう。

b　懐疑論の形式的欠陥、現象学の形式的優位

(I)　現象学は、これまでは懐疑論に対してただ内容的に優っているにすぎないように思われた。すなわち、現象学は、とりわけ宗教的な意識に関係するのであり、また、世界や絶対者に対する我々の関係についての我々の知り方のすべてのうちに、純粋思考への衝動が宿っているのだということを、明らかにしようと試みるのである。さらに現象学は、単に哲学を展開するさまざまの試みを論じるのみでなく、哲学を時代状況に関係づける。つまり、時代状況そのものが、論理学の立場へと促されなければならないのである。しかし、このようにして遂行されることは、『エンツュクロペディー』（『ハイデルベルク・エンツュクロペディー』第三六節、『エンツュクロペディー』第七八節）における注解によるならば、導入の主題によって実際どうしても要求されるものであるようには思われないのである。というのも、この主題はまさに、「有限な認識の諸形式」を論じる否定的な学［懐疑論］によって十分扱われるはずだからである。疑問に思われうるのはせいぜいのところ、次のことくらいであろう。すなわち、こうした［有限な認識の］諸形式ということで、例えば実在性と否定、同一性と差異性、形式と内容、分析的認識と総合的認識といったような、ヘーゲルが思弁的論理学において扱った諸形式のみが理解されるべきなのか、それとも、有限な精神の活動様式におけるこのような諸形式の実現、すなわち例えば、判断――つまり、思考しつつも直観に関係する認識のあり方としての命題――もまた理解されるべきなのか、と。もっとも、懐疑論がこうしたことに手を伸ばすようなことがあるとしても、それはただ変化しない認識諸形式に携わるのみで、古代や近代の人倫や宗教や哲学そのものに関わることはないであろう。［一方］現象学はこうしたことに［確かに］関与する。しかしそのことは、導入という観点において、ひょっとして功績になるかもしれないが、［必ずしも］必要なことではないように思われる。このような予備教育が何において懐疑論に優ることに

なるのかも、直ちに明らかではない。ますます具体的にますますます明確に歴史的になる現象学の諸部分が、論理学の抽象的な思考行程の準備の足しになるということは、いずれにしてもない。したがって、すでに懐疑論で十分であるはずであるのならば、現象学の**優位**とは何に存するのだろうか。

(II) こうした問いにはおそらく、ヘーゲルがはっきりと表明した懐疑論の欠陥をさしあたり念頭に置くならば、答えることができるであろう。すなわち、懐疑論は有限な諸形式をただ学的ではない仕方で見いださなければならないであろう、ということである。——しかしながら、こうした懐疑論に対する異議さえもヘーゲルは、奇妙な仕方で定式化したのである。というのもヘーゲルは、躊躇することなく懐疑論をも学と呼ぶからである。したがって、とにかくもまず問われなければならないことは、懐疑論が、どういう観点からは学とみなされるべきであり、また、どういう観点からは学ではないものと見なされるべきなのか、ということである。

(1) 懐疑論が学であるのは、それが全く漠然とした一般的な意味で理解されるのではなく、思考する懐疑論と捉えられる限りにおいて、である(19)。懐疑論は、それが哲学的な意識である限り、次のようなことで満足することはない。すなわちそれは、自ら与える諸々の根拠について釈明することができないまま、あらゆる感性的なものについての、あるいはまた、あらゆる一定の思想についての不確かさを主張するなどということで、満足することはない。というのも懐疑論は、或る手続きを所有しているからである。懐疑論は、その手続きによって、意識の諸内容を攻撃し、一定の内容のそれぞれについて、それと対立するものが、妥当性について同等の権利をもって主張されうるということを、示すのである。この手続きは、諸々の内容を有限個の諸形式——これらの形式はあらゆる内容を自らのうちに包摂するのだが——へと、もたらしうるという、そうした能力を前提している。そしてこの手続きにおいては、こうした諸形式について、次のことが明らかにされるのである。それは、これらの形式が許容するのは、単に内容の矛盾的な規定と不十分な根拠づけのみであるということであり、したがって、この［内容の規定と根拠づけの］結果においてはこの内容が不確かであることが示されるということである。それ故に、懐疑論とは、有限な認識と独断的な哲学がそこにおいて動き回るカテゴリーについての意識である。そうである限りそれは、有限な認識の諸形式の否定的な弁証法として、学なのであり、断固として自らを遂行することのできない、あらゆる知の不確かさについての単なる信念とは、異なるのである。[20]

(2) しかし懐疑論は、「自らの弁証法を偶然的に行使する。——懐疑論は、材料、内容が自らにたまたま現われ出るのに応じて、その内容がそれ自体において否定的なものであるということを示してみせる」。[21]したがって、或る形式をもつ素材を受容するということ、それ故、これらの形式そのものを受容するということ、このことが偶然的であり、学的ではないのである。それに対して、こうした諸形式について、それが、そのもの自体によって規定されたものでも、そのもの自体において規定されたものでもなく、また、固定されたものでもないということ、これら諸形式は、単に他のものとの関係においてのみ存立するものであるということ、このことを明らかにする仕方は、学的な性格をもつのである。これら諸形式は、他のものへと反映するのであり、したがって、そうした形式をもついかなる内容も、他のものによって規定されるということから免れえず、その結果、諸形式それ自体もまた相互に転倒するのである。

(3) こうしたことから分かることは、弁証法的な契機が肯定的な学の本質的な契機である限りにおいて、懐疑論がなぜ余分なものといわれるのか、ということである。というのも、懐疑論は、それぞれ対立するものによって定義された概念を相互に転倒させるということより以上のことは何も果たさないのであるが、しかし、こうした転倒はそれ自体、「あらゆる論理的に実在的なものの」必然的な「契機」［つまり、肯定的な学の本質的な契機」だからである（『エンツュクロペディー』第七九節以下）。もっとも、懐疑論はまた、少なからざることを果たしているようにも思われる。それ故にこそ、懐疑論は、肯定的な学に先だって論じられることが許され、しかも、そのように論じられる場合と全く同様に上首尾に肯定的な学の内部でも遂行されうるのである。こうした懐疑論が肯定的な学と異なるのは、［もっぱら］その結果に関してである。すなわち、結果は学においては、対立する諸規定の肯定的な統一であるのに対して、懐疑論において結果は単に諸規定を混乱させ無効とするのみであり、そこにおいて意識は、自己自身へと退却するように強いられることになるのである。それ故、懐疑論には、或るカテゴリーの対立から次の対立へと内在的に進展する必然性が、すなわち、肯定的な学において第一の対立の規定された否定によって作り出されるはずの必然性が、それ自体において欠けている。諸々のカテゴリーの対立が順次そこから産み出される原理が欠如しているが故に、懐疑論は、「有限な諸形式をもっぱら経験的にそして学的ではない仕方で見いだし、所与として受容しなければ」（『ハイデルベルク・エンツュクロペディー』第三六節）ならない。そうであるからこそ、次にまた、懐疑論の完全性は単に偶然的で経験的なものとなる。懐疑論は有限的な認識の「あらゆる」形式に即して遂行されるが、この「あらゆる」形式は、懐疑論にとっては単にすべてよく知られた形式でしかありえないのである。

(Ⅲ) ところで、導入が満たさなければならないのは、通常の意識の要求であるのだが、この要求に関しては、懐疑的な手続きが学的ではないという性格は、さしあたり、**欠陥**として現われない。意識が、自らは知らないという事実に頑なに固執しない限り、――つまり、意識は進んで思考するのだと前提することができ、したがって意識は、「真であり存在すると見なされている一切を、思考しつつ発展的に無に帰すこと」[22]にかかわり合う限り――、ヘーゲルの見解によれば、意識を強制して、思弁的な思考つまり学の概念を自らのうちに産み出させることは可能である。そうでなければ、懐疑論が導入として提供されるということはないであろう。それ故に、懐疑論はさしあたりただ、導入に対して**学そのものの側から**生じる要求に関してのみ、欠陥あるものでありうる、ということになる。有限な認識の形式の一切がもつ自立的な意義を破壊するということに、総じて内的な必然性が存するとするならば——これらの諸形式の思弁的な連関を主張する場合には、ここに内的な必然性が存するということは否定されえないわけだが——意識が学そのものに到達する道程の概念を、学そのものが自らに規定しなければならない。そうでないと、学は、自らを端的に自らによって規定する思想ではなくなってしまうことになるのである。そうであるからこそ次にまた、この道程は、懐疑的な意識の偶然や単なる経験に委ねられることのない、思想そのものによって規定された過程であり、そのような仕方での先入判断の放棄の過程なのである。

現象学がこの過程を叙述するといわれる限り、現象学は、懐疑論に対して、争う余地のない**優位**を保持する。しかし、この優位は、現象学の導入としての成果に関するものではない。そうではなく、それは、現象学とは学そのものが学自身に与える前提であるという、そういう現象学の価値にのみ関するものである。したがってさしあたり、導入を行なう懐疑論を完全なものとするという、学の側から要求されるべきこのことが、なぜ、意識論という性格を受け入れなければならないのかということは、洞察されていない(1)。また、この意識論は、なぜ、懐疑論が携わる認識の諸形式を、現象学的に主題化するということに限定されえずに、現実にまで、否それどころか精神の歴史にまでも関与しなければならないのか、ということもまた理解されえてはいない(2)。そして最後に、意識論は、そうしたものであることによって、懐疑論と全く同様に余分なものでなくなるのかどうか、ということがなお疑わしい(3)。いまやこれらの問いが論究されるべきである。

(1)　まずは最も容易に洞察することのできることとは、懐疑論を遂行する意識が主題化されることによってのみ、導入の手続きは学的であるべきだという要求が満たされるということである。というのも、論理学によって認識される思弁的な概念連関は、懐疑的な意識にとってはなお隠されているからである。だからこそ、懐疑的な意識は認識の諸形式をただ受容することができるだけなのである。この意識は、自らの内容に対してふるまっているのだが、この内容をよそよそしいもの、客観的なものと捉えているのであり、したがって、この意識は、こうしたよそよそしいもの、客観的なものの混乱から、自らが自己自身と同一であるという抽象的な同一性へと退却するのである。それ故にこの意識は、こうしたふるまいにおいて**本質的に**意識なのであり、一層詳しくは自己意識なのである。こうした意識の自己自身との形式的な統一こそが、意識の携わるさまざまな形式を意識において意識自身に対して相互に結合する、**唯一の**統一である。だが、結合は単に外的に行なわれるのではない。というのも、この統一は、懐疑論によって検討された、懐疑論には混乱をもたらすだけの認識の諸形式を、同時に——懐疑論に対して、ではないが——懐疑論に即して、論理的に規定し続けるものだからである。「絶対的な概念が懐疑論の武器である。ただ、懐疑論にはそういう意識がないだけである[23]。」それ故に、この絶対的な概念を主題化することによって、懐疑的な分析に内在的な、——つまり、単にこの分析を越え出て構成するのではない——、必然的で完全な連関が、打ち立てられうるのである。もちろん、この連関は懐疑的な意識そのものによって把握されている必要はない[24]。懐疑論的な遂行が、自らをそのまま教説へと固定化することなく、単に、現われるがままを提示する手続きであろうとするならば、この遂行は自らの背後で、分析されるべき諸形式の必然性と完全性とを保証する**現象学**となるのである。

(2)　現象学と懐疑論との連関に関するヘーゲルの論述も、ここまでは裏付けることが可能である。しかし、現象学が学的であるという点においてばかりではなく、それが意識の具体的な諸形態を取り扱うということによってもまた、懐疑論に対して現象学が際立っているのは、なぜなのか、ということはこの論述を念頭においてもなお理解することはできない。すでにこれまでに、意識とその歴史との間に存する連関を明瞭にすることをめざす、いくつかの問いが定式化された。が、懐疑論と現象学との相違に着眼するならば、ここにさらにもうひとつの問題が生じる。すなわち、現象学は懐疑論に対して、次のことによって際立つということである。つまり、懐疑論は、有限な諸形式を破壊しうるためにはそれらを受容しなければならないが、現象学は、そうした諸形式を、この諸形式に対応する意識の諸々の態度において主題化するということ、そして、現象学は、これらの態度において、我々の通常の意識に現前するものとその背後で進行しているものとの間を媒介するものを手にするということ、このことによって際立つのである。現象学は懐疑論と違って、自らの何らかの前提がいつでも経験的にあらかじめ与えられるということを、必要としない。なぜなら、現象学は、こうした前提をあらかじめ与えるものを、配慮し見通すからである。しかしこのあらかじめ与えるものとは、どれほど具体的なものとして要求されるべきなのだろうか。現象学に対して、この著作の半ばまでしか導入の性格を認めようとしない人々は、この点に悩みをもつ。自らの真理を求める意識を学的に取り扱うのだとすれば、その際何が要求されるのだろうか。意識の諸様態そのものを、それらにとって主題的であるもの［有限な諸形式］や隠されているものと一緒に取り扱うならば、それで十分なのだろうか。それとも意識の諸様態は、さらに、それらが人倫的世界において存するものとしても、また、それらが宗教の精神において自らを何らかのものとして理解する、そうした何らかのものとしても、考察されなければならないのだろうか。あるいはまた、こうしたことをもってさえまだ少なすぎるのであって、意識の諸様態を哲学史に統合するということが必要なのであろうか[25]。次章ですぐに論じられる、現象学の範囲を取り扱う節は、こうした諸々の問いに答えることに寄与するはずである。そこにおいては、いま言及されたヘーゲルにとっての諸テーマが、実際導入が学的であるためにもまた要求されるのだということを、明らかにする努力がなされる。というのも、主観に対してもはや何も単に「与えられて」いるのではないという、そうした意識の［学的な］あり方は、これらの諸テーマを経ることによってのみ展開されうるからである。

(3) 導入は、その学問性の故に、現象学を懐疑論に対して際立ったものとする、かの具体性を所有していなければならないだろう。しかしたとえそうだとしても、現象学の必要性は依然としてなお、次のことに依存している。それは、体系とは総じて体系から分離された導入を必要とするということである。ところでしかし、懐疑論が余分なものと見なされうるのは、**弁証法的な**契機が肯定的な学にそもそも内在しているからであり、また、有限な認識がもっているさまざまな前提は、懐疑論によって破壊されるまでもなく、純粋に思考しようとする**決意**によってあらかじめ退けられうる（『エンツュクロペディー』第七八節）からである。その結果有限な認識のさまざまな前提は、学の内在的な進行を妨げないのである。これまでに挙げた、現象学が優位であるとされるすべての点は、単に懐疑論の学的な欠陥を除去することになるだけのものであろうから、これまでのところは、導入としての現象学について、［それが学であるということ以外に］何か別のことが想定されうる根拠は何もない。

否、それどころか、現象学についてこれとは何か別のことが妥当するなどということは、およそありえないように思われる。というのも、導き入れられる意識を考慮するならば、懐疑論も実際**可能**であるはずであろうからである。懐疑論は、意識が導入に対して立てる諸々の要求を一見満たすように見えるのである。そうであるにもかかわらず、懐疑論が端的に余分であり、決心によってとって代わられうるのだとするならば、導入は、ありうべきどんな形態においてすら不要なのである。[26] しかし、それに対して先に、哲学は通常の意識に対して正当化されなければならないということが、前提されたのであり、また、この正当化は、体系とは分離された分野において——つまり導入において——なされなければならないということが、想定されたのである。それ故に、いまや次の二者択一に迫られる。すなわち、［i］ヘーゲルは、懐疑論を余分なものだと言うことによって［a］、あるいは、懐疑論を或る種の可能な導入であると申し立てることによって［b］、間違いを犯していたのだ、とするのか。あるいは、［ii］現象学が必要であるという主張はもはや、維持されえない、とするのか。この二者択一の前半の一文［a］もしくは二文［a・b］が制限される［つまり、部分的に否定される］場合にのみ、体系から分離された導入の必要性が、『エンツュクロペディー』のテクストと矛盾することなく、引き出されうることとなる。その際の前提は、［繰り返しになるが］肯定的な学が、通常の意識に対する正当化を必要とするということである。もちろん、そうするとこの導入はまた、現象学の形態をも取らなければならないのだが。それ故に、次節ではまた次のことが検討されなければならない。それは、いかなる点でヘーゲルは、懐疑論を余分であるというのか、ということである。さらにまた、いずれにしても導入は必要であるのだが、しかし、懐疑論は現象学と同じ意味で可能であるわけではないという、そうした［これまでとは］何か別の観点がなお存在しないかどうか、ということである。

c　体系内在的な正当化の、不完全さ

(I)　いましがた明らかにした正当化の二重の概念によるならば、次のような場合、懐疑論が、そして、それと共に一切の導入が、余分なものとなる。すなわち、学のポジティヴな正当化は、学の始まりと経過と必然性とを学的な知そのものに対して明示するわけだが、こうしたポジティヴな正当化が、［学的意識とは］別のあらゆる意識の不完全さをこの意識に対して証示するネガティヴな正当化と、ひとつになって遂行されうる、という場合である。

(1) 導入が、有限な認識の立てる諸前提を破壊しなければならないのである限り、このような導入が余分なのだということは、ヘーゲルによってはっきりと主張されている。しかし、自問してみなければならないことは、もとより学は、導入を不要とすることによって、学の立場をとっていない意識に対して十分正当化されるのかどうか、ということである。実際また、学の始まりは、そして、次のような諸概念——すなわち、その無条件的な妥当性が、通常の意識においては前提されているが、他方、その妥当性は学においては制限されている、かの諸概念——への学の進展は、意識に対して或る正当化を必要としていないのだろうか。だが、こうした学の始まりや学の進展によってこそ、何といっても初めて［学の］内在的な正当化が確保されるのだとするならば、どのようにして、これらのものの［意識に対する］正当化がなされうるのだろうか。

(2) この問いに対するヘーゲルの答えはこうである。つまり、有限な認識形式の破壊へと導く進展を獲得するためには、「純粋に思考しようとする**決意**」（第七八節注解）だけで十分である、と。この決意において、学の遂行に対して、その完全な条件が与えられる。それは、あらゆる前提が、前提であるが故にさしあたり脇にのけられるという条件である。またそれ以上に、内在的な進展において獲得される諸概念に付される注解によって、次のことが保証されよう。すなわち、これらの［脇にのけられる］前提は、その内容が導出され、また、その内容の限界が規定されるまでの間は、置き去りにされたままにされるのだ、ということである。獲得された諸概念はこれらの注解によって、単に前提されただけの概念の助けを借りて成立する諸解釈から防護される。というのも、純粋に思考しようとする決意によって始められる、そうした明証［的な進展］は、ただ、いかなる前提も入り込まない場合にのみ、遂行可能だからである。それ故にこそ、前提された諸概念は、生み出された諸概念と同一視されてはならないという配慮がされるべきなのである。次に、さらなる進展において、以前には使うことが禁止されていた諸概念へと到達することによって、［単に前提されただけの諸概念は使用してはならないという］要求された捨象の根拠が明らかにされる。こうした進展によって、あらゆる有限な形式の自立的な意義が破壊され、それによって懐疑論が学そのものの内部で完結するわけだが、こうした進展によってまた同時に、さしあたりは単に直接的に遂行されただけの始まりの必然性が導出されるのである。[27]

純粋に思考しようと決意をすることができるのであれば、それによって、誰でもがまちがいなくヘーゲルの叙述を辿ることができるだろう。つまり、彫塑的な講述が要求する「受容し理解する彫塑的なセンス」を手中にしている人であれば、誰でもである。[28] とはいえ、［依然］なんらかの導入が必要である［ということも考えうる］。しかしその場合でも、肯定的な学問に**分かりやすさ**を提供してやるということが導入の特別な課題だ、ということはありえない。[29]［学は］直接的に始められなければならないという、その直接性の故に、その全体がなんらかの形であらかじめ了解されていなければならないということが不可避であるにもかかわらず、それはありえない。――学を始めるにあたって獲得していなければならない知識を意識がいかに所有するに至るかということは、どうでもよいことである。ここで論究されている、学の正当化という意味での導入は、さしあたり、学的ではない意識を指導するということとして、思い描かれるものではない。[30] とはいえ導入は、純粋に思考する決意をする気にさせるということにおいて、指導という機能を引き受けることはありえよう。というのも、導入が促すこの決意とは、始まりの完全な条件であるのだが、そのうちには、全体を先取りするということもまた含まれていなければならないからである。このようにして導入によって促される全体の先取りによってまた、分かりやすさが確保されるのである。

(3) 他方、導入は、かの決意のいかなる必然的な条件でもありえない。というのも、［たとえ導入がないとしても］そのような決意とそれに続く諸形式の弁証法とによって、我々は有限な認識の諸前提から解放されうるからである。解放されないのだとすれば、こうした決意と弁証法とを示唆することによって、懐疑論を余分なものであると見なすことはできないであろう。［ところで］しかし、そうした決意を媒介するような、［導入とは］別の条件というものがありうるのだろうか。また他面、学が、精神の歴史の一定の段階に現われるべきものだとするならば、そのような別の条件がなければならないのではないだろうか。ここに新たなジレンマが成立するように思われる。すなわち、［a］導入と、それから、次のような問題状況——つまり、学への自らの教養形成の円環［カント、フィヒテなど、当時の代表的な諸哲学］を辿りおえた後に、精神が見いだす問題状況——との、**いずれも**が、自己自身に立脚する思考の自由な行為を媒介するのだろうか。そうだとすると、ヘーゲルが自ら行なう、研究やこうした状況との対決が、導入の代わりをしうるように思われる。しかしヘーゲルは、単に史実的で理路整然と論じるだけの導入では不十分であると宣言していた（『エンツュクロペディー』第二五節）。あるいは、［b］媒介するものは問題状況**だけ**なのであって、それに対して導入は、媒介するというようなものではないのではないだろうか。そうだとすると［——つまり、問題状況だけが媒介するものなのだとすると——］、学の学そのものにおける絶対的な必然性は、学がそこから現われ出る問題状況から生じることになろう。これに対して、学的ではない意識は、この必然性を洞察しない。学がそれ自体において必然的であろうとも、この意識にとっては、いずれにしても学は恣意的なものに留まる。しかしヘーゲルが主張したことは、論理学の始まりは恣意的なものでもなければ、恣意的なものとして現われるものでもない、ということである。[31] 学が、自らの終わりにおいて自己自身を外化し、非学的な意識に学というものを了解させるのだ、ということであるならば、論理学の始まりそのものは［また］、恣意的なものとして現われるものだと、我々は想定したいということになろう。

決意の概念がヘーゲルにおいてもつ意義を考慮するならば、このジレンマは——そもそれがあるとするならば——ただ第二の側面［つまり、問題状況のみが決意を媒介する］に従ってのみ解決することができるように思われる。というのも、「決意」とは、ヘーゲルにとっては、目的の内容に対して無関心なものなのではなく、目的そのものの客観化なのであり、したがって、目的が、そして目的のみが、決意を媒介するのだからである。したがって、逆に決意は、**或る**媒介構造に基づいてのみ可能であり、現実的であり、また、必然的である。したがって、決意が導入をまつことなくすでに必然的なのだとすれば、導入が、決意に代わり決意を必然的なものとすることによって［初めて］、決意が必然的になる、ということもありえないであろう。決意は、導入がなければ単に可能でしかない、ということはあるのだとしても、決意が導入によって現実的になる、ということはないであろう。そうでなければ、導入は余分なものではなくなってしまい、決意は導入なしでは［単に可能であるのと］全く同様に［端的に］不可能なものとなろう。だが、純粋に思考しようとする決意は、単に可能であるばかりではなく、ヘーゲルにおいては現実的でもあるはずなのである。

にもかかわらず、ヘーゲルの様相論理によるならば、おそらく導入についてある意味で次のことを主張することが、可能であろう。すなわち、純粋に思考しようとする決意は、問題状況もしくはそれに匹敵するようなものによって、すでに絶対的に必然的でありうるにもかかわらず、［なお］導入がこの決意を必然的にするのだ、と。というのも、ヘーゲルにとって絶対的な必然性は、いかなる観点においても偶然性を排除するということによっては、定義されていないからである。そうではなく、絶対的な必然性は、有限なものにおいては偶然性を内包するということによって、定義されているのである。学は時代状況によって強要されるのだとしても、それがあれこれの意識主観において、あれこれの今日的な意識のあり方のなかから現実のものとなるということ、このことは、依然として偶然的でありうるのである。したがって、そうである限り、この個々の意識の決意には何らかの恣意がつき纏っている。それ故に、この決意をそのような恣意的なものであると見なすことも**できる**のである。[32] しかし、導入をしてもらう意識にとっては、このような単なる偶然性からこそ、自らが学と結びつくに至ったという事実によって条件づけられた必然性が生じる。したがって、この決意は精神の歴史においては絶対的に必然的でありうるが、しかし、にもかかわらず、哲学する個々の主観との関係では単に可能的でありうる。その限り、この主観における決意の現実性は、偶然的でありうるのである。だが、このようにして決意の現実性が意識において、別の［歴史的な］意識様態に基づいて、学［と結びつくに至ったという事実］によって生み出されるのであれば、それは仮定的に必然的であることになろう。

したがって、二者択一的な解釈の第一の解釈［五六頁a］が、再び議論の対象となる。実際ヘーゲルの見解に関して言えば、それどころかこの解釈が唯一、的を射た解釈であるのかもしれない。というのも、絶対的な必然性が際立ったものであるのは、単に、そのうちにおいては仮定的に必然的なものが可能であるということによってではなく、それが仮定的に必然的なものを含んでいなければならないということによって、だからである。ここにおいては、おそらくまた次のように考えることが可能であろう。すなわち、確かに学が姿を現わすということは、精神の或る発展段階において絶対的に必然的となり、学の実現が個々の精神によって可能となる。だが、この姿を現わすということの正当化はただ、導入と学とが結びつくことにおいてのみ、可能なのである、と。導入によってこそ、純粋に思考しようという決心が、主観的に必然的なものにもなるのである。これに対して、もうひとつの解釈は、その一層細分化された形態においてさえも、ヘーゲルの主張に反して、学が通常の意識に対してなにか恣意的なものとして現われるということを、排除することができないのである。

それ故に、導入の意識理論的な形態〔現象学〕は、ヘーゲルの後の捉え方によるならば、認識諸形式に対する暫定的な懐疑論と全く同様に余分なものなのではないか、という問いに対する答えとしては、次のことが想定されるべきである。すなわち、かの形態〔現象学〕を認めるとするならば、先の二つの解釈のうちの第一のものだけが用いられうる、と(33)。

(II) 体系から分離された懐疑論が、何故に余分なものと見なされうるのか、ということがこれまでに論究されたとするならば、いまや、学に内在的な懐疑が、〔学に内在的である〕にもかかわらず〔学の〕ネガティヴな正当化にとって不十分であることの根拠が明らかにされなければならない。それは次の問いを考慮することによって明らかになる。すなわち、意識の諸前提を体系内在的に破壊するということ〔つまり、内在的懐疑〕が、純粋に思考しようとする決意を完全に媒介するのだろうか、と。確かに次のこと——すなわち、体系において実際、意識のあらゆる前提が破壊されるということ、しかも、この破壊は純粋な知にとってのみ生じるのではないということ、そうではなく、知のこうした否定的‐弁証法的な局面は、非学的な意識にとっても納得のいくものでなければならないと、純粋な知を遂行する主観が認めるということ——は、是認されえよう。しかしにもかかわらずなお、あらゆる前提から解放されること〔つまり、内在的懐疑〕において絶対的な思考が捉えられるということは、依然として疑問であろう。〔というのも〕始まりの正当化というこの契機はもっぱら思弁的な知に帰属するのだが、これに対して、懐疑的な考察の結果は単に無規定的な否定であるにすぎないからである。それ自体純粋な知ではないが、しかし、あらゆる自然的な前提が溶けて無に帰するのを見た意識は、純粋な思考という始まりを実際に可能であるとみなすかもしれない。しかし、そうだとしても、学が純粋な思考のこの否定的な結果を肯定的な結果［＝学の始まり］へと解釈しなおすということは、依然として意識にとっては恣意的なものであると思われるにちがいない。そうである限り、学は意識にとっては、想定された「立場」のままであり、そうしたものとして真理であるかどうか疑わしいものに留まるのである。というのも、始まりにいかなる必然性もないのだとするならば、その体系全体に対して、前提のトロプス［前提をめぐる懐疑条項］に基づいて反対の議論をすることができるからである。これに対して、始まりの必然性が進展の中で後から導出されるのだとするならば、この懐疑的な批判の手続き［体系から分離された懐疑論］は、相互性のトロプス［懐疑条項］によって崩壊する。(34)

精神の形態としての学［つまり現象学］の立場がもっている一層具体的な意義についても、同じことが言える。学が真であるということが、非学的な意識に対して、理念の開示とは異なった手続きをとって正当化されるということなしでは、その学は単に、同様に真理であることを要求する別の事実と並び立つ、精神の自己遂行の一事実であるにすぎない。その学は確かに、これらの諸事実とは違って、それ自体において真理であることを——また、これらの諸事実の真理でもあることを——明らかにし、この真理を遂行しようとする欲求［の実現］でもあることを明らかにする。しかし学は、［あくまでも］このことを内在的に証示するのである。にもかかわらず、それは、自らの要求に従って自らを越え出て、あらゆる意識に対して、この学の真理が唯一究極の真理であることを承認するよう求めるのである。これに対しては通常の意識は、学への歩みを拒否し、自らの先入見を退けることを拒否するだけでよい。この意識の行なう拒否は十分に根拠づけられている。なぜなら、学への歩みは意識自体の放棄を要求するのだから。したがってこの〔意識の〕拒否は、単に無思慮な不信に由来するものではない。それは明らかに、完璧に正当化された思想に対しても依然としてなされうるものであり、そのまま放っておくしかないものなのである。(35)

宗教的な意識は、純粋な概念において神に近づくことができるということを否認する。しかしそれはただ、この意識が自己自身に忠実であり続けるというだけのことであろう。この宗教的な意識が、その信仰内容のどれだけのものを、概念の形式において保持し続けるかを一度試してみようとする誘いはどれも、この意識には誘惑であると思われるにちがいない。だからこそ、ヘーゲルの絶対的宗教の哲学は、ただ、キリスト教的な信仰の伝統的な了解からすでに疎外された人々のみを説得したにすぎないのである。全く同様に、人倫的な意識も、学による試みにはますますもって近づかないというようにして、思弁的な知に対して自己自身の確信を主張することができる。というのも、〔こう問うことができるからである。すなわち、〕世界情勢が変革を必要としている一方で、哲学理論に身を委ねるということには、いかなる正しさ、いかなる強制力が、存するというのだろうか〔、と〕。また、人倫的な自己了解に対する呼び掛けも、それだけでは、意識を正しい仕方で哲学のうちへと導いてくるにはなお不十分である。それは、我を忘れて独断的に哲学することは阻止するかもしれない。しかしそれは、そもそも哲学をするということ、このことを正当化しはしないのである。

学に対する異議が、個々の議論に向けられるのではなく、哲学的な認識という事実全体に向けられるのだとするならば、それに対しては、もはや学に内在的な懐疑論を示唆することによって対処することはできない。意識が試しに学をなしてみて、自らの前提が破壊されるのをその都度確認するとしても、――結局は、その意識は、自己自身へと立ち返って、これまでのすべてのことによって何も納得したわけではない、と主張するにちがいないであろう。意識は、学が意識に対して意識自身のうちで学の立場を示してみせるよう、要求する権利をもっている。『現象学』においてはっきりと承認したこの権利を、ヘーゲルは、その後も否認することはできなかった。しかしまたヘーゲルは、この権利を［『現象学』の後に続く］本来の学において配慮することもできなかった。というのも、本来の学のポジティヴな側面は、かの［『現象学』の］立場に依存しているからである。だからこそ、『現象学』までの、そしてまた、［『エンツュクロペディー』における］絶対精神までの［学的な］思想を解明したとしても、それだけでは、論理学の立場を論理学内在的にポジティヴに正当化するということと全く同様に、何もしたことにならない。だがまた、学のネガティヴな側面［学の内在的な懐疑論としての『現象学』］が、無規定的な否定から最初の直接性［『論理学』における「存在」］への移行を正当化する、ということもない。それ故に、学の立場は、それを受け入れない意識にとっては、［『現象学』をも含めて］せいぜい哲学的な仮説に留まるのである。だがこれに対してヘーゲルは、学がやがて反論の余地なく真であるものへと至るはずであるならば、それを仮説として始めることはできないと、最後まで確信していた。だからこそヘーゲルは、論理学の第二版において次の主張を抑えることができなかったのである。すなわち、学の概念は、『現象学』が目的としていたこと、つまり、意識によってこの概念を産み出すということ、ただこのこと以外にはいかなる正当化の可能性をももた**ない**、と。(36) 自我から始めるということに対する論争も、ヘーゲルは、おそらく次のような論議を拒絶していたのだから、無意味なものとなっていたであろう。すなわちヘーゲルはおそらく、自我が自分自身から純化される絶対的な行為とはそもそも、純粋知の立場への［直接的な］高揚であるという論議を、拒絶していたのである。［ヘーゲルによれば］この高揚は、それが主観的な要請とならないためには、直接的に要求されてはならないのである。[37]

したがって、肯定的な学のうちには、有限な認識のあらゆる前提の破壊が含まれているとした場合でさえも、導入を総じて余分なものであるとみなすことはできないであろう。そしてまた、肯定的な学の体系が、その絶対性の要求の故にそうでなければならないように、全面的に自己自身から展開可能であるのだとしても、学へと歩み寄る意識が完全に学の立場と媒介されうるようなそうした、体系から分離したネガティヴな正当化というものの課題は、依然残るであろう。そうした正当化を欠くと、全体としての学には、有限な意識の真理要求という側から求められる正当化が、抜け落ちるのである。導入が、そのような正当化としてはっきりと定義されていない限り、とにかくそれは、単に諸前提の破壊としてしか主題化されえない。諸前提を捨象するように促されるだけで、導入の行なう正当化が省略されるところでは、容易にそうした［諸前提の破壊として］主題化が行なわれることとなる。このこと［導入の正当化が省略されているということ］は、『エンツュクロペディー』の場合にあてはまる。それ故にそこでは、懐疑論は、可能ではあるが同時に余分な導入であると見なされる。そこにおいて主題化された導入の課題［つまり、諸前提の破壊ということ］から見るならば、懐疑論は、実際そのような［余分な］導入であるということを我々は認めなければならないだろう。

(Ⅲ)　非学的な意識に対する学の正当化に関しては、懐疑論は余分なものではないであろう。だが、懐疑論のうち学そのものに含まれているものが、そうした正当化にとって十分なものではないとするならば、問題は、そもそも懐疑論がこうした正当化なるものをできるものなのかどうかである。懐疑論は、意識対立のうちに囚われたままであり、また、前提された諸概念から出発する。それ故に意識は、懐疑論を疑いもなく理解する。だが、疑わしいことといえば、それは、懐疑論が自らについて意識に提供する了解が、十分な射程をもつのかどうかということである。というのも、懐疑論は、或る形式対立から次の形式対立への進展を完全に了解することはないのだから、懐疑論はまた、自らが破壊する多くの諸前提を全体として理解することを可能にしはしないからである。したがって、懐疑論は決して終結に至ることはない。懐疑論の基盤をなす意識対立の形式すらも、懐疑論に屈伏させることは、いつでも可能である。にもかかわらず、懐疑論は、形式上の諸々の対立のひとつですらも自己自身である［つまり、懐疑論に直接関わるものである］と認識することなく、単に個別化された形式上の対立を仮象であると証示するのみなのである。そうである限り、自らを超越するように強いるものが、自らに内在しているということが、そもそも懐疑論そのものに存していない。したがって、それのみが根本的であるとヘーゲルがみなす古代懐疑論とは、仮象であることが明らかにされるべき世界に比して、自己自身［のみ］が恒常的に確実であるという、そうした確実性を獲得する手続きであるにすぎなかった。そして、この懐疑論はこの手続きを、与えられたものに即して無限に継続することができるということで満足したのである。

懐疑論が学の正当化に不適切であるように思われるのは、自己破壊が懐疑的な意識に対して、やがて必然性をもつことになりうるのかどうか、という問題による。しかし、そればかりではない。かの自己破壊の結果、思考の形式において自己把握する精神の学［すなわち、哲学］が得られるのかどうか、ということもまた少なくとも問題である。というのも、懐疑論は、それが歴史上占める場所という観点からすれば、単に、古代哲学の完成である新プラトン主義に先行する、精神の一発展段階であるにすぎないからである。それ故に懐疑論の歴史上の成果とは、確かに、それ自体において具体的なものとしての理念が意識化されるということにあった。しかし同時にこの理念は、概念の自己自身との統一のうちになお留まっているのであり、いまだ、「最もかたくなな対立」、すなわち、思考と存在、主観的なものと客観的なものとの間の原理的な差異を、自己自身においてきちんと形成し、かつ廃棄してはいないのである。古代懐疑論ならびにその成果――その歴史上の性格からしてそもそもすでに明らかであることは、この成果は懐疑論自体にとっては成果として理解されてはいないのだが――にとっては、近代の揺るぎない確実性の願望というものがまだ知られていない。それ故に、純粋知の始まりのためにはもとより意識様態の媒介ということが要求されるわけだが、この媒介ということに関しては、元来の純粋な形式における懐疑論は、近代においてなされうる導入の要請には劣るのである。たとえこの懐疑論が、自己自身では、自己自身を超越することができる［と考える］のだとしても。この点で懐疑論の成果は、単なる要求であるにすぎないだろう。したがってそれは、純粋に思考しようとする直接的な決意と同じものと見なされるのである。

ここから理解しうることは、ヘーゲルがすでに一八〇二年に、懐疑論は「哲学への第一段階とみなされ」うると認識していたにもかかわらず、なぜそれを導入と見なしつづけなかったのかということである。[38]［つまり、ヘーゲルによればこうである。すなわち、］懐疑論は確かに、「そのような導入として提供」されよう。だがそれは、今日ではもはや前提することは許されないような、通常の意識のいわば無頓着な状態を、前提とすることになろう。そして懐疑論は、自らが精神であることを知っている意識であれば、もはや安んじることのできないような思考形式の知へと至ることになろう、と。学的な哲学という近代的な思考を産み出した根拠と同一の根拠によって実際また、単なる懐疑的な手段によって哲学に与えられうる正当化よりも一層強力な正当化が、強要されることになるのである。

古代の懐疑論とは違って、近代の懐疑論には、錯誤の疑惑、すなわち、あらゆる先入見を拒絶しようとする心構えと真理要求とが、始めから内在している。それ故に、近代の懐疑論は、――懐疑するものの自己意識においてであれ、感覚所与の直接的な確実性においてであれ――学的な始まりを獲得しようという、導入に対応する方法的な意識をもっているのである。しかしこの懐疑論は、有限な認識の諸形式そのものを考察し解体する手続きではなく、単に、知がこれらの諸形式においてもっている不確かさや疑わしさの想起であるにすぎない。そしてその結果［獲得されるもの］は、この懐疑論にとっては——自己自身の知においてであれ、また、感性的に与えられたものの知においてであれ——決定的な確実性なのであって、意識を克服するために要求される意識の非決定性ではないのである。したがって、近代の懐疑論そのものから、純粋な思考の学［＝論理学］の導入のために期待されうるものは、古代の懐疑論から期待されうるものよりも、さらに一層少ない。［なぜなら、そこにおいては意識の克服ということがなされえないからである。］そのような近代の懐疑論が、もしも学のための正当化の機能を保持していると言うのならば、古代の手続きが、この懐疑の考察［近代の懐疑論］のうちに受容されていなければならないであろう。そして、この考察が意識を主題化してみせる限り、そのことによってそれはすでに、現象学の方向へ一歩を踏みだしていることになろう。意識論の歴史的状況は、ヘーゲルにとっては、もはや近代哲学の始まりによってではなく、カントおよびフィヒテによって規定されている、という事実を顧みるならば、この［現象学への］歩みにはさらなる歩みが続かなければならないことになろう。事実、現象学は、その方法に関しては、知識学の懐疑的な改変とみなされうる。——すなわち、知識学とは、懐疑論が古代哲学の完成に対してもつのと同じ歴史的な関係を、ヘーゲルの哲学的な学［現象学］に対してもつという、そういう哲学の形態なのである。さらに——そのような改変の可能性がひとたび想定されるとするならば——学的な知の確実性は、この知が精神［の知］として正当化される場合にのみ、正当化されうるのである。このことを考慮するならば、いまやまた次のことも明らかであろう。すなわち、現象学は意識を検討するわけだが、このことの内容的な意義が、——そして、この意義は、導入の学問性の故に先に必要と思われたものなのだが、この内容的な意義〔意識様態の媒介（五六頁、六五頁）〕が、――全く同様に学の正当化のためにも必然的であるということである。したがって現象学は、それが懐疑論に対して傑出している事柄を通して、一層高次の要求、つまり、学の側から導入に対して出され、懐疑論では満足を見いだせないという、そういう要求を満たすばかりではない。それはまた、非学的な意識の掲げる要求をも満たさなければならないのである。学は、現象学による以外、いかなる真の正当化の可能性ももたないのである。

成　果

体系内在的になされる学の正当化は、ヘーゲルの見解によれば不完全である。それはただ、体系から分離された意識の懐疑論的な主題化によってのみ補完されうるのであり、この主題化において学は、非学的な意識に自分〔意識〕自身について了解させるのである。それ故に、『エンツュクロペディー』の第四節において、これとは何か別のことが導入に必要なものとして承認されていると見なす根拠はもはやない。そして、この〔導入の〕分野〔現象学〕の可能性や、また必然性を否定するように思われる言表はすべて、この線に沿って解釈されるべきである。したがって、テクストのいくつかの箇所の捉え方に関しては、先に詳述された解釈のジレンマは取り除かれている。ヘーゲルが『現象学』を『エンツュクロペディー』の冒頭に提示していないということは、ヘーゲルが導入という意味をもつ『現象学』をもはや体系の契機として理解してはおらず、もはや学の始まりとは理解していない、という意味をもちうるのみである。こうした解釈の首尾一貫性は、以下において、ヘーゲル文献に携わる最も重要な代表者たちに抗して明らかにされうるであろう[39]。また、それに続いて、ヘーゲルがいかなる理由から、『現象学』をかつて別様に理解し、後に新解釈を施したのか、という問いが論究されるべきである[40]。

ただし、テクストの諸々の箇所を矛盾なく解釈することだけでは、それらの箇所でただ形式的にのみ表示されたこの分野［つまり導入としての『現象学』］が、事柄として可能であり、体系と一体化しうるということは確証されない。その理念に従って完全に自己内完結した学［『現象学』］の体系性の故に、導入の必然性を証示するいかなる可能性も与えられないということが、ありうるであろう。いずれにしても、ヘーゲルはそのような［導入の必然性の］証明を行なういかなる準備もしていない、ということは認めなければならない。問題が決せられるべきだとするならば、『エンツュクロペディー』が自らの概要を示してみせる箇所（第一六節）の一層詳細な議論が不可欠である。この議論のために本稿の第二部が取っておかれる。これに対して、これまで取り扱ったテクストから判明したことはただ、導入の必然性は学についてあらかじめ了解される必然性から根拠づけられることはない、ということのみである。というのも、学は、主観的な認識において、純粋に思考しようとする直接的な決意から始めることが可能なはずだからである。この決意はせいぜい、教養形成の或る歴史的な局面によって必然的に媒介されるのみである。したがって、導入が遂行する正当化は、認識において必ずしも学に先行して述べられる必要はない。それどころかおそらくむしろ、先行して述べるということは諫められるべきである。というのも、そうした導入の叙述は錯綜するし、その理解のためになされる骨折りは「不快」（『エンツュクロペディー』第二五節）だからである。むろん、学を伝達するということが、学の立場やその意向を暫定的に知らせることをなしで済ますことができないとするならば、その限りにおいて、解説的な「導入」、すなわち、論理学の「予備概念」とか、それと同様の予備折衝、あるいは有限な認識形式の懐疑論もまた、有用である。もし、あとづけを行なう［導入の］認識が、当初こうしたもので満足するのであれば、学の立場を非学的な意識に対して正当化する現象学は、事後に遂行することができる。すなわち、現象学は、おそらく必ずしも学の**前に**配置される必要はなく、ただ、**どこかに**配置されていればよいのである。しかし、現象学を解釈学的に遂行するならば、現象学は一層詳細な意味ではなお「学に先立つもの」として規定されることにもなりえよう。ヘーゲルはこうした意向をもっていたと言ってよいであろう。しかしながら、一八〇七年の『現象学』は、少なくとも論理学と現象学の体系性の概念なしにはほとんど遂行不能なのではないかという嫌疑［もしくは推測］もまた生じうるであろう。これに対しては、これに対立する見解［つまり、『現象学』はそもそも体系性とは無縁であるという見解］がまた容易に引き起こされる。(41) しかしこの見解においては、『現象学』をヘーゲルの意図した意味では実行不能にしてしまうような問題が含まれている可能性があろう。［目下の問題をめぐってはこうした錯綜した諸問題が起こりうるが、］『現象学』そのものの可能性は、以下においてはただ、範囲と区分に関してのみ論究される。(42)

第二章　導入としての現象学

前　置　き

ヘーゲルは『エンツュクロペディー』のなかで、導入というテーマについていくつかの事柄を示唆している。それによって我々は、一層広い解釈学的な基盤のもとで解消されることが試みられなければならないような問いへと導かれる。このような問いの解消を試みるために我々は、一八〇七年の『現象学』のテクストが提供する詳細な資料へと手を伸ばさなければならない。しかし、この資料はここでは、単にこの資料そのもののためにのみ論じられ解釈されるわけではない。というのも、前章において明言された関心は、ヘーゲルの最終的な体系構想に対する導入の理念の意義に、向けられているからである。したがって、二つの著作〔『エンツュクロペディー』と『現象学』〕の間の根本的な差異を規定するために、『エンツュクロペディー』を先取りしておくこと、ならびに、ヘーゲル以後になされた他の導入の企て——それは、ヘーゲルの企ての解釈を含意するのだが——と〔両著作とを〕比較することとが、不可避である。しかし、こうした〔比較検討が主眼であるという〕ことを度外視するとしても、『現象学』の純粋な解釈は、ここでは、完全には遂行しえない——導入問題にとって重要な視点に話を限定するとすれば、なおさらである。というのも、『現象学』の暗く曖昧な点をすべて最終的に明るく分かりやすいものとするような解釈は、ヘーゲルの論理学の発展史の助けを借りてのみ、成立しうると思われるからである。すなわち、この発展史を通してのみ、『現象学』ならびに体系構想〔『エンツュクロペディー』〕の核心をなすはずの「論理的なもの」が、『現象学』のうちにいかに組み込まれているかが、認識されうるのである。だが、ヘーゲル〔自身〕の論議はさしあたり、こうした認識を遂行する十分な手助けとなるものではおよそない。したがって、次のような解釈学的な理想――すなわち、『現象学』は或る体系構想の内部で展開されるわけだが、この体系構想を、この構想の一部である論理学の構想に帰着させ、この論理学の構想の変化に基づいて『エンツュクロペディー』の体系性に見合った導入の概念を発展させるという解釈学的な理想――が、以下においてただ漠然とした見通しを与えるものとして役立つのみである。ここにおいて、この見通しの輪郭は、〔本論における〕手続きおよびテーマによって限定された検討領域において際だつ限りにおいて、そしてまた、検討の目的にとっては答える必要のないような問いにおいて解消してしまわない限りにおいて、追求される。〔その限り、〕『現象学』の背景には、どのような体系構想や論理学の構想が存しており、どのような欠陥が『現象学』を超え出るようにしむけるのか、というようなことを認識することが、一つの課題ともなろう。こうした問いの広がりに比べれば、ここでまずはじめに論究されるべき問いは、控えめな印象を与えよう。すなわち、ヘーゲルは、一八〇七年の『現象学』の内容を『エンツュクロペディー』の体系性のうちへと、自称、完全に取り込んでしまったにもかかわらず、この『現象学』を決して非難しなかったということ、このことは何を意味しているのか、と。

この問いに対する答えに関しては、いまやとりわけ、導入の範囲に関わるかの箇所〔『エンツュクロペディー』第二五節〕が提供されるべきであろう。明らかにされなければならないことは、導入の体系性が、単なる意識の形式的なものに制限されることはありえないということであり、したがってまた、この〔意識の」範囲に限定された現象学が『エンツュクロペディー』のうちへと受容されたからといって、これとは異なった、一層広い範囲をもつ導入［『現象学』］が余分のものとなるわけではないということである。しかしながら、ヘーゲル文献は、こうしたことよりもなおいっそうしばしば、次のような問いに関わってきた。すなわち、『エンツュクロペディー』の外的な形態が、体系において最初の場所を占めるという『現象学』の要求とどのように結合しうるのか、と。そしてまた、導入の概念の内容を、その範囲が論究される前に、その体系への関係を通して暫定的に規定しておくということは、当を得たことでもある。そこで、あらかじめ次のことが叙述されるべきである。すなわち、『現象学』は、暫定的な哲学の営みに対するヘーゲルの論駁に対して、どのように関係するのか、そして、体系の第一部であるという『現象学』の要求には、どのような意味があるのか、と。

ところで、『現象学』が体系にどう関係するかについて論究しようとすると、ずっと以前から広まっている先入見に遭遇せざるをえない。それは、『現象学』の課題や位置づけについて、また、後の［『現象学』をめぐるヘーゲルの］意味づけについての論争は、不可避的に不毛であるという先入見である。［だが、こうした先入見に対して］本論究が明らかにしようと試みることは、この点に関するヘーゲルの言表はなるほど不明確ではあるが、しかし［ここにおいては一貫して］体系構想全体についての問いこそが問題となっているのだ、ということである。こうした［体系構想全体についての］問いがヘーゲルに関する論議のうちでなお関心がもたれていた限り、かの［課題や位置づけ、意味づけをめぐる］論争は無益ではなかったわけで、このことが、［本論究が無益ではないという］その点を示す、信頼するに足る徴表なのである。したがって、『現象学』がとりわけその体系的な機能に関してたどった、解釈の歴史から［考察を］始めることは当を得たことなのである。このことによって、それに続く試論が準備される。すなわち、『現象学』

は、その体系に対する関係を或る意味で規定していたわけだが、以下の試論は、この意味を一層正確に規定しようとするのであり、また、この点に関するヘーゲルの後の言表は、この関係を必然的に解釈し直すものであったということを、際だたせようとするのである。体系的な観点からするならば、この試論が提起する主張は、導入問題とは単に入門教育的な問題なのではなく、学としての哲学に関わる問題なのだ、ということである。つまり、ヘーゲルによるこの問題の論議は、ヘーゲル自身をそのラインホルト批判に引き渡してしまうのではないのである。［つまり、もしヘーゲルが導入問題を入門教育的問題と見なしたとすると、ヘーゲルがラインホルトに対して行なった批判が、そのままヘーゲルに跳ね返ってくるわけだが、そういうことはないのである。］もっともそうだとすると、『現象学』はもはや学の体系の始まりだとかその第一部だとかと見なされないということにならざるをえないという困難が、あらわになるのだが。こうしたことから、一八〇七年の『現象学』と『エンツュクロペディー』との歴史的な関係の解釈ということに関して、次のことが明らかになる。すなわち、この両著作間の齟齬を調和させようとすることは当を得ていないが、しかしまた、一八〇七年の著作は、この著作のそれ以前の発展段階を参照すれば事たりると単純に考えることも、ヘーゲルの体系性の最終形態を理解するうえで実りあるものではない、と。ヘーゲルは後にますます『現象学』から遠ざかっていったという、今日一般的となった見解によって、ヘーゲルが『現象学』との関係をきっぱりと絶つことを拒んでいた実質的な動機が、覆い隠されてしまっている。ヘーゲルは［確かに］、自らの体系構想および論理学の構想を変容させた。だが、にもかかわらずヘーゲルは、『現象学』との関係を絶つことはなかった。ヘーゲルは後に『現象学』に対してよそよそしいもって回った論評をするのだが、それは、この構想の変容によって根拠づけられていると見てよいだろう。しかし、この変容は、それによって、一八〇七年の『現象学』に課せられた課題が余計なものとなってしまうという類のものではないのである。だからこそ『現象学』を撤回することは、できなかったのである。

A　ヘーゲル研究文献における『現象学』および導入構想の諸解釈

ヘーゲルの解釈者たちをいつも悩ませてきた問題は、ヘーゲルが一八〇七年の『現象学』を学の体系の第一部という表題で出版したにもかかわらず、ヘーゲルのそれ以後の著作がはっきりとそれに続く部分として起草されてはいないということである。だが、ヘーゲルは、そうであるにもかかわらず、この早い時期の著作［『現象学』］および自らの［この時期の］体系構想を、拒絶することもしなかった。そしてヘーゲルは、この著作やこの体系構想と『エンツュクロペディー』の体系構成とを、簡潔なコメントを通して、謎解きがなされたというよりはむしろ暗号化されたとでも言われるような仕方で、不明瞭に関係づけたのである。またさらに、『現象学』の新版の準備ということについて言えば、ヘーゲルが、この著作のために緒言（Vorrede）を拡張するプランを練っていたことは歴然としている。しかしヘーゲルは、おそらく［『現象学』と『エンツュクロペディー』という］両著作の連関を一層詳細に解説したであろう、この緒言（Vorrede）の拡張が完成しないうちに死んでしまったのである。(1) こうして、ヘーゲルの哲学を叙述しようと欲し、しかも、この哲学の統一性を確信する人々が見て取ったことは、一八〇七年の『現象学』を、『エンツュクロペディー』のうちに書きとどめられた体系構成と調和させるよう、そしてまたこの目的のために、この両著作の間のさまざまな違いをなくすよう、強いられているということであった。［他方］このように主張される統一性に不審を抱く人々が試みたことは、このさまざまな違いを強調し、『現象学』と『エンツュクロペディー』との不一致を証明してみせることであった。したがって、ヘーゲルの信奉者たちによって企てられた、この両著作を相互に協調させようとするさまざまな試みは、とりわけこうした他方から唱えられた非難をかわさなければならなかった。すなわち、そのように［この両著作を調和的に］理解したのでは、体系は二つの始まりをもってしまうではないかという非難である。そこでこうした試みは、［a］一八〇七年の『現象学』から権限をすべて剝奪してしまうということをせずに、『現象学』に対して［『エンツュクロペディー』の］「体系」をできるだけ自立化させるか、あるいは、［b］［『エンツュクロペディー』冒頭に位置する］「論理学」の始まりを何らかの意味で相対化するか、のどちらかをしなければならなかったのである。

a　ヘーゲル学派

こうしてまずは、この学派を代表する大部分の人たちが、『現象学』を体系に統合される部分とは解さなかったし、また、そのように解するとしても、或る特別な観点においてのみであった[2]。彼らは、客観的に組織化された体系［『エンツュクロペディー』］と、［『現象学』を含む］ヘーゲル哲学全体とを区別し、この全体を、一層包括的なものであると理解した。すなわちそれは、哲学する主体が体系的に展開された思想へと至る道程［つまり『現象学』］をともに含んでいる限り、一層包括的なのであった。だが、このような［体系と全体との］差異を考えると、そこには体系の絶対性の問題が存することになるのだが、彼らはこの問題を時に、導入としての『現象学』には予備学的な機能しか認めないということによって、ただ、些細なことのように見せかけた。つまり、導入を必要とするのは、学ではなく、体系ではないのであって、ただ、哲学し始める主観のみなのだ、とした。それにともなって、［意識の吟味の］正当性を明らかにするという『現象学』の［根本的な］性格の代わりに、とりわけ教導する性格が際だたせられ、その意識理論的な基盤は、その具体的な内容と外的に結合されるにとどまった。一八〇七年の『現象学』が学の第一部として登場したということは、いまや、「第一巻、哲学の予備学」というだけのことを意味するにすぎなかった。

こうしたサブタイトルを付して、一八二七年に『理論哲学の体系』を出版しはじめたのは、**G・A・ガーブラー**である。もっとも完成したのは、このうちの「哲学的予備学」という前半だけであったわけだが、この本は、二章にわたる意識の批判を含んでいるのである。その第一章――これは意識一般を論じるのだが――は、おおむね、ヘーゲル『現象学』の「序論（Einleitung）」をパラフレーズしている。そして第二章では、現象する意識の必然的な諸段階の考察が続く。この章でガーブラーは、［実質的には］本来の「つまり、導入としての」『現象学』を論述している。その対象は意識である。「意識が、……その現象と弁証法的な運動において、あるいは、意識が意識自身においてなす経験において、考察される。」（第三五節）つまり、ここにおいては、「予備学的な目的のために、意識が、理性である知へと展開していく、その展開の諸段階の最も重要なものが、主要契機に従って考察される」（同箇所）のである。この現象学がカバーする範囲については、すでに『エンツュクロペディー』における「現象学」の形態が標準となっている。節分けや表題についても、いまや『エンツュクロペディー』（一八二七年）によって指針が与えられている（第三七節参照）。これに対して、ガーブラーが取り扱う具体的な素材は主に、以前の［一八〇七年の］『現象学』からとられている。ただし、この両者［『エンツュクロペディー』の「現象学」と一八〇七年の『現象学』］の違いについてや、この両者が、ガーブラー自身の予備学的な叙述に対していかなる関係に立つのかについては、ガーブラーはほとんど情報を与えていない。彼が書き留めたことといえば、ただ、現象学はまずはヘーゲルによって打ち立てられたということ、しかも同時にその完全さは、次のようであったということである。すなわち、「以後の論者たちに残されたままになっていると言ってよいと思われることは、おそらくただ、説明や解説、それにいわば、個々の部分をさらに論じ上げること、もしくはさらに叙述してみせること、並びに、外的な［現実の］歴史において学的に展開されたことを証明することのみであろう」、と。［また、このガーブラーの著書そのものの基本的性格描写がこう続く。］「ここにおいて考察されることになるのは、一層高次の一層具体的な精神の形態の根底に存し、したがって、後に生じる諸々の展開において反復される、最も重要な全体の諸契機もしくは諸段階のみである。こうした［この著書が念頭に置く］目的と同じ目的で、現象学は当初［一八〇七年］広大な範囲を含んで論述された」。が、後にそれは、哲学的な学そのものの不可欠な部分として、精神哲学のうちに取り込まれた。しかし、このことによって現象学を予備学的に利用するということが、排除されるわけではない。このように利用することは、その特別な目的によって正当化されるのであり、［現象学本来のあり方とは］、その方向づけにおいて異なるのみなのである。

ただし、このようにコメントしたとしても、次の点は明らかにはならないだろう。すなわち、ヘーゲルは現象学を単に縮小した形でしか『エンツュクロペディー』のうちに取り込まなかったわけだが、この事実は、現象学の元来の［導入という］目的を詳論することへの批判であると捉えられなければならないのか、あるいは、そうではないのか、という点である。ガーブラーもまた、現象学の元来の目的が単にひとつの仕方でしか実現できないのか、あるいは、別の仕方でも実現可能なのか、について決定を下さなかった。いずれにしてもガーブラー自身は、自らの予備学の第二部を、もはや現象学の続きとして構想してはいなかったように思われる。それは、心理学的な内容（第三部）およびエンツュクロペディー的な内容（第四部）からなるはずであったのであり、本来の意味で予備学的［つまり、導入的］ではなかったのである。すなわちそれはもはや、通常の意識に対して「学へと至る道」——それは、「いまだ学そのものではないが、学を内的な先導者とし、学の方法なしでは、たどってゆくことができない」もの——を、教えようとするものではなかった。そうではなく、かの第二部とは、「通常もしくは外的に考慮するならば、むしろ初心者にとって実用的で役に立つものを、そして……同時に哲学全体についての暫定的な外観を」（第四、五節）含むものだったのである。しかし予備学のこの第二部がもはや完成することはなかったということこそが、ガーブラーが自らに課した課題が曖昧なままであったということを特徴づけている。すなわちそこにおいてガーブラーは、［元来］『エンツュクロペディー』のうちへと受容された「現象学」の説明や解説や詳述に話を限定する［はずであったにもかかわらず、その］ことはでき［ずに、多くの事柄を取り上げるに至らざるをえ］なかったのである。

しかし、ガーブラーの予備学は、ヘーゲル学派のうちで広く賛同を得た。それは未完成な状態であったにもかかわらず、体系への導入の必要性が問題となる場合には、エルトマン[3]やローゼンクランツ[4]やミシュレ[5]が、それを引き合いに出した。このことによってこの予備学が、次の見解の基盤となった。すなわち、導入としては、理性に至るまでの「現象学」で十分である、と[6]。

ところで、ヘーゲルの『現象学』は、［さらに］理性から精神および宗教へと進展した［わけだが、そうした］事実と、導入としては理性までしか必要ではないという、この見解とを調和させるために、**エルトマン**は次のように考えた。すなわち、『現象学』は、単に導入「もしくは哲学の心理学的な基礎づけ」にすぎないのではなく、「個々人の意識と同様に人類の精神もまた、絶対知の立場へと高まらなければならないのだということ」を叙述するものであった。それはまた哲学を、精神の教養形成の歴史を通して歴史的に根拠づけようとしたものではなく、精神がどのように展開しなければならなかったのかを明らかにするものであった[7]。ただ、その後ヘーゲルは後の講義においては、『現象学』の代わりに、『現象学』から幾つかのことだけを取り出して、自らの体系に先立たせた、と。――まさにエルトマンは、ヘーゲルのこうした後のやり方で十分であると考えていたようである。こうしたエルトマンに対して、**ローゼンクランツ**は、自らの設定する導入の諸テーマを、広範囲にわたる一覧表にまとめあげる。[8] ローゼンクランツによれば、導入が取り扱わなければならないことは、(1)理性的であるという立場に立つ意識の概念。というのも哲学は理性の学であるべきだから。(2)理論的知性のさまざまな形態の概念。というのも、哲学とは、思考する営みであるべきだから。(3)思考の諸形式（概念、判断、推論）の概念。というのも、学の展開は、これらの諸形式のうちで動くのでなければならないから。(4)学自体の最高の原理に基づいた学の区分。というのも、一切の学はその構成区分を、哲学から受け取るべきであるから。(5)学がまさにいま立っている立場の概念。というのも、学の叙述は、現在の欲求に即応しているのであり、また、学の成立の仲立ちをしてきた、学に先立つ一切のものの真の成果であるということを、保証しなければならないからである。――とはいえ、ローゼンクランツは、こうしたテーマを数え上げただけで、相互に結びつけはしなかった。彼は、ヘーゲルの『現象学』は、［いずれにしても］導入という目的のためにその体系的な位置から取り除かれていると考えている。彼によれば、「意識の対象として持ちこたえうるかどうかの、いわば吟味に耐えなければならない」[9] 可能的な知の一切が、『現象学』のなかに織り込まれているのである。

［さらに］ヘーゲルの体系が、『現象学』および論理学において、互いに競合する二つの端緒[10]をもっているのではないかという非難に［関してだが、これに］対しては、ローゼンクランツやガーブラーやエルトマン[11]は、主観的端緒と客観的端緒とを区別するということによって、論駁しようとする。この区別をとりわけ前面に打ち出そうとするローゼンクランツ[12]は、体系に向けられる問いに応じて、端緒は異なるものなのだと考えた。それによれば、［1］個々の意識が、学を体系的な総体として把握するためには、個々の

意識が学の課題に対していかなる関係に立たなければならないのかという、こうした関係が問われるわけだが、この場合には、『現象学』が全体の第一の部分をなす。なぜなら、『現象学』は、意識自身の本性についての意識自身による解明を含んでいるからである。これに対して、［2］学の概念が端的にそれ自体でもっている端緒が問われる場合には、「論理学」が体系の第一部である。というのも、論理的な理念が理性それ自体の概念だからである。とはいえ、こう論じるローゼンクランツもエルトマンも、この両視点の適合性に関しては、何の情報も与えない。すなわち彼らは、ヘーゲルの体系を叙述する際に、『現象学』から始めるのだが、『論理学』の第一版緒言に付されたヘーゲルの後の注記[13]をも顧慮しているのである。彼らによれば、この両視点のどちらを選ぶかは、任意なのである。あるいは、いずれにしてもそれは、体系それ自体によっては決められないのである。というのも、それが体系それ自体によって決められるのだとするならば、ベイリーが試みたように[14]、広範囲にわたる形態をとる『現象学』を、〔(1)精神現象学と(2)論理学、自然哲学、歴史哲学、という〕二分節的な体系の不可欠な部分へと高めることが、当然であったろうと思われるからである。つまりその際には、『現象学』は、主観的精神の学の部分的な一分野として、しかも、予備学的な目的のために独立のものとされ、内容を豊かにされたものとして、描写されることにはならなかったはずなのである。ところで、ローゼンクランツは、さらには、こうしてヘーゲルの体系のうちへと入り込む曖昧さという災いを、メリットへと転じてみせた。というのも、ローゼンクランツは、ここで『エンツュクロペディー』の推論を参照するように指示したからである。すなわち、この推論においてヘーゲルは、理念のどの形態も、或る場合には推論全体の端項に、また或る場合には中間項に、いかにならなければならないかを、証示したのである。一旦この点を了解するならばわれわれは、客観的にどこからでも始めることができるし、また、前進も後退も全く同様に行なうことができるのである。その際、円環は全く同一のものにとどまっている。ローゼンクランツによれば、このことこそが、弁証法的な洞察の本来の秘事なのである。[15] とはいえ、おそらくそれは単に、ローゼンクランツ自身の体系構想に、およそ弁証法的な証明が欠けているという事実故の秘事にすぎないものであろうが。

導入の思想に対して、ガーブラーやエルトマンやローゼンクランツよりも一層自立的な方向づけをしたのは、**H・W・F・ヒンリクス**である。ヒンリクスもまた、体系の端緒を解釈するにあたって、『エンツュクロペディー』の推論を念頭におく。だが彼は、ローゼンクランツより注意深く事にあたった。つまり彼は次のように主張したのである。すなわち、ヘーゲルの哲学には端緒も末尾もなく、どこもがその末尾でありまた端緒でもある。というのも、あらゆる部分は、他の部分と連結すると共に、自己自身とも連結［する円環をな］しており、また、この媒介［連結］が全く同様に再び廃棄されるからである。[16] こうした［一切と連結し、かつ、どこにおいても切り離すことのできる］諸々の円環は、相互に絶対的に異質だということはない。したがって、意識の円環としての『現象学』と同様に、そのほかの円環もすべて同じく、絶対知に至るまでたどってゆくことができるのである、と。しかし、ヒンリクスは、このようなテーゼにもかかわらず、意識に対してさらにある特別な根拠を挙げ、その根拠に基づいて、哲学は意識から始めることができるのだと、主張した。それによれば意識とは、自らを思想へと高め、自らを一切の所与から浄化するという、そのような［特別な］存在なのである。[17] これによって、端緒は任意であるというテーゼは少なくとも、［すでに］「自己自身にとって自らの概念」（『現象学』六九頁）であるという、そうした存在者［つまり、哲学者］に限って通用するものとなる。ヒンリクスはまた、自らがどのような意味で端緒も末尾もないということを理解するのかを、これまでと同様一層正確に論述した。[18] それによれば、哲学が規定されるのは、内容によってではなく、単に形式によってである。そうでなければ、［哲学の］内容は、単に自己自身を証明するのみでなく、前提された内容をも含んでしまうことになる。それ故に、現実の端緒というのものは、哲学においては単に見かけのうえだけの［形式的な］もので、単に認識の出発点であるにすぎないのであり、この認識の形式的な規定性［つまり、単に形式的に端緒であるということ］が、内容のうちへと取り戻され［端緒であるということが撤回され］なければならないのである。こうして、意識の対立［主観・客観の対立］という意識の端緒もまた、廃棄される。すなわちそれが、一方で、論理学の端緒と併置され、他方で、なお独特の端緒でもあるかのように論理学の端緒に現に先立つ、ということはないのである。

ヒンリクスは、すでに初期の著作(19)において、導入の思想を分析していた。導入についての導入（第一八節）において、ヒンリクスが導入に関して要求したことは、導入とは単に外的に学へと導いてゆくだけのものではなく、導入それ自体を、必然的なものとして学のうちへと導入するのだということ、ただしその際、学は前提されてはいないのだということ、このことである。導入は導入自体を主題化し、そうすることで、自己自身によって自己自身を学へと向けて動かすのである。学はその際に、内容に関するいかなる前提もおよそ生じえないということを、学的に証明しなければならない。ヒンリクスによれば、導入がこのことをなしうるのはただ、導入が全く直接的に開始されるということ、すなわち、導入の出発点は、対象をもたず、したがってなにものをも前提しないということ、このことによってのみなのである。出発点の自由な自己規定が、それ自体自己を規定するものである思考の端緒への導入を行なうのであり、したがって、［出発点の自由な自己規定である］導入と［端的に自己を規定するものである思考の］端緒とは、区別されないあり方をするのである。それ故に、導入がそれだけで、学の端緒に対する［もう一つ別の］端緒をなすと考えるならば、それは本末転倒だろう。導入は学の端緒をもたらしはするが、しかし、端緒は導入によって規定されるのではなく、端緒はあくまでも端緒自身によって自らを規定しはじめるのである。「導入がその全体で明らかにすることは、端緒から始められなければならないということ、そして、導入そのものは、端緒から始められるという以外の、あるいは同じことであるが、自己自身［導入］から始められるという以外の、なにものをも意味しないということ、このことである。」導入とは、学の進行との関係において、いわばもっぱら学の進行の端緒となる点の自己構成としてのみ考えられるべきなのである。

別の著作[20]においてヒンリクスはまた、意識の円環とは別の諸円環も、絶対知に至るまで追ってゆくことができるというテーゼを、心理学を例にとって貫徹することを試みた。そこにおいて彼は、ガーブラーによる思弁的方法の通俗化に反対している。すでに方法として獲得されてしまっているものの［通俗的な］再生産は、方法における本質的に創造的な契機を隠蔽するのである。またヒンリクスによれば、ヘーゲルが思弁的方法をすでに認識のあらゆる対象に対して完遂したと想定することも、正しくはない。そして彼によれば、なお残されているのは、この方法を他の諸学［例えば心理学］のうちに導入し、それによって諸学を現実的な認識へと高めることのみである。認識はなお別の方向［つまり他の諸学］へ向けて論究されなければならない。ヘーゲルは認識を、ただ現象学的および論理学的に考察するのみであったからである。その限り認識は、他のものと関係しつつも、一切の存在を自己自身として意識する精神として［『現象学』］、また、あらゆる存在についての純粋思想というあり方における精神として［論理学］、主題化された。ただしここにおいて認識は、精神それ自身の固有の諸規定という形式において存してはいない。確かに［ヘーゲルも心理学を論じており、その］心理学において、精神固有の規定において活動する精神が考察されてはいる。とはいえ、ここにおいてヘーゲルは、こうした［精神固有の］諸規定を、概念諸規定へと変じることはない。精神の諸規定は、それが概念諸規定へと変じることによってこそ、現実的な認識諸形式となるのである。ヒンリクスによれば、こうした概念諸規定への変化は、次のような知の生成発展によって果たされなければならない。すなわち、他のものへの一切の関係から解き放たれて、いまや「端的に」自己自身として存在し自己自身を思考するという、そういう精神を、認識し認識の対象とする、そうした知の生成発展によってである。ヒンリクスは、いくつかの部分をこの生成発展の叙述に振り向けたが、しかし詳論されたのは、そのうちの第一部、すなわち、認識の心理的な展開が含まれる部分のみであった。それにはまずは第二部として、「精神の自然史」が続くはずであった。これがどういうものであるはずであったのか、また、さらにそれ以上の部分が計画されていたのかについては、言及されていない。

詳論された部分においてまず論じられるのは、思考と存在とが直接的に一体である直接知である。それは、さらに言えば第一に、神と一切とが存在する**という**知の形式における直接知であり、次に、神と一切とが**何**であるかを展開する実体的知としての直接知である。ここにおいて実体は、自らを開示して主体となる。そして直接知は、存在と知との区別を媒介する反省的な知となる。それは最初は理論的な知である。理論的な知は、概念と実在性との区別を乗り越えてゆくことはなく、神が何であるかを知ることはできない。それ故に反省的な知は、次に、実践的な知として、神が存在するということを信じる必然性であり、最後に主体が、自らを客観化することにおいて、自己自身を廃棄する。この第三段階、絶対知において、実体は、単に実体であるのでも、ただ主体であるのでもない、精神である。ただしまずは、先立つ諸段階の特徴であった直接性と反省とになおまといつかれている限り、この知は客観的知である。それは、最後に客観的な知における神の自己知となるまでは、神的な精神についての人間の精神の知である。

こうしたテーマをヒンリクスは詳論する。しかしそれは、こうした生成発展が、いかにして、この生成において「その都度」把握された知「そのもの」にとっての生成発展でありうるのかということを、ヘーゲルの『現象学』以上に明らかにすることはない。また、この生成発展が、ヘーゲルの体系構成に対していかなる関係をもつのかということも、必ずしも見通しうるものとはならない。概念の領域は、その一つ一つすべてが絶対知にまで拡張されうるというヒンリクスのテーゼによれば、この生成発展もまた、精神哲学の部分の詳論として［絶対知へと至るプロセスであると］解釈されうるものでなければならないだろう。しかし、この生成発展の具体的な形態は、このように解釈するための拠り所を提供することはない。他方また、ヘーゲルにおける哲学の課題に関するヒンリクスの判断によれば、この生成発展はまた、『現象学』と論理学とに比肩しうる［もう一つの］根本分野の地位にまで高められるのである。しかし［実際にはそうではなく、導入という点に関しても］、この生成発展が詳論される部分において、それが『現象学』以上に、純粋存在の遂行としての論理学の端緒を媒介することができるわけではない。したがって、ヘーゲルの導入問題との関連で関心を引きうるのは、むしろ生成発展の理念なのであって、この理念の［実際の］遂行ではないのである。

導入問題との関連できわめて不明確な態度をとったのは、**ミシュレ**である。ミシュレは原則的にガーブラーに賛同した。それに対して、彼はヒンリクスを非難した。すなわち、こうである。思弁的な概念を産み出そうとするヒンリクスの試みは、時に分かりにくい形式主義に終わるにもかかわらず、ガーブラーの予備学に比して、非独断的であり続けるという利点をもっている。しかし、そのようなことでは、一八〇七年の『現象学』の立場をおよそ越え出ることはできないのだ、と。ミシュレにとって『現象学』が不満なのは、その論理的なカテゴリーの貧困さの故であり、また、ヘーゲルが自らの方法を適用する際のぎこちなさの故である。(21) 他の人々よりも一層明瞭に、ミシュレは、『現象学』の歴史的な形態から距離をとろうとした。彼は、『現象学』が『エンツュクロペディー』のなかで展開されたプランとは異なる体系プランに属していることを認めた。そして彼は、『現象学』によって本来企てられたこと、すなわち、哲学的な主観を学の立場［絶対知］にまで高めるということを、『エンツュクロペディー』における理性に至るまでの図式に重ね合わせようとした。ここにおいて彼は、「理性」という項目のもとで、なおわずかに、信仰(a)、啓蒙(b)および絶対知(c)をも論じたのである（七一二頁以下）。しかし他方で彼は、予備学的な目的のために、体系を構成する一項が［体系全体の］連関のなかから取り出されるべきである、というガーブラーの見解には固執しなかった。むしろ彼が求めたのは［一八〇七年の『現象学』の場合のように］、意識論の全体を、主観的精神の学から切り離して理解するということだったのである。つまり彼が考えたのは、現象学が体系の二か所に姿を現わすということは学的にありえないということだった。[22][23] ヘーゲルによれば現象学は、論理学に先立つ学なのだから、主観的精神の契機として再び現われてはならないのである。論理学において主観と客観との同一性は達成される。それ故に、精神の思弁的な学説の内部で、卑近な意識の弁証法的な解体がもう一度行なわれるということはありえないのである。［もちろん他方］この解体が体系的な意識論［現象学］においても行なわれなければならないということを、ミシュレは、導入を意識論と重ね合わせるという彼や他の人々によってなされた企てに基づいて、自明なこととして前提している。しかし、［この導入としての意識論に関して言えば、］この意識の経験を叙述する導入が、［ミシュレの考えるように、］本来の［体系に位置づいた］意識学のうちに基礎をもっていないのだとするならば、いかにしてそれが学的に取り扱われうることになるのだろうか。この点については、洞察されないままである。ちなみに、ヘーゲルの敵対者たちは、ヘーゲルの論理学を主観主義だと非難したわけが、［意識学（現象学）と本来の学（論理学を含む学全体）とを分離する］ミシュレが、こうした非難を一層しやすいものにしたということは、ほんとんどありえなかった。

b　後期観念論

『現象学』に含まれている体系構想と、『エンツュクロペディー』で詳論された体系構想との区別をミシュレ以上に詳細に規定したのは、ヘーゲル**学派に**属さ**ない**思弁的観念論者たち[24]である。彼らはそれによって、自分たちのほうが、［ヘーゲルの体系を、人格的な神認識のうちに組み入れるという］自分たちの企図の故に、ヘーゲルの体系［構想］のいずれの形態よりも勝れていることを明らかにしようとした。彼らは、ヘーゲル学派の不明瞭な調和の試みを論駁し、[25]体系の端緒の問題に関して、これらの試みを、『現象学』に賛成か反対かの明確な決断へと促そうと試みた。とはいえその際彼らは、いかなる意味で『現象学』がヘーゲルの体系の最初の形態である端緒をなすはずであったのかについては、互いに一致することはなかった。**フィヒテ**と**ウルリチ**が、この端緒を端緒一般と理解したといってよいだろう。[26]それに対して、**ヴァイセ**はこう考えた。[27]すなわち、『現象学』が絶対的な端緒とされようとしたことはなかった。むしろ『現象学』は、そのような［絶対的・無条件的な］ものではなく、精神の発展段階によって条件づけられるものとして［体系に先立って］予告されたものなのである。だからこそまさに、ヘーゲルが『現象学』を後にもはや、論理学の学的な前提として扱うことはなかったとしても、全く驚くべきことではないのである、と。しかし、これらの人々が、哲学の体系を、導入学から始めようと要求する点では、一致していた。だからこそ彼らは、ヘーゲルが『現象学』から始めたということ自体は、歓迎すべきことだと考えた。しかし彼らは、『現象学』を、不十分なものであり、また、ヘーゲルの立場ではそもそも、満足のいく学的な導入は不可能であると、見なした。すなわち、フィヒテは以下のように言表する。[28]ヘーゲルが、カント・フィヒテ的な無条件的反省の立場を、自らの内的な力として本当に感じ取って、これを内的に克服するということはおよそなかった。もしあったとするならば、学の第一部としてのヘーゲルの『現象学』は、その基礎からして別様に構想されたはずである。また、心理学的、倫理的、宗教哲学的内容が、ごちゃ混ぜにされることなく、『現象学』における認識問題がそれ自体として明らかにされなければならなかったはずである。なぜなら［そこにおいては］まさに認識問題、すなわち、背後で行なわれる反省の差し迫った意識［つまり、認識源泉にさかのぼろうとする意識］が、哲学の第一の問題となることは、およそ避けられなかったからである。ヘーゲルはどこにおいても、反省の原理そのものに対して、この原理そのものからこの原理自体を了解させるということはなかったし、この原理を絶対的に完成することによって、その原理を原理自体に基づいて解消させることもなかったのである、と。ヴァイセはまた、こう考えた。すなわち、ヘーゲルがおかれていた歴史的立場に由来する諸要求を考慮すれば、確かに、ヘーゲルが『現象学』を体系の第一部であると指定したことは適切であった。しかし、これがヘーゲルの後の見解と一致するかどうかは疑わしい。［いずれにしても］『現象学』は学への手引きであるのか――この場合にはそれは、体系のいかなる部分でもない――それとも、それは体系の部分であるのか――この場合にはそれは、学へと初めて導いてゆくものではありえない――のどちらかである。シェリングにおけるのと同様に、ヘーゲルの哲学的立場にとっては、こうして反省［学への手引きとしての『現象学』］と思弁［体系の部分としての『現象学』］との間には、ただ死の宙返り《サルト・モルターレ》のみが存したのである、と。ヴァイセにもまた、主観からはじめられるべき端緒［『現象学』］と、それに続いてなされる哲学の方法的な自己導入［論理学］が、思弁的な方法を完成するためには必要だと、思われたのである[29]。さて、ウルリチ[30]がとりわけ強調したことは、『現象学』の帰結はたとえ承認されるものであるとしても、しかしこの結果は、単に主観的な観念論であるのみだ、ということである。というのも彼によれば、『現象学』においては、意識の外にあって意識の内容と一致するというそうした何らかの実在的なものが存在するということが、どこにも説明されていないからである。ウルリチはここに、ヘーゲルの体系を改変しようとする動機の在りかを見た。つまり、この改変によって、『現象学』は、根拠づける部分であるという地位を失い、わずかにただ導入の地位を保つのみなのである。だが彼によれば、『現象学』は導入としても使うことはできない。なぜならそれは、絶対知という前提なしでは理解することができないからである。

フィヒテによれば、ヘーゲルの体系の第二の形態［『エンツュクロペディー』］にとっては、『現象学』はもはやただ歴史的な移行として役立つにすぎなかった。[31] **K・Ph・フィッシャー**[32]によれば、『現象学』は、客観的な真理である契機――歴史哲学――と主観的な真理である契機――心理学[33]――とに分解した。他方、哲学史は、思弁的な知の客観的に真である予備学となった。ウルリチによれば、『エンツュクロペディー』の体系においては、「論理学」の予備概念が、『現象学』の役割を果たしている。つまり『現象学』とは、第一哲学であり、『エンツュクロペディー』の導入において打ち立てられた原理の一層詳細な根拠づけなのである。こうした［『現象学』において遂行される］予備概念の手続き――すなわち、これまでの［ヘーゲルに先立つ］諸体系において客観性へと向かう思考に与えられた位置づけを批判するという手続き――は、誤ったものではない、とウルリチは考える。というのも、こうした批判とは、根元哲学の第一部であり、単に「懐疑」つまり真理探究の、特殊形態であるにすぎないからである。それは、思考の原理とこの原理に内在的な思考の必然性とを携えて所与の諸思想へと向かってゆき、諸思想を吟味し、諸思想を諸思想自身に対して正当化するのである。だがこうした批判は、単に否定的な態度をとるだけであってはならない。つまりそれは、存立しているものを解体するだけであってはならない。そうではなく同時にそれは、自己自身の権限を裏づけなければならない。しかしウルリチによれば、ヘーゲルはこれを行なうことを怠った。それ故にヘーゲルは、『エンツュクロペディー』においても主観的観念論から抜け出ることはなかったのである。だが他方［このように論じる］ウルリチにも［それはそれで］、思考の原理を打ち立てる導入と、思考を始める根元学との間の、新たな体系的な差異が、姿を現わすように思われる。もとよりヘーゲルにあってはこの差異は、単に『エンツュクロペディー』の外的な形態にかかわるにすぎず、哲学的な体系構成には関与しないのであるが。

ヘーゲルが行なう体系の展開は、後期観念論者たちによって、さまざまに描き出されつつも首尾一貫したものと見なされるわけだが、そうした体系の展開によって証示されることは、フィヒテ、ヴァイセ、ウルリチ、K・Ph・フィッシャー、**ヴィルト**、そして**カリーベイス**の見解によるならば、こうである。すなわち、ヘーゲルの立場は、自らが真であることを単に要請しえているのみである、と。それ故に、ただ絶対知においてのみ遂行可能な純粋に論理的な体系の端緒と、余計な暫定的な論評や通俗的な整理になりさがった導入とを分離するべきであるという見解に対して、何人かの後期観念論者たちは、同時に体系の始まりである新たな導入学の要求を、掲げるのである。

とはいえ、こうした導入学の適切な形態に関して、彼らの意見は、大きく隔たっている。このことに関して論争の口火を切った**フィヒテ**は、ヘーゲルの論理学の主観的な要素を、［論理学の］連関から解放し、それを、特殊な分野へと作り替えて論理学に先行するものとしようとする。(34) この特殊な分野が明らかにするべきことは、認識が、主観的な認識でありつつも、いかにして、客観性の実在を捉え、それによって真理に関与することができるのかということであり、また、思弁的なものが、認識の広がりの全体において、どのように展開するのかということ、思弁的なものが、認識のほかのあり方に対してどのような関係に立ちつつ展開するのかということである。それは意識についての新しい理論でなければならない。そして、その目標は、意識の主観性を克服するということである。ただ、その際にそれは、絶対者のうちに意識が単に汎神論的に内在しているという、そうしたヘーゲルの内在の概念に陥ってはならない。こうした［新たに展開される］特殊な分野は、認識のそもそもの自己所与である感覚から始められるが、この自己所与［感覚］とは、哲学それ自体に刺激を与えるものである。この分野の［この端緒からの］進展を通して、感覚のなかになお閉じこめられている、主観的なものと客観的なものとの対立が引き出され、この区別は感覚のなかにあるのだということが証示されなければならない。ただし、こうした進展が促される動因は、フィヒテによれば、『現象学』において提示されたような〈これ〉の、つまり、〈ここ〉と〈いま〉との弁証法にあるのではなく、感性的な感覚のうちにすでに、端的に普遍的なもの、すなわち、空間と時間という普遍が、現前しているということのうちにある。アプリオリ［普遍］が感覚のうちに存し、感覚がそれ自体すでに思考であるからこそ、われわれは、思考を感覚から展開することもできるのである。

哲学的な導入学としては、感覚内容の分析――これによって感覚が思考へと導かれる――という非弁証法的な手続きで十分であるという［フィヒテの］考えは、やがてヴァイセによって論駁される[35]。ヴァイセは寛大な仕方で、こうフィヒテ自身の注意を喚起した。すなわち、フィヒテはヘーゲルの誤った契機を選んでしまったのだ、と。フィヒテは、感性において哲学的な思考がこの思考自身に対して現前すると考えたが、ヴァイセは、これとは違って、感性を主題化するということはおよそなかった。しかし、ヴァイセによれば、［いずれにしても］ヘーゲルは、感性的な所与から出発するということを、フィヒテと共有している。そして、こうしたヘーゲルの試みにとって、［意識が］空間的な〈ここ〉と〈いま〉との相対性に気づき、それによって弁証法的な進展が獲得されるということは、完全に筋が通っているのである。ただ、ヘーゲルにおいて不十分なのは、［i］感性と、［ii］確信の形を取って内容を求める思考という、それ自体ただちに一体ではない二つの契機が、にもかかわらずただちに一体のものとされる、ということなのである。だからこそ、まさにそこ［感性的・確信］から始めるということは、［必ずしも適切ではなく］恣意的なのである。ヘーゲルが確信のためにほかならぬこの［感性的な］内容を選ぶということは、ただ経験的に正当化されるのみである。

これに対して**ヴァイセ**自身は、導入を、否定的弁証法的な意識学として展開しようとする。ここにおいて、意識は最初は、哲学しようとする意図以外にはいかなる内容も持ち合わせていない。これは、導入の始まりと思弁的な論理学の始まりとが、一致するというやり方である。ヴァイセによれば、この始まりは、哲学することの出発点をなしている雑多なことがらを、純粋に表現してみせなければならない(36)。またそれは同時に、哲学のこれまでの歴史的な展開行程の結果――それは［目下の導入においては］直接的な自然的な意識の事実へと転化している――として現われなければならない。こうした始まりは、認識の問題を最も単純な形態で含んでいる。ここから始まって、認識とは何を意味するのかという問いが、一連の解決を獲得してゆく。この解決のひとつひとつは不十分であることが明らかになるのだが、最後に、真の解決が哲学的な方法の概念のうちに見いだされるのである。この進展によって、主観的な立場が客観的な立場と媒介される。ヴァイセによれば、論理学とは、否定的な絶対者［――これに対して、自然哲学以後の展開内容が、肯定的絶対者――］と関わるのだが、そうである限り、この［導入としての意識学の］進展は、同時に思弁的な論理学でもありうるのである。

こうして思考という行為によって知が獲得されることになるわけだが、ヴァイセによれば、そうした思考という行為にはことごとく、知一般の概念が結びついている(37)。そうした根源知［知るということ一般］とは何かといえばその内容は、絶対的な知の本能、すなわち、存在する一切のものを自らにおいて把握する知の本能である。この事実を指摘することが、哲学の始まりである。というのも、この事実が意識されることによって、哲学的な理性が、非哲学的な理性から区別されるからである。これ――この［絶対的な知の本能という］事実――そのものは、心理学的な事実へと引き下げられた、ヘーゲルの絶対知にほかならない。つまりヘーゲルの哲学は、この事実を意識［し、絶対知に達］する最後の歴史的先行段階として考察されなければならないのである。ヴァイセがこうして設定しようとする、学としての哲学の始まりが、ヘーゲルの絶対知と区別されるのは、ただわずかに次のような明瞭な意味が意識されていることによってのみであろう。すなわち、それは、知の絶対的本性の認識［絶対的な知の本能の意識化］が哲学そのものに対してもっている、明瞭な意味である。［というのもヴァイセによれば、ヘーゲルの絶対知は、哲学そのものに対していかなる意味をもつのかが明瞭ではなかったのである。］ヴァイセは哲学史の成果を純粋な形で把握する。そのようにして哲学史を了解することによって、かの根源知に含まれている内容に気づかされ、それを展開する方法が見いだされるに至るという。ここにおいて、こうした方法の内容以上のことが、出発点とされる意識の事実に要求されることはない。したがって、［ヴァイセによれば］その手続きは、この事実の心理学的な諸前提に依存することにはならないのである。

ヴァイセはなお、進展を、始まりのうちで進行する弁証法からの帰結として把握しようとする。根源知［知るということ一般］の概念が、自らの空虚さを意識することによって、この概念は、自らが主観性と潜在的可能性とに還元されることを見て取る。したがってそれは、自らを［客観的に］実現するための契機を、自らの外に、すなわち、認識する主観の感覚的および表象的［受動的］生のうちに、求めざるをえないことになる。根源知の概念は、感性には依存しないにもかかわらず、意識のうちでありありと自らを感性のうちへと作り入れる。そのようにしてそれは感性を通して、自らが満たされるのを見て取る。こうした感性的な認識の論理的な理論――とヴァイセは考えるのだが――は、これによって、徹頭徹尾弁証法的な理論となり、古代の真正な思弁的な懐疑を再生産する。というのもこの理論は、はじめから次のような意識をともなっているからである。すなわち、理性知はここにおいては外面性［つまり、感性］の領域に存しており、この領域は、あらゆる地点で、真なるものの代わりに真ならざるものを、客観的な定在の代わりに主観的な仮象を提供するのだ、と。この領域において理性は、自らを、獲得するのではなく、失う。ここに認識の問題が初めて、問題として把握される。というのも、理性的な意識が満足しようと進展する最初の試み［ヘーゲルに即せば「感性的確信」］において、この意識の要求［意識の個別性］と、この要求を直接かなえるはずの意識［意識の普遍性］との間に生じる、恐ろしい矛盾があらわになるからである。ヴァイセは、論理的な諸原則の助けを借りて、この問題に解決をもたらそうとする。すなわち、これらの諸原則によって理性的な意識は、感性的な認識における自己放棄から、自己自身へと連れ戻されるのである。というのも、これらの諸原則によって明らかにされることは、感性的な対象性［「このもの」・個別的なもの］は、**認識内容として**与えられるのではなく、理性知［たとえば「紙」という普遍知］を**通して**――すなわち、理性知［紙という普遍知］が自らを、感性的な対象性［「このもの」］に関係するものであることを知ることによって――、初めて認識内容［この紙］**へと**加工されうるのだ、ということだからである。(38)

さらには、**ヴィルト**と**カリーベイス**が、哲学の端緒に関して行なった討議において、哲学の体系には、それとは切り離された導入が先行しなければならないかどうかという問いが、繰り返される。ヴィルトは、学としての哲学が、そこから始められなければならない根源行為といったものを獲得するために、そうした導入を要求する。それに対してカリーベイスが主張するのは、原理の自己把握は、体系の不可欠な構成要素でなければならないということ、つまり、われわれは建造物の土台をドアの手前に置くことはできない［――土台はいつでもドアの下に置かれ、その上にドアが乗るのでなければならない――］ということである。

〔存在とか思考とかという〕いつも通りに設定される論理的な端緒と、この端緒を意識に対して仲立ちする端緒〔つまり、存在とか思考とかへと導入するための端緒〕との間のジレンマを除去するために、カリーベイスは、学一般を叙述する際に、元来の『現象学』の手続きを保持しようとする。つまり、諸概念の展開を、諸概念において自己認識する意識の変容〔――いわゆる意識の自己吟味――〕のうちに見ようとする。(39)それに対してヴィルトがヘーゲルの『現象学』と共有するものは、感性的なものからの出発（フィヒテ）でもなければ、思考と存在との同一性という最初の直接的な確実性（ヴァイセ）でもない。したがってヴィルトの論究は、もはやヘーゲルの『現象学』の〔根本構造とは無縁のものとなっており、その〕体系的な機能の解釈ということとは関わらない。

c　哲　学　史

一九世紀半ばに、ウルリチやヴィルトやカリーベイスが参加した討論以降は、ヘーゲルに関する哲学の端緒が、体系的な意図のもとで論究されることは、もはやない。ヘーゲルは、ポピュラーになることも、擁護されることも、また、別の性質の体系的な意向に基づいて批判されるということもなく、いまやさまざまな哲学史のなかの在庫目録に数えられる。それ以降ヘーゲルは、それらの哲学史によってステレオタイプ化され、引き継がれている。ヘーゲルに対するこうした関わり方の変化が最も明瞭に表現されているのは、**ハイム**の講義(40)においてである。(41)ハイムはもはやただ、歴史の語る判断を定式化し、そうすることでヘーゲルを、ドイツ精神の発展史のなかに埋葬しようとするだけである（『ヘーゲルとその時代』、八頁）。その間ヘーゲルの墓所は、とりわけ諸々の伝説を永遠のものとする。そしてこの伝説が結局、通俗的なヘーゲル理解の決まり文句となったのである。曰く、『現象学』は、『エンツュクロペディー』において、その導入としての地位ならびに体系の第一部という肩書きを失う。それはいまやただ、体系の発展史のなかのひとつであるにすぎない。仕上げられた体系においては、それは、――具体的な添え物を払い落として――主観的な精神の哲学のなかに一項として挿入される。これに対して導入は、といえば、ヘーゲルはこれを、いまや一層外的に捉える。すなわちヘーゲルは、理路整然とした批判的歴史的な論評を行なうことで、導入とした。体系のこうした変容は、自然の成り行きである。というのも、絶対知の立場を体系以前に証明するという要求は、ただ、体系がいまだ全体として打ち立てられていない限りでのみ、なされうるからである。だがすでに、論理学が仕上がることによって、『現象学』は地方領主〔『エンツュクロペディー』〕に隷属させられざるをえなかった。なぜなら、論理学が、『現象学』と同じ道を歩み、同じ目標をもつのだからである、云々。

ハイムの時代以降、『現象学』が体系に対してもつ関係についての比較的徹底した解釈は、ただわずかに英語のヘーゲル文献のうちに見いだされるのみである。そこにおいて**J・B・ベイリー**[42]は次のような見解に――すなわち、ヘーゲルは一八〇七年の『現象学』を、後にはもはや自らの体系に組み込まれる部分とは見なさなかった、という見解に――対抗した。[43]ヘーゲルは、すでにその〔ニュルンベルク期の〕予備学において意識論を精神哲学の一部としていたのだが、他方また、ヘーゲルは『論理学』の第一版において、体系の第一部としての『現象学』を引き合いに出しているのである。こうした事実の故に、ベイリーによれば、次のように結論づけることは、許容されないのである。すなわちヘーゲルは、意識論を『エンツュクロペディー』のうちに受容したのだから、その本来の意味での『現象学』を捨て去ったのだ、と。〔決してそうではないのである。〕つまりベイリーによれば、『エンツュクロペディー』が論じるのは、主観的な観点での意識であるにすぎない。それに対して『現象学』は、意識の十全で客観的な意味を、経験の体系として明らかにしつくすのである。『現象学』は、そのほかのヘーゲルの哲学と同じ方法によって構成されているのだから、たとえば法哲学と全く同様にそれもまた、体系に統合された一部と見なされなければならない。したがって、比較的早い時期のヘーゲル学徒たちが、ヘーゲル哲学の体系［すなわち、『エンツュクロペディー』］とその全体との間に設けた区別は、こうしたベイリーの見解においては、体系を原則的に二分するということの故に、再び排除されるのである。『現象学』が体系の内部でどのように位置づけられるのか［という問題］は、論理学に関しても同様［の問題］となりうる。というのも、この両者は［そのそれぞれが］、体系の一項であり、かつ、一定の形態をとった体系全体だからである。この両者の端緒は、この両者のそれぞれが全体の原理に対してもつ関係によって、区別される。つまり、全体の原理は、『現象学』においては、ようやく最後になってあらわになるのに対して、論理学においては、すでに最初からあらわなのだ、というわけである。このようにして体系は二重の端緒をもっているという非難を、ベイリーは、次のように主張することによって退ける。すなわち、ヘーゲルによれば、絶対的に第一の哲学的な学というものは存在しない。存在するのは、ただ、その都度の哲学的な学の絶対的な端緒だけである、と。したがってベイリーは、『現象学』と論理学との連関を、一種の相関関係であると想定する。だが同時にベイリーは、この相関的に関係する両者を、体系に対するそれぞれの価値という観点から区別することによって、その序列関係を決定する。すなわち、『現象学』は体系の絶対的な真理を暫定的な形で含むのに対して、論理学は決定的な形で含むのだ、と。ただし、両者は同じく必然的なのだ、とも。

大陸の新ヘーゲル主義は、この種の調和の試みはもはや企てなかった。それはまた、発展史的に確かなものと見なされる『現象学』と『エンツュクロペディー』との差異についても、漠然と定式化して書き換えるというほどの分析も行なわなかった。クローナーの考えはこうであった。[44] すなわち、ヘーゲルが『現象学』を体系の第一部としては放棄し、それを精神哲学のうちに受容したとするならば、そこに決定的に表現されていることは、シェリングによって告知され、ヘーゲルに引き継がれた、超越論的観念論［自我論という観点からの絶対者の限定的叙述］に対する絶対的観念論［絶対者そのものの全面的叙述］の優位ということである、と。この優位にもかかわらずヘーゲルが『現象学』［超越論的観念論］を、まずは体系の端緒として公刊したということを、クローナーは、ただ次のように解釈しうるのみである。すなわち、ヘーゲルは同時代人たちに、知識学の原理の再受容をかなり強調し、彼らを、この回り道を経て、知識学と同一性の体系［シェリングの同一哲学］とを統一する、ヘーゲル自身の立場へと導いてゆこうとしたのだ、と。また、グロックナーの考えはこうであった。一八〇七年の『現象学』は、次のような洞察に負っている。すなわち、哲学は原則的には、体系的な展開のどの点からでも始めることができるし、この展開を、どの点からでも絶対知にまで導くことができる、という洞察に。[45] けれども、実際にはあらゆる点から試しに行なってみるということは不可能であったから、この課題は少なくとも一か所から範例的に遂行されなければならなかった。その箇所が意識であった。［当時の］問題状況が、意識を主題化するよう促したのである、と。体系の端緒についての論争を、グロックナーは、とるに足らぬものだと見なしている。なぜなら、彼によれば、ヘーゲルの哲学はおよそいかなる絶対的な端緒ももたないからである。[46] 彼は、『現象学』から『エンツュクロペディー』へのヘーゲルの展開を、ヘーゲルが『現象学』を書いたが故に、自ら身を委ねるに至った運命であると考える。その発展は、「芸術的なまでに生き生きとした叙述様式」から、純粋に概念的な媒体［つまり、論理的叙述様式］へと至ったのである。まさにこの媒体において、論理学が運動し、それが体系全体に対して拘束力のあるものとならなければならなかった。グロックナーによれば、ヘーゲルは、この概念［純粋な概念性］を好むが故に、自らの哲学的な芸術家性を犠牲にしたのである。

しかし、新ヘーゲル主義が『現象学』に対してとった態度は実は、グロックナーが下したような判断において推測されうるより、ずっと分裂的である。すなわち、一方で『現象学』は特別にひいきされた。というのも『現象学』は、当時の人間学的および美的な傾向にそぐうものであり、それ故に、ヘーゲルの最も現代的な著作であると見なされたからである。けれども他方で、ヘーゲル学派の伝統が非常に強い拘束力をもっていた。したがって誰も、体系的な機構としての『エンツュクロペディー』なるものを、あえて放棄しなかったのである。［こうして、『現象学』が重要視されつつも、『エンツュクロペディー』が捨て去られなかった。］それ故に、一八〇七年の『現象学』が主観的精神の教説に統合されて、『現象学』において大変高く評価されている歴史的な内容や具象性や十分な形態性が失われてしまわないように、当然のことながら、『現象学』の位置づく場が、後期の体系のうちに求められた。それ故にこそ、G・ラッソン(47)やJ・ヴァン・デア・メーレ(48)は、『現象学』(49)のために、『エンツュクロペディー』の最後から二つ目のパラグラフ［五七六節］にクレームをつけたのである。けれども彼らは、こうした見解の故に孤立したままであった。一般的には、『現象学』の着想［――体系への導入でありかつ体系第一部である――］を『現象学』の内容と区別して、その着想という観点から、［その内容と］同様の多くのことをなしはじめるということはできなかったのである。導入であり、かつ、それ自体すでに学であるという、『現象学』の［着想における］相対立する要求は、相互に折り合いをつけることがむずかしいように思われた。『現象学』がヘーゲル哲学の極みだと見なされた場合、その導入としての性格が抑圧されざるをえなかった。『現象学』の生き生きとした叙述に魅了されるということになった場合、その体系的な性格分析がなおざりにされざるをえなかった。この分析がなされなければ、『現象学』は全体として理解できないままであるにもかかわらず。こうして結局ヘーリンクが――『現象学』の意味を捉えることに絶望して――波瀾万丈の成立史を通して『現象学』の謎解きを試みたわけだが、これも当然のことであったのである。

結　果

しかしながら、『現象学』をその成立史から解釈しようという、［ヘーリンクの試みを含めて］これまでに現われた哲学的な試みに対しては、異議が申し立てられるべきである。すなわち、そのような仕方ではたして『現象学』の理念をわがものとすることができるのかという問題が、提起されるべきなのである。(50) ヘーゲルの体系の端緒をめぐる論争はことごとく無意味であるという主張は、一層詳細な吟味には耐ええないような前提から出発しているのだから、(51)『エンツュクロペディー』と『現象学』とを相互に調和させ、こうした連関の中で『現象学』の意味を規定しようという骨折りは、実際また余計なことではないのである。けれども［実のところ］、このような骨折りは、導入問題への関心が弱まることによって、ますます外面的になってしまっている。それ故に［これまでに行なったように、］この主題に関して、今日ではほとんど顧みられることのない比較的初期の文献に注意を促すことが必要であった。この文献においても、体系に対する『現象学』の関係という視点は、明らかにそれ自体なお外面的なものに留まってはいる。しかし、この視点に関してすでに考慮に値する諸々の解釈上の立場の大部分が、ここに顔を出しているのである。ただしそれらは、必ずしもはっきりと相互に区別されてはいない。したがって、これらの手元の諸文書を手掛りに、諸立場のうちのどれが妥当なものであり、また、どのような意味でそうなのかを決定する前に、それらをひとつの図式にとりまとめておくことは有益だろう。

I　『現象学』は体系の構成部分である。
A　［それは、第何部という形で］番号をふられた体系の構成部分［である。］
(1)　［それは］体系の第一部［である。］
(a)　無条件で
（一八〇七年の『現象学』について、フィヒテ、ウルリチ）
(b)　或る観点において
主観的に――ガーブラー、エルトマン、ローゼンクランツ
漠然と――ミシュレ（一八四〇年）
歴史的に――ヴァイセ
体系に対する価値という点で――ベイリー
(2)　［それは］第一部ではなく、
(a)　主観的精神の構成部分［である。］
『エンツュクロペディー』の体系における「現象学」について、K・Ph・フィッシャー
導入の機能をもっていない限りでの『現象学』について、ガーブラー等
(b)　哲学史の最終部分［である。］
一八三八年のミシュレ？
(c)　理念における反省の末尾［である。］
G・ラッソン、ヴァン・デア・メーレ
B　［『現象学』は］番号をふられることのない体系の構成部分［である。］

(a) 条件なしで
クローチェ、グロックナー
(b) 或る観点において
ヒンリクス（内容の点で）
ベイリー（体系に対する価値を度外視して）

II 『現象学』は導入であるので、体系の構成部分ではなく、

(1) 体系への予備学［である。］
(a) 無条件に
一八〇七年の現象学について、ヘーリンク
解釈し直された限りでの元来の『現象学』について、ウルリチ
(b) 或る観点において
ガーブラー等

(2) 体系に対する単に生成上の前段階［である。］
(a) 無条件に
解釈し直された限りでの元来の『現象学』について、フィヒテ、ヴァイセ、K・Ph・フィッシャー
(b) 或る観点において（実行および体系計画）
一八三八年のミシュレ

(3) 「学の先駆」［である。］

B　体系に対する『現象学』の関係、および、その変容

a　体系における自らの位置についての、『現象学』の自己解説

(I)
(1)　『現象学』は、導入ではあるが、およそ単に予備学的な企てではなく、学的な企てである。『現象学』が叙述する総じて学なるものの生成は、学的ではない意識に学の**手ほどき**をするということで、さしあたり思い浮かべられるようなもの（『現象学』二六頁）ではない。むしろ個人を教養形成されていない立場から知へと導くという課題は、普遍的な意味で捉えられなければならず、普遍的な個人つまり世界精神が、その教養形成という観点で考察されなければならない。というのも、導入とは単に、学に加わろうとする主観を助けて、学を遂行しうるようにする手段なのではないからである。そのようなものであるならば、個々の主観の要求に見合った、或る状況の下での「暫定的な意志疎通」ということで十分だ、ということにもなりえよう。すなわち、その場合には、もしも［当の主観が］学を受容するのに必要な用意ができているのであるならば、［その主観は］学の経緯を理解することができるのである限り、学の目的や立論方法にも習熟しえていることになろう。［そうであるならば、導入は単にきっかけを与えるだけのものとなろう。］けれども、そのような場合でも［この主観は必ずしも］、学の真理への問いへと促されるわけではないだろう。それどころかこの問いは［この主観において］、およそ立てられることすらないかもしれない。［主観が］このような仕方で学に関与するよう促されるのだとすれば、そのような主観の側から学に向けられる承認は、ますますつのっていく懐疑から身を守ることのできない、［単なる］盲目の信任に留まる

ことになろう。このような形の信頼では、学は満足することはできないのである。学は、「悟性を通じて理性的な知へと達する」（『現象学』一七頁）ということを、学に参与する意識に対する「当然の要求」と見なさなければならない。つまり、〔主観は〕単に表象や空想や記憶を通じてではなく、思考を通じて理性的な知へと達しなければならず、〔主観に対する〕学の真理要求は、思考の面前で証明されなければならないのである。しかも、この証明は単に、学的ではない意識――つまり、「意識自身の直接的な確信」や「それだけで絶対の存在」（『現象学』二五頁）――のためばかりではなく、全くのところ、学そのものであるもの――つまり、概念の境地において自らを精神であると知っている精神（『現象学』二四頁）――のために、なされなければならない。というのも、「この〔概念の〕境地は、それが生成する〔このまさに証明の〕運動を通してのみ、完成し透明なものになる」（同箇所）からである。学は、この運動において、個人の直接的な自己意識が、学それ自体に帰属するのだということ、また、いかにして帰属するのかということを明らかにしなければならない。〔学はまた、それによって同時に、概念の境地にある精神に対して、概念の境地そのものを明らかにしなければならないのである。〕

したがって、導入の可能性や、導入が体系に対してもつ関係の内容的な規定などに関して、確かにさまざまな問題が生じうる。にもかかわらず、『現象学』の意味を予備学的な有用性のうちに完全に取り込まれてしまっていると見るのは、適当ではない。導入とは通常は単に、個人を形式的に教養形成するということにその価値があると見なされる。しかし、学にとって問題は〔単なる教養形成なのではなく〕、まさに実質的な真理そのものの産出でなければならないのである。このように〔真理の産出として理論的にも実践的にも〕設定される導入の主題を、ヘーゲル研究の実践的な重要性という観点から論述するだけでは、十分ではない。(52) また〔導入とはまさに真理の産出であるのだから〕、学そのものが導入の様式および本質についての最終的な審判の場である。したがって、学的ではない意識が行なう、自分にも分かるように教示してくれるようにという要求を、老ヘーゲル学派の人々の流儀で一括して承認するということも、十分ではない。［当然のことながら］学は、そのような要求を満足させる際に、学が学自身に向ける自己根拠づけの要求を、どのように満たしうるのかが、説明されないまま残されるからである。

ところで、学への導入が、総じて必要であるならば、学的にもまた必要であるということ、そして、導入それ自体が学でなければならないということ、このことは、学についてのごく普通の意識にとっても自明のことだと言ってよいだろう。というのも、学は、確認可能で、それ故に確実な真理を要求するからである。学的ではない意識がそのような確実性を直接的にもつことはできない限り、学はそうした意識に対して、［真理が］確証されうる特別な可能性を与えてあげなければならない。こうして――ヘーゲルが考えるように――学的でない意識が存在するということが、学にとって偶然的な事実ではないのだとするならば、導入は必然的でなければならない。しかもその際、［導入が］学の概念の外部に位置づくような想定がなされてはならない。ここにおいては、学的ではない意識に対して学の立場が正当化されると同時に、学が学それ自体に対して必然的に正当化されなければならない。導入は、思弁的なものが自己自身に対して自己自身を証明するという、そういう思弁的なものの証明である――が、同時にまた、学の他者における学の自己媒介でもある。ところで、導入の結果が学となるという、そういう導入が、それ自体学でなければならないということは、有限な諸学問にもまた当てはまることであろう。導入が――たとえどのような補助分野を用いようとも――根本においてこうしたもの［それ自体、学］であるということは、導入というものが一般に完全性や学問性をほとんどもっていないということによって、あまりにも簡単に覆い隠されてしまう。けれどもこのように、完全性や学問性をほとんどもたないということは本当は、導入の課題がとりわけ困難であるということの表現であるにすぎない。しかし或る学が完全であるということは、実際またまさに、学が、学的な仕方で導入を行ないうるということにおいてこそ、証示されるのである。

したがって、個人を学に至るまで教化するという営みの全体を念頭に置くならば、学**以前に**終えておくべき予備学と、学の一部である導入とは、区別されるべきなのである。すなわち、予備学においては、学の内容や形式は、予備的な仕方で個人に示される。それ故に、［a］［たとえば］倫理的宗教的な教化も、［一種の予備学として］個人を高めて有限性の立場を超出させ、哲学の内容である無限の内容のうちに個人を根づかせなければならない。(53) また、［b］有限な諸学の認識様式というものは、個人を思考の形式一般へと教化する。(54) この形式一般——それは悟性にほかならないが——は、学が直接的な意識と共通にもつ基盤である。学は、［予備学としての］導入である限り、この［思考の形式一般という］基盤の上に立たなければならない（『現象学』一七頁）。最後に［c］哲学的な予備学は、このような形式［一般］［b］へともたらされた［哲学の］内容［a］を、哲学のかかわる抽象的な諸規定についての一まとまりの知識として提供してみせる。しかし、こうした哲学的予備学も、「そこにこそ真理が存在する真の形態」（『現象学』一二頁）を、そのものとして理解できるようにすることはできない。それは、そのほかの［単に］教化機能を担うものと同様に、個人を自ら学の立場へと——学の端緒としての境地へと——高めることはできない。こうした学の端緒は、意識がこの境地にあることを前提としている。(55) このように個人を学の境地へと高めることこそは、学的な導入の課題なのである。

(2)　学というものが、それ自体一まとまりの連関であり、ヘーゲルにとっては、この連関から導入の課題が生じてくるということは、『現象学』の緒言（Vorrede）の上述の箇所で、明瞭に言表されている。しかし、ヘーリンクやホフマイスターが『現象学』の成立史を明らかにするためにとり集めた注目すべき諸事実は、次の疑念を引き起こそう。すなわち、かの箇所の叙述［『現象学』緒言（Vorrede)］は、当初の計画とは異なった形で完成した、首尾一貫性を欠いて構築された著作――へーリンクによれば『現象学』とはこうしたものである――を後から合理化するものではないのか、と。へーリンクの捉えるところによれば、こうである。すなわち、『現象学』とは元来、へーゲルにとっては教育的な理由から緊急に出版されるべき「導入」であるはずのものであった。へーゲルは、［こうした導入、つまり］どこからか自らの体系のうちへと「導き入れる」ものは、本来不可能であると見なしていたのだが、結局それを起草したのである。(56)［へーリンクによれば］こうした『現象学』の理念は、［それが体系への導入であるということによって］絶対的観念論という思想体系に矛盾する。また、『現象学』に関してへーゲルは、「或る自己正当化の欲求」をも感じ取っていたということが、『現象学』への「導入（Einleitung)」から聞きとることができる。しかしその際［あくまでも］元来は、［導入とは緊急のものなのであって、それ自体が学である］自立的な導入といったものは、およそ考えられていなかったのである。最後に『現象学』というタイトルを獲得するに至ったこの著作は、絶えず新たな草稿を提供するよう強いられて、当時完成していた精神哲学の内容を次々とそのうちへと取り入れなければならなかった。そのようにしてそれは、ひそかに一巻分の大きさにまでふくれあがった。そしてそれはそうなった後で、へーゲルによって体系の自立的な第一部であると宣言されたのである。しかしそのことが、公然たる首尾一貫性の欠如を正当化するための当座しのぎであり言い逃れであるということは、否定すべくもない。というのも『現象学』とは、導入であるか、あるいは、体系そのものの一部であるかの、どちらかであるからである。

へーリンクのこのような叙述によるならば、次のような想定がなされなければならないだろう。すなわちへーゲルは、『現象学』にその体系的な意味を、後になって初めて外から与えたのであり、その元来の自己解釈からすれば、『現象学』は、体系への予備部門と解されるべきである、と。しかし、そうだとすると、この相違は最初に起草された「導入（序論（Einleitung））」のところで、はっきりと前面に出てきていなければならないだろう。ところが、その箇所においても導入の着想は、単に学を伝達するために必要であるとか、学的でない意識が要求するものであるとかとは、語られておらず、学そのものの必然性であると語られているのである。違うのはただ、ヘーゲルがこの必然性を定式化する概念だけである。すなわちヘーゲルは、緒言（Vorrede）においては、［a］直接性と、［b］学の境地（三一頁第三段落、二四頁第三段落）——すなわち、自体、目的、内的なもの、外化する精神的実体（二六頁第一段落）——の反省との相違という観点から論述する。これに対して、「導入（序論（Einleitung））」では、［a］初めて現われ出る学自体はなお現象であるのだが、こうした学自体の現象と、［b］学自体の真理との相違を引き合いに出すのである。ここに、［ヘーリンクの言うような］『現象学』の体系的意味についてのヘーゲルの見解の変化が、表現されているかどうかを言うことは難しいだろう。なぜなら、上述の諸用語の論理的な意味は、ヘーゲルの［思想の］展開のこの局面においては、なお漠然としたものだからである。[57]いずれにしても『現象学』には、その体系的な意味が［緒言（Vorrede）と序論（Einleitung）の］二度にわたって語られ帰せられているのである。

へーゲルは、その後期の諸著作においても、『現象学』に対して単に予備学的な価値のみを認めているというわけでは決してない。『論理学』は、その第一版においてはっきりと、こう宣言している。すなわち学の概念は、その正当性をすでに『現象学』において確保している、と。あるいはそれどころか、学の概念は、［『現象学』においてなされたように］意識を通してそれを産み出すという以外の正当化はありえない[58]、と。『エンツュクロペディー』においても、『現象学』に学的な課題が課せられていたということは否定されてはいない。[59] そして、最終的に『論理学』の第二版において、上述の第一版の箇所は、手を付けられずにそのまま残されたのだが、それだけではない。真理の知は直接的な知なのか、あるいはそうではなく媒介された知なのかという問題の**暫定的な**考察は、真理の**学的な**論究とは異なるのだということを述べた、比較的後の箇所[60]で、この論究について、こう述べられているのである。すなわち、真理の学的な論究は『現象学』がなすことである、と。ここに言及されている『現象学』とは、単にその意味がおおざっぱに述べられたもの［『エンツュクロペディー』[61]の「現象学」］ではなく、一八〇七年の著作である。というのも、その後ですぐ、「序論（Einleitung）」のかの手を付けられずに残された箇所が指示されているからである。

ヘーリンクは、『現象学』に学的な意味があるなどということは、自称そう言っているだけのことだと見なさなければならず、その背後に別の動機が探し求められなければならない、と考える。というのも、ヘーリンクはあらかじめこう納得してしまっているからである。すなわち、ヘーゲルがラインホルトに対して持ち出す論拠［――ラインホルトの言う導入とは単に教育的予備的なものである――］は、本来ヘーゲル自身に突き返されなければならないであろうし、ヘーゲルがこのことをよく知っていたのだ、と。しかし、これまでに挙げた諸々の典拠によって、導入としての『現象学』が、ラインホルトに向けられた「暫定的な哲学」であるという批判に当てはまるのかどうかということを、吟味するきっかけが与えられる。もしこのことが、当てはまらないのだとするならば［――導入としての『現象学』は単なる暫定的な哲学なのではなく、哲学そのものなのだとすれば――］つまずきの石が除去される。[62] つまり、このつまずきの石によって、先に導入の理念が疑わしいものになるように思われたのである。そして、『エンツュクロペディー』の後の版においても、導入の必然性がはっきりと容認されているのだということが、想定されうることになる。[63]

ただ、これによっては、導入の可能性と必然性とは明らかにまだ把握されていることにはならない。しかし明らかになることは、『現象学』以降、この可能性と必然性とについてのヘーゲルの確信に変化をきたすことは、もはやなかったということである。導入が体系に対してどう関わるのかということについての内容的な規定もまた、さらに検討されなければならないだろう。

(II) 〔以上のようにして〕ヘーリンクの想定は[64]、『現象学』を仕上げた当時のヘーゲルの自己理解に対応していない。つまり、『現象学』の緒言(Vorrede)ではっきりとこう言われている。すなわち、『現象学』が提示するものは、学の〔予備的・外的な〕**根拠づけ**[65]とは別のものである、と。ヘーゲルは、ほとんど『現象学』を印刷する年まで、そのような〔外的な〕導入というものを皮肉っていたばかりでなく、そうしたものを『現象学』においてもはっきりと拒否した(『現象学』六四頁参照)。ヘーリンクはまた、ヘーゲルが『現象学』以前にすでに長い間、導入問題に携わっていたという事実をも考慮しない。すなわちヘーゲルはすでに一八〇二年には、こう宣言していたのである。懐疑論〔――『現象学』は、「自己貫徹する懐疑論」である――〕は哲学への第一歩と見なすことができる[66]、と。そしてヘーゲルは、ローゼンクランツの証言に従うならば、その論理学講義(一八〇一/〇二年?)〔『全集』第五巻によれば、一八〇一/〇二年〕において次のように予告している。すなわち、私〔ヘーゲル〕は、移行の時期に現われる哲学のこの性格に基づいて、予備学的な配慮をし、あらかじめ否定される限りの有限者から、無限者へと移って行くことになるだろう[67]、と。その際明らかに、導入〔の役割を担うもの〕は、なお論理学であり、導入は、論理学を手掛りとして、予備学的な意図のもとで遂行される。しかし、〔ヘーゲルはやがて〕、この種の導入から、意識を体系的に主題化することへと〔導入のあり方を〕移行させる。そうであるとすれば、〔ヘーゲルは、すでに一八〇一/〇二年の時期に、〕思弁的な体系の本質とか、それと結びついた導入の課題とかを洞察していたのではないだろうか。このことは少なくともなお問題としえよう。また、ここから、［意識論が］一時的に体系の一部として自立するということが結果しないのかどうかも、問題にしえよう。というのも、導入を意識論に担わせるとするならば、そのことは、いずれにしても［意識論が］論理学に対して［ひいては、体系に対して］自立するということを意味するからである。第二のイェーナ精神哲学［一八〇五／〇六年］の最後［に記されていること］によるならば[68]、出版社との交渉についての手紙での発言や講義予告を手掛りにして次のように主張することは、全く性急であると言わざるをえない。すなわち、『現象学』のはじめの箇所［緒言（Vorrede）］でなされたような仕方で立てられた、ヘーゲルの導入についてのプランは、「突然の決心」[69]に負っているのだ、と。

ヘーゲルの体系の発展史を度外視したとしても、導入学が不可能であるということが、ラインホルト批判から帰結するということは、全くない。哲学は、学的でない意識を学へと近づけようと試みるということに対して、ヘーゲルが反対したということはおよそない。ヘーゲルは、哲学以前の哲学の営み、つまり、ラインホルトの諸論考における根拠づけの意図に関して、そこにおいては、一般悟性の［認識の］仕方を絶対者認識と一体化させようとする試みがなされていると、非難することはない。――実際、イェーナにおけるヘーゲル自身の努力も、この一体化に向けられていたのである[70]。――そうではなくてヘーゲルは、ラインホルトの骨折りが方法として不十分であり、挫折が必定であると、宣告していたのである。［すなわち、ラインホルトの提起する］「根拠づける」ということは、そのこと自体から出てくることもないし、哲学のうちに入り込んでくることもない。というのも、根拠へと至るはずである分析が行き着く先は、充実した統一ではなく、ただ対立したもののみだからである[71]。それ故にこそラインホルトは、思考を、彼のいう適用から区別し、思考とは［単なる］抽象的な統一であるとして、多様なものに対立させざるをえないのである。他方ラインホルト自身、思考を単に主観的な思考と見なすこととは縁を切らなければならないと、強調するのだが。さて、出発点としての統一がこうして内容的な認識へ到達することがないのだとするならば、それは、形式的な統一であるに留まる。したがって、［内容的な認識を］根拠づけ［統一す］るためには、さらに諸々の根拠が想定されざるをえない。［ラインホルトによれば］暫定的な哲学は、そうした諸根拠から出発して初めて絶対者――根源的に真なるもの――へと到達する。だとすれば、この諸根拠も、単に仮説的なものであり不確かなものでありうるのである。しかし［明らかなように、そもそも］、仮説的で不確かなものから、形式的な根拠づけを通して、疑いを差し挟む余地のないものへと到達することは、不可能なのである。ラインホルトの誤りは、とりわけ、思考における一切の対立は、ことごとく廃棄されなければならないということを、見て取らなかったことにある。つまりラインホルトは、規定されたもの［多様なもののひとつひとつ］や自己自身を抽象的な統一のまま固持する反省は、自己を無に帰し、そうであることによって理性となるのだということを、見抜けなかったのである。ラインホルトにおいては思弁的なものの懐疑的な契機が欠けているのだということに、ヘーゲルは気づいている。

哲学の営みは、その根拠への遡行として遂行されるのだという［ラインホルトの主張する］こと、そのことが、批判されることはない。というのも、範疇的な諸対立［――たとえば存在と無――］の廃棄は、悟性がその根拠へと遡行することだからである。この点へーゲルは、後にラインホルトの正当性をはっきりと認めた。(72)ラインホルトの誤りは、もっぱら次のことに存しているのである。すなわちラインホルトは、この遡行を、前進しつつ行なわれる導出と一体化し、この［遡行的な］進展が、仮説的で不確かな哲学の営みであることに終止符を打つ、というようにはしなかったのである。［ヘーゲルによれば］「知が、客観的全体性として――自己を同時に根拠づければづけるほど［つまり、遡行すれば遡行するほど］、それだけ一層知は自らを形成する［つまり、進展する］。［73］」このことがまずは、［ラインホルト批判として］学そのものの展開について言われる。しかし次のことは、ラインホルト批判の脈絡から出てくることではない［――つまり、ヘーゲルの考えていることではない――］。すなわち、遡行と進展との統一は、純粋思考の叙述［論理学］、および、それに続く、純粋思考に基づいて自らを組織化する実在性の叙述［いわゆる「実在哲学」］においてのみ、考えられうるのであり、学的でない意識が自己理解をする具体的な知の形式の開示［つまり導入］において、その統一が直接的に考えられうることはないということである。［ヘーゲルはこう考えてはいない。もし、イェーナ初期の諸著作を持ち出して、ヘーゲルがこのように考えていると主張する人がいるとするならば、］このように主張するには、イェーナ初期にヘーゲルが考えていた［この遡行と進展との］統一は、いまなおあまりにも漠然としすぎている［と言われるべきだろう］。実際ヘーゲルのこれ以後の発展と、彼のシェリングからの離反は、そのかなりの部分が、この統一の問題の進展によっていたのである。［要するに、こう考えることは許されうる。すなわち、ヘーゲルはイェーナ初期の段階から、承認しうる限りでのラインホルト的な導入を、学そのものとして構想していたのだ、と。］

ちなみにラインホルトは、要請から始めるのだから、他の者が［別のことを］要請するとしても、それに抗議する権利はない［74］。したがって、哲学は要請からのみ始めることができるのだと言われる筋合いもないし、哲学に携わろうとするすべての人に、この［ラインホルトの］要請が真理であると確信するよう、端的に要求しなければならないなどと言われることもない。ヘーゲルは、［ラインホルトの言うような］「あらゆる証明を越え出たものの前提、および、そこから帰結する、要請の権利と必然性［75］」を自らのものとしない。彼はただ、このような［ヘーゲル自身の］やり方に対して、愚にもつかない手段で行なわれる批判を批判するのである。彼がすでに一八〇一年に、［ラインホルトの言うような］要請するということに対して相当の疑念を抱いていたということは、『差異論文』の冒頭に見ることができる。そこにおいて、[76]唯一要請されるべきものとして示されるのは、アンチノミーというあり方をするものを補充し保持する「直観」であり、また、単にアンチノミーに対立するのではなく、「反省の成果の一面性を完全なものとするもの」としての直観である。だが同時に指摘されうることは、「こうした要請を行なうやり方全体が、その根拠をもっぱら、反省の一面性から出発するということのうちにもっている」ということである。そして、理性が自らを絶対的なものであると認識するのであるならば、哲学は、「理念」の観念性（つまり、制限されたものを無制限なものへと拡張し、それによって制限されたものがアンチノミーに陥るということ）と存在の観念性［同様に、存在もまたアンチノミーに陥るということ］と［の両者］から始まる。哲学がその一方を要請するということはない。というのも哲学は、絶対性とともに、直接この両者を携えているからである。ヘーゲル自身の努力の向かう先は、まさに要請ということから自由になって、反省と超越論的直観との二元論を克服するということである。それ故にヘーゲルは、この自らの目標を達成したと考えた［――つまり、それ自体学である導入としての『現象学』が完成した――］ときに、自己自身を把握することもできず、自己自身を他のものに把握させることもできない、単なる断言に過ぎないような観念論を論難する（『現象学』一七七頁）権利を手にした。そして、『現象学』が説いてみせるような学の生成は、ピストルから［発射するか］のように、直接、絶対知から始めるような精神の高揚とは異なるものとなろう、と確約した。ヘーゲルによれば、こうした［絶対知から始める］精神の高揚は、異なる立場にはおよそ注意を向けないと宣言することによって、はじめから相異なる立場とは縁を切ってしまっているのである。

絶対者とその現象との関係に関してでも［このようにして］ヘーゲルは、一八〇一年にはすでにシェリングとの間に距離を置いている。［すなわちヘーゲルによれば］真正の思弁という根本原理からすれば、主観的なものと客観的なものとの対立は存しない。しかし同時に、絶対者の現象は対立である。そしてこの対立は、それ自体としてはいかなる対立も存しないのだとすることによって廃棄することはできない。というのもそのようにすると、現象はただ破棄されるだけであるが、しかしいずれにしても現象は存在するはずだからである。したがって絶対者は、現象そのもののなかに、自らを設定しなければならない。つまり絶対者は、現象を破棄するのではなく、それを［絶対者そのものとの］同一性へと構成しなければならないのである。(77) こうしてヘーゲルは次のことを洞察したのである。すなわち、哲学が叙述しなければならないのは、現象が絶対者において、どのように自らを廃棄するのかとか、また、絶対者が、絶対者自身のうちで、どのように自己産出するのかとか、ということだけではない。そうではなく哲学は全く同様に、その際絶対者が、どのようにして自立的な諸対立という形式をとるに至るのか、ということを叙述するのである。ここにおいてヘーゲルは、哲学が絶対者を現象と見なし、絶対者と一体であることにおいて現象を破棄しうるという考えを、どのように反駁することになるのだろうか。またそもそも、絶対者そのものの知であるような現象に関して、［同時に学でもある導入としての］『現象学』はこれ以外の何をやり遂げるのだろうか。

(III)(1)　『現象学』の学的な性格や『現象学』とラインホルト批判との関係等に劣らず議論の余地があるのは、ヘーゲルが『現象学』を学の体系の第一部と捉えた意味である。これに関してヘーリンクは次のように考えている。(78) すなわちヘーゲルは、一八〇六年の三月にはまだ、自らの体系全体を一巻本で公刊したいと思っていたし、また、一八〇六年の夏にはなお、論理学と形而上学とを含む、体系の第一部を刊行したいと思っていた。そして、後に『現象学』と名づけられる著作が、すでに「精神的動物の国」まで印刷されてできあがった、一八〇六年の八月になって初めて、ヘーゲルは、体系への導入のところだけを、特別に名づけて出版する決心をした。ヘーゲルがそれを体系の第一部と表記するのは、それより少し前、ただし、印刷の最中のことである。しかしこうしたこと［決心や表記］は、単に言い逃れであり、当座の間に合わせに過ぎなかった。というのも、論理学が「脱落」した後には［——つまり、体系への導入としての『現象学』には論理学が続くはずであったが、この論理学が脱落して『現象学』が肥大化した段階（一八〇六年後半期）においては——］、ヘーゲルはもはや『現象学』を、その最終的な総タイトルにおいて［体系］第一部と表記しようと考えてはいなかったからである。[79] しかしその後、なお後［一八〇七年一月］に書かれた［『現象学』の］緒言（Vorrede）のなかで初めて再び、こうした［『現象学』を体系第一部と表記しないという］意図を消し去ろうとする試みがなされたのである。

しかしながら、ヘーリンクの仮説の最後の箇所は、書名の書かれた二枚目の中表紙の誤った再現に基づいている。つまりヘーゲルは、この中表紙によって、発行部数の一部分については、「第一部　意識の経験の学」という書名をなお補うことができた［——実際補った——］のである。[80]［それによって言いうることは、『現象学』は「意識の経験の学」という当初の企図においてすでに、学の体系第一部と位置づけられていた、ということである。］ヘーリンクの主張は、［すでに］前節において矛盾していることが明らかになったのだが、[81] それは［いずれにしても］そうした首尾一貫しない主張であった。したがって、『現象学』が体系の第一部として現われるという事実を、［ヘーリンクのように］当座の間に合わせであるとか、言い逃れであるとかと説明する可能性は、消え去る。また、ヘーゲルは、『現象学』の前半分を印刷した後、突然決心し、それによって初めて、自立した導入を出版したいと意図するに至ったというテーゼも、怪しげなものであることが明らかとなった。ヘーゲルが、自らの導入を、印刷の最中に初めて体系の第一部と了解し考えようとするに至ったということも、それをはっきりと裏付けるものはほとんど何も見いだされないと言ってよいだろう。というのも、最初に書かれた部分［「序論（Einleitung）」］は、単に意識の経験の学に先立つはずのものであって、体系全体に先立つものではないからである。確かにこの部分は、体系の内部でのこの著作の位置づけに関しては何も語っていない。しかしこの事実によって、当時この著作［『現象学』］がまだ、体系の第一部と見なされようとはしていなかった、ということを想定する根拠が与えられたことにはおよそならないのである。とりわけ「意識の経験の学」について、それは学への道程として、それ自体すでに学であると、述べられているのだから、なおさらであろう。したがって、『現象学』が体系に対して自らをどういう関係に位置づけるのかということについて、この著作の成立史を考慮することなく考察するということに、何の問題もない。

『現象学』が、一八〇六年にヘーゲルの念頭にあった体系の第一部をなすということは、書名の書かれた両頁、「序論（Einleitung）」の二か所（六六、七四頁）がある程度対応している緒言（Vorrede）の二か所（二六頁第二段落――五八四頁を参照せよ――と、三一頁第三段落）、それに、ヘーゲル自身の通知（『現象学』編者前書三七（XXXVII）頁）によって、証言されているだけではない。それはとりわけ、『現象学』の末尾で示唆されている体系全体が、この［『現象学』の］構想に従って秩序づけられているという事実、そして、この［『現象学』の］区分が、決定的な点で第二のイェーナ精神哲学［一八〇五／〇六年］の末尾と一致しているという事実によって、証言されている。したがって問題はただ、こうした発言の一切[82]において、この体系の構成を得心させるような、統一的な意味が見いだされるかどうかであり、また、その意味とは何なのかである。この問いに決着をつけるために、まずは、それに必要で最重要な諸規定をまとめあげておこう。

(2)(A)『現象学』の末尾において、「絶対知」という表題のもとで学が導出される。この導出はまずは、

「我々」が、ずっと以前に現われていた概念の諸契機の一つ一つを取り集めて、概念を概念の形式において確保する、ということによる。だがさらにそれによってまた、精神が自らについての適切な意識へと至ったことが明らかにされる。その後に学が、意識に対しても「現実の歴史」のなかから出現するのである。(83)そこにおいて精神は、区別されたものがそれ自身において、いかに運動し、いかに統一へと立ち返るのかを、ただ考察するだけという、一見したところ非活動的な知である。が、ここに精神は、自らの形態化の運動を完結し、「概念」を獲得したことになる。精神は、この概念において自己開示することにおいて、［それ自体］学なのであ［り、こうして学そのものが成立するのであ］る。

ここにおいて学ということで一層詳しくは、どういうものが理解されているのかについてヘーゲルは、『現象学』の最後の四段落で示唆を与えている。——確かに、もう少し明確でもう少し包括的な情報がほしいと切に思わせるような仕方ででではあるが——。それによれば、まずは学は、その反対、つまり、『現象学』との関係で規定される。『現象学』は、概念の運動の諸契機を、意識の一定の形態として叙述する。この諸形態において、その契機の一つ一つは、知と真理との区別を設定し、かつ廃棄する。これに対して学は、内容を概念の自立的な形式において展開する。［『現象学』に現われるいわゆる］「我々」とは、かの［意識の］諸形態を［すでに］廃棄している［——つまり、すでに学の境地に達している——］ということに、由来している。だがまた学は他方、この［意識の］諸形態へと進展しもする。つまり学はそれ自体のうちに、純粋概念の形式を必然的に手放し、概念が意識へと移行するということを、含んでいる（『現象学』五六三頁第一段落)。こうして学と『現象学』とは、互いに他から現われ出る。『現象学』は、自らを純粋概念の形式へと単純化し、学は、自らを外化して直接的なものの確信［つまり意識］へと至る。

とはいえ、事は、学のこの一つの限界づけ——それは同時に、学が意識の形式へと移行するということであるわけだが――に留まらない。学のこの第一の外化と並んで、もう一つ別の外化が現われる。つまりこの外化において精神は、自らが自由で偶然的に生起する形の精神になる［生成する］ということを、明らかにする。しかもこの生成はまずは、生き生きとした直接的な生成――つまり自然――であり、次いで、自らを知において捉えつつ伝承する生成――つまり、絶対知を到達点とする歴史――である。この到達点への道は、諸々の歴史的精神の内化（想起）によって拓かれるが、それは［より詳しく言えば］、諸々の歴史的精神がその都度それ自体において存在する［いわば偶然的な］仕方と、それらがそれぞれの国家の組織化を遂行する［いわば必然的な］仕方という、二重の仕方で同様に拓かれるのである。また、このことに対応して、諸々の歴史的精神もまた、二重の仕方で保存される。すなわち、ひとつには、歴史において偶然性の形式で現われる自由な定在という、それらのもつ側面に従って、またひとつには、現象する知の学において捉えられる組織という、それらのもつ側面に従って、諸々の歴史的精神が保存される。そして、この二つの保存が一緒になって、「概念把握された歴史」をなすのである。したがって、この外化の最後には再びまた――現象知の学である――『現象学』が姿を現わす。しかしこの『現象学』は、単独で完結するのではなく、ただそれが現われる運動――つまり歴史――の最終局面と一緒になってのみ、完結するのである。(84)

『現象学』はここにおいてまたはっきり学と表記されているのだが、そのことは、上記の限界づけというものを、さしあたりそう見える以上に困難なものとする。［というのも、こういう問題が生じうるからである。すなわち、］学の［この最終段階での］生成もまたいまや学であると把握されるのだとするならば、その場合には、――この生成が、現象する知［つまり、生成する知］の学として生じてくるわけだが――この生成［『現象学』］の生成［最終的な『現象学』の生成］とは、何なのだろうか、と。自然と歴史であるのか、あるいは全く同様にそれらについての学であるのか、あるいは一体となったこの両者であるのか。この最後の二つの場合［つまり、自然と歴史の学である場合と、当の学が自然と歴史と一体となっている場合］においてのみ、『現象学』の最終章は、体系を先取りして描いた輪郭であると理解することができようし、またそれは、体系の諸構成項を、次のように表示するものと考えることもできよう。すなわちそれは、このようにして明示的に学と称される構成項［『現象学』］に、［いわゆる］論理学の地位［――つまり、学の体系第一部という地位――］を帰するというように、表示したものである、と。

［『現象学』と論理学とがいずれも学と呼ばれるという］これまでに示したような同音異義が意味することはおそらく、ヘーゲルがここでは論理学を、その根本的な意味を考慮して「学」と表記しているということだろう。というのもヘーゲルは、その三段落後［『現象学』最終段落］で、［この「学」という］同一の用語を純粋概念という形式に制限されない［広い］意味で使用しているからである。実際ここでの脈絡からして明らかであることは、『現象学』から生じる学とは、［純粋概念の学としての］論理学のみであるということ、［しかし］論理学の外化はいつでも［依然］学［広い意味での学］の内部で遂行されるということ、したがって論理学の結果も劣らず知［もしくは学］であり、知に依存しないものであることはない［――つまり学である――］ということである。ヘーゲルによれば、知のうちで自らの形態化の運動を完結させた精神［つまり『現象学』］は、明らかに自らの定在の**純粋な**境地、つまり、自らの生の「エーテル」を、獲得し［論理学へと展開し］たのである。［その際］精神の運動の諸契機は［すでに］純粋概念であり、この諸契機の統一、つまり、概念**そのもの**が、［最終的に］その**単純な**媒介［＝自己媒介］において、**思考**として定立される（『現象学』五六二頁）。そこで、純粋概念の学［論理学］であるということと、純粋概念を［他の諸学において］思考の抽象的な境地で展開するということと［の区別］は、ヘーゲルにとっては、論

理学の常に変わらぬ外的な徴表である［にすぎない］。そして、他の諸学や通常の意識との関係においては、「このエーテル**そのもの**」は、単に学の根拠もしくは基盤、あるいは、**知一般**（『現象学』二四頁第三段落）であり、**学一般**（『現象学』二六頁第二段落）である。これに対してそれは、そのもの自体においては、精神の諸契機が［異質のものを含まない］単純性の形式において延び広がる知の境地、つまり「**論理学**もしくは**思弁的哲学**」（『現象学』三三頁第一段落）である。このようにして論理学がここで学**そのもの**と表記されたとである。というのも、通常の意識は実際、学への道程において初めて自らを知ったのだからである。すなわち、それがそれまでの歩みから区別されるということは、通常の意識のことを考慮しても、筋の通ったことである。というのも、通常の意識は実際、学への道程において初めて自らを知ったのだからである。すなわち、この道程の叙述［『現象学』］は、意識の感知しないところでそれ自体すでに学である。だがそれは、そこまでであれば単に「我々」にとって学であるにすぎなかった。しかし、はたしてそれが、意識にとってもまたそうした学にならなければならないのか［――つまり、意識が『現象学』を把握しなければならないのか――］、あるいは、その必要はないのか、［という問題はあるが］――いずれにしても、いまや『現象学』の道程が叙述され終えたことによって］一般的な意味での学［論理学］が、意識に対して生成する。この一般的な意味での学とは、現象する知の叙述の冒頭［「緒言（Vorrede）」］で「我々に」よく知られたものでなければならなかったものである。つまり、この一般的意味とは、論理的なものの一般的な意味以外のいかなる意味でもないのである。だが、こうした論理的なものの展開に先行するもの［『現象学』］が、それはそれで学であったということは、最終的には、体系［の全体］が終結して初めて明らかになる、ということでもあるだろう。ひょっとすると、だからこそ、この［体系全体の］終結との関係で『現象学』は、現象する知の学とよばれるのかもしれない（『現象学』五六四頁）。

ところで、必然的に外化するとヘーゲルが主張するものが、純粋知であるのだとするならば、いずれにしてもこの外化は、学の別の部分への移行なのであって、学的な知とは別の知への進行ではないと解するのが自然である。概念の意識への移行は明らかに、「我々」がそこから出発したその出発点〔『現象学』冒頭〕へと立ち返ることである。ただしもちろんそれは、〈このもの〉の単純な意識への立ち返りではない。そうではなくそれは、そのような意識において真理を獲得していると考える確信――つまり、確信の対象について、それが当の確信そのものにおいて、どのように存しているのかということを、「我々」が考察する限りにおいての確信――への立ち返りである。したがって、自己という形式からの精神の「解放」を、〔単に〕次のように解釈するとするならば――すなわちその「解放」とは〔単に〕、概念把握の営みが、いまや精神のうちで廃棄された現実の単なる眺めやりへと転倒することであると解釈するならば――、それは誤りである(85)。

精神が、自然および歴史としての精神へと自らが生成することを叙述する、第二の外化――これはある程度、フッサールの言う哲学的な態度からの還帰に接近するのだが――もまた、直接的な外化、つまり、概念把握を後方に置き去りにして物へと目を向けるということではない。それは当然のことながら、自己自身を知っている精神によって遂行される、この生成の**叙述**でなければならない。つまりそれは、直接性における生成であってはならないし、また、生成のうちで所与の内容として見いだされるというそうしたものに関して、直観するもしくは表象するといった抽象的な活動であるべきでもない。こうした叙述に直観が入り込んでくるのだとするならば、その限りそれは、自らを知っている精神の自己直観であり、したがって、学的な概念把握そのものの一契機もしくはひとつのあり方なのである(86)。

このようにして、自己を知る精神の構成が明らかになるのだが、この構成が同時に、一八〇五年から一八〇七年の間のヘーゲルの体系を素描している。このことはまた、第二のイェーナ精神哲学〔一八〇五／

〇六年］の末尾によっても信憑性のあるものとなるのである。そこにおいて哲学はまずは、宗教と同じ内容を概念の形式でもっている限りにおいて、(a)思弁哲学と、(b)自然哲学とに区別される。自然哲学とは、これもまた精神への生成、つまり、概念として存在する概念への生成である。そしてヘーゲルは、この区別の後で、哲学の知すなわち自己を知る精神を、それが民族精神や宗教に対して占める地位に基づいて、一層詳細に規定する。それによれば、民族精神は、精神の直接性もしくは存在する絶対的な精神としての精神である。宗教は、思考する精神であるが、この精神は、自ら自己を思考することはなく、したがって、自己自身との同等性ではなく、したがって直接性ではない精神である。これに対して哲学の知は、再興された直接性［自己自身と同等である知］である。さてこの後に決定的な文章が続く。すなわち、こうである。「自己を知る精神は一般に直接性として存在する。つまりそれは、**意識**、すなわち、**直接的で**感性的な意識である。この意識は、存在するものという形式のもとで、自らにとって他なるものであり、**自然**と**自己知**とへと分裂したものである。ここに精神は、自らの**静止した**芸術作品つまり**存在する宇宙**であり、また、**世界史**である。哲学はこうして自己自身を外化して、自らの出発点に、すなわち、まさに分裂したものである直接的な意識に、帰り着く。」したがって内容の点では、論理的なものが出発点に位置する――それは、思弁哲学として、自らにとって他のもの（**相関関係**）となる絶対的**存在**、生命そして認識へと区分され、さらに、知る知、精神、精神の自己知となる――のだが、にもかかわらずヘーゲルは、哲学の出発点を直接的な意識に返還するよう、はっきりと要求しているのである。

もちろん、自己を知る精神のこうした構成は、依然として謎に満ちている。哲学の知［論理学］と哲学の内容［その他の諸学］とは、相互に適合していなければならないにもかかわらず、この両者の間の差異は、どのようにして生じるに至るのだろうか。『現象学』が少なくとも三度――すなわち、まずは、［1］

「我々」が遂行する、学の生成の学として、次に、［2］「我々」が出発したその出発点へと立ち返ること［論理学の最後］において、そして、［3］諸々の歴史的精神を、それらの概念把握された組織編成という側面に従って、保存するもの［体系の最終段階］として――登場するということは、何を物語っているのだろうか。自己自身を知る精神が『現象学』の主発点へと立ち返るというこの還帰は、論理学の最後になって初めて生じるのだろうか。それともそれは、論理学の端緒と一致する［――論理学の端緒にすでに存していた――］のだろうか。『現象学』は、歴史の終末において、この［学的な］還帰から立ち現われるのと同じ意味で立ち現われるのだろうか。『現象学』が最終的に導出されるということは、同時に、学の生成の外的で歴史的な必然性を根拠づけるという意味を、つまり、「哲学が学へと高まるべき時が到来している」（『現象学』一二頁第二段落）ということを証示するという意味を、もちうるのだろうか。歴史と『現象学』とを一緒にして「概念把握された歴史」となすということは、何を意味するのだろうか。『現象学』のヘーゲル自身による公示や『エンツュクロペディー』と比較して、奇妙な感じのする自然と歴史とへの区分は、どのようにして生じるに至るのだろうか。こうした諸々の問いに関して一歩前進することが可能だと思われるのは、おそらく、先に参照した［一八〇五から七年における体系構想の］構成の根底にある精神の概念を念頭に置くことによってだろう。

(B) 精神の概念は、哲学の体系の形式にとって決定的であるということを、ヘーゲル自身が指摘している。すなわち、真理が存在する際にとる真なる形態は、ただ真理の学的な体系でのみありうるとする確信（『現象学』一二頁）は、絶対者を精神と見なす（『現象学』二四頁）という考え方のうちに表現されていると見てよい、という。体系と精神とは、ある意味で等価の概念である。それ故に、精神の構造の開示は体系の構造の再現であるということが、想定されうることになる。しかしながら、ヘーゲルによる精神の構造の素描（同箇所）が、体系全体の素描であると解するのは、なかなか難しいのである。というのも、かの素描は、精神的な実体からこの実体の自覚的な存在へと至るのだからである。つまりそれは、純粋概念から、その外化を経て、自然へと至るという具合にはなっていない。いわんや、あらかじめこの外化から純粋概念へと立ち返るなどということにはなっていない。だが、これに対してまた、かの精神の構造の素描［同箇所］は、第二のイェーナ精神哲学［一八〇五／〇六年］[87]において、思弁哲学であると名指された内容と、ある程度重なり合うのである。[88]

したがって、何よりもまず想定されるべきことは、この素描は、『現象学』の成立期にヘーゲルの念頭に浮かんでいた論理学の形態を告げ知らせている、ということである。そしてそれはまた同時に、『現象学』の構成をも映し出していなければならないだろう。[89]というのも、意識の経験は、精神の真理の国の全体をそのまま自らのうちに包摂しうるのだから、論理学の体系性が、『現象学』のそれの根底に存しているはずだからである。そうである限り、かの素描は同時に、『現象学』の構成を映し出していなければならないはずなのである。実際、『現象学』の構成は、かの素描のうちに見て取ることができる。[90]否、それどころか、この［素描の］箇所そのものが、特徴ある文章を通してさらに、『現象学』の実質的な構成を明確にしてくれそうなのである。というのも、それは、この特徴ある文章を通して、『現象学』の構成が論理学の体系性に型どおりに従わないのは、どこにおいてなのかということ［また、それによって『現象学』の実質的な構成がいかなるものであるのかということ］を、際だたせてみせるからである。つまりこの箇所は、論理学の体系を端的に言い立てる。――そしてこの論理学の体系が、『現象学』の基礎的な機能へと変容しているのである。これに対して、学の体系全体は、精神の開示を結果とする一連の概念［すなわち論理学］において初めて提示されるように思われる。この点で、『現象学』の結びおよび第二のイェーナ精神哲学が、[『現象学』の]緒言(Vorrede)と一致する。すなわち、それによれば、学[論理学]、もしくは、自らを精神として知る精神(『現象学』二四頁)、自己自身を知る精神[91]こそが、それ自体必然的に展開することによって、哲学の体系を産み出し、その最後にまた、この体系を定義する。したがって、ヘーゲルが学の出発点への還帰を叙述する箇所で、同時に次のことが明らかにされなければならないことになろう。すなわちそれは、『現象学』が、どのように、そして、どのような意味で、体系の第一部と見なされるのかということである。

『現象学』の緒言(Vorrede)においては、精神の開示を結果としてもつ学の概念と、『現象学』の体系的な必然性との間のこの連関が、覆い隠されている。それ故に、学は、学のうちにあって自らを理解していない意識の事実と、単に外的に結びつけられ、そのことに基づいて、[『現象学』は]導入学である[べきである]という要求がなされるかのように考えられうることになる。これが、大部分のヘーゲル学派の人たちによって考慮された視点である。[92]しかしヘーゲルは同じ箇所で、『現象学』の背後にある体系構想を規定している内在的な思想をも、示唆している。学は、学自らが自己意識を学と一体のものとしなければならない(『現象学』二六頁)ということを、[いまだ学と一体ではないものとして]現われ出る意識に基づいて[意識の側から]初めて知る、というのではない。というのも意識は、意識に対して要求として現われてくる学の本質を直接的には、理解することも是認することもできないからである。そうではなく学は、かのことを、自らの本質そのものから知るのである。すなわち、精神が学として定在する学固有の境地というもの、つまり、「絶対的な他在における純粋な自己認識というものは、自らの生成の運動を通してのみ完成し見通しの利くものとなる」のである。純粋な自己認識は、自己自身からの区別ということにおいて定在するに至るのだが、こうした区別における純粋な自己認識は、そのものとしては、論理学においてのみ遂行されるという事情がある。だが、こうした事情にもかかわらず、この自己認識は論理学からは始まらず、この自己認識の概念が知る意識において到達される際の道程の叙述〔『現象学』〕から始まる。――ここにおいて、この道程は確かに、いわば端緒となる学であると述べられている。すなわち、「それは、確かに学ではあるが、なお端緒である。したがって」この学において純粋な自己認識は単に、この学のための「根底」をなすのみであり、また、この学の境地はちなみにまさに、純粋概念の外化形態、つまり、意識なのである。こうした学の境地は、学の内部でなお〔意識論（導入）として学への〕展開を経巡らなければならないわけだが、そうでなければならない理由は、緒論においては確かにただ、極端に抽象的な語句でしか語られていない。つまり、こうである。精神の定在は、まずは直接的なものもしくは端緒にほかならず、また端緒とは、いまだ自らのうちへの還帰ではないのだから、学の第一部は、精神の直接的な定在の境地、つまり意識において、遂行される、と（『現象学』三二頁）。けれども、これによって、次のような問いがそれほど明らかになるわけではないだろう。すなわち、学的な仕方で自らを知る精神の直接的な定在が、どうして意識という性格をもたなければならないのか。また、この定在は、意識という境地にある限りにおいて、なぜ、叙述の内容としても意識というあり方をとるのか。

『現象学』の末尾に唯一、ヘーゲルが再びはっきりと端緒に言及するに至る箇所があるが、この箇所においても、学の第一部の展開領域としての意識（いわゆる「我々」）と、この領域において叙述されている内容としての意識との間の差異は、根拠づけられてはいない（『現象学』五六三頁第一段落）。しかしおそらく、学の端緒の導出はすでに、ヘーゲルが〔『現象学』の叙述を終えて〕初めて学の概念（論理学）に到達し、さらにこの学の概念を、次のような観点から――すなわち、現象する知を特徴づける、真理と確信との差異という観点から――規定するかの箇所（『現象学』五五六頁）に、見いだすことができよう。この箇所において、それまでは、単に「我々」でしかなかった、そうした精神の形態が、この形態〔「我々」〕を「我々」〔自身〕が遂行することによって、考察される内容となる。しかも、この形態が考察される内容となるのは、さしあたり単に、先行する個々の諸契機を取り集めて、概念を概念の形式において確保する、「我々にとって」のみである。美しい魂として初めて姿を現わすが、しかしなおその実現には固く身を閉ざす、こうした概念は、いまや〔『現象学』が完結することによって〕「定在の境地、つまり、意識にとっての対象性の形式と」なったのである。自らの内容を、こうした境地〔論理学〕において展開する知とは、この〔個別的〕自我であるのと全く同様に直接的に普遍的な自我でもある、自我である。〔ところで〕それは、〔いずれにしても自我である限り〕自らの内容を自己自身と区別する。というのもそれは、自らを分裂させる営み、つまり、意識だからである。しかしこの内容は、自らの区別そのものにおいて、自我である。というのもこの内容は、自己自身を廃棄しつつ保持する運動だからである。この運動が、「我々」のこれまでの知〔『現象学』〕において遂行されたのだとするならば、学はこれまで、意識の対立のうちに存していたのであり、この対立の最も外部の項〔「感性的確信」〕から始められなければならなかったのだということは、明らかである。というのも、「我々」は知としては自我であるのだが、こうした自我のうちへと学の内容は立ち返るのであり、まずは、この還帰〔した学の内容〕が叙述されなければならなかったからである。この内容が「我々」の知に対して叙述された際の、叙述の形式、すなわち、精神が「我々」の知として定在していた領域は、意識〔の領域〕であった。この意識が、「我々」の反省〔論理学〕を「我々」の対象〔日常的な諸対象〕の反省から区別し、「我々」の反省を、この対象の展開のために利用したのである。したがって、学の境地、つまり、概念は、概念のうちで解消していない定在〔つまり、日常的な諸対象〕によってなお、いわば曇らされている。このようにして「我々」は、自明なものであるかのように、「我々」の自我［つまり、意識］へと立ち返るのであるが、しかしこの自我はまさに、最も解明を必要とするものだったのである。しかしいまや、この自我が、内容の運動によって自らを規定し、この内容と自我との間の区別が廃棄されたことによって、この内容の展開は――もちろんそうしたもの［つまり、これ以後の論理学的な展開］がなお必要であればの話だが――これからは、純粋に概念の形式［論理学］において、前提された自我へと遡及するということは一切なしに、なされうるし、また、なされなければならない。こうして、純粋な概念は、学の境地［論理学］となるし、また、学の境地は、この先行する運動［『現象学』］を通してその見通しを獲得したのである。

ところで、「我々」が『現象学』において考察する内容は、どの程度［形式がそうであるのと］同様にまた意識なのだろうか。そして、考察される意識に対する、展開領域としての意識［「我々」］との区別は、どうなっているのだろうか。これについておそらく第一に言われるべきことは、次のことであろう。すなわち、『現象学』がはじめから営んでいた知は、いまや『現象学』の［相対する］対象［論理学］となったのであるが、こうした知にとって、その内容が、その［内的な］区別においてそれ自体自我［意識］であるということは、単に［さらに論理学もしくは学の体系が展開し終えた、その］結果としてのみ生じるのではなく、抽象的な形式において実際またすでにはじめに与えられていたのでなければならない、ということである。というのも、そうでなければ［――つまり、知の内容が、そもそも区別をはらんだものでないのであれば――］、知が定義からして、内容において知自身と等しいということはないし、知の真理が、知自身の確信［――知における区別の廃棄――］という形態をとるということもないからである。もし、学［論理学］がなお反省哲学的な性格をもっているのだとするならば、学の叙述の展開領域だけでなく、学の対象もまた、自我である。たとえ自我がどんなに具体的に、また、どんなに包括的に自らを証示しようと、

［それは、反省哲学的な領域・対象に留まるの］である。ここからおそらく洞察されうることは、純粋概念の諸契機が、なぜ、「我々」が考察する意識の諸形態として現われ出なければならないのか、ということである。しかし、遙かに困難な課題［として残されること］は、純粋概念［論理学］の諸契機が、その内容と結合してこのような意識の諸形態として現われ出る際に［『現象学』］、この現われ出るということそのことは、その都度どのような特質をもつのか、ということだろう。いわんや、この現われ出ることが、どのような根拠から生じるのか［――つまり、『現象学』の展開の連続性は、どのように保証され、根拠づけられているのか――］という、この根拠の判定などは、困難の極みである。

しかしおそらく、このような［判定困難な］根拠もまた、先に引用された箇所ではなく、もし、さらにこれ以上に仕上げられたテクストがあるとすれば、そこにおいてこそ明らかにされる、ということがありうるだろう。というのも、学の概念は、かの箇所においては、ただ「我々」に対して導出されただけであったからである。当然想定されうることは、考察する知［「我々」］と考察される知［意識］との関係は、学［論理学］が考察される知［意識］に対していまだ生起してきていないうちは、最終的に規定されることはありえない、ということである。実際この二つの知の関係に関してヘーゲルは、いかなる情報も与えなかった。すなわちヘーゲルは、『現象学』の体系的な最後の歩みをはっきりと次のようには、――つまり、最後の歩みとは、最初は単に「我々」にとってのみあったことが意識に対して生成することであるというようには――把握していなかった。そうではなくヘーゲルは、この最後の一歩を、時代と現実とにおける学の現象という設定のもとで行なったのである［『現象学』五五七頁参照］。そうではあるけれども、ここにおいておそらく、先行するあらゆる諸章において支配的であった叙述の原理の変容および衰退した［つまり、すでに力を失ってしまった状態での］実現を見て取ることは、許されよう。「我々」はここでもう一度、［現象学的な］把握形態（Auffassen）から［論理学的な］把握形態（Begreifen）［いわゆる「概念把握」］を遠ざけておいて、現に存しているものを見守ってみればよい。そのようにして目にしうるものとなる生成とは、いまやもはや抽象的な生成なのではなく、時代と現実とにおける生成として叙述されるものであるということは、先行することからして明らかである（『現象学』四七六頁[93]）。ところで最後に、［『現象学』の最後に］もし学［論理学］が意識に対しても生じたのだとするならば、「我々」は意識と一緒になって、概念の境地そのものに十全に力を発揮させなければならない。その場合には精神は、歴史的にも、また「我々」が考察した意識の内部においても、また「我々」の知の内部においても、「自らの定在の純粋な境地、すなわち、概念を、獲得した」のだという知が、成立しているのである。

ヘーゲルは、こうした脈絡をも、『現象学』がその端緒へと還帰することとして叙述してはいない。しかし、論理学への移行が単に「我々」に対してだけ必然性をもつということではないはずであるのならば、このような還帰がなされていなければならないということは確かである。というのは、次のような理由による。すなわち、純粋な概念とは区別される特殊な定在は――自我であれ非我であれ――すべて、概念のうちへと自らを廃棄する運動である。――この運動は、これまでは単に「我々」に対してだけ存在したものであり、この運動を概念把握するために、「感性的確信」の考察が始められたわけである。そこでかの特殊な定在がこうした［『現象学』において展開された］運動［そのもの］であるということが、意識に対して生じていないとしてみよう。換言すれば、「我々」がそこから出発した立場、つまり、先行する哲学との対決の結果、「我々」に対してと同様に意識に対しても明らかになった［論理学の］立場へと、いまや高められた意識が、これまで意識に生じた事柄［つまり、『現象学』の辿った道程］を想起しないと想定する――換言すれば、「我々」が意識の経験を概念把握したようには、意識は自らの想起［つまり、自らの経

ことは生じようがない。そして、いままさに始まる「我々」の論理学の遂行も、意識にとっては、これまで意識の背後でとり行なわれてきたすべてのことと全く同様に、了解されないままにならざるをえないのである。そうだとすると『現象学』は、導入という自らの目的を損なうことになるだろう。これについては『論理学』が実際次のように明確に述べているのである。すなわち、『現象学』において重要なことは、意識を意識自らの端緒へと連れ戻すことである、と。(94)

しかし『現象学』は、期待されてしかるべき端緒の導出ではなく、厳密にとるならば、もはや『現象学』のものではない導出のみを（『現象学』五六三頁第一段落）、含んでいる。すなわち、『現象学』の占める位置に基づくならば、『現象学』は［論理学を導出し、自ら導出した］論理学の結果と理解されなければならないということが、推測されるのである。だが［それは単に推測されるのみでなく］とりわけ『論理学』の第一版において、『現象学』の意味がそのようなものだと言われている。(95) この［論理学からの］導出においては、端緒において「我々」である意識と、「我々」が考察する意識との間の差異は、覆い隠されている。論理学は、純粋な内容を、この内容の［経験的な］知へとおよそ遡及することなく展開しなければならない。だからこそ論理学が、その最後で、そのもの自体に即して叙述するのはただ、この［純粋な］内容の他の形態への外化、すなわち、「我々」の出発点である「感性的意識」への外化のみなのである。ただしそれは、「我々」の出発点そのものである『現象学』への、つまり、「我々」が最初に着手するものとして規定されている、その規定性［『現象学』における「感性的確信」］への外化ではない。［単なる経験的な］知と『現象学』の内容との間の差異をも規定するような端緒の導出は、「実在哲学」において初めて——「主観が作り出す運動」［『現象学』五六三頁］の最後においてであれ、ヘーゲルが、現象する知の学を再びはっきりと関連づける歴史の最後において初めてであれ——生じることが可能となろう。もっとも、この点についてのヘーゲルの言明は、『現象学』においても、ここで引き合いに出されるべきイェーナ精神哲学においても、全く同様に非常に概略的であるので、体系をこの方向で推定しようとする試みは、全く曖昧なままに留まらざるをえない。

だがとにかくも想定しうることは、「イェーナ精神哲学を含む」「実在哲学」において遂行されてしかるべき現象学の導出が、現象学を、次のことに関して一層詳細に規定するべきだ、ということである。すなわち一層詳細に規定されるべきことは、［1］現象学が内容の［論理学的］自己展開ということから外れていくのはどこにおいてなのかということに関して、つまり、現象学特有の反省哲学的であると同時にすでに思弁的な方法に関してであり、また、［2］論理学においてその基盤をもつが、しかし十全な規定性をもつわけではないような諸概念、たとえば、意識の諸概念［とは、いかなるものなのか］に関してである。またとりわけ現象学が遂行される媒体［——つまり、『現象学』は、何を主題とすることによって展開されるのか——］に関して、おそらく、次のことが要求されるべきだろう。すなわちそれは、意識の概念、および、この概念を越え出る、意識の哲学的な反省の概念が、この媒体［つまり、『現象学』の主題］の基本的な規定であるということが明らかにされる、ということである。『現象学』においてさしあたり全く不明確な意味で「我々」と解され、最後になって初めて自己を知る精神そのものとして姿を現わす、かの遂行する主体に関しても、——或る必然性に基づいて自己を知る精神が最初かの不明確な意味で［「我々」として］立ち現われ、その結果、精神はまずは、「我々」の［個別的］自我という前提を解体しておかなければならなかったのだとするならば——、その必然性が導出されてしかるべきだろう。『現象学』が、遂行する主体と遂行の媒体［つまり意識］という両者のうちの一方［意識］を、他方［主体］において没落させるだけなのだとするならば、［まずは］この両者の相違が導出され、そして廃棄されるべきだろう。おそらくこれによって、次のように定式化されるかの諸々の事柄の具体的な意味が、了解され手に入れられることになるだろう。すなわち、ここに定式化される諸々の事柄とは、こうである。［1］学の第一部が、精神の直接的な定在の領域であることによって、学の他の部分と区別されるということ（『現象学』三一頁）、［2］学が、［意識において展開し、したがって、］自己意識［もしくは精神］における現実性を欠いているために、単に自体としての内容であるにすぎないということ、つまり学が、次のような目的——すなわち、まだようやく内的なものでしかなく、精神として存在せず、ただやっと精神的な実体であるにすぎないという、そういう目的——であるにとどまっているということ（『現象学』二六頁）、したがって［3］［その限り］学はそれ自体、現象であるにすぎず、その真実の姿において詳論され仕上げられてはいないということ（『現象学』六六頁）等々である。

(C) 体系の構想に関して有益であるのは、以上のような課題が体系のどの箇所で果たされなければならないのか、ということを知ることである。ヘーゲルの言う意味での第一の学としての『現象学』は、「主体が作り出す運動」［『精神現象学』五六三頁参照］［つまり、「自然」の展開］の最後ですでに、現われ出なければならず、したがって、学［この場合体系］の最終部によって学の概念につけ加わるのは、ただわずかに歴史的な諸契機だけである、ということは考えられうることである。すなわち『現象学』は、この歴史的な諸契機によって、概念把握する精神の自己知へと至る、歴史の終焉［を提示するもの］となる。そしてその際『現象学』は、その方法論的な構造という点から、フィヒテ［自我哲学］とシェリング［自然哲学］の哲学の叙述形式に関わり（『現象学』五六一頁）、その内容という点から、世界史の全内実を特別の仕方で自らのうちに含むのである（『現象学』二八頁）。このことを証言するのは、ヘーゲルが『現象学』

の末尾で、精神が精神になる〔生成する〕際の二つの側面を区別しているということである。すなわち、この二側面の第二の側面は、無時間的に展開する精神そのものという〔通常〕期待されてよいような精神ではおよそなく、歴史なのであり、その結果、かの生成が自然と歴史へと分節されるという、驚くべき事態となるのである。このことと符合してヘーゲルは、第二のイェーナ実在哲学の末尾[96]において、存在する宇宙と世界の歴史について語っている。このことを解釈することによっておそらく判明するであろうことは、こうした体系全体の構成〔1a 現象学、1b 論理学、2a 自然、2b 歴史〕と『エンツュクロペディー』のそれ〔1 論理学、2 自然哲学、3 精神哲学〕とは大きく隔たっているということである。しかしまたヘーゲルは、自ら『現象学』の公示をした際に、論理学に続く哲学の諸部分を、〔『エンツュクロペディー』と同様に〕自然と精神の学であると告知しているのである。こうしたことからして次のように想定せざるをえないことになるだろう。すなわち、哲学の体系形式についてのヘーゲルの考えは、一八〇五年から一八〇七年の間、なお大きく揺れていたか、あるいは、この二重の区分は、哲学の概念そのもののうちにより深い根拠をもっているのに違いないかの、どちらかだろう、と。しかしこれについての示唆は、テクストのうちには見いだされないのである。

しかし、比較的ありそうなことは、次のようなことである。すなわち、自然（もしくは「存在する宇宙」）と歴史（もしくは「世界史」）へと区分されるこの二つの領域は、その都度、それらの具体的な概念を提示する用語〔すなわち「存在する宇宙」および「世界史」〕によって表示されるわけだが、ここにおいて、これらの具体的な概念は、その抽象的な諸契機をなす特殊な諸規定を経て初めて獲得されなければならないのである。そしてそうだとすると、歴史は、時間関係に配慮することのない先行的な精神の展開に対して、具体的な自然[97]が、数学や非有機体[98]の自然学という先行的な学の主題に対するのと同じ関係に立つことになろう。［すなわち、（自然哲学―具体的自然）および（精神哲学―歴史）、という平行関係が見られることになろう。］このように考えれば、ヘーゲル自身による現象学の公示［の際の体系構想（1-2-3）］は、『現象学』の末尾［1a、1b、2a、2b］と一致することになるだろうし、ヘーゲルの当時の体系の実在哲学的な部分が、『エンツュクロペディー』のそれに近づきうることになるだろう。(99)

この場合でも、学が、その『現象学』の端緒へと立ち返るという、この還帰を含みうるのは、［明示的には］［一八〇五／〇六年の］「実在哲学」の［構想における（一二三〜一二六頁参照）］第二部［「精神哲学」］だけということになるだろう。けれども、だからといって、こうした還帰がなされるのはただ一度だけだということが、言われているわけでもないだろう。ヘーゲルの体系全体は、次の両者の差異に、貫き通されている。すなわち、その差異の一方とは、時間関係を全く配慮しない概念展開である。この概念展開がいつでも、［体系の］出発点とならなければならず、また、これが、この概念展開によって定義される内容の時間的な展開を初めて可能にするものなのである。また、その他方とは、まさにこの時間的な展開そのものである。前もって単に体系的にのみ展開された概念内容はすべて、最後には、この時間的な展開のうちへと受容されなければならないのであり、その結果この差異が消失するのである。ヘーゲルの体系全体は、こうした差異に貫き通されている。そしてこの差異によって、おそらく次のことが言いうることになる。すなわち、哲学も――そして、その諸部分がそれ自体学の内容となるのだとするならば――、哲学の諸部分も、まずは、時間や歴史を考慮することなく規定され、その後で初めて時間や歴史の秩序と具体性において規定されることになるのでなければならない、と。

ヘーゲルのイェーナ期の諸著作［「実在哲学」や『現象学』等］も、『エンツュクロペディー』も、結局のところ、これ以上大いに詳細であることはない。したがって［ここに論じられている限りにおいては］、以上のような点でこの両者の体系性に明らかな差があるということはない、ということがはっきりしよう。だが、これに対して、［『現象学』において］「概念把握された歴史」に言及され［るわけだが（一二五頁参照）この点に着目するならば、］おそらくそれは、この両者の差異を示唆していよう。というのも、『エンツュクロペディー』は、［概念把握された］歴史でではなく、哲学の理念で終わっているからである。しかし他方問題なのは、世界史とは異なる「概念把握された歴史」が、そもそもなお固有の哲学的分野のテーマを表示しうるのかどうか、ということである。おそらくこの「概念把握された歴史」はただ、学の最初と最後にあって、これら二つが一緒になる歴史的諸分野の無差別点［融合点］を際だたせるだけである。「両者が一緒になって」概念把握された歴史と名づけられるということは、少なくとも、こういう方向を指し示している。このようにして結末を形づくるのは、無差別点［融合点］であり、またこの無差別点［融合点］は、［1］諸精神が偶然性の形式において現象する定在という側面から、諸精神を保存するということ［世界史の側面］と、［2］諸精神の概念把握された組織体という側面から、諸々の精神を保存するということ［学の側面］との無差別点［融合点］である。そして、この無差別点［融合点］こそがおそらく、次のことを根拠づけうるのである。すなわち、こうである。この無差別点［融合点］が直接的なものである限り、以上の両側面——抽象的な体系と歴史——が、依然出来するのだが、学の始まりは、何故に、こうした直接的な無差別点［融合点］に置かれ、学がそこから始められるのか、と。(100)

ところで、『現象学』が体系の一部をなすと考えられていた、そうした体系の形態が、これまでなされてきたいくつかの示唆によって、正しくスケッチされているのだとするならば、また、これらの示唆において、自己を知る精神の概念が、［体系内の］区分の根拠と見うるようになるのだとするならば、知と哲学の内容との間の区別もまた、理解することができるものとなろう。すなわち学は、自己を知る精神として、自己を知る知――つまり「我々」――の直接性から始まる。ここにおいて［なお学へと至っていない］知はまだ、自らへと関与する際に、内容への関係に相対しており、それ故に、この内容は単に、「我々」がもっている内容、もしくは、「我々」の対象としての内容であるにすぎないように現われる。しかし、［このようにして「我々」に相対するかのように見える］内容が結局それ自体、「我々」の真の姿である自己を知る精神として現われることによって［――「絶対知」――］、学の第一部を特徴づける差異、――すなわち、知とその展開過程における知の内容との差異――は、消えてなくなる。いまや内容は、「我々」の知のいかなる前提にも依存することのない内容として、しかもそうしたものとして証明された内容として、展開されなければならない［論理学］。だからこそ、［論理学に始まる］思弁哲学は、絶対的内容を展開する出発点を、内容自身の形式［すなわち、純粋な概念］のうちに設定するのである。けれども［そうだとしても］思弁哲学［に目を転ずれば、それ］が、いかにして、学の行程における第一のものであると、あるいは、任意に選択可能なさまざまな出発点のうちの一つであると、見なされうるのかということは、［なお］理解されえない。このいずれの場合においても学は、［『現象学』を欠いている限りは、］自己を知る精神として理解されていることにはならないだろう。

(3) こうして少なくとも確実に主張しうることは、こういうことである。すなわち、『現象学』が学の端緒に位置しているということは、哲学的な述べ伝えを教育的見地から要求するという付随的配慮に負っているわけではない、と。ちなみに、『現象学』の根底に存している体系構想を一層詳細に規定することが、どんなに困難であろうとも、以上のように主張することができるだろう。『現象学』が、そして『現象学』のみが、「我々」にとってと全く同様に、精神にとっても、学の展開の行程における第一のものである。ただ、「我々」が『現象学』において考察する意識にとってのみ、『現象学』は、それ自体自由な学ではないもののように「現われる」のであり、自然的意識が学へと至る道程であると、解されうるのである(『現象学』六七頁)。しかし、現象学の［学としての］過程において、こうした［意識にとっての］視点は妥当性を失う。第一のものであるという意味が『現象学』に帰せられるのは、学というものは結局、歴史的に動機づけられ時間のうちで遂行されるべき思考の形態として規定されなければならない、ということ［——意識のもつ歴史的観点——］によって初めてなのではない。そうではなく、『現象学』が第一のものであるのは、歴史のうちで展開するということに依然無関心な精神の構造からしてすでに、そうなのである。というのも、［学の典型である］論理学［を見れば明らかなように、論理学］の末尾はすでに、その端緒へと立ち返る［のであり、それ故に、学の展開は歴史的な流れとは無関係な］のだから。したがって『現象学』は、ヘーゲルにとってまた、単に精神が歴史的に展開する段階というものによって制約されたものでもないし(101)——いわんや、歴史的に展開する段階によって制約されるということが、体系的に重要な意味をもつという意味において、そのように制約されたものであることはない。『現象学』は、何の制限も付けられることなく、学の体系の第一部なのである。というのも、学の体系は、その展開領域が完全に透明になったところから始められるわけではないし、したがってまた、体系の絶対的な内容の端緒をなすような体系そのものの部分から、始められるわけでもないからである。それ故に少なくとも、体系において絶対的な内容そのものが叙述される箇所［論理学］は、なお、精神が自らの究極的な自己知を保持するようになる条件［『現象学』］に依存しているのである。

b 『現象学』についての新解釈

遅くとも一八一七年以降——すでにそれ以前ではないにしても(102)——ヘーゲルは、『現象学』をもはや哲学の体系の第一の（そして最後の）学とは考えなくなった。とはいえ、だからといってヘーゲルは、『現象学』の導入という性格を否認するわけではなかった。［そこで、『現象学』の位置づけに関して問題が生じることになったわけだが、しかし］ヘーゲルは、『現象学』が、体系の内部において、あるいは、体系に対して、どのように位置づけられるのかということを、新たにはっきりと規定することはしなかったのである。そのことが、この［『現象学』をめぐる］プランに関して一連の解釈を呼び起こすこととなった。これらの諸解釈が先に、事柄の順序に従って、一括して示されたものである。そこでいまや次のことを探求しよう。すなわち、これらの解釈の諸動機は、どの程度相互に（Ｉ）、そしてまた、ヘーゲルの言表と（II）、一致しうるのか、また、その際成立する『現象学』の解釈は、『現象学』の当初の体系的な意味と対応するのかどうか（III）、ということを。

(I)(1)　大部分のヘーゲル学徒たちは、まずは、論理学と『現象学』との端緒を、［それぞれ］異なった観点における［体系］全体の端緒であると見なそうとした。しかしこうした解釈は、『現象学』の内部に、その拠り所を見いだせないということが、すでに明らかにされた。だがまたそれは、『エンツュクロペディー』とも調和することがない。というのも、『エンツュクロペディー』の区分を統括するのは、唯一次のような理念だからである。すなわちその理念とは、それが自己実現する諸形式の関係を、恣意的にではなく、もっぱら、当の理念そのものであるプロセスの明確に規定された結果として定立しうるという、そういう理念である。したがって、この理念によって決定されなければならないことは、単に、体系の区分の諸項が、転倒不能な順序に従っているということだけでなく、これらの諸項のうちの、どれが第一項であるのかということでもある。そして、この理念の諸形式が実現する最終段階［つまり哲学］においてもこの理念は、諸形式の関係を偶然的に規定されたものとすることはできない。確かに諸形式の［最終段階における」自己還帰は、三つの推論からなる「絶対的な推論」として現われる。ここにおける三つの推論においては、そのそれぞれの項に、直接的なもの、媒介するもの、および、媒介されたものという三者が、位置づけられる。［そして、そのそれぞれがこの三者からなる三つの推論が、「絶対的推論」においては円環を描くこととなる。］しかし、［そうであるからといって、この「絶対的推論」においては、どの項から始められてもよい、というわけではないのである。そうではなく、］この円環を描く［絶対的］推論もそれ自体が依然として、定められた第一項を明示する一連の推論と全く同様に、順序を入れ替えることのできない一連のものなのである。(103)

(2)『現象学』に、端緒としての位置が確保されないのだとするならば、当然のことながら、媒介された項という役割が割り当てられることになろう。(A)この役割のために提供されたものがとりわけ、少なくとも『現象学』の一部と同じ内容を展開する意識論［『エンツュクロペディー』の中の「精神現象学」］であった。

(a) もちろん、現象学が［『エンツュクロペディー』の単なる］一属国であることを主張するためには、この［『現象学』（一八〇七年）の内容と「現象学」のそれとの］一致を指し示すだけでは十分ではない。というのも、ヘーゲルが、後に主観的精神の哲学として固定化する精神哲学の連関のなかで、意識様態を論じなければならないということは、体系［構想］の変化とは無関係に、ずっと以前から確固としたことだったからである。(104) その上この［両現象学の内容の］一致は、単に部分的なものにとどまる。この一致は本来単に、『現象学』の最初の二章についてのみ言いうることだし、また、この二章についてさえ制限付きでのみ言いうるのである。というのも、［1］意識形態の解明［――当該の意識がいかなるものであるのかの説明――］と意識形態の経験の弁証法［――当該の意識の自己吟味の過程――］との間の方法論的な差異も、また、［2］意識形態の歴史的な具体化という、『現象学』を宗教［の章］に至るまで特徴づけている［いわば］「影絵」も、『エンツュクロペディー』においては、どこにも姿を見せないからである。理性章に至っては、もはやすでに、『エンツュクロペディー』とはこのうえなく抽象的な核のみが共有されているにすぎない。これに続く諸章は、『エンツュクロペディー』の意識論においては、あるいはまた、これに直接続く体系の諸部分においては、もはや姿を現わすことはない。つまり、『エンツュクロペディー』では、人倫的世界と絶対精神は、一連の中間段階をたどった後で初めて［展開の最終段階として］導出しうる［ということになっている］。したがって、『現象学』のかの諸章は、［『エンツュクロペディー』においては、最終段階としての人倫的世界と絶対精神とに］統合されるということのために、［現象学の叙述からは］放棄されなければならない、ということにならざるをえないだろう。けれどもヘーゲルは、導入としての『現象学』を引き合いに出す際には、その後も依然、とりもなおさず『現象学』のかの諸章を重要視しているのである。そこで、場合によってはヘーゲルに、現象学は導入としては根本的に挫折したのだという確信を擦り付け、そうしてヘーゲルを自己矛盾に陥らせるということを、しなければならないことになるだろう。このようなつじつまの合わない話になることを避けるには、次のようにする以外にはないように思われる。すなわち、［大部分のヘーゲル学徒たちがやったように、論理学と『現象学』とを、それぞれ異なった観点における体系全体の端緒であると見なす、先に論及した］かの第一の立場においては、意識論［『エンツュクロペディー』における「現象学」］と導入としての『現象学』とが区別されているわけだが、少なくともその限りにおいて、この立場に正当性を認めるというようにする、ということである。

(b)［一八〇七年の『現象学』を、『エンツュクロペディー』のなかの「現象学」に統合するという］統合理論に制限を付けておくとすると、他方で、ヘーゲルがすでに一八一六年に(105)、また、ベルリンの『エンツュクロペディー』の表題のなかで、意識論を歴然と「精神現象学」とよんでいるという事態に苦しめられることになる。この点に関してあるいは、こう想定してよいのだろうか。すなわち、ヘーゲルはこの［「精神現象学」という］タイトルを単なる思い違いから二つの意味で使っているのだ、と。けれどもこのことは、ヘーゲルが、自分自身で採用した表現に授ける用語上の重みに目を向けてみるならば、ありそうにないことだろう。しかもヘーゲルはこの重みを、一八〇七年の著作をたびたび指示することによって、ますます重いものとしたのである。したがって、この同音異義は説明の必要があるだろう。

aa　おそらく次のように問うてみることは可能だろう。すなわちヘーゲルは、ニュルンベルクの『論理学』を仕上げて以来、現象という概念をそれまでとは別様に理解するようになり、その結果ヘーゲルは、厳密に考えた場合、導入を現象論とよぶことはできなくなったのではないだろうか、と。確かに現象の概念が正確に論理的に把握され、それによって、現象の一般的な意味と特殊な意味との間の連関が明らかにされるのは、『現象学』の公刊以後になって初めてであった。つまり、これに対して『現象学』では、この概念はまだ、全く漠然と使われていただけであったのである。しかし、そうだからといってここから、かの同音異義を説明することは、［依然］難しいだろう。この点でヘーゲルは、『論理学』の第二版で手を加えた箇所(106)で、現象学について二つの意味で語っている。すなわち、純粋知を結果としてもつ分野であるという意味［一八〇七年の『現象学』］と、論理学よりも射程の一層広い一層具体的な形式で認識を考察する分野であるという意味［――『エンツュクロペディー』(107)の「現象学」がこれに対応しうる――］とである。したがって、すでに一八一六年にそうであったように、ヘーゲルにとって重要なのはまさに、この二つの叙述に対して、その名称は同一であるのだ、ということのように思われる。

bb　『エンツュクロペディー』とは、ヘーゲルによれば、特殊な諸学の根本概念のみを――つまり、特殊な諸学において合理的なもの、理性に基づいているもののみを――、論じるものである。[108]したがって、現象学のこの二つの叙述において、全く同一の学が捉えられているのだとするならば、次のような想定が容易になされよう。すなわち、ヘーゲルは、彼が［『エンツュクロペディー』の「現象学」のうちに］統合しなかった『現象学』の諸部分に関しては、後には、［『エンツュクロペディー』の］他の部分との概念によって規定された必然的連関を［――したがって、総じて学的関連性を――］認めなかったのだ、と。しかしながら、『エンツュクロペディー』も『論理学』の第二版も、いずれも、導入的な『現象学』を学的なものだと述べている。そして『エンツュクロペディー』[109]はさらにはっきりと、こう述べている。すなわち、『現象学』が学の立場の必然性を明らかにしたのであり、この目的のために、それはまた、単なる意識という形式的なものに留まっていることはできなかったのである、と。ただ、［学の立場の必然性ということに関して言えば］『現象学』には、それ自体内在的な必然性が帰属していたのであり、その限り『現象学』は、概念把握する知の必然性のみを明らかにしたにすぎない、ということは確かである。しかし『現象学』は［こうした学的必然性のほかに］明らかに、意識諸形態の具体的な内実の**展開**を含んでいるはずであった。［ここにこそ、目下の問題を解く鍵があろう。］こうして、ガーブラーやローゼンクランツが現象学の二重の形態に対して与えた説明は、［いずれにしても］不十分なものなのである。[110]

［ガーブラーやローゼンクランツは］『現象学』の内実を、［学的必然性に則ったものとしてではなく、］単に外からそれに付け加えられる予備学的な目的にしたがって秩序づけうるものと考えたわけだが、そうではなく、その内実を内在的に展開されたものとする可能性を要請するのだとするならば、ヒンリクスの結論が不可避的なものであるように思われる。すなわち、意識の円環（『現象学』）と同様に、学のどの円環も、［学の内的必然性に則って］絶対知へと拡張されるのだ、というのである。けれどもこれに対してヘー

ゲルは、学の概念［つまり、絶対知］というものは、ただ意識（『現象学』）によって産み出されるということのほかは、いかなる正当化をも受け入れないということに、こだわったのである。[11] ヒンリクスのテーゼを無制限に妥当させせると、内在的な必然性に基づいて、自らを全体へと組織化する学の思想というものが、破壊されてしまうことにならざるをえないだろう。というのも、そのテーゼを無制限に妥当させた結果出てくるものは、**ひとつの**学なのではなく、——そのような学を前提としつつ——相互に無関心で偶然的に併存する無数の個別学であることになろうからである。

ところで、学が、意識から産み出されることによってのみ正当化されるのだということになるのならば、この［学の正当化という］卓越した意義を意識に対して保証する原理が求められなければならないだろう。また、意識は自らが具体的な諸形態になるまで展開される限りにおいてのみ、この卓抜した意義をもつことになるのだから、さらにひとつの原理が必要とされよう。すなわち、その原理とは、それ自体として考察された場合の意識の諸形態の内容からすれば、次から次へと直接帰結してゆくわけではない諸概念が、にもかかわらず、相互に内的で理性的な統一をなすに至る根拠となる原理である。換言すれば、それは、この内的で理性的な統一が、『エンツュクロペディー』の体系的な系列とは違った系列［——つまり、『現象学』における諸概念の系列——］へと分節化される原理である。すなわちそれは、意識論において理性的な全体をなす根本諸概念［——『エンツュクロペディー』の体系的な系列——］を、現実化して導入とする［——『現象学』の系列とする——］原理であり、また同時に、この導入に学的な性格を保証する原理である。もしもそうした原理が、体系［『エンツュクロペディー』］の展開のなかで明らかになるのだとするならば、目下のところいらいらさせられている同音異義は、首尾良く根拠づけられることとなろう。［すなわち、『エンツュクロペディー』の「現象学」において、学を正当化する導入としての『現象学』の展開原理が明らかにされている、ということになろう。」しかし、そうだとすると、『現象学』は、それが導入である限り、もはや体系の一項と見なすことはできないことになろう。というのも、［一般に］体系が体系自体［体系全体］のうちで全く同一の分野を二つの形態［――目下の場合『現象学』と「現象学」――］で登場させなければならないというようなことは、想定されえないし、『エンツュクロペディー』もまたそのようなことは何も示していないのだから、である。しかし、ことによるとこのことによって、ヘーゲルが、当初体系の第一部のために使った題名を、今や主観的精神の中間部分に用いているということの説明が、つくかもしれない。［つまりヘーゲルは、『現象学』を単純に「現象学」へとスライドさせたのだ、と。］けれども、このようにすると、体系に基づく学の正当化［――導入としての『現象学』――］が放逐されることになる。それによって確かに、学の正当化のための体系上の題名［つまり、現象学という名称］は解放され［自由に使いうるものとな］る。けれども、この［『現象学』という本来の］題名が単純に消失してしまうとなると、導入の主張する権利もまた、放逐されてしまうように思われる。

(B)　ところで、目下の要請された原理を見つけだすのはなかなか困難であるということで、題名の問題はそのままに放っておいて、『現象学』をその内容の故に、体系のある一定の場所に――つまり、『現象学』の内容［は、相当程度具体化されているわけだが、『現象学』のそ］の具体性の段階を下回らないような体系の場所に――、位置づけるということが、なされることになるかもしれない。(a)そのためにまず問題になるのは、哲学史の末尾であるかもしれない。けれども、ここに組み込まれるのだとするならば、導入としての『現象学』は放棄されてしまうだろう。というのも、ヘーゲルの哲学史の根底に存している解釈原理は、絶対的な方法を所有している者に対してのみ理解可能な解釈を提供する、というものだからである。[112] (b)G・ラッソンとv・d・メーレは、『現象学』が反省の推論［精神を媒介項とし、自然と論理を両項とする推論（自然―精神―論理）」のうちに再び見いだされると考えていた。[113] しかしこの解釈も、一層詳細に考察してみると、維持できないものであることが明らかになる。[114] とはいえ、この解釈は、一八〇七年の『現象学』が、『エンツュクロペディー』とは違って、学をなおその反省形式において展開しようとしているという、正しい考察に基づいていると言っていいのだが。だが、この［反省の推論のうちに再び見いだされるという］ことは、『現象学』だけにではなく、学の体系全体に当てはまるのである。だがまた、学全体がさらに、『エンツュクロペディー』に加わる別の仕方［――つまり、反省の推論――］で叙述されなければならないというようなことは、［当の］反省の推論においては、考えられるに至っていないのである。

(3) 導入としての『現象学』は『エンツュクロペディー』でスケッチされる体系のどの項とも同一視することはできない。しかし、それがなお体系に数え入れられるはずであるのならば、このことは、『エンツュクロペディー』の不完全性を非難しない限り、次のような二つの場合にのみ可能になるだろう。すなわち、［i］体系の端緒は任意であって、現象学は、端緒となる際には［『現象学』へと］変容される、という場合である。あるいは、［ii］導入というものが、学の進行との関係で、あたかもただこの進行上の出発点と考えられ、したがって［体系］区分の特別な項である［――つまり、特に体系への導入である――］とは考えられてはならない、という場合である。けれども［とりわけ［i］に関してだが］、任意の出発点というものが、ヘーゲルの哲学の概念のなかに入り込む余地はない。[115] そして、［体系内の任意の一点が端緒となり、絶対知への導入を果たしうるという（八二頁参照）］いわば点的なあり方をする導入というヒンリクスの見方［をここでまた特にとり上げるとするならば、それ］は、導入が、まさに『現象学』として思想の「展開」つまり事柄に即した思想の進行を遂行するということと、両立しない。たとえヒンリクスの見方が、その正当性を次のような動機――すなわち、この［『現象学』における事柄に即した思想の］進行の帰結が、体系内部の［個々の］進行の場合と同様に、［体系全体の］基盤となってしまうということ、したがって、後に続くものの前提となってしまうということを、避けようという動機――のうちにもっていようとも、やはり［導入は『現象学』であるということと、体系の構成部分はすべて導入でありうるということとは］両立しえないという事態に変わりはないのである。

(4)　こうして、［『現象学』という］題名が使用されたということによって容易に引き起こされる見解――すなわち、『現象学』は、導入であるということにおいて、いかなる体系内の項でもないという見解――のみが、残される。『現象学』は、にもかかわらず、単に体系への予備学ではなく、依然として学として理解される。『現象学』は単にまた、諸々の欠陥がその起草の時期［の諸事情］とどんなに関連づけられようと、『エンツュクロペディー』への歴史上の前段階であるわけではない。というのも『現象学』は、それがいま必要であるのだとするならば、哲学する営みの現在的なあり方でなければならない、あるいは少なくとも、そうしたものでありえなければならないからである。『現象学』はヘーゲル自身の表現によるならば、〈学の**先立ち**〉（『現象学』五七四頁）なのである。［こうした『現象学』をめぐって］吟味されてきた諸解釈にはさまざまな修正が施されたが、この修正を考慮するならば、これらの諸解釈は、次のことを意味することとなろう。すなわち、

一、『現象学』は、体系の第一部でも端緒でもない［すなわち、体系から独立である］――あらゆる観点からしてそうである。

二、『現象学』は、意識の学である。しかし、意識そのものについての学的な論述とは異なる――とはいえ『現象学』はこうした論述を基盤としている。

三、『現象学』は、こうした基盤の或る一定の形態化である。この形態化は、学とは最も具体的な精神

的なものであるという考えから生じている。それ故それは、意識の完全な歴史をも自らのうちに含んでいる。

四、『現象学』は、一定の規定されたものではない。すなわちそれは、何らかの規定されたものであることによって、学の端緒を、内容的に依存的なものとしたり、全面的に前提に満たされたものとするようなものではない。

(II)『エンツュクロペディー』におけるヘーゲルの判断が、こうした解釈と一致する。というのも、『ハイデルベルク・エンツュクロペディー』の第三六節において、(1)哲学は絶対的な端緒をもたないということが、主張されていない[——つまり、論理学が一貫して、体系の絶対的な端緒である可能性が示唆されている——]からである。そうでなければヘーゲルは、『論理学』の両版で[体系の端緒をめぐり、第一版では『現象学』を前提とし、第二版では無前提であるという]自己矛盾に陥ってしまうことになるだろう。この点をめぐって、かの第三六節の端緒問題の説明においては、論理学の端緒が同時に体系の端緒でもあるのかどうかについては、[その可能性を含意しつつも、]全くオープンのままなのである。こうしたオープンのままである端緒問題に対して[『論理学』で]はっきりと言われ(116)、『エンツュクロペディー』で繰り返されること(117)とは、論理学の端緒は、媒介されたものではなく、直接的なものでなければならないということ、したがってこの直接的なものは、何らかの規定を、自らのうちにもまた他に対してももってはいないもの[——いわゆる「純粋存在」——]だ、ということである。端緒は絶対であるという要求は、これ以外の何事をも語らない。しかしいまや[第三六節では]そのうえ、単に論理学のみではなく、学一般を、絶対的な端緒から始めるということが要求される。なぜなら学は、所与のものや前提されたものから出発することは許されないからである。したがって、［哲学体系の］円環構造の内部において、哲学的学のそれぞれがすべて一項をなしているという、円環構造が示唆されるにしても、そのことによって、哲学はもっぱら始めも終わりもない全体として定義されうるのだと、言うことはできないのである。かの［円環行程の］示唆によっても、次のような差異の可能性はオープンのままにしておかれなければならない。すなわち、［i］そのうちにおいては、どの一項も他の一項に対して優位をうることはないという、そうした確固として存立する円環としての哲学と、［ii］そのうちにおいては、必然的に第一項と最終項とが存在し、また、明確に規定された優先順位があるという、そうした円環行程としての哲学との間の差異である。このような差異を考慮するならば、次に、——存立する円環における項としての——哲学的学のそれぞれ［i］と、絶対的な端緒［ii］との間の対立について、語りうることになる。しかし、このように哲学の円環行程をめぐって対立があるからといって、円環を描く運動のいかなる契機も絶対的な端緒ではありえない、ということになるわけではない。［オープンであることにおいて、論理学が絶対的端緒である可能性は残されている。］こうして目下のところ注意を向けられているのは［実は］、思想の［生き生きとした］論議もしくは産出としての意識やその歴史なのではおよそなく、思想の帰結なのであり、［既定の］内容としての意識やその歴史なのである。それ故に、こうした内容が他のそれぞれの哲学的な学へと一般化されるわけだが、この一般化によって語られることは、実際［哲学の構造的論理的な一般化なのではなく、］ただ内容的な意味での一般化のみである。すなわち、この一般化によっては、知ではなく、知られたもの——すなわち、事柄について人々が「もっている」学——が、考えられているのである。したがって、哲学的な学のそれぞれが、哲学の円環における一項をなすということによって言われていることは、［その限りにおいては、］円環行程をたどる哲学に関して、せいぜいのところ、円環行程を通して成就する［人々にとっての学の］諸内容の円環との関係で、端緒［がどこに設定されるのか］は、任意であるということなのである。

(2)　しかしまた端緒は、［『ハイデルベルク・エンツュクロペディー』］第三六節においては任意であるとは理解されてはいない。というのも、もし端緒が無制限に任意なのだとするならば、学はどこから始めなければならないのかという問いが意味をなさないものとなってしまうからである。また、学を始めようとする別の試み――例えば、自我から始める試み――に対する批判も不可能になるだろう。これに対してまた、特殊な諸学の端緒は規定されているが、円環行程全体の端緒は規定されていないと考えるならば、その場合には、学全体の区分が、もはや理念から引き出されたものではありえないことになってしまうだろう(118)。

(3)　第三六節はまた、『現象学』が学の概念を産み出すものであるということを否認してはいない。ヘーゲルは、このことを、常にここと同様の仕方で主張したし、注解［„Ich habe“で始まるパラグラフ］の第二文は、第一文に向けられようとしているのだとしても、これに対する適切な異議を含んでいるわけではないだろう。というのも、意識というものが［学の］内容の円環の一項をなすのだとしても、そのことは、意識が学の概念を産出するということと対立しないからである。先行文の強調するところに従うならば、ここでの異議は、――『現象学』は以前、或る意味で哲学の第一部と見なされたわけだが――まさにこの意味に向けられているに違いないのである。

(4)　第三六節はまた、『現象学』が何らかの意味で純粋学に先行するべきであるということを否認することもない。というのも、『現象学』が実際先行しないのだとするならば、意識が**同時に**絶対的な端緒ではないということに注意を促す意味がなくなるだろう。

(5)　したがって、ヘーゲル自身によってなされた［『現象学』をもはや体系第一部とはしないという］修正は、せいぜいのところ次のような根拠づけに対してなされただけであった、という可能性がある。すなわち、その根拠づけとは、それによってヘーゲルが、先行するもの〔つまり、導入〕を哲学の第一部として処遇するということへと誘惑されたものである。〔すなわち、学の概念を産み出す体系項が、体系第一部である、と。〕実際この根拠づけは不十分である。というのも、体系の一項が学の概念を産み出すものであるからといって、ただちに、この項がまた端緒とならなければならないということは帰結しないからである。そうでないと〔——つまり、学の概念を産み出す体系の一項が体系の端緒であるとするならば、——そしてまた〕体系全体が、学の概念において帰結してくるべきであるとするならば、いつでも内容的に前々項〔すなわち、一、学の概念を産み出す項、二、産み出された学の概念、三、学の概念において成立する体系全体という三者のうちの二〕が、ただそれというだけで第一項であり、したがって、〔体系全体とは〕別の項が第一項である〔——つまり、第一項は体系の外に出る——〕ということにならざるをえないだろう。それ故に、『現象学』が先行するもの〔として体系第一部〕であるはずであるということに対して、ヘーゲルによって述べ立てられる根拠づけは不十分だったのである。したがって、『現象学』はまた、先行するということについて語られる際に問題になりうるような意味を規定しないままにしたとしても、驚くに当たらないのである。この先行するということは、論理学の端緒に対する意識の内容的な先行性から生じるかのように、思われることもあっただろう。〔しかし、それは誤解である。〕こうした誤解にはなお出会いうるだろう。こうして要するに、『現象学』が先行したということの意味は、懐疑論が同じくそうであると見なされうるのと同様に、ただ、導入であるという意味でしかありえなかったのである。

(6)　導入の役割を担う『現象学』が懐疑論と同一視されるという事実によって、『現象学』に対して、体系との関係で積極的なものであるという意義を与えるということは、不可能になる。学の端緒は、『現象学』を通して、所与のものに依存しないもの〔すなわち、直接的なもの〕となる。というのも、『現象学』

の営みは、「純粋に思考しようとする決意」[『論理学』第二版で説かれる論理学の端緒――直接的なもの――]と同じ意味だからである。

(7) したがって、『現象学』をさらになお体系の第一部とよぶことは許容されないこととなろう。とはいえ『現象学』はその際なお、「本来的に」[119]「導入」であり、「学の先立ち」であるのだが。[120]『現象学』の端緒と合致するような学の端緒がある[――つまり、『現象学』が体系第一部である――]のだとするならば、それには無前提性ということが欠落することになろう。というのも、意識から始まるということは、意識からは導出することのできない範疇的な差異[たとえば、Sein と Nichts、Sein-für-Anderes と Sein-für-sich 等]というものをいつでも含意する[つまり、前提する]ことになるからである。これに対して、導入というものは、その端緒が無前提ではないにもかかわらず、可能でありうるだろう。というのも、学的でない意識は、学との関係において、規定された意識[つまり、前提をもつもの]だからである。こうして『現象学』は、導入の意義を保持し続けることができたのである。これに対して、諸内容の体系が、どんな前提からも自由であり続けるべきである[つまり、徹底して無前提であるべきである]のだとするならば、学の第一部という表題は、論理学へと引き移されなければならなかった。論理学の端緒のみが絶対的であり、したがってそれが学全体における唯一の端緒なのである。

(8) 純粋学[論理学]の端緒が、体系の端緒に対して反省関係を持つ[――つまり、純粋学の端緒とは別の端緒としての体系の端緒(『現象学』)と、内的な関係を持つ――]ことをやめるということによって、この学の末尾もまた、もはやこの関係[――他の端緒との内的な関係――]を規定する必要がなくなる。[121]こうして、ヘーゲルが論理学を、はっきりと第一のそして最後の学として固定して以後は、その末尾はわずかにただ、それ自身の端緒へと立ち返るのみで、もはや『現象学』の端緒へ立ち返ることはない。[122]端緒に関する論述のうちで、このような［『現象学』の端緒への］帰還を告知する箇所は、［『論理学』］第二版においては、体系全体の末尾を指示する内容となっている。[123] それに続く文もいまや、厳密に解するならば学の始まりが、純粋に直接的なもの以外のものにおいて現われることはありえないと、表現するに至った。これに対して、［『論理学』］第一版でそこに位置する文では、これ以外の可能性が、まず間違いなくまさに『現象学』に対して留保されている［——つまり、『現象学』に学の始まりを帰する可能性が残されている——］のである。

(Ⅲ) 体系に対する『現象学』の関係についてのヘーゲルの言表によって、一八一六年以降、或る統一的な意味が、再び生じてきているように思われる。とはいえこのことは、ヘーゲルの批判的な判断によって、『現象学』の当初の体系的な意味［——つまり、『現象学』は体系第一部である——］がそのまま再現されなければならないということを、意味するわけでは［決して］ない。『現象学』は、学の概念を産出するものなのだから、それ故に純粋学に先行し、哲学の第一部と見なされるべきである、というヘーゲルの主張は、『現象学』を学の端緒となすべきであるとした本来の根拠を［実は］隠蔽するものであった。すなわち、ヘーゲルはかつて、本当は次のように考えていたのである。すなわち、学は、自己を知る精神として、精神が自ら定在する領域に対して、その完結性と透明性を保証しうるのだが、それは［学の］端緒においてすでになされるのではなく、精神の直接性［つまり、意識］からの還帰によってのみなされるのである、と。[124]『現象学』は、単に内容的に、学の概念を精神によって産み出すものと規定されているだけではない。それは同時に形式的にも、学が遂行される媒体［つまり、自己を知る精神］の生成であると規定されているのである。だがいまやこうした観点は、もはや決定的なものではありえない。なぜなら、理念は、体系諸項の順序をもっぱら諸項の内容に基づいてのみ規定するからである。かの観点はまた、決定的なものであってはならない。なぜなら、体系が、次のような知の帰結として規定されなければならないのだとするならば、――すなわち、もっぱら内容そのものから定義される知の帰結としてではなく、［『現象学』でなされたように］単に内容に対する知の差異［つまり、対象と知との不適合］を知において廃棄するという、そういう知の帰結として規定されなければならないのだとするならば――、体系は、内容に関して、いつでも或る前提［つまり、あらかじめ存在する内容・対象］に付きまとわれたままにとどまるからである。だからこそヘーゲルは正当にも、『現象学』の体系［的な位置づけ］を修正したのである。けれどもヘーゲルはこの［『現象学』］批判を、『現象学』についての判断を含む『エンツュクロペディー』の導入的な論評のうちで明言することはできなかった。というのもヘーゲルはこの論評において、学の内容的な区分と、個々の区分項の方法論的な差異――これは理念の第二推論の連関［自然―精神―論理的なもの（五七六節参照）］に帰属する――との間の区別に、立ち入らなかったからである。［これに立ち入っていれば、学が、内容そのものから定義される知の帰結であることが、明確に示され、ひいては、『現象学』が体系第一部とはなりえないことが明らかにされたであろう。］

C 『現象学』の範囲と区分

a 意識の形式的なものに限定された導入は不可能であること

導入としての『現象学』が、体系項としてのそれ［『エンツュクロペディー』の中の「現象学」］に帰属する範囲に限定されてはならないということは、これまでは、［論究されることなしに］単に前提されていただけであった。——こうした前提は、ヘーゲルが、導入として必要であると主張した、一八〇七年の著作の或る性質や内容が、『エンツュクロペディー』のうちに取り込まれた「現象学」においては欠落せざるをえないという事情に、誘発されている。いまや見て取られるべきことは、〔『現象学』が何故にあれほど膨大な内容をもたざるをえないのかということ、換言すれば、〕ヘーゲルの一八〇七年の主張が何に基づいているのか、ということである。

さてヘーゲルは、こう主張している。すなわち、哲学的な学の立場は、それ自体において最も内実豊かで最も具体的な立場である。したがって結果としてそれはまた、意識の最も具体的な諸形態——道徳、人倫、芸術、宗教——を前提とするのだ、と。意識の展開がさしあたり〔——つまり、「理性」章までは——〕意識の形式的なものに限定されているように見えうるのは、意識の弁証法という形式によるのだが、こうした形式と、『現象学』を「意識の歴史」とする具体的な内容の展開〔——「精神」章以降——〕とは、ヘーゲルにとっては、統一をなしている。この統一がどんなに錯綜し、それ故学への道がどんなに心地の悪いものとなろうとも、両者は統一をなしているのである。しかしながら、この統一は、ヘーゲル解釈にとってはいつでも、貫徹することの困難な問題〔——躓きの石——〕であった。そして、この問題は避けて通れない不可避のものであるのか〔——それとも無視してよいものなのか——〕も、決して定まるところがなかった。だがむろんこの問題は避けることができない〔重要なものである〕。〔この重要問題を解決してしまうことはできないが、しかしここでは〕少なくともそれが不可避の〔重要な〕問題なのだということを、導入としての『現象学』は理性で終わることができないのだということを明らかにすることによって確証したい。それが、〔本稿の〕以下の節の意図である。(125)

すでにガーブラーが、「現象学」という導入部を、理性で終わらせようとしたことによって、かの統一の要求から身を引き離した。(126) 他のヘーゲル学徒がまた、理性のところまでのみを詳論したガーブラーの予備学に依拠することによって、この見解を強化した。ローゼンクランツは、形式的な意識弁証法では決して実現しえないような導入の諸条件を定式化したが、そのローゼンクランツでさえも、一見するところ、現象学の当初の形態に対して一層根本的な理解を示すということはなかった。彼は、知りうるもののすべてを、それが意識の対象たりうるかどうかを明らかにするために、現象学のなかに編み込まれなければならない、と考えていた。しかしこれに対してヘーゲルは、学の具体的な諸部分をなすもの［つまり、知りうるもの］は、その一部のみがもとより導入［『現象学』］に帰属するのである、と述べているのである。(127)

その後新ヘーゲル主義の時代には、『現象学』の課す解釈問題を、その成立史を暴くことによって取り除こうとする試みが企てられた。この試みによってまず導かれた成果は、意識の経験［『現象学』］をヘーゲルは本来、単に理性のところまでとしようと考えていた、ということであった。むろんこのことは、この学派の伝統に目を向けるならば、驚くことでもない。つまり、ヘーリンクの企ての根底に存していたのは、この伝統から引き継いだ次のような確信なのである。すなわち、導入という見地にとっては本来、「通常の意識の立場を個体的哲学的な理性の立場へと高め導くということ」があれば、十分である、と。それによれば、これ以上のことはすべて、導入ではなくむしろ精神哲学に帰属するのである。(128) こうしたヘーリンクの叙述をホフマイスターは補完した。しかしホフマイスターは、この［ヘーリンクの］前提を明確に自らの立場としたわけではなかった。すなわち彼は、『現象学』の統一性に関して、［ヘーリンクより］少し高度な見解をもっていた。それ故に彼は、理性と精神とを結合し、両者の間にはっきりとした断絶箇所を認めようとしなかったのである（『現象学』、XXXV頁）。しかしホフマイスターは、精神への移行に関してはただ、次のように説明することしかできなかった。すなわちヘーゲルは、理性章の後ろの二節

（B［理性的な自己意識の自己自身による実現］とC［自らにとって自体的かつ対自的に実在的である個体性］）において明るみに出る「客観的精神への傾向」に配慮しなければならなかったのだ、と。ホフマイスターは、理性の諸形態の内容が絶えず世界の諸形態へと拡張されるということのみを見ていた。だが本来は、意識が理性としてとる形式において、『現象学』が理性に至ることによって終結するということはまだありえないのだということが、証明されなければならなかったのである。[129]

ツォハーのもとで完成されたJ・コッホの博士論文は、ヘーリンクの前提を一層正確に詳論しようと試みている。[130] それは体系的な意図のもとで作成されているので、理性で終わる導入というものの不十分さを暴くのにとりわけ適している。さてコッホの考え方によるならば、『現象学』は本来、理性的な自己意識が実現した後で終わる（＝V・B［理性的な自己意識の自己自身による実現］）。つまり『現象学』は導入としては、絶対知にまで到達してはならない。なぜならもとより、『現象学』の末尾での絶対精神の規定は、『エンツュクロペディー』の導入的な所見における論理的なものの性格描写に符合しないからである。要するに『現象学』は、理性と現実との同一性命題を正当化し［——つまり、両者が同一でありうることを明らかにし——］、それを真理へと高めなければならない［のであり、また、それを行なえば十分なのである］。コッホは、この第一のこと、すなわち正当化ということを、理性の立場で片が付いていることと見なす。コッホはまた第二のこと［——理性と現実とが実際に同一であること（真理）を証示すること——］を、「理性の自己解明」と理解する。この自己解明において理性は、自らを直観的—範疇的に把握し、その結果「事柄そのもの」が獲得されるに至る。この点に至って『現象学』は、もっぱら論理的範疇的に順次生じうる内的なものの解明へと向かうのである。したがって、『現象学』における考察のこれ以後の進展はすべて、［論理学に帰属することであり、それ故に］不可避的に［導入であるという］目標をはずす、もしくは隠蔽するものなのである。

I(a)　コッホのテーゼは、繰り返しヘーゲルが自らに対して行なう確証[131]に反しているのみではない。――それはまた、理性章の思考行程に即しても反駁されうるものとなる。すなわち、『現象学』の最初の四つの階梯(I―IV[「感性的確信」～「自己意識」])が、同一性命題の正当化であると解釈されうるということを、たとえ[百歩ゆずって]認めたとしても、それに続く部分[つまり、理性章]で、論理学への移行が実現されるとは考えられない。というのも確かに「理性」は、意識とその内容との間の同一性を初めて獲得した立場であり、こうした同一性は「カテゴリー」と表現される。けれどもこの「カテゴリー」は、理性章全体の流れのなかでは、純粋に論理的な意味で把握されうるということにはなっていない。つまりそれは、確かに自我と存在との統一である。[132]けれども意識に対しては、言語とその表象性[そのイメージ的性格]に帰属するいまだ外的な仕方でそうであるにすぎない。[133]それは、いわばただ、思念[「感性的確信」]や知覚や説明[「悟性」]、それに、自己意識の諸活動においてのみ**機能する**のであり、自らを実在性のすべてであると確信する意識は、「空虚な思念」を満たすために、これらの思念、知覚等々に再度目を向けなければならないのである。このような仕方で[認識を]遂行することにおいて意識は、自らが実在性のすべてであるという確信をもつ。しかしそれはまずは単に「自体的に」(『現象学』一七八頁)のみなのである。理性的な自己意識が実現されることによって初めて、意識はある程度自己自身へと立ち返る。しかしその場合でもなお、意識はカテゴリーそのものを[純粋にではなく]対象として保持する(『現象学』二八三頁)のだから、意識がカテゴリーを働かせるのは単に、先行する諸契機の運動において、存在と自己との単純な統一を確保することによってのみである。したがって、もしも理性の立場から直接カテゴリー論が生じるというのであるならば、理性は、このカテゴリー論の諸規定[つまり諸カテゴリー]を[純粋にそのものとしてではなく」、ただ**機能**としてのみ理解することができるのみであり、それらの**使用**を、たかだか先行する意識のあり方に対して正当化することができるのみだろう。だが明らかに、思弁的論理学への導入はこれとは別の目標〔――すなわち、カテゴリーを純粋にそのものとして把握するという目標――〕をもっていなければならないのである。

(b) カテゴリー論が展開しなければならないであろう多くのカテゴリーと、存在と自己との単純な統一であるという**ひとつの**カテゴリーとは、理性の立場では、内在的に関連するものとして把握されてはいない。自己〔＝現象〕自身を意識する史的な現象――ここにおいては理性が自己自身を語り出す――を形成する近代の観念論は、この両区別項を確認し見いだすということまでしか至らない（『現象学』一七九頁）。この立場でカテゴリー論が改善されるということもないだろう。それは抽象的なままに留まるか、あるいは、**拾い集める**というやり方をしなければならないか、だろう。

(c) 確かに〔存在と自己との単純な統一である、という〕純粋カテゴリーは、さまざまな種類〔のカテゴリー〕を示唆し、それらは個別性へと移行する。そして個別性は、純粋カテゴリーを指し返す（『現象学』一八〇頁）。けれども、この個別性と純粋カテゴリーとの相関関係は、意識とその対象との間の対応関係へと至ることはなく、ただ、意識とその対象とが、その都度対立する二重の仕方で定立される、ということへと到達するのみである（『現象学』一八〇頁）。

(d) 単純なカテゴリーが自己意識に対して生成してきてはいるが、この〔生成してきているという〕確信がまだ真理にまで高められていないという、そういう知は、個別的な個体性と知の一般的な実体との間の区別にとらわれたままである。それはなお形式的であり、現実に対して恣意的に振る舞う（『現象学』三一三頁）。もしもカテゴリー論がこの立場で可能であるのだとするならば、それはせいぜいのところ、その諸形式を、**事実的な**使用を考慮することによって正当化しうるだけだろう。これらの諸形式が現実と一致するということに関して、それは、布告し断言することができるだけだろう。

(e) 理性章の結果として導き出される論理学は、結局主観性の立場に逆戻りせざるをえないだろう。というのも、思考と存在との根源的な統一という思想を首尾一貫して確保することが可能なのは、単に「我々」にとってのみだからである。これに対して、「我々」が考察する意識は、同一性の空虚な確信を、確信一般――意識が意識である限り、それ自体が総じて確信であるのだが――と混同せざるをえないのである。意識はただ理性を「もっている」にすぎない(『現象学』三一五頁)。それ故に意識は、理性の諸形式が、同様に事柄でもある思考形態であると認識することなしに、自らをこの諸形態の主体であると理解してしまう。――ただし、ここでの事柄[事柄そのもの]とは、単に個体[個人]の個別的な諸契機の述語である[――私の行なうことは事柄そのものである――]のみでなく、これらの諸契機がそのうちに含まれている主語[主体]である[――事柄そのものが私の行なうことを行なうものである――]限りでの事柄である。[134]

(f) これまでの立論によって限定された意味において、理性章の結論からカテゴリー論が展開されるということはおよそありえないだろう。というのも、「およそそのもの自体において自らにとって実在的である個体性」の意識は、自己意識的な活動の意識であり、したがってそれが、存在するものを目的に依存することなく考察するということは、許されないからである。この意識の克服ということもまた、ここにおいては単に、実践的な意識への移行でしかありえない。というのも、この克服において、個体[個人]の意志と、人倫的な実体との間の差異が、この両者において廃棄されなければならないというのだからである。

II(a)　理性章の立ち入った論議には依存することのない一層一般的な異議もまた、導入の理念から生じることになろう。すなわち、『現象学』が、最初の諸段階においても同一性命題そのものの正当化ではないということは、自明なのである。もしも『現象学』が、命題の妥当性の証明にしか関わらないのだとするならば、通常の意識は、導入によって意識から追い払われなければならない諸前提や思考習慣の一切のもとに、留まり続けることが可能となろう。——それどころかこの証明を通して、後続の学が依存せざるをえなくなるような新たな諸前提や思考習慣が、そのうえ付け加わることになろう。したがって「『現象学』の遂行する」正当化とはもっぱら、純粋学を遂行する際の妨げになる諸々の思念や前提を意識のうちで解消するという意味のみをもちうるのである。こうして純粋学が、［思考であるのと］[135]全く同様に事柄それ自体であり、かつ、その逆でもあるという、そういう思考を、主題化するのである限り、導入について、こう言うことができる。すなわち、導入とは、思考と事柄［それ自体］をこのように［同一的に］把握することを妨げる一切を——したがって、この両者間の最終的な差異［つまり、理性章で問題となるような差異］の受容を含意するような一切を——批判しなければならない、と。ところで、このような［差異の］受容は、とりわけ通常の意識そのものの本性のうちに存しており、意識の内容はすべて、差異に屈服したものとなりうる。それ故に導入の課題は、意識における対立の克服であるとも解することができる。けれども『現象学』の課題は、意識が、自らとは異なる対象か、対象とは異なるものとしての自分自身かの、どちらか一方を真なるものと見なすことをやめて、そのかわりに、両者の相関関係を根源的なものと考えるに至る、ということ［が成し遂げられること］に尽きるわけではない。とはいえ、理性の段階では［もちろん］これ以上のことが達成されるわけではない。意識がすでに理性［——両者の相関関係・同一性——］について知っているなどということはおよそないのであって、意識は、理性の展開を通して初めて理性について知るに至る。けれどもそうなった段階でさえも意識の対立は、まだおよそ全く克服されてはいないのである。いまや意識が内容について知っているということは、確かに、自分自身と内容とが一体であるということを意識しつつ知っている、ということである。しかしながら、論理学を考慮した場合重要であるのは、こうした知のあり方が、それによってもなお、差異の前提から解放されていないということなのである。意識の段階において、想定された真理を適切に取り扱うことができない場合には、いつでもそうであったように、また、自己意識の段階でも、そうであったように、意識はいまでもなお自我を、自らの知の真理の主体として前提し、この自らの前提を内容のうちに持ち込んで通用させようとする。ここにおいて意識は、内容を、意識自らの存在と思考された存在との方法的な［つまり、弁証法的な］統一のもとで、考察してはいない。そのためには意識は、自らの知の原理としての自我を放棄してしまっていなければならない［あるいは、これまではそうした自我を放棄してしまっていなければならなかった］のである。しかし理性の段階での意識は、まさにあらゆる内容を我がものとするということであるのだから（『現象学』一八〇頁）、ここにおいては、内容における自己を喪失することは不可能なのである。にもかかわらず、カテゴリー論が［フィヒテ的な］主観的観念論に陥ってしまうべきではないのだとするならば、導入の進展［つまり、『現象学』の論述］に対して要請されるべきこと［――ただしこのことは実現はしないのだが――］は、自己自身を意識する理性が自己をなきものとするということ［つまり、自己喪失ではなく、いわば自己放下すること］である。自我が、自らの内容に対して自らをもはや、この内容の主体として、また、評定を下す判定機関として、固持せず、自己自身から免れるとするならば、その場合にのみ、内容が、内容そのものに即して自己決定することができるというわけである。

(b) 諸々の方法的な根拠からして、導入としての『現象学』それ自体が、主体性を原理とするカテゴリー論の正当化［――これを遂行するのが論理学である――］に役立つということはない。というのも、よく知られているように『現象学』は、各段階において単に「我々」にとってのみもしくは自体的にのみ存在するものと、「我々」が考察する意識にとって存在するものとを、区別するからである。いまの段階では、このカテゴリー論の正当化のために、ただ「我々」に対してのみ通用するような考慮をかき集めるということは、できないのである。というのも、そうした考慮は、まさに生成する知の学［つまり論理学］のものなのであり、生成する知［そのもの、つまり、『現象学』］のものではないからである。「我々」が考察する意識にとって、［自らが］実在性のすべてであるという確信は、結果として生じてきているわけではない。意識は、自らの道程を背後にすることで忘れ去ってしまう。こうした確信［――自我が実在性のすべてである――］を語る観念論でさえ、単に断言するものとして現われ、そうして、対立する確信［――自我とは別のものが実在的なものである――］の真理を是認してしまう（『現象学』一七七頁）。したがって、理性をもつ意識の経験の結果はまたもや、［後者の確信、すなわち］自我［私］とは別のものが、私にとって対象であり実在であるということである。そしてこの結果はもとより、［理性章以後において］さらに詳しく規定される意識にも、――そうした意識も自らにとって真理が何であるのかを、さしあたり全く同様に直接的に知っているにすぎないのである限り――当てはまる。すなわち、同様のことが原理的に、『現象学』のこれ以後の諸段階にもことごとく妥当する。というのも、そこでの意識はそれ自体、自らの道程を想起するものではないのだから。こうして、自らの道程を忘却することのない［「我々」の］知のみが、その正当性を認められうるのである。

もっとも、考察される意識と「我々」とからはなお、別の意識が――つまり、それのために［意識と実在との同一性についての］正当化がなされる意識が――、区別されなければならない、ということはあるかもしれない。そうした意識は、［確かに］或る意識段階が別の意識段階からどのように成立してくるのかを把握することはないだろう。しかし、意識がそれぞれの段階での思いこまれた真理を実現しようとする場合には、その真理は、解消してしまうのだということは、この意識自身が洞察しているのである。この意識はまた、この成果を次に続く段階でも確保することにもなろう。それは要するに、次のような意識であることになろう。すなわちそれは、導入［『現象学』］をわが身に引き受けて、意識にはさしあたり見通しの利かない秩序において立ち現われてくる諸形態を吟味し、それらが不十分であることを認識する。それによってそれは、自分自らにおいて懐疑論を遂行する、という意識である。しかし、こうして［目下の］意識は先行する立場を維持できないものと見なし［その解消を洞察し、その洞察を続く段階で保持するのだ］としても、それによっていかなる立場も正当化されるわけではないだろう。この意識は、ひとつの立場が先行する立場のさまざまな欠陥から解放されるのを見て取るとしても、それに基づいて、その［新たな］立場が唯一可能な立場であると知ることはまだできない。この［新たな］立場が、積み重なる労苦の最後の境地であることが明らかになるとしても、それでも、この労苦の根底に存している区分［つまり、『現象学』に内在する諸区分］が、妥当な［学的な］概念を決定しているのだということは、確かにはなりえないだろう。いかなる差異の立場［――自我と実在とが統一されていないいかなる立場――］も吟味されないままに残されてはいないということを確かなものとするために、目下の意識が見て取らなければならないだろうことは、次のことである。すなわち、――一連のかの諸立場の完結は、さしあたり「我々」にとってのみそうしたものであるのだが、しかし――そうした完結が、考察される意識によっても、まさに完結として認識されているのだということである。したがって完結の条件は、この場合［つまり、目下の意識を考慮した場合］でもまた、考察される意識が自らを［導出された］結果［そのもの］であると知る、ということであるだろう。意識［つまり、考察される意識］自身が——「我々」と同様に——、意識を進展の目標へともたらした意識自身の本質を把握するということによってのみ、意識の真理は、単に思いこまれたものであるにすぎず、およそ支えのないものであることが見通されていないだけなのだ、という嫌疑が根拠のないものとなるのである。導入［『現象学』］の課題が満足されるべきであるとするならば、［考察される］意識自身に対して、この［意識という］主観が実体であり、実体がこの意識の行為の知（『現象学』五五六頁第一段落）である［——意識の遂行する知的行為は、単に意識における主観的行為なのではなく、実体的な、もしくは、実体そのものの行為なのだ——］という知が、存するのでなければならない。したがって、存在と思考との絶対的同一性を展開しようとせず、また、それ自体この同一性のひとつのあり方であろうとしない［——理性章の議論はこうしたものである——］ような、そんな論理学構想を正当化するための労を、ヘーゲル『現象学』の一部［つまり例えば理性章］にとらせようとするのは、甲斐のないことである。こうした構想［——歪曲された論理学構想——］は、せいぜいのところ、意識の懐疑的な解体によって［——つまり、いわゆる懐疑論によって——］正当化されうるのみである。

(c)　これまでの立論が証示したことはただ、導入としての『現象学』は、理性で終わることはできない、ということのみである。『現象学』をこれ以上は続けまいとする要求が、多くの人々に、たとえばヘーリンクに生じたのは、一つの印象によっている。それは、もはや「個体的な」意識という抽象的な形態として解釈することができないような、そのような現象の叙述は、導入としては不適切であり不必要であるという印象である。ところでヘーゲルはなぜ、意識という抽象的な形態から人倫的および宗教的形態へと移行しなければならなかったのだろうか。精神の（心理学的な）活動の仕方を懐疑的に考察することによって、哲学的な学の立場を産出するほうが、一層説得的ではなかったのだろうか。導入としての意識学がなぜ、『精神現象学』にならなければならなかったのだろうか。[136] このような問いに対してヘーゲルは、こう示唆することによって答えようとしている。すなわち、哲学的な学の立場は、最も具体的な立場である、と。導入をわが身に引き受ける哲学的な主体は、自らの知を、自らが意識一般として存在している限りのものに限定してはならないのであり、また自我は自らにとって、絶対精神としてのこの［個別的な］精神にならなければならないのである。そして、自我をこうした精神にまでもたらすようにという要求が、意識批判と学的な行程とを関連づけ、意識批判を学的な行程へと高めるのである。つまり、意識が自らの対象と自己自身とについて不完全な見解しかもたないという、そうした一連の意識のあり方が、完全にかつ体系的に叙述されるべきなのである。そうであることにおいて、意識が「我々」にとって、精神の概念における意識の規定に従って、見えてこなければならないのである。[137] この概念の展開において、意識は、精神の現象である。そして意識の規定は、精神が必然的に自己自身に関係する、その関係［におけるさしあたりの対立、つまり、自己と対象との対立］を調停することなのである。だからこそ導入としての意識論は、その学的な側面からするならば、精神の現象学なのである。ただしこの意識論は導入であるからといって、精神の学的な展開の或る契機、すなわち、精神が、［当面、自己と対象との対立］関係であるという自らの規定を廃棄するという、そうした精神の契機に［つまり、理性章までに］、立ち止まったままであることはできない。というのも意識論は、意識のあらゆるあり方を捉えるべきであり、したがって、精神の一層発展した概念における単なる契機であるあり方をも捉えるべきだからである。そのような意識のあり方は、精神の概念からして、精神に帰属するものであるのだから、それらは、意識の具体的なあり方としても現われ出なければならず、また、そこにおいて精神が何を知るのか、もしくは、かの［一層展開した］段階において精神であるものが、どのようにして意識のうちに生じてくるのか、といった側面から論じられなければならないのである。[138] その限りにおいて、哲学的な学の立場［つまり、論理学以降に展開される学の立場］は、［『現象学』の］結果として生じるものとして、「たとえば、道徳、人倫、芸術、宗教といったような、意識の具体的な諸形態を」前提としたのである。[139] こうして導入が、精神の学的展開のどの段階を、とりわけ主題化しなければならないのかは、外的に考察するならば、それら諸段階の性質から明らかになる。いずれにしても、［導入としての『現象学』においては、］意識関係が意味のあるものとなるすべての段階が［主題化されて］存在していなければならないのである。[140]

思考と存在とが相異なる［意識の］具体的なあり方は、『現象学』の最初の四もしくは五段階［感性的確信から理性まで］によってはまだ克服されてはいない。というのも、これらの諸段階は、先行する諸段階において精神の概念のために獲得された成果を、実際［いまだ単なる意識の形態において］固持しているからである。こうして、いずれにしても、――理性の叙述のうちに含まれている諸段階を度外視するならば[141]［というのは、理性章の諸段階においては、実質的にはすでに思考と存在の同一性が語られているからなのだが］――人倫的精神や宗教についてのは、それらの対象は、意識と一体化した自体存在（An-und Fürsichsein）［つまり、思考と存在との統一体］であり続けると言いうるし（『現象学』三一五頁、四七三頁）、また、宗教については、それは、自己自身を支える絶対的に実在的なものという概念の背後へと逆戻りすることはない、と言いうる。人倫的精神の段階で付け加わるのは、意識内容の主体として理解されているのは、もはや単に個別化された自我ではなく、現実的な精神である、ということである。最後に宗教の段階では、内容の知［――例えば神の知――］が内容自体の自己意識［――神の自己意識――］となっている。

b　さまざまな区分の意味

『現象学』の範囲を［本来はどこどこまでであったというように］限定することを禁じる［以上の］立論の助けを借りて、導入が満たさなければならない諸条件が明確になる。すなわち、純粋知を、普遍的な意識批判を通して正当化するということ、したがって、知が内容に即応しないような意識のあり方をすべて排斥するということが、導入の課題であるとするならば、［ⅰ］知が内容から知そのもののうちへと追い返されることなく［――つまり、知を頭ごなしに却下することなく――］、［知が］真理であることにおいて自己自身を確信し続けるために、真なる内容そのものが知の構造をもっているのでなければならない。他方［ⅱ］知は、絶対的な内容が知において自己自身と等しくしたがって真であるために、絶対的な内容を完全に具体化したものを保持しているのでなければならない。このことが［導入の満たすべき］二つの根本条件である。この条件を実現するために、内容は、知に対して他者であってはならない。このことは、知が、［意識にとっての内容ではなく］自体存在としての内容に対して関わりを持つというあり方においても、保持されなければならない――というのも、［当面］そうでないことにおいて、意識の自己内反省が不可避のものとなった（Ⅰ―Ⅲ［感性的確信章から悟性章まで］）――し、また、内容自体が意識への反省であるにすぎないというあり方においても、同様である――というのも、そうでないことにおいて意識は、内容と関わることによって自己確信を失ってしまったのである（Ⅳ［自己意識章］）。内容はむしろ自体的に存在しなければならないが、内容は、知に対しても存在する限りにおいてのみ自体的に存在する。内容が知に対して存在するのはしかしただ、内容がまた自体的に存在する限りにおいてのみである。しかしこの統一は、単に抽象的であってはならない（Ⅴ［理性章］）――もし、内容と知との統一が抽象的であるのならば、これまでに挙げた諸々の［誤った］結論［Ⅰ―Ⅳ］が生じることになる。この統一が具体的になり、内容そのものを、この統一の運動の主体としなければならない。ここにおいてはさらにまた、個別的な知る自己が没落してしまっていてはならない——没落してしまっていては、主体性が再び自らを生み出さなければならず、内容が意識に対して再び失われていってしまうからである（VI［精神章］）。それ故に、具体的な内容は、具体的な内容そのものでありながら、意識がその内容についてもつ知でなければならない。そうであることにおいて具体的な内容が絶対的な内容である限り、いまや知は完全な具体化——知は、第二の根本条件に従って、この完全な具体化を必要とする——へと至るのである。しかし［さらに言うならば］具体的な内容はまた単に、定在する現実がその自立性を失うような、絶対的な自己の単純な統一として、こうした知であってはならない——もし、内容が単に自己の単純な統一であるのならば、知は自らを単に表象という形式において具体化しているにすぎず、知の内容の世俗化は避けられなくなる（VII［宗教章］）。それ故に具体的な内容は、かの統一の自己自らの具体化として、当の内容の知でなければならない。すなわちこの自己具体化においては、表象そのもののうちに存している、内容と形式との間の一切の区別が、解消しているのである（VIII［絶対知章］）。

こうして、『現象学』のひとつひとつの章が、かの根本条件に対応している。けれどもこれら諸章の系列が完全である必要はない。完全なものであるためには、この系列のうちで完結した連関が見えてこなければならないだろう。そして、この連関があるのかないのかをある程度決定できるのは、ただ［『現象学』の］区分を再構成することによってのみであろう。だがこれに関するヘーゲル関係文献の見解は、これまでに論究した［導入をめぐる］問い以上にばらばらなのである。ただ幸いなことに、本論考において論述されている［導入に関する］テーゼを根拠づけるという連関においては、この系列の［完全性の］問題を解くことは必要ではない。『エンツュクロペディー』に付された「導入」［の問題（『ハイデルベルク・エンツュクロペディー』三六節)」をきっかけにして投げかけられた諸々の問いは、『現象学』の構造の不完全な分析を通してでも明らかにされうるのである。この目的のためにいまや、『現象学』に関して試みられるさまざまな再構成が、相互に対決させせられる(以下のI)。次に、ヘーゲルは『現象学』の構成を、詳論する間に変更したのかどうかという問いが、論究される(以下のII)。最後に、『現象学』の建築術およびその区分の連関が、どういうパースペクティヴから生じてきたのかについての示唆がなされる(以下のIII)。

(I) ヘーゲル文献において見いだされる、『現象学』の構造についての諸見解は、実際へーゲルにおいて登場する区分と一致している、もしくは、この区分に支えられている。すなわち**ローゼンクランツ**が『現象学』の主要点として区分するのは、(1)意識の概念(I—V[感性的確信章から理性章まで])、(2)精神の概念(VI—VII[精神章および宗教章])、そして、(3)絶対精神の自己意識としての絶対知(VIII[絶対知章])である。ローゼンクランツがこのように区分するのは、彼が『現象学』の主題とは、意識の行なう意識自身と意識の実在との間の区別を廃棄して、この意識自身の実在を概念把握するように、意識を教化し続けることであると、見なしたからである。指摘されるべきことは、この区分が、[『現象学』の]導入章[つまり、序論(Einleitung)]の最後にヘーゲルが示唆した区分と一致している、ということである。この区分はこの箇所に、重要な典拠をもっている。けれどもこの区分は、ヘーゲル自身が編集していると想定せざるをえない『現象学』の目次には、表記されていないのである。この目次には、本文にも記載されているローマ数字を付された諸段階のほかに、三つに分節化された区分[A、B、C]が見いだされ、このうちの最後の分節項[C]がさらに四つ[AA、BB、CC、DD]に区分されている。**クーノ・フィッシャー**は、さしあたり対象に対する意識の関係を、区分の際の視点と解することによって、この分節に準拠しようとした。(143) こうして[フィッシャーによるならば]最初の三つの主段階、すなわち、[A]意識、[B]自己意識および［C］理性が、成立した。けれどもフィッシャーは、これ以後の諸部分を、同一の観点のもとで区分することはもはやできなかった。彼は、精神、宗教および絶対知を、理性であるものの内在的な帰結と特徴づけるが、それらをまた［A、B、Cと］同様に「主段階」と理解する。ヘーゲルのこうした三つ組・四つ組図式は、彼にはもっぱら、一連の段階を弁証法的建築術の範に適合させる試みであると映った。彼によるならば、『現象学』とは本来、理性によって二つの均等でない半々に分けられ、そのうちの一つが観念論の立場を根拠づけ、もう一つがこの立場を詳論しなければならないものなのである。(144)

ヘルマン・ハトリヒが最初に反論したこうした見解からは、次のような諸見解、すなわち、『現象学』の根底に、主観的精神、客観的精神、および、絶対精神への区分という『エンツュクロペディー』の図式を置こうとする諸見解が、区別される。(146)けれども、こうしたこと［——『現象学』を『エンツュクロペディー』図式で捉えようとすること——］がしばしば起こるのは、単に漠然とした全体の印象に基づいているにすぎない。そうである限り、この図式を『現象学』からできるだけ遠ざけておこうという要求もまた、容易に生じよう。けれども、かの図式把握によって成立する分節化は、ヘーゲルが、意識の対象という視点のもとで企て、次のことに基づいて根拠づけた分節化と、一致するのである。(147)すなわち、意識は、対象に関係する際に、本質的に精神の性状として存しているのだが、そうした精神の性状としての意識は、それの関わるさまざまな対象に従ってさまざまな形態をとるのだ、と。したがって、その限りにおいて、この見解もまた、ヘーゲルによって確証されていると見なされるのである。

最後になるが、ヘーゲルは、個々の段階［つまり、個々の章］の冒頭において［それ以後に論じられる事柄の］要約的な概観を行なう［が、この概観に基づいて提起される見解がある。すなわち、］。この著作全体の構成を理解するためには、こうした諸々の概観のうちの比較的後にくるもの［たとえば、宗教章の概観］が援用されるべきだということにならないのだろうか、と。こうした線に沿って、『エンツュクロペディー』の図式に定位することにも、目次の「無意味な四つ組」にも反対するヴァン・デア・**メーレ**は、宗教に関する章の冒頭を引き合いに出して、自らのテーゼを支えた。このテーゼとはこうである。すなわち、意識、自己意識、理性および精神が、ひとまとまりで四つ組をなし、この四つ組が、この著作の第一部を形作ると同時に、第二の四つ組〔第一の四つ組、宗教、絶対知、自然〕の第一の立場をなす。つまり、この第一の立場に反する立場が宗教において成立し、第一の立場と宗教の立場との統一が、絶対知および自然において成立する、と。(148) しかし、ヴァン・デア・メーレの裏付けは説得的ではない。ヴァン・デア・メーレが拠り所とするのは、次のようなヘーゲルの論評である。すなわち、宗教に先行する諸形態においても、確かに宗教は、絶対的な実在の意識として姿を現わしていたが、しかしそこにおいては、絶対的実在そのもの自体、精神の自己意識は、現われてはいなかった、と。だがこの箇所において、「これまでの諸形態」が、絶対的実在の意識であるということによって定義されうるとは、言われていないのである。それどころか、この箇所はそのことを排除している。というのも、明らかにただ、それらの諸形態のうちのいくつかのものだけが、そのような意識であるにすぎなかった、というのだからである。ヴァン・デア・メーレの挙げる第二の裏付け（『現象学』四七六頁第二段落）も、メーレに要求されるものを提供してはいない。すなわち、確かにヘーゲルは、意識、自己意識、理性および精神という諸契機を含み、それらを一括する総体性を表示する精神の世俗的な定在全体と、宗教との区別について語る。しかしこの区別は、三つ組もしくは四つ組という形式的な図式のなかで、対立という地位を宗教に賦与するということをおよそ許容するものではない。宗教とは、かの一括された諸契機〔つまり、意識、自己意識、理性、および、精神〕の単純な総体性として、つまりそれらの「絶対的な自己」として、そしてまた、かの総体性の諸契機がそこへと集約していく根拠として、特徴づけられる。そして根拠とは、ヘーゲル論理学のいかなる叙述においても、否定的なものの地位を所持していない。したがって、宗教に否定的なものの地位を帰属させるということは、根拠のないことなのである。また、「絶対的な自己」とか「単純な総体性」という規定も、宗教が弁証法的な対立における否定的なものではないということを、指し示している。宗教の段階で、精神の定在［つまり、意識］と精神の自己意識との間になお廃棄されない差異が存するとしても、そしてこの差異のために、宗教は、単に精神の生命の一部としてしか現われず、この両者の間のさまざまな対立へと立ち至るのだとしても、いずれにしてもこうした諸対立によって、宗教を対立**として**定義することが許されるわけではない。こうした諸対立とは、単に宗教の概念の内部における一層詳細な限定でありうるにすぎず、宗教の概念をなすものではないのである。こうしてヴァン・デア・メーレのテーゼは、その確証のために引き合いに出されたテクストから引き出されたものではなく、このテクストにおいて論究されうるものの範囲では基礎づけられないような体系的構成から、引き出されているのである。それが『現象学』の構成の理解ということに寄与したことといえば、宗教章の冒頭でヘーゲルのなした区分を考慮するべきだという要求をしたことのみである。

H・**シュミッツ**の見解(149)も、同様である。その見解によるならば、「観察する理性」の節の最後に論じられる「無限判断」が、『現象学』を二つの部分に裂く(150)。そしてヘーゲルは、［絶対知章において］自己は物であるというこの「無限判断」へと立ち返ることによって、全体に関わるただ一つの連関について語る。［こうして、ここで語られる］この連関こそが、［シュミッツによれば］絶対知を、その先行諸形態の要約に基づいて構成するという、この見通すことの困難な［『現象学』全体の］構成にほかならないのである。しかし、［そうはいっても］かの最後の箇所においても、対象を自己として把握するということは、三つの必然的なあり方のうちの第一のものとして存しているにすぎない。したがって、『現象学』の区分についてのシュミッツのアプローチも、それが絶対知の論述と一致することが示されえてのみ、説得力をもつことになるわけだが、それは実際には示されていないのである。

II (1) 『現象学』における区分の仕方がさまざまである――これはヘーゲル自身に由来するのだが――ために、これらのさまざまな区分の統一性についての問いが生じるに至る。もっともその際には、『現象学』の概念が印刷中もしくは印刷後に被った変化が、そこにおいてはもっぱら表現されているのだということが、想定されてはならない。この変化ということについてはとりわけペゲラーが、それは、ヘーリンクやホフマイスターによって推定された仕方で遂行されたということはありえない、ということを明らかにした。(151) この間ペゲラーは自ら、『現象学』の作品史的な解釈理論を展開したが、(152)『現象学』を統一的に考察しようとする前に、この理論が吟味されるべきである。この理論もまた、区分、諸概念の使用そして個々の章の形態等における種々の曖昧な点、矛盾および不均衡を、この著作の理念の改変ということから説明するという。けれどもペゲラーは、ヘーリンクと違って、次のような実質的な問題を避けて通ろうとはしなかった。すなわち〔『現象学』の〕当初の計画は、導入の課題に見合うものではなかったという理由で、修正されなければならなかったのか、と。ペゲラーのテーゼによれば、最初に計画された「意識の経験の学」の中心は、自己意識であった。だがおそらくこの学は、自己意識と題された当該の章から直接絶対知へと移行するということにはなっておらず、実質的に、後に理性および精神という表題のもとで論じられたもののいくつかの部分を含んでいた。が、この二つは、独立した章へと分節化されてはいなかった。叙述の展開は、第一のイェーナ実在哲学〔一八〇三／〇四年〕と同様に、自己意識から普遍的な自己意識へと至り、その後で普遍的自己意識が絶対知として把握された。だがその後、一八〇六年の夏にヘーゲルは、この著作の重点を精神へと移し、結局この著作の理念もここから解釈し直した。このことは、「経験」、「弁証法」、「現象」それに「歴史」といった概念の把握が、変化していることからも見て取れる。その際にこの著作の当初の計画が打ち砕かれたので、理性章が諸々の理念のいずれにも適合していないのである。

こうしたペゲラーの理論は、ヘーリンクのそれよりも、本質的に一層根本的かつ適切に遂行されている。けれどもそれもまた、解釈上の諸問題を取り除くというより以上に、それを積み上げるものである。ここにおいて問題は、次のような推測を最終的に認めなくてもよいかどうかである。その推測とは、こうである。すなわち、〈ヘーゲルは、ローマ数字で表示された『現象学』の根本的な諸段階を、はじめから計画していた。ここにおいてヘーゲルが揺れていたのは、これらの諸段階において加工されるべき素材の評価のみであった。つまりこれらの素材は彼には実際また、著作を書き終えた後でもなおさまざまに、「そっと手を加える(153)」必要があると思われていたのである〉、と。ヘーゲルは、部分的には構成そのものにさえ及んでいる混乱について述べ伝えている(同箇所)が、この混乱は、かの推測を認めるのだとすると、——たぶん例外もあるだろうが——具体的な素材が、その論理的な骨組みに関係する、その関係にのみ、もしくは、この論理的な枠組みの現象学的な具体化にのみ、当てはまることになろう。〔実際、その通りなのである。〕というのも、もしもヘーゲルがこの学の一連の抽象的な契機〔つまり、ローマ数字で表示された根本的な諸段階〕を編成全体の基礎としてはじめから保持し確保していたのではないのだとするならば、ヘーゲルは、この契機のそれぞれに意識の形態が対応するのだ(『現象学』五六二頁および七五頁)などということを、いかにして主張しえただろうか。それとも、学の構造が——この学そのものに即して主題化されることなく——『現象学』の執筆の間に根本的に変化してしまったということを、想定しようというのだろうか。けれども、このことは、第二のイェーナ精神哲学［一八〇五／〇六年］の末尾での論理学の編成と、『現象学』緒言（Vorrede）での精神的なものの定義とが、広範囲に一致しているということによって、反駁される。[154]『現象学』を仕上げることによってもたらされたものは、論理学に関して、しかも、たかだか、その個々の形式の意味に関わる些細な修正であった、と言うこともできるかもしれない。［確かに］ヘーゲルは、経験、弁証法、現象、そして歴史といった概念の解釈を、この著作を書き終えて以降変更しているわけだが、しかしいずれにしてもこのことは、導入構想が不変であるということと矛盾しない。［それどころか、］このこと［つまり、これらの概念解釈の変更］は、［この不変の］導入構想によってまさに要求され、すでに「導入［序論（Einleitung）］」のなかで公言されているのである。すなわちここにおいてヘーゲルは、諸々の規定について――経験、弁証法、現象、歴史等についてではないのだが――、本来それらに関わることは、これ以上はここでは「我々」には関係がないと、言っているのである（『現象学』七〇頁）。したがって、［こうした概念解釈の変更ということを考慮するならば］区分の多様性もまた、学の生成という［『現象学』の］概念がこうむらざるをえない［多少の］変化と関連していないのかどうかということは、考察する価値があると言ってよいだろう。

(a)　ペゲラーは、「導入［序論（Einleitung）］」の最後の段落から出発し、こう自問する。『現象学』が、その地点で本来の精神の学となる――もしくは、本来の精神の学というこの地点と一体化する――という、まさにこの地点とは、どこであるのか、と。宗教哲学の講義と関連させつつペゲラーは、説得的に、それを精神（VI）であると決する――つまり、仕上がった著作としての『現象学』に関してであれば――。けれどもペゲラーによれば、当初計画された「意識の経験の学」に関する限り、その地点とは、「自己意識」であった。そこにおいては、真理と確信、概念と対象が、相互に等しいものとして存し、すでに「我々」

にとって精神の概念が現に存している、と考えられていたのである。

しかし、真理に等しい確信とは、［ペゲラーの言うように］現象が本質に等しくなるというようなことなのだろうか。自己意識における意識とは、単に意識に対してあり、また、他の意識としてのみあるような、異質なものにつきまとわれているという仮象を現に脱ぎ捨てることなのだろうか。もしそうだとすると、自己意識においてすでに「導入［序論（Einleitung）］」が語っている進展の目標［地点］が、到達されていると、推測しなければならないのではないだろうか。［ペゲラーによれば、実際そのように推測しなければならない。］というのも、目標とは、知が自己自身を見いだすところ、概念が対象に、対象が概念に対応しているところに存している、と言われているからである（『現象学』六九頁）。ヘーゲル自身が［また］、自己意識において成立した確信について、こう言っている。この確信においては知そのものにとって、対象が概念に対応し、また、その逆でもある、と。もしもこの確信が、他の確信に対してまだやっと自らを主張しなければならないというような、他の確信と並ぶひとつの確信である、というのではないとするならば、ここにおいてすでに知にとって真理が完全に確信に等しいということになるだろう（『現象学』五五六頁）。そしてもしも、この確信において概念が対象に対応していることによって、現象もまた本質に等しいのだとするならば、この本質は同時に意識によって把握されていることになるだろう。――ところがこのことは、「導入［序論（Einleitung）］」によるならば、もっと後の段階になってようやくそうなのである。ペゲラーは、［a本質と現象および、b概念と対象という］『現象学』が関わらなければならない二つの対応関係を混同することによって、でたらめを語るに至っている。宗教哲学の章句を手助けとするのであれば、ペゲラーはそこから、両者は別々にしておかなければならないということを、学ぶことも可能だっただろう。すなわち、この両者の一方［a］とは、意識の背後にある相互補完的な差異、つまり、各段階にある意識の本質的なあり方——本来の精神の学という観点での意識のあり方——と、こうした本質的なあり方について、意識が、自己自身と対象との不一致［の状態］において知っているところのもの、つまり、この本質の現象との差異であり、もう一方［b］とは、現象に帰属する差異、すなわち、知と真なるもの、すなわち、概念と対象との間の差異である。ここに示された、『現象学』の根本構造における二重化［aとb］は、ヘーゲルにとって知らず知らずのうちに成立したというのではなく、精神の本質と現象との間の差異に基づいてはじめから意図されていたに違いないのである。こうした二重化から生じることは、『現象学』の携わる諸概念は、より後に位置している諸段階から解釈し直さなければならないということである。というのも、「我々」はそうした諸概念をただ、それらが自らを「提供する」がままにのみ、受け取らなければならず、したがって「我々」もまたさし当たり、本質については、現象において立ち現われてくるもののみを把握するのだからである。これら諸概念の諸規定が、自らをさらに駆り立てることによって初めて、「我々」に対して、これら諸概念の本質、つまり、精神が、そして最終的には、それら諸概念が自らの実体をもつ深み、つまり、認識［論理学］が、生成してくるのである。ヘーゲル文献学が、『現象学』の理念のうちに存するこうした視点を考慮せず、もっぱら「諸々の位置」を、あたかもすべてが等価であるかのように、相互の比較ばかりをしているとするならば、成立史に即したその解釈は、いつでも、不明瞭な点を除去するというよりは、それらを産み出すことになるだろう。

ヘーゲルは、『現象学』の「導入［序論（Einleitung）］」においても、この二つの側面［aとb］を厳格に区別している。すなわちヘーゲルは、意識の差異［b］という概念によって『現象学』の方法を解明した後になって初めて、次のことを話題にする。つまり、意識が自らの差異に即して行なう運動の叙述には、意識に対して存しておらず、しかも、この運動に必然性を付与するという、そういう契機［本質］が含まれている、と。そしてヘーゲルは、この〔運動の〕必然性を経て初めて、このような必然性によって特徴づけられる学の範囲を規定する概念〔つまり、目標地点〕へと到達する。その概念〔目標地点〕とは、「精神の真理の国」(156)である。この国において精神の諸契機は、それらが意識に対してあるあり方とは異なったあり方をしていなければならないのである。けれどもヘーゲルはいまや、途上にある意識がどのようにしてこの国へと至るのかを告知するために、二つのものの間の連関を指し示さなければならない。その二つのものとは、一つは、この途上のさまざまの段階における意識の**あり**方、つまり、本質に等しかったり等しくなかったりする、本質のその都度の現象である。また一つは、意識が**知っている**もの、つまり、意識に対してのみ、また別の意識としてのみ、あったりなかったりするもの〔つまり、対象〕である。この二つのものの連関は、以下の二つの定式が、進展の重要な点に対して等しく妥当するということによって示される。すなわち、その一つの定式とは、現象が本質に等しくなるという、本来の精神の学に基づいてのみ把握されうる定式〔a′〕である。そしてもう一つの定式とは、意識が、異質なもの〔対象〕にとりつかれているという見かけを脱ぎ捨てるという、学への途上に帰属する定式〔b′〕である。

概念と対象との間の差異が決定的に廃棄されうるのは、その本質からして精神の現象である意識が、この自らの本質を把握するときに初めてである、ということは明らかである。この到達点への途上で、現象学的な要求を満たす「或るひとつの」確信が現われるとしても、その際、この確信によってまた精神の現象と意識の本質とが合致するに至っていると言うことはできない。もしもこうした合致がなされているのだとするならば、この確信は同時に、異質なものは何も存在しないという確信でなければならないだろう。しかし自己意識は、そのあらゆる段階で異質なものを〔その都度あらたに〕知るに至るのではないか。明らかにその際自己意識は、異質なものを真なるものとして知るわけではなく——というのも、真なるものとは自己自身にほかならないのだから——、否定されるべきものとして知る。そうだからこそ実際へーゲルは、かの［ペゲラーの言う］到達点［つまり、自己意識の箇所］で意識が、真なるものは異質なものであるという仮象を脱ぎ捨てるとは言わないのである。［自己意識に関する］へーゲルの表現が、もしこのことを言おうとしているのだとするならば、次のような異議がへーゲルに対して唱えられなければならないだろう。すなわち、もしそうであるとするならば、意識にとって真なるものが異質なものであった段階で、意識にとってこの異質なものは、**ただ**意識に対して**だけ**あったのではなくて、単に意識に対しても**また**あった［——つまり、確かに意識に相対してもいたが、そうであるばかりではなく、すでに意識そのものでもまたあった、つまりそれはすでに異質なものではなかった——］のだ、ということになろう、［が、実際には、明らかにそうではないだろう」と。［まさに、この異議の申し立てるとおりなのである。］異質なものはただ意識に対してだけあるという仮象を、［実は］意識はここで初めて本来的に身につけるのである。自己意識の全対象——欲望の客体、他の自己意識等々——が、その確信のうちで異質なものという性質を失うことはない。それどころか、結局は、自己意識が自己自身にとって異質なものになるのである。世界が異質なものという意味を失って初めて、意識は、異質なものにつきまとわれているという自らの仮象を脱ぎ捨てることができる。これに対して、ストア主義や懐疑主義は、まさにそれらの異質性によって動機づけられているのである。

おそらく、へーゲルが第四章に付与した表題の属格［「自己自身〈の〉確信という真理」］のうちにも、ペゲラーが等閑に付した或る制限が隠されている。この段階の真理とは、まさに**ただ**自己自身〈の〉確信という真理であるに**すぎない**。この真理は、次のような意識の内容——すなわち、［依然として意識に相対する内容として］保持されてはいるが、しかし同時に、自己意識の自己自身との統一へと関係するもの［つまり、自己意識と一体化したもの」としてのみ存しているという、そのような意識の内容――にまでは、拡張されないのである。したがってこの確信はまた、長続きしない。この確信の真理は、意識自身の非確信であると、言えば言えるだろう。意識の存在は、この確信においては、自己自身と等しい真なる存在ではないのである。

(b) ペゲラーの提出する第二の裏付けは、自己意識の二重化によって、「すでに精神の概念が我々にとって存在している」という、ヘーゲルの言表(『現象学』一四〇頁)である。けれどもヘーゲルはまた、こうした裏付けに対してはっきりと異議を唱えているのである。というのもヘーゲルのやり方によるならば、「我々」に対してのみ存しているものが、同じ段階で、「我々」が考察している意識に対して存することはないからである。すなわち、「我々」にとっては、知覚の対象の展開、および、この対象に対する意識の関係の展開のうちに、意識が自らの知覚においてなす経験がすでに含まれているのである。だが意識にとってはこの経験はただ、新たな段階の対象としてのみ生成する。つまり、知覚において、矛盾する両概念が自己自身を否定する働きとして現われた運動は、悟性の段階で対象としての形式をもつ。すなわちそれが、力の運動(『現象学』九三頁および一〇六頁)である。こうしたことはまさに、方法に関する「暫定的な想起」に符合する(『現象学』七三頁)。――ヘーゲルはまた引用された箇所で、意識はいまやさらに、精神とは何であるのかを経験しなければならない、とは言っていない。――ペゲラーは、ヘーゲルがこのように言ったかのように書き換えるのだが。そうではなくて、ヘーゲルが言っているのは、「意識にとってさらに[後に]生成するものが[精神の]経験である……」、ということである。精神が何であるのかという経験は、自己意識である限りの意識がする経験ではない。[知覚を例に取るならば]意識が実際の知覚においてする経験は、「我々」にとって知覚および知覚作用の概念のうちに含まれている経験なのである。

意識がする経験とは、そういうものである。これに対して、意識に対して［これから］生成する経験は、まさに、まだ［経験され］ないのである。したがって念頭に置かれなければならないことは、精神は、［自己意識よりも］さらに後の段階に帰属するはずなのだ、ということなのである。

さらに、ヘーゲルは［自己意識の段階では］精神の概念についてだけ語っているのである。(157) したがって、精神の実在性もまた対象としての意味をもつ［――つまり、精神が意識に対して実在化する――］という以前に、まずは、精神の概念が意識に対して対象としての意味をもつのでなければならない。実際このことが、これ以後においてヘーゲルが行なうことである。というのも、自らを実現しなければならない理性的な自己意識が、精神［――実在化した精神――］だからである。それは、自らの自己意識の二重化［自己と他者］と、その両者の自立性とにおいて、自己自身との統一性を保っているという確信をもっている［自己意識つまり］精神なのである（『現象学』二五五頁）。これに対して自己意識の段階では、自己意識に生成したものは、ただ二重化だけであって、二重化した両者の統一ではないのである（『現象学』一五八頁第二段落）。こうして理性的な自己意識は、ただ概念という観点から精神であるにすぎない（『現象学』二五八頁）。(158) そして次の段階で初めて、精神が対象としての現実的な世界として、意識に対して立ち向かってくるようになる（『現象学』三一四頁）。あるいはむしろ、精神が、自らにとって意識として現実的に存在する〈自己自身〉である、というようになるのである。ペゲラーによって引用された箇所は、言葉通りにとるならば、この展開を含意しているのであり、また、ヘーゲルは、この箇所を書いているときにすでに、自己意識の段階と、それに続く二つの段階［理性と精神］とを区別していたということを証示しているのである。これに対してペゲラーはこの箇所を、次のことを標すものであると解する。すなわち、意識の経験の学には、理性および精神についての固有の章はなかったのだ、と。

ペゲラーの提起するそのほかの裏付けや論証も、よく見てみると、説得力を失う。すなわち、意識は、自己意識において初めて、「現在という精神の昼に歩み入る転回点をもつ」(『現象学』一四〇頁)という文が理解されうるのは、ただこの文が、理性の到来を告げるものと読まれる場合のみである。すなわち、この到来において、意識は世界を自らの新たな世界として発見するのであり、この新たな世界が存立するということが、意識にとって自分自身の真理となり現在となるのである(『現象学』一七六頁)。この文は、意識、自己意識および理性という諸段階について、それらが精神の歴史に対応するということを示唆しているのであり、それ故に、意識の段階で明るみに出た、感性的なものと超感性的な彼岸との差異を、――ヘーゲルがかつて初めて、古代の人倫と宗教との関係で用いた比喩を再び用いて――「色づいた仮象」と「空虚な闇夜」との差異として、把握しているのである。(159)

(c) 理性章においてヘーゲルの最初のプランが最終的に破綻したということを本当らしく見せるために、ペゲラーは、この章の欠陥を発見しようとする。自然や自己意識の観察は、もはや何らの形態をも産み出すことはないと、ペゲラーは考える。しかしヘーゲルは、「この観察をめぐって」はっきりとなお「新たに産み出された」諸形態について語っている(『現象学』一九二頁第二段落、二五〇頁第二段落以下)。そうした諸形態とは本来、生成する道徳の諸形態であるのだが、ヘーゲルは、この自己意識の実現形態において、人倫の生成を明らかにするという点をめぐって、釈明をしている。しかしペゲラーはこれを、言い逃れだと見なしている。けれども、法哲学の体系性を考えてみるならば、このことこそが不審の念を抱かせないはずはなかろう。加えてヘーゲルは、これらの形態においてはもっぱら、対自存在「自己意識」に帰属する側面のみを主題化すると、はっきりと宣言しているのである(『現象学』二六〇頁)。比較的正しいのは、ペゲラーの次のコメントである。すなわち、理性の諸形態は時代においては、総じてここで要求されるほど相互にはっきりと区別されるわけではない、と。このことは、少なくとも観察する理性の細部には当てはまる。けれどもヘーゲルはおそらく確かに、理性の根本的な三段階〔V章、A、B、C〕に対して、はっきりとした形の時代的順序（『現象学』四七七頁）を要求し主張することができると考えていた、と言ってよいだろう。この三段階はすでに、理性という規定における個別的〔現実的な〕あり方を呈示しているのである。

(d)　一八〇五年の初夏のものである現象学についての一紙片[160]において、「立法的理性」は、「意識の神的な法」および「隔絶された精神」という規定を与えられて、一つの段階をなしている。したがってヘーゲルは〔確かに〕この時期、理性と精神とを分離していなかったと推測されうる。けれども、「絶対知」——それがこの箇所で何を意味しようとも[161]——が、**まずは**、立法的理性として現われると言われているということに注目するならば、この推測はまさに疑わしいものとなるのである。すなわち〔実際には、立法的理性には〕一つの切れ目が先行していなければならなかったということなのであって、この切れ目**以前**にすでに、人倫的実体の概念が獲得されていたのである。というのも、この概念がないと、人倫的な実体におけるいかなる区別も生じえないからである。後の『現象学』においても、人倫的な現実としての精神に先行する段階が、精神という観点から、人倫的実体として〔まさに人倫的な現実としての精神から〕区別されている。要するに、一つの切れ目が〔「理性」（先行段階）と「精神」（「立法的理性」を含む）との〕二つの主要段階を相互に分離していたと、想定されうるのである。したがって、かの紙片が、現象学の最終テクストと相違している点は、立法的理性がまだ、人倫の前段階〔つまり、理性〕にではなく、人倫そのものに参入されていた、ということにあることになろう。こうして、ヘーゲルが自らの考えを訂正した点はどこなのかといえば、それは、論究されるべき材料についての判断なのであって、主要段階についての

——論理的な、またおそらく現象学的でもある——根本構造ではない、と思われるのである。

『現象学』の目次には、テクストにおいて進展する区分［ローマ数字（I、II、III……）］に加えてさらに第二の区分［アルファベット（A、B、C……）］が提示されているということが、このような見解と対立する重要な指標であるということもない。というのも、この第二の区分もまたテクストに即して構想されているからであり、しかもすでに、先行三段階のすべて［I、II、III］に相対している自己意識の段階［IV＝B］からして、そうだからである。したがって、それぞれ独自に進展しなければならない二つの区分が、存しているというわけである。この両者は、二つの相異なるがしかし必然的な区分原理から帰結するものなのだから、二つながらに正当なものと見なしうる。試みられるべきは、そのうちの一方［I、II、III……］が論理的区分であり、他方［A、B、C……］が現象学的な区分であることを明らかにすることである。

(2) ただし、『ドクメンテ』に印刷された、現象学についてのこの［一八〇五年初夏の］紙片はなお、それを実在哲学についての断片IV［アカデミー版全集（フェリックス・マイナー社）第九巻、四三八―四四三頁］と関連させるならば、ペゲラーのテーゼに比較的接近するもう一つ別の解釈を許容する。(162) すなわちヘーゲルは、この紙片において、後に絶対知とよんだ概念を、「C 学」という表題のもとで構築しているのである。この概念は［それ故に］単に「我々」にとってのみではなく、精神自身にとっても生成してきているということが、先行諸形態へと立ち返ることによって明らかにされる。(163) こうした立ち返りはまさに、後のやり方と合致している。そして、いまやこの立ち返りによって明らかにされるはずのことは、次のことである。すなわち、他者（意識の自然的な自己）——絶対的宗教の段階で精神は、この他者において自己に相対し［自己として］存在している——は単に、宗教の全領域におけるように、精神のうちに取り込まれたものであるという意味のみをもっている、というわけではない、と。こうした観点［――つまり、他者はまさに他者として存しているという観点――］から、観察する理性や純粋透見という両形態、それに、自己の現実へと進展し自己形成した精神に、注意が向けられるのである。また、こういうことにも言及されている。すなわち、「我々」にはすでに以前に生成してきているが、宗教には欠けているという、そうした契機は、本来道徳的反省に帰属するわけだが、しかし、それは道徳的反省において詳論されることはなかった、と。その限り、こうして立ち返り振り返るということは、あたかも、公刊された『現象学』と完全に一致する組み立てと関わるように見える、と言うことができよう。［このように見るならば、確かにペゲラーのテーゼが成立するかのようにも見える。］けれども［そのように見た場合に］奇異の念を引き起こすのは、観察する理性が、自己意識と併存するのではなく、自己意識の下位に位置づけられているように見えることである。(164) すなわち、こうである。自己意識は、観察する理性において「自らを見いだす」。そして、「さらに進展する［自己］形成」において、自己とは物であるという、精神を失った思想が消滅するのだが、こうした「形成」とは、自己意識の形成なのだ、と。ここにおいてははじめに、(165) 絶対的宗教の内容を補完する運動は、自己意識のものであり、精神の現実の一契機として考察されなければならない、ということが詳述される。それによれば、この運動は、そのうちにおいて意識の自己が自らを本質として認識するという、そういう運動であるが、ここにおいては［まずは］、意識の対自存在［自己存在］のうちに取り込まれた本質が、対自存在［自己存在］から排斥された本質すなわち自体的に存在する本質と、対立している。けれどもこの対立は［やがて］、この運動のうちで廃棄される。というのも自己の〈自我＝自我〉とは、単純性であり、〈意識の対自存在が自己自身と同等であること〉であり、したがって自体存在であるからである。こうした反省において、精神への移行がなされるのである。(166) こうした反省は、『ドクメンテ』の「純粋思考の純粋思考」と、同一視されえないだろうか。この「純粋思考の純粋思考」とは、まずは立法的理性として現われ出るものの直前になければならず、また、自体的にあり――つまり、自己自身に等しい実体であり――かつ全く同様に意識でもあるものである。こうして、もし、かの反省がこの「純粋思考の純粋思考」と同一視されるのだとするならば、観察する理性と自己実現する理性とは当初は、自己意識のもとに、そして、立法的理性は、意識と自己意識に対する第三のものをなす精神のもとに、位置づけられていた、と言うことができるのではなかろうか。だがまた精神が、最後のものではなかっただろう。そうではなく精神には、「B 宗教」と「C 学」とが続いただろう。そしてこの領域全体は、「純粋思考の純粋思考」を実現するものとして、おそらく「絶対知」という表題をもっただろう。したがって、現象学のこうした形態としては、次のような編成が結果として得られることとなる。

(A) 意識
(B) 自己意識
(C) 絶対知
A 精神
B 宗教
C 学

この編成から外的にもまた次のことが認識されえたであろう。すなわち、精神とは、「現象が本質に等しくなる」(『現象学』七五頁)(167) 段階でなければならない、と。

この編成は、ローマ数字によって印づけられた編成に対して、どのように関係するのだろうか。この編成は、観察する理性、および、この理性が自己の自我=自我へと展開する［自己］形成――これは今しがた、「理性的自己意識の自己自身による実現」に対応するものとして解釈されたわけだが——とを、隠し立てしているわけでは［もとより］ない。したがって、ヘーゲルはここにおいて、無条件に訂正を必要としたということはなかったに違いなかろう。［そうだとすると、ここでの］自己意識が、［一八〇七年の『現象学』における］「Ⅳ　自己自身の確信の真理」——これがさらに［AとBとに］二分される——と、「Ⅴ　理性の確信と真理」——これも同様に［AとBとに］二分される——とに区分されていた、ということはありうるだろう。ところで、もしこの通りだとするならば、ヘーゲルがこの［目下の］区分を放棄したということは、次のいずれかのことから説明されうることになるだろう。すなわちひとつには、ヘーゲルが、立法的理性という形態［『現象学』におけるⅤのC］を、現実的な精神の冒頭に置き、それを美しい人倫と一緒にするということを、不可能だと考えたということである。またひとつには、自我＝自我という定式において表現される、純粋思考の純粋思考というものは、自我が自らの意識に対して、精神の一契機となってしまう以前には、獲得されえないということである。(168) そしていまひとつには、学という立場の構成は、それが締めくくるはずである全領域［——つまり、『エンツュクロペディー』において展開されることになる全体——］に先立って現われ出た形態［——つまり、目下の「C　学」——］にまで引き戻されてしまったわけだが、そうであることによってこの構成は、不満足なものとなってしまった、ということである。

けれども、［このようにして『現象学』の編成に関する根本的な訂正はなかったと考えるとしても、なお］ローマ数字の根底にある視点によって、次のことが問われることとなろう。すなわち、自己意識に対して理性が自立することによって、［やはり］根本的な変化が入り込んではこなかったのか、と。［しかし、入り込んできてはいないのである。というのも］この［ローマ数字による編成の］視点は、裏付けられるはずであるように、論理的な諸主要契機の帰結なの［だから］である。いまや公刊された『現象学』においては、自己意識を支配する諸契機は、「自立的な相関関係」のそれであり、理性を規定している諸契機は、「概念」のそれである。(169) そして「概念」は、一八〇八／〇九年には、論理学の第二部つまり主観的部分の冒頭をしるしづけるものなのだから、「概念」を、切れ目を入れる区切りなしに、「自己自身の確信の真理」［つまり、「自己意識」］において決定的である諸規定に連ねてしまうということは、ほとんど不可能であると思われるのである。また他方でヘーゲルは、『イェーナ論理学』において、この［自己意識に関わる］諸規定を「存在の相関」という表題のもとに、また、主観的概念を「思考の相関」という表題のもとに置き、この両者を結びつけて、二分化された「相関関係」の論理学とした。したがって、『現象学』について、この著作の成立史に関する詳細な分析を行なうとするならば、次のことが検討されるべきだろう。すなわち、ヘーゲルの言表からしても『現象学』の構成は、混乱に支配されていたというわけだが、こうした混乱は、概念論理学の意味の変化と関連していたのではなかったか、と。もっともこのような関連が認められたとしても、［この二種類の区分の相違が現象学の編成の修正を説明するのに十分であるというわけにはいかないだろうし、また逆に］ここでなされた修正が、二種類の区分の相違を説明するのに十分決定的であるというわけでもないだろう。

III (1) ヘーゲルは『現象学』の末尾で、学の抽象的な契機のそれぞれには、現象する精神の一形態が対応していると、指摘した（『現象学』五六二頁）。同じようにヘーゲルは「導入［序論（Einleitung）］」の末尾で、こう断言している。すなわち、意識が自分自身に関してなす経験は、その概念からして、意識の体系全体(170)もしくは精神の真理の国全体に劣らぬものを、それ自体において概念把握しうる。したがってこの経験の諸契機は、抽象的で純粋な契機であるというのではなく、意識に対してそうであるがままに、本来的な規定性において現われたのである、と。したがって、こうした体系的な基盤に基づいて『現象学』の区分を見通すことは、本来容易であるはずである。しかしながら、精神の真理の国ということで、何が考えられているのだろうか。精神哲学なのか、体系全体なのか、それともこのいずれでもないのだろうか。なおまたペゲラーもそうなのだが、多くの著者たちが、この章句と『現象学』の末尾の章句とを学の体系全体と関係づけてきた。けれどもそうすると、両者の対応は、非常に外的で不正確なものとしてしか見えてこなかったのである。これに対して今しがた明らかにしたことは、ヘーゲルが『現象学』の末尾で述べている「学」とは、もっぱら論理学であると理解されるべきだ、という可能性があるということである。ところでヘーゲルはこの箇所で、「導入［序論（Einleitung）］」の末尾と全く同様に、『現象学』において意識の諸形態を生み出す［基盤としての学の］諸契機は、抽象的で純粋であるとしている。そうであるとするならば、精神の真理の国ということで、全く同様に論理学が考えられており、それ故、対応とはいつでも、意識の諸形態と論理的なものの諸契機との対応なのだ、ということになるのだろうか。［実際］明らかに、意識の形態のそれぞれが対応しうるのは単に、諸契機のかの二つの集合［——つまり、論理学と体系全体——］の一つ［つまり論理学］であり、この一つの集合のそれぞれの契機［つまり、論理学の諸契機］である。というのも、論理学の諸契機の集合は、体系の諸契機の集合に含まれてはいるけれども、この集合を汲み尽くしはしないから［——つまり、現象学と論理学とは体系全体の部分集合どうしであるから——］である。こうしてまた、「導入［序論（Einleitung）］」で語られている諸契機が、精神哲学のそれであるということもない。というのは、精神哲学において諸契機は、実際少なくとも或る点からはまさに、それが意識に対してもあるように、つまり、抽象的で純粋な契機であるという規定からは区別されるように、そのように、現われるからである。そうでなければ［——つまり、このようにして精神哲学の諸契機が意識論的

（現象学的）であるのでなければ――」、『現象学』においては、現象は本質と等しくなりえない、もしくは、意識の叙述は、精神の本来の学と一体化しえないだろう。したがって、精神の真理の国を論理的なものと解する、という可能性だけが残るのである。そしてこのような名付け方も、次のことを知れば、それほど奇異でもない。つまりヘーゲルは、『イェーナ論理学』[171]も実在哲学の末尾における論理学の編成も、最後に精神を持ってくることで終えているということである。この用語［精神］が論理学の連関から遠ざかるのは、ニュルンベルク期になって初めてである。また［付け加えるならば］ヘーゲルは［『現象学』において］、「真理の対象的なあり方と知る自己の対象的なあり方とを直接的な統一において」一体化する（『現象学』五六二頁）ということ［――つまり、論理学の境地――］を述べているが、これによってヘーゲルは、はっきりと精神の真理について――つまり、精神が端的に自己自身と等しいあり方について――述べているのである。

ここに生じる課題は、『現象学』の建築術を、その体系的な核であるヘーゲルの当時の論理学に基づいて理解するということである。このことは、ヘーゲル研究文献においてこれまでほとんど着手されていないも同然だが、ここでもこれについて、そうするに値するほどに詳論することはできない。ただ、この課題に関するいくつかの示唆は、先にすでに行なった。いまやこれらの示唆は、ヘーゲルの［『現象学』の］区分が、ローマ数字を媒介にして、一連の論理学の主要契機を標示している、ということを証示することによって、少なくとも補完されるべきである。この証示は、そもそもかの課題の解決になりうるわけだが、しかし［他方］次のことによって困難なものとなる。すなわち、論理的なものの諸契機は、それが意識のうちに入り込み、意識の諸形態として現われると、すぐに、これらの［論理的な］契機をそのもの自体において定義づける規定とは違った規定と混同される、ということである。というのも意識は、自我として、精神の自己自身との［直接的な］同一性であり、換言すれば、あらゆる制限性の［直接的な］否定性である。したがってそれは、自らにとっての他のものをも、自我の総体性に等しい総体性へと解放するのだからである。――（ちなみに、意識にとっての「他のもの」とは、先行する段階において、単に霊魂に帰属する身体的なもの［とでも言うべきもの］であるが、しかし、そのものとしてすでに［総じて］有機的な形態をもつ内容である。(172)そしていまや意識はそうした内容に対して、意識が精神の現象である限りにおいて、つまり、精神が〈関わり〉としてある限りにおいて、関わるのである。）――ここにおいてまた、この自我の総体性に等しい総体性とは、自立したものとして意識に相対しているのであり、ここにおいては、意識の段階のその都度の規定性が、全体的なもの・具体的なものとして存しているのであり、換言すれば、全体的なものが、この［その都度の意識の］規定の固有性において（『現象学』二七頁第二段落）存しているのである。それ故にまた、意識の段階のその都度の規定性は、ひとつの形態として存している。ただしその形態は、［あくまでも］意識の形態であり、この意識においては、それと対立するものがこの形態に当然のこととして帰属している（『現象学』三二頁）。それに対して、精神はあらかじめ自己自身にとって、ただ生命の単純な形態においてのみ内容なのである。ところで、ひとつの全体としての意識には、それぞれの段階において、論理学におけるそれぞれの主要領域の諸カテゴリーもまた帰属しなければならない。ただしその際には、これら諸カテゴリーのうちのひとつのカテゴリーだけがその都度支配的なものとなる。いまやこの対応は、その都度ただこの支配的なカテゴリーにのみ関係しうる。こうして、感性的確信においては、存在（Sein）の規定性が支配的である。しかし、この規定性と並んで、すでにまた、〈このもの〉や個別的なものという規定性も現われてくる。それどころか、その上意識の経験はとりわけ、表象に委ねられたこれらの諸規定のうちを動く。そしてさらには、論理学的に規定が進行していくのであるにもかかわらず、その都度重要なのは、主観と客観における同一的なものである。けれども〔他方また〕、意識のうちに存しているのはまさに、「意識もしくは表象から自己意識のうちへ、またその逆というように行ったり来たりする」(『現象学』五六二頁)運動である。したがって、「我々」が新たな対象の生起を概念把握する仕方は、純粋に論理学的な手続きのそれでもまた、体系に帰属している「現象学」のそれでもありえないのである。最後に、『現象学』の基盤をニュルンベルクの『論理学』のうちに求めようとしても無駄である。というのも、それは、後の発展段階に属するものだからである。他方また、『イェーナ論理学』〔一八〇四/〇五年〕も、一八〇六年のヘーゲルにとってはもはや拘束力をもってはいなかった可能性がある。したがって、以上のようなこれまでに言及した諸編成のほかになお比較の対象になるものは、一八〇八/〇九年の予備学的論理学のみである。[173] けれどもこれも、概念にまでしか至っていない。〔が、これを簡単にたどっておくならば、こうである。すなわち、〕それは〔まずは〕、第一部の客観的部分においては、存在、本質、および、自立的な相関関係というカテゴリーに区分されている。そのうちの存在の諸規定――つまり、質、量、および、無限性[174]――が、いまや感性的確信の運動に対応している。ただし、無限性が感性的確信に対して存しているというのではない。そうではなく、無限性は、感性的確信にとっては見通しえない、指示の運動の結果なのである。この結果から「我々」は、すでに本質の段階である新たな段階〔知覚〕の内容を展開する。[175] 本質のカテゴリーは、質料、形式、および、根拠である。ここにおいても再び、最初の二つのカテゴリーが、この新たな段階全体にとっての基礎である。ただし、〔実際の〕経験の弁証法は、物と諸性質とか、個別的なものと普遍的なものとかという、表象にとって一層近づきやすい一層具体的な諸規定において遂行される。第三のカテゴリー〔根拠〕は再び結果であり、それが同時に次の段階の基礎をなす。というのも、根拠は、目下の論理学の詳論においては、さらに次のように区分されているからである。すなわち、(a)全体。これは諸部分を規定する。(b)力。これは誘発する活動によって外化するように条件づけられている。(c)内的なもの。これは外化することにおいて、無条件に自らをあらわにする[176]ものので、したがって、一方［外化したもの］は単に他方［内的なもの］の完全な対であるにすぎない。これらの諸項の最初の項［a］を、さらに先行段階の結果であると解するならば、ここにおける悟性章への対応は明白である。

自立的な相関関係のカテゴリーは、実体性、因果性、および、交互作用だが[177]、自己意識の弁証法の基盤が、この最初の二つにあるということを認識するのは、難しい。なぜなら、自己意識ということでまず考えられることは、自己についての個別的な意識であり、そこにおいては、実体の偶有性に対する相関関係も、偶有性相互の相関関係も、さしあたり見いだされないからである。けれどもヘーゲルは、自己意識の概念が自己意識の二重化において初めて完結するということを、はっきりと指摘している。［そうであるとすれば］自己意識と他の自己意識とは、自立的な相関関係の両項のように、相互に関係し合っているわけである。つまりこの両項は、［それぞれ］「自立的な項として自らを定立するが、しかし、その本質は、同時に実体に関係すること、すなわち、偶有性としてあるということ[178]」なのである。ただし、自己意識がこうしたもの［――実体に関係する偶有性――］であるのは、精神の概念との関係によって――すなわち、自己意識が自らを自立的に定立することにおいて、いまだ自己意識自身にとってではなく、まずは「我々」にとって存するという、そうしたものとの関係によって――である。そしてこの精神の概念とは、「この絶対的な実体であり[179]、それは、その対立者、つまり、それだけで存在しているさまざまな自己意識が、完全に自立しているなかでの、それらの統一体なのである」（『現象学』一四〇頁）。この実体が同時に活動的な実体としてふるまう限り、それは原因である[180]。実体のこのような活動として遂行される自己意識の運動は、個々の自己が自らを断念するというところへと［最終的に］行き着く。その結果は、自己意識に対する実体の行為が、自己意識自身の行為だ（『現象学』一七一、一七五頁）ということである。換言すれば、結果のうちには、原因のうちにあるものしかないのである。[181]［以上のように見るならば、精神的実体という基盤にも、自立的な相関関係のカテゴリーが存していると言いえよう。］――けれども、自己意識の弁証法の下で自己意識の下に、次のような規定が置き入れられているということは、奇異の念を引き起こすかもしれない。すなわち、その規定とは、自己意識にとっては隠されているにもかかわらず、その論理的な形態がこの［自己意識の］段階そのものを定義しているという、そういうものなのである。しかしながら、まさにこの規定こそが、主観と客観［両自己意識］における同一的なものなのである。というのもひとつの自己意識にとっての客観は、他の自己意識であるわけだが、この両者とはまさに、両者が自分たちにとっては隠されている実体に対して関係するという、そうした相関関係［であり、そうであることにおいて同一的（統一的）であり、まさに自己意識なの］だからである。

これまでのところから想定されうることは、『現象学』の次の段階［理性］の根底には、概念の論理が存していなければならない、ということである。というのも、交互作用から概念へと規定が進展するということについてヘーゲルは、およそ揺れていない。[182]そのうえそのことは、ヘーゲルにおいて明言されているのが分かる。[183]［その限り］理性とは、その論理的な内実からすれば、概念**そのもの**なのであって、単に他の規定の概念、例えば力の概念（『現象学』一〇九頁以下）であるのではないのである。力の概念に関して言うならば、この概念に続いて悟性の運動の結果もまたすでに「絶対的な概念」（『現象学』一二四頁第三段落以下）とよばれえた。なぜなら、下位に位置づけられた意識の諸性質においては、高位のものもまた存していなければならないからである。けれども、このような干渉によって、『現象学』の根底に存する論理的な進行規定を探求する際には、いつでも誤りへと導かれうるのである。だからこそ、これまでそれほどのものとして注目されてはこなかった手引き、つまり、時間的に『現象学』からそれほど大きく隔たっていない最初の予備学的な論理学の提示する手引きが、とりわけ高い価値をもつのである。しかしそれは残念なことに、判断のところで途切れてしまっている。[その後] 一八一〇／一一年の予備学的な論理学になって初めて、最終的な区分が包摂される。その区分とは、一、諸カテゴリー、二、反省諸規定、三、諸概念であり、諸概念は、まず主観的、次に客観的であり、両者の統一が理念である。[184] これらの概念の諸区分が、『現象学』のその後 [理性以後] の進行に対して、引き合いに出されてよいかどうかということは、固有の検討対象とならなければならないだろう。[だが、] 実際 [に見てみると、例えば] 人倫的な現実——それは実体であり、万人の行為の根拠であり出発点であり、また、目的であるのと全く同様に、万人の行為によって生み出される普遍的な作品である——ということで、主観と客観における同一的なものへの目的論が生成する、ということがありうるように思われる。というのもいまや、媒介されたもの、もしくは、帰結が、同時に根拠であるからである。[185] また、人倫的現実のプロセスが、概念の主観性へと立ち返るということ、したがってそれは、理性の根底に存している、概念の客観化という論理的な運動に対する、反対運動を描き出しているということも、ありそうである。さらに宗教には、[主観性と客観性という] 両者の統一つまり理念が対応している。この理念においては、概念がそれにふさわしい実在性を得る。また、そこにおいては概念は、その主観性において自らの客観的な世界を、また、その客観的な世界において自らの主観性を認識する。[186] あるいはそこにおいては、「絶対的に対立するものが、自らを同一のものとして認識する」(『現象学』五四七頁) のである。

第二のイェーナ実在哲学 [一八〇五／〇六年] の末尾で告げられている論理学の編成[187]においては、こうした区分はもちろんほとんど見て取ることができない。けれども同じことは、ここで手引きとして利用した一八〇八/〇九年の「論理学」についても言えるのである。ただ少なくとも、この［一八〇八/〇九年の］「論理学」の最初の二つの部分［存在と自立的な相関］の編成は、かの［イェーナ実在哲学末尾で告げられた］「論理学」のそれ［存在と相関関係］と、なお有意味に関係づけることができる。しかしヘーゲルが［イェーナ実在哲学末尾において］さらに生命、認識等と続けるということは、おそらくなお、導入である『現象学』の範囲が、本来の精神の学［精神哲学］において現われるような意識の諸段階に限定されてはならない、ということの証明となりうるだろう。けれども、［ここで言われるような］生命や認識という論理的な諸形式は、自立的な相関関係や概念の諸形式と無造作に同一視することはできない、ということは確かだろう。ヘーゲルがここで論理学の別の形態を念頭に置いていたのか、それとも、論理学を精神哲学の最後で思い起こさせるために、論理学にただ具体的な意味を与えようとしているだけなのか、ということは、いまは答えずに放置したままにしておきたいと思う。さて、これまでに叙述したこと——それは、さらなる詳論と一層詳細な裏付けをさし迫って必要としていようが——は、ヘーリンクを通して現われ出、そして今日でもなお影響力をもつ素朴な考え方に、終止符を打つということであったわけだが、それは十分になされただろう。ちなみに、その素朴な考え方とは、八つの一連のローマ数字は単に、「精神諸現象の展望」を打ち立てるにすぎないというものである。

(2)(a)　ところで、『現象学』の概観そのものにおいてもヘーゲルは、いましがた取り上げたような諸規定を［必ずしも］用いていない。ヘーゲルが用いるのは、存在あるいは自体存在、対他存在および対自存在、そして本質もしくは普遍的なものもしくは自体的かつ対自的存在である。[188] これらのものによって、緒言（Vorrede）において精神的なものの簡潔な定義（『現象学』二四頁）もまた特徴的な仕方でなされている。それらは、意識が自らの対象を知る諸形式なのである。もし、これらの諸形式から、目次の第二の区分［A、B、C……］が生じているということが明らかにされうるならば、この区分こそが［論理学的ではなく、まさに］現象学的な区分であるということが証示される。

論理的な諸形式が意識の諸形態として現われるということによって、この諸形式は［以上のような］意識の内容となり、意識における対立がこの諸形式に帰属することになる。この形式に基づいてまず展開されるのは、意識の対象の諸側面であり、この諸側面に帰属する運動である。したがって対象は、ひとつには、直接的な存在であり、このあり方は、直接的な意識［感性的確信］に対応する。またひとつには対象は、〈直接的な存在が他になること〉もしくは対他存在、および、対自存在であり、こうしたあり方が知覚に対応する。またひとつには対象は本質であり、このあり方は悟性に対応する（『現象学』五五〇頁）。これらのすべての規定において、意識は対象を自体として知る。しかしこの知は同時に、それが進展する過程で廃棄される。というのも意識は、自己自身を越え出る運動だからである。だからこそ、論理的な主要諸契機の進展規定――これによって、対象とそれについての知とが具体化する――はなお、同様に意識に内在するもう一つ別の視点、つまり、意識における対立の廃棄という視点から［意識内容の進展規定とは］区分されなければならないのである。［さらにこの視点から見るならば、］意識は、自我として自己自身のもとにあるという確信であり、また、自己自身のもとにあるということとの関係で［他方また］、他者に関わっているという相対立する確信でもある。そして意識は、精神そのものを開示するあり方をするものとして、この矛盾を廃棄する運動である。その際、第一の確信［――自己自身のものとにある――］と区別された第二の確信［――他者に関わっている――］の内容は、第一の確信において受容され、それによって第一の確信が真理へと高められる。このプロセスの諸局面は以下の通りである。（A）意識そのもの

［感性的確信・知覚・悟性］。それは、自らの対象を自体的に存在するものとして知る。内容の進展規定によって、対象は外的であるのと全く同様に内的なものとなる。（Ｂ）自己意識。自己意識にとっては、あらゆる内容がもっぱら自己意識に相対している。それ故に、自己意識が自己自身を犠牲にしないうちにすでに、内容が自己意識の他であることをやめるということはない［――つまり、自己意識が自己意識として存在している限り、内容は自己意識にとって常に他である――］。したがって自己意識は［自己自身を犠牲にすることによって］、対象を自らの対自存在［自分自身］として知る。もしくは、自らの対自存在［自分自身］は、対象において、自己意識にとって真なるものである。（Ｃ）両者の統一［理性］。ここにおいては、自己自身の確信にはもはや制限がなく、［自体的に存在する］対象の内容の知［Ａ］が同時に自己確信［Ｂ］である。この統一はそれ故に、意識の自体的かつ対自的存在［Ａ＋Ｂ］としての内容の知である。――意識が自らの対象を知る根本諸形式に関しては、この区分は完全である。それは精神を、自己廃棄して精神の概念となる現象として描き出す。精神が、自体的かつ対自的にあるがままに自らを展開してみせる精神の本来の学［論理学、自然哲学に続く「精神の学」の「現象学」］においては、いまやこのような［Ａ、Ｂ、Ｃの進展といった］ことは、より高次の規定への移行にとって決定的ではない。つまり、［精神の本来の学においては］自己意識がその客観との統一をなすということが、さしあたりどのように規定されるのか、単に形式的なものと規定されるのか、それとも、対象が「単に抽象的な仕方においてではなく、その具体的な本性のあらゆる側面から」私のものとなってしまうのだというように規定されるのかは、決定的ではない。実際に論述されるのは第一の場合［つまり、形式的なもの］なのだが、ここにおいて精神は、それが自らを理性と規定したことによって、現象としての自己自身をそもそも廃棄し、自らを、自己自身との関係においてのみ活動するものとなしてしまうのである。それ故に、精神の本来の学においては、現象学

は理性をもって終わる。けれども導入［一八〇七年の『現象学』］においてはそうではないのである。というのも導入においては、精神は次のように考察されるのだからである。すなわち、精神はどのように意識となっているのかというように、あるいは、意識は、その真理の諸契機の全体との関係でどのように立ち現われるのかというように。したがってここにおいては、対象がようやくただ抽象的な規定に従って、抽象的な仕方で私の対象として知られるのか、あるいはそうではない［現象学的具体的である］のかということは、どうでもよいことではないのである。導入としての『現象学』の方法が、こうした課題をどのようにして果たすことになるのだとしても、である。――この『現象学』の理念はいずれにしても、意識の導入的な考察を、意識が内化する運動と外化する運動と［すなわち、自己意識における両面の運動］の、単に抽象的であるにすぎないような統一でもって終了するということを許容しない。――これに対して概念の進行規定によるならば、到達されるのはこうした［抽象的な］統一のみなのである。したがってここ『現象学』においては、意識の運動の終結をそもそも浮き彫りにする理性が直接、新たな展開の第一の位置に引き下げられる。この位置においてかの統一は初めて、対象という点でも、対象を知る仕方という点でも、内容豊かな統一となる。(191) こうして逆説的な事態が明らかになる。すなわち、精神現象学という同一の分野が、いずれも必然的であるはずの二つの異なった叙述［「現象学」と『現象学』］において、単に相異なった分量となるというのではなく、相異なった区分となるに至るのである。しかもこの相異なった区分は、その内容に対して外的ではないのであり、そうである限りにおいて、同一の分野がこの相異なった区分となるに至っているのである。こうした事態は、事柄に存している二義性から説明されよう。すなわち、精神の現象は、それがそもそも何であるのかについての考察とともに、この現象そのものに対して何が自体的であるのかについて［――つまり、現象に対する本質について――］の考察の遂行を、可能にしなければならないのである。

ところで、意識が自らの対象と同一であることを知る仕方［理性］は、どのように区分されるのだろうか。［この問いには、こう答えられるべきである。すなわち、］それもまた、意識における対立を廃棄する仕方として、自体存在、対他存在および対自存在、そして、自体的かつ対自的存在という諸契機によって定義されていなければならない［、と］。けれどもそれは［さらに］次のようにでなければならない。すなわち、これらの諸契機はもはや、意識が対象を、総じて意識が対象に対して関係するというあり方で知る、そうした知り方を規定することはない。ここにおいてこれらの諸契機が規定するのは、意識が対象を、自らと同一であるというあり方で知るという、そういう知り方である。換言すれば、意識はただ、対象がそれ自体において意識の自体的かつ対自的であるということだけを知るのか、それとも、対象が、意識にとっておよび対象自身にとって意識の自体的かつ対自的であるということをも知るのか、また最後に、対象は自体的かつ対自的に意識の自体的かつ対自的であるということをも知るのか、ということを、かの諸契機は規定するのである。しかしヘーゲルは、――あまりにも情熱的に内容に沈潜した結果――この区分をそれほど明瞭に際だたせることをしなかった。けれどもその諸契機は、そのものとして個々の段階の冒頭で言及されるのであり、諸契機の主題性は、意味深くこの冒頭と関係づけられている。こうしてヘーゲルは、自体的かつ対自的な存在である直接的な意識を、理性を**もった**（『現象学』三一五頁）意識であると性格づける。この意識は、あらゆる実在性であるという確信をそれ自体**において**（『現象学』一七六頁第二段落）もっており、対象を、それ**自体**において理性的であると規定する、すなわち、対象を、自己と存在との統一というカテゴリーの価値［『現象学』三一五頁］から規定する。ただしその際対象は、意識に対してそうしたカテゴリーの価値をもってはいない。したがって、もし意識がこのカテゴリーを、対象に即して立証しようとするならば、意識はいつでもこのカテゴリーを逸する。そこでの意識と対象との同一性は、単に表面的な同一性であるにすぎない。そこで意識は［さらに自らを］展開するわけだが、その展開は、確信を真理に高め、「空虚な私の思念を満たすこと」（『現象学』一八二頁）である。だがこうした意識の実現は同時に、人倫的な実体において、個別的な自己としての意識自身が自らを喪失することである。そうであることによって人倫的な実体は人倫的な現実となるのである。

そのようなものとして精神は、意識の次の段階の対象である。同時に精神は、意識の主体でもある。(192) 精神は、「現実的な意識の自己であり、精神がこの自己に対して、あるいはむしろ、この自己が自己自身に対して、対象としての現実世界として相対するのである」（『現象学』三一四頁）。精神は、そのような意識として、単に理性をもつばかりではない。そうではなく精神は、理性**である**ところの理性そのものを見て取る。換言すれば精神は、次のような理性、すなわち、精神において現実的であり、精神の世界であるという、そういう理性を、見て取るのである。それ故に意識は、あるいはむしろ精神は、自らの対象をもはや単に、自体的に理性的なものとは解さず、知に対しておよび自己自身に対して、自体的かつ対自的に存在する［理性的な］ものと解する。こうした［精神章の展開は］現実の運動［であるわけだが、それ］は、［むろん］同時に知である。ただしこの知は、個別的な自己がこうした知としての自らを、さしあたり普遍的なもののうちに失ってしまっている、というそうした知である。したがって、目下の運動は、先行する運動に対立する運動である。すなわちそれは、精神の真理［人倫］から始まり、精神の確信を道徳的な自己意識［良心］において回復することへと至る。そして道徳的な自己意識は結局、——行為するものと非難するものとに分裂しつつ——あらゆる内容を「自らのうちで次第に消滅」（『現象学』四六三頁）させ、罪の告白と許しにおいて自らの対自存在［自己存在］を放棄するに至る。そうした自己意識の和解によって、絶対的精神に定在が与えられる。というのもこの和解は、絶対的に対立するもの――すなわち、普遍的な本質である自己自身の純粋知［普遍性についての知そのもの］と、絶対的に自己自身において存在する個別性である自己自身の純粋知［個別性についての知そのもの］と――が、自らを［他と］同一のものとして認識する、ということに存するからである（『現象学』四七一頁第二段落、五四七頁）。

この結果――すなわち、良心の自己廃棄としての結果ではなく、新たな意識の［一段高次の］段階の直接的な内容としての結果――が、宗教である。宗教においては絶対的な実在が自体的かつ対自的に現象している（『現象学』四七三頁）。それは精神的実在の自己意識である。なぜなら精神的実在は、自分自身の普遍性を放棄し、個別的な意識において自らを精神的な実在そのものとして認識しているからである。換言すれば、意識は、いまや絶対的である自らの内容を、自己自身と同一であると見て取るからであり、また、そうであることにおいて意識は、自己自身を放棄してしまい、もはや、自己と内容［絶対的実在］とが相対していて、そのことがこれら両者の活動の前提となっている、とは見なさないからである。いまや自己意識が絶対的内容にほかならないということによって、自己意識は、自己自身にとってあらゆる真理であり、また、あらゆる現実がこの自己意識のうちに含まれている。世界の全豊かさが、自己意識の統一のうちに保存されており、精神のものになっている。こうしてこの段階をもって、意識の区別を廃棄するという第二の運動［理性から宗教まで］が終結する。まずは表面的な同一性［理性］であり、次に、世界が現に存在するということにおいてなお前提をもっていた同一性［精神］が、いまや意識のすべての内容を貫徹する［宗教］。このようにして、この同一性の領域は完璧に区分されている。

けれどもここ［宗教］においても、知の進展に差し挟まれた目標、すなわち、概念と対象との完全な合致は、いまだ達成されていない。というのも、精神の直接的な自己意識――これが宗教である――においては、現実はただ［肯定的なものとして］「含まれている」にすぎず、同時に自己意識の否定的なものとして定立されてはいないからである。こうして確かに現実は、自己意識のうちで根絶され消失してはいない。宗教において自己自身を知る精神は、現実的なものを自己自身として意識の形式において表示する。すなわち精神は、現実的なものという形をとる自分自身を、自らの意識の対象とするのである（『現象学』四七五頁）。けれども、［ここにおいては依然］自己意識が［意識の形態をとって］自己を自ら現実へと開かないでいる限り、現実は**単に**、表象する意識が自らの実在（本質）を覆い隠す外見であるに**すぎない**。したがって意識の知は、自らにとって実在（本質）であるものに完全には合致しえない。現実的なものは、意識に対して実在（本質）を表現するにすぎず、したがってそれはまた、それ自身においても、意識とは異なるものでなければならない。こうして絶対精神の自己意識と、その現実的な定在とがいまなお自己意識のうちで媒介されていない限り、宗教は宗教的な意識にとって「定在と行為と衝動という一つの部分であり、それに対するもう一つの部分が、現実世界での生活なのである」（『現象学』四七五頁）。意識は同時にこの両者を包摂してはいない。意識が現実的なものという形態で知る自らの対象が、意識にとって同時に実在（本質）であり、また、意識の知がこの意識の実在（本質）と合致するということのためには、一方で、実在（本質）が現実となっていなければならず、また自己意識が、自己意識の否定的なものである現実において、自己自身に対している（対自的である）のでなければならない。他方、意識とその対象において、表象の形式が消え去っていなければならない。そうなって初めて、意識の真理は意識自身の確信という形態をとるのであり、知が真の知となるのである（『現象学』五五六頁、六七頁）。

宗教の展開は再び、精神が、自らの直接性から、自らがそれ自体において何であるかの知へと至る運動であるわけだが、この展開は確かに、「精神が自らの意識に対して現象する形態が、自らの本質に完全に等しい」(『現象学』四七七頁)ということへと至るはずである。こうした展開は、啓示宗教においてこの目的に達するわけだが、ここにおいて精神は、あらゆる現実を自己のうちに含んだ絶対的な精神として、現実的になり、また、自らの意識の対象となるのである。というのもこうした［絶対的精神としての］形態が精神そのものを表現するからである。そうである限り精神はここにおいては、「自己自身の確信のうちにあるのと同様に」(『現象学』四七九頁)――つまり、自らにとってあらゆる真理であり、あらゆる現実を包摂する自己意識であるという、精神の本質のうちにあるのと同様に――「自らにとって自らの真理のうちにも」存している。つまり、ここにおいて精神は、それが自らにとって、自らの意識にとっての対象であるという、そういうあり方において存しているのである。しかしそうであるからといって、先に要請された諸条件［一七〇頁における二つの根本条件］が満たされているわけではない。真理はここにおいては、ただ自体的にのみ確信に完全に等しいのであるにすぎない(『現象学』五五六頁第二段落)。つまり真理が、宗教的な意識そのものに対して現前しているわけではない。というのも宗教的意識は、自らの対象と直接的に一体化しているにもかかわらず、この対象を、自らの個別化された自己と異なったものと了解するからである。また真理が、それ自身に対して現前しているわけでもない。というのも、対象のもっている形態が、単に精神の本質を表現しているだけだからである。意識が自らの本質をただ表示しているだけである限り、かの諸条件は実現されえない。意識が宗教的な意識として以上のように定義されているのだから、『現象学』が終わりを告げるためには、さらにもう一段階が要請されなければならない。その段階においては、意識の完成が、宗教的な意識に対して宗教の側面として現われるような、そういう精神の側面に割り当てられるということはありえないのである。

公刊された『現象学』においてヘーゲルは、この段階に「絶対知」という表題を付し、それを、これまでに言及した、それに先立つ草稿断片〔一八〇頁に記載の断片Ⅳ〕におけるのと類似した仕方で、精神の世界における精神の成果を通して宗教の成果を完成することとして構成した。このことに応じて目次は、この段階を「DD」と記載している。けれどもこれに対して、これまでの〔上記草稿断片の〕解釈によるならば、区分はすでに、CC〔宗教〕の段階で再び完全な円環を巡ってしまった、ということが明らかになった〔――つまり、次の段階はすでに「学」である――〕のである。そうなるとこれまでの〔『現象学』の〕解釈は、挫折するかのように思われる。あるいは少なくともそれは、ヘーゲルが最終章〔『現象学』のDDと草稿断片のC〕に与えた位置づけが一貫性を欠いたものであるということが、テクストに即して明らかにされえないとすれば、少なくとも疑わしいのである。

(b)　さしあたり示唆しておくべきことは、『現象学』の終結もまた、再び自体、対自、および、自体かつ対自という諸形式の手を借りて可能となっているということである。それは別の仕方ではありえない。というのも、意識の本質という観点から考察するならば、精神が、自体的かつ対自的に存在する自己自らを知るということへと、精神をもたらすということが、実際『現象学』の目標だからである。[193] したがって、精神が宗教の末尾で、自らが自体的に存在する、もしくは、その絶対的な内容という観点から存在するという、そういう自己を知る限りにおいて、かの目標〔自体かつ対自〕に到達するために、精神がしかるべき対自存在へと至るもう一つの展開が必要とされる。この展開は、精神が自らの意識そのものを克服する、もしくは、自らの現実的な自己意識を、自らの意識の対象として獲得するということへと、立ち至る（『現象学』五四九頁）。このことが、かの要請された諸条件に対応する。この諸条件を満たすために、いまやヘーゲルは、すでに現われていた運動に着目するよう注意を喚起する。すなわち、第六章〔精神章〕の末尾で「我々」はこの運動についてこう理解しえた。それは、精神の本来の意識が認識するものとして振る舞う限りにおいて、そうした意識における精神の運動である、と。ヘーゲルが示そうとすることは、ひとつには、［i］次の限り——つまり、意識が、自らの運動において（A—C［意識〜理性］）展開され、かつ、この展開のなかに、意識の諸契機（I—III［感性的確信〜悟性］）の総体が存していた限り——、対象であるというあり方の真理が、意識の諸形態においてすでに明らかになっている、ということである。ここにおいては、かの意識の諸契機は、［理性に至るまでの］内容のさらなる規定を介して、対象それ自体をも精神的な本質となしているのである。(194) また続いてひとつには、［ii］次のことである。すなわち、意識が対象を、『現象学』の第二の局面（AA［理性］、BB［精神］）において、意識の根本諸規定［自体、対自、自体かつ対自］のひとつひとつに従って、自己として把握し、(195) それと同時に、この把握の最後の瞬間において、意識が先行する諸契機の精神的な統一となり、そうして最後に、和解における自我＝自我において、わずかに残されていた空虚な対立を廃棄した。そのことによって、対象は、意識に対しても精神的な本質となった。そうである限りにおいて、対象は、それがその間に獲得したすべての内容的な富を携えながら、直接的に普遍的な知である、個別的で現実的な自己のうちへと立ち返るのである。ヘーゲルが示そうとするもうひとつのこと［ii］とは、以上のことである。意識としての精神［AもしくはI、II、III］と、自己意識としての精神［BもしくはIV］とは、自己意識としての精神が現実的になり、現実的な意識対象としての精神が自己になった［C：AA、BB、CCもしくはV、VI、VII］ことによって、意識に対して宗教の末尾でようやく相互に調停されたわけだが、ここにおいて両者は、「我々」にとってはすでに相互に和解している。我々は、精神が両形態においてもっぱら**ひとつの**精神であるということを知っていた（『現象学』四七五頁）。そして同時にこの和解は、過去のものの表象と未来のものの希望という形式において、ただ意識の内容に即してのみ遂行されるというような、そのような現前しない和解なのではなく、個々の自己の行為に即したものだったのである。それは、対自存在の形式における和解であった。したがって、宗教で始まる展開の第二の局面［対自の局面］は、すでに現われてきてしまっており、それ故にもはや詳論は必要ないように思われる。

和解における両形式の統一ということについてまたヘーゲルが明らかにしようとすることは、この統一それ自体はかの［宗教の］段階ですでに生じていたということである。というのも、自己自身を確信する精神は［かつて］、美しい魂として対象を失った自らの自己意識のうちへと後退してしまっていたのだが、しかし、［宗教の段階で］自らを実現したのであり、行為する精神として自己意識の知であったからである。しかも、精神がここにおいてそうしたものであるのは、抽象的な自己意識としてではなく、自己意識であると同時に真なる対象であるこの純粋な自己意識としてである。こうした精神は、単にその対象を失った形式というあり方で自らを知るのではなかった。そうではなく、精神の現実的な自己意識は、自らにとって、自らの意識の対象であった。精神は自らにとって、もはや意識そのものという形式において――もしくは、表象という形式において――ではなく、自己という形式において、内容であった。そしてそうであるのは、行為の対立と和解において、意識の形式が自己の形式のうちへと自己廃棄されるということが経験されたということにおいてであった。したがって、［いまや］宗教の精神と、自らの世界における精神とが、同一の精神であるということを、「我々」が知ることによって、啓示宗教とそれに欠けている契機とが、完全になる。啓示宗教においては他のものを表象するという形式であったものが、ここにおいては自己自身の［自己把握という］行為なのである（『現象学』五五六頁）。こうして『現象学』の目標は達成されたように思われる。

しかし、以上のように素描された〈振り返り〉によって構成された形態をさらに詳細に規定した後でへーゲルは、この形態の定在はまずもって、想起され［詳細に規定され］た展開［〈振り返り〉］とは別の展開の成果であるということを詳細に論じる。したがって、この〈振り返り〉は同時に、［この別の展開にとっての］先取りでもあったように思われる。けれどもこの〈振り返り〉は、概観することを目的になされる他の考察のように、それ以後の展開の行程を前もって描き出しておくというのではなく、以後の展開の成果を、先行する諸成果の関連から、一見、新たに始まる展開やその出発点を考慮することなく、構成するのである。他方この〈振り返り〉は、概念把握一般（『現象学』五五七頁第二段落）を、概念把握する知（『現象学』五五六頁第二段落）の前段階として明らかにするということによって、新たな展開の出発点を定式化するのに貢献する。さて、通常『現象学』においてなされる手続きからするならば、ここで、宗教の歴史の結果が［連続的に］新たな段階の概念を明らかにしなければならないと、想定されることにもなろう。実際へーゲルが、内在的な進展から離れることなしに、こうした規則［手続き］から逃れることができるのかどうかは、疑問である。けれども［こうした点を考慮する際に］障害となるのは、〈振り返り〉そのものではない。振り返りは、すべての新しい段階の冒頭でなされるのが普通だし、先行するものの意味を一層深く掘り下げるものとして、不可欠である。というのも、「我々の」知の知は、まずは［前段階の総括として］展開されなければならないのだから。あるいは、現象知の学的な叙述は同時に単に、学の出現であり、学の境地の生成であるのだから。むしろ普通と違っているのは、〈振り返り〉が、絶対的宗教の運動によって「我々」に対して生成したものから現われてこずに、再びこの生成したもの［の生成のプロセス］へと導かれていくということである。つまりへーゲルは、本来展開しなければならない概念［――すなわち、絶対的宗教から生成したもの――］をまずは飛び越えて、この概念が実現された結果を別の仕方［――〈振り返り〉――］で構成した後になって初めて、この構成［〈振り返り〉］において統一されている諸要素を解消して、その概念を獲得している、ということなのである。こうしたことがどれほどのことであるのかということは、ここではふれずにおいておかざるをえない。［ただし、以下に見るように、この〈振り返り〉は、以下の「ＢＢＢ、概念把握」と密接に関わっていることは、念頭に置くべきだろう。］しかしいずれにしても、このような叙述がなされていることによって、終わり近くの諸部分の不格好さがあらわになっているということは、言えるだろう。実際そのことについてヘーゲル自身が言い訳をしていたわけである。(196) おそらくヘーゲルは終結を急ぐあまり、学についての断片に見られる『現象学』の以前の把捉に、影響されたのであろう。すなわち、この把捉においては、概念把握する認識の歴史は問題にならない。したがって、宗教に続く段階の説明で学の概念や学に帰属する知の概念にまで至らないという根拠は、どこにもなかった［――つまり宗教に続いて直接学が始まりえた――］。けれども、自己意識的精神の歴史を考慮したことによって、精神の完成が、精神の本来の意識そのものの諸形態においてすでになされていたのだということを［〈振り返り〉によって］示唆することが、それだけ一層さし迫ったものとなったのだろう。というのもいまや、自己意識的精神の歴史を終結するための条件は世界史の手の内にあるのだが、その条件がすでに満たされているということが示されなければならなかったからである。つまりそれ以前には精神は、自己意識的な精神として自らを完成することはできないのだから（『現象学』五五九頁第一段落）、である。［このように見るならば］一見障害となるもののように思われたことが、［むしろ］よく考えられた立論であるということが明らかになるだろう。すなわちこうした立論が用いられているということによって、なぜヘーゲルが『現象学』を結局、意識の学的な歴史であると定義するのかが、(197) 推し量られえよう。けれども、そうであったとしても、啓示宗教の内容を遂行する意識自らの運動に基づいて、意識が到達するに至った段階［――啓示宗教からの連続的帰結としての絶対知――］が、それ自体として考察され浮き彫りにされるよう、要求されなければならないだろう。

この要求が正当なものであるとするならば、『現象学』の最終部分に対して、「導入［序論（Einleitung）］」［末尾］についてのこれまでの解釈が証示するような区分が、明らかとなろう。というのも、宗教のすぐ後に続く段階は、「そのもの自体としてはまだ実体に到達してはいない、もしくは、そのもの自体においては絶対知ではない、概念把握一般」（『現象学』五五七頁）だからである。この概念把握においては、自体的かつ対自的に存在する精神が、意識と自己意識というこの精神の両契機の観点からなお区別されているのだが、こうした概念把握は、**対自的に**存在する知とよばれる。ここにおけるこの知とは、先にもはやいかなる叙述をも必要としないように思われた、宗教に対峙するかの段階［〈振り返り〉］である。こうした概念把握は、精神の自己意識なのである。それは、自己自身にとってもはや単に、表象する意識の対象なのではなく、宗教的な意識に相対することにおいて、同時に認識である。しかも「この認識にとっては、自体的に存在するものはただ、それが**自己にとっての存在**であり、また、**自己の**存在もしくは概念である限りにおいてのみ存在する」（同箇所）のだが、しかしこの認識の対象は、その規定性に関してさしあたり、実体およびその意識より貧弱なのである。けれども、こうした精神は一面で、自らの意識に対して、自らの本質の形態を獲得する――人倫の展開――間に、［他面、］自らの認識を、それが実体の全体を自らに基づいて産み出してしまうまでに、豊かにするのである。そうして初めて、次に、精神が、自体的かつ対自的にある自己自らを知る、絶対知が獲得される。こうして、宗教、概念把握一般および絶対知が、一緒になってひとつの［連続的な］領域を形作る。すなわちこの領域においては、自己意識的な精神が自らについての意識をもつ、そのもち方が、精神の諸契機［主体と対象］の総体を貫いているのである。人倫的精神から宗教への移行においては、自己意識が理性へと移行するに際して明らかになったこと、すなわち、意識における対立が、単に抽象的にではなく、一切の現実に即して廃棄されるということが、繰り返される。けれども［目下の段階で］明らかにされることは、自らを知の主体として際だたせたものが、意識として自己を対象としてもっているという、こうした形式が、いまだこの対象［対象としての自己］のあり方にはなっていない、ということである。それ故にここにおいて［宗教、概念把握一般に続く］第三の運動が始まる。すなわちこの運動においては、意識が、絶対的な内容［対象］との区別を、自らの知の形式に即して廃棄するのである。こうした第三の運動を表現するために、目次は次のような形態を獲得しなければならなかったであろう。すなわち、

（CC）（AAA）宗教

（BBB）概念把握

（CCC）絶対知

ヘーゲルは、概念把握の「現実の歴史」［BBB］を詳論するための時間をもはや見いだすことができなかったのである。したがって、ヘーゲルは叙述の基盤を正確に描いたにもかかわらず、このような形式についての論議を避けたということは、驚くに当たらないのである。

意識の二つの運動――終結する運動［「AAA」］と、新たに始まる運動［「BBB」］（この運動［BBB］において、先行する運動［AAA］の最終局面が定義される）と――の交差が、宗教に即して繰り返されるという事実は、［『現象学』の］目次が、これまでヘーゲル諸文献によって想定されたのよりもずっと意味深いものであるという、これまでになされた主張を確証する。しばしば、この著作の構想において亀裂が全面に出ていると見られた、まさにその箇所［――絶対知における〈振り返り〉の箇所――］において、ヘーゲルが、『現象学』全体にわたる区分の視点を、解釈者たちよりもずっと鋭く視野にとらえていたと

いうことが明らかになる。というのも、第一の運動［宗教］の終結は、さしあたり空虚で名付けられようもないままであるが、その区分は、それ以外のいかなるものでもない、まさにこの運動の原理のみから、結果した［――したがって、それはそれでひとつの独立の区分である――］のだからである。しかもその際、［この終結に］先立つもの［宗教］が精神の本来の学［『エンツュクロペディー』における精神哲学］とは違った仕方で考察されていた、ということが前提されている。これと同様のことが、同じくさしあたり無規定のままにとどまる、第二の運動［――『現象学』における〈振り返り〉・概念把握一般――］の終結に対して、つまり、絶対精神の自己意識に対して、言うことが許されるだろう。ただこの終結の性格およびまた必然的に更新された区分［第二の運動］は、もはや目次においてではなく、わずかにただ『現象学』のテクストに即してのみ裏付けられうる。「詳細に立ち入ること」が全体の概観を損なってしまった、とヘーゲル自身が告白しているが[198]、［実はここにおいて］『現象学』に対する一貫した内的体系性を否認する理由は、どこにもない。ここで明らかになったことは、『現象学』というこの著作を定義する統一的な視点に立つ、意識対立における次のような三重の廃棄である。すなわち、意識そのものにおける［自体的］廃棄［AAA］、意識の絶対的内容における［対自的］廃棄［BBB］、そして、意識がこの内容を知る形式における［自体的かつ対自的］廃棄［CCC］である。

(c)　これまでに論じ明らかにしてきた視点を配慮することによって、いままでヘーゲル解釈がほとんど手を付けてこなかった諸問題の解決が示唆される。すなわち、啓示宗教から概念把握への進展は、そのものとしてはもはや、いかなる振り返りも必要としないということである。つまりこの進展は、内在的なままなのであ［り、振り返りのように見えるものも、実は内在的な進展にほかならないのであ］る。［ここに］判明することは、次のような［三つの形態の］精神が、全く同一の絶対精神だ、ということである。すなわち、ひとつは［i］、宗教において自分自らの表象へと至る精神であり、またひとつは［ii］、概念把握において、自らの対象的な現実と自らの認識とを完成する精神である。次いで、またひとつには［iii］、絶対知において、こうした意識の知としての精神自身であり、また、こうした知が精神自身であるという確信――すなわち、導入［『現象学』］全体において本来問題となっていた確信――でもある精神である。このような**一つの**精神の展開は、ただわずかに、この精神の知にふさわしい形式を自分自身のうちから駆り立ててあらわにするということにのみ存している。そのような一つの精神とは、「精神全体」である。そしてヘーゲルは、「精神全体」について、最初にはっきりとこう書き留めている。すなわち、時間のうちにあるのはこの精神のみである、と。こうしたことから説明されることは、なぜ、宗教と概念把握とが一緒になって、**一つの**歴史的な進展をなしているのかということである。――それは、精神全体の諸形態が、順次的な系列をなして現われる（『現象学』四七六頁）という主張に対応しているのである。この精神は全体なのだから、この精神のあらかじめ現われ出た抽象的な諸契機の形態――これらの形態がただ、とりまとめられ総体とされさえすれば、それは、世界として定在する精神をなすことになるのだが――は、これらの諸形態に対応する、精神全体の諸局面と関わらなければならない。その結果［まずは］、理性の二つの形態、すなわち、自己疎外する精神という形態と、自己自身を確信する精神という形態とに、宗教章の冒頭で述べられるような仕方で、それらの歴史的な場所が定められるのである。このようにして世界史的に固定化された諸形態として、これら諸形態は、次のような主張に基盤を与えることができる。すなわち、精神は世界史として完成する。あるいは、精神は、それが対象的な定在［世界史］であることにおいて、意識の形式を脱ぎ捨てた、と。また明らかであることは、こうしたテーゼを証明するためには、世界精神の［現実の］諸形態に訴えかけなければならない、ということである。こうした諸形態を取りまとめた総体性が概念把握の世界をなすのである。［こうして］人倫的精神は宗教的精神の一面であるのだから、自己放棄する美しい魂自体においてすでに存在している知の本来的形式は、［それに先立つ一切の知の形式をともないつつ］自己意識的精神の運動［上記（CC）］のうちへと受容されうるのである。このことによってこそ、ヘーゲルが絶対知を説明する際に企て、先に謎に満ちており、それどころかまた不快の念をも抱かせ［障害ともな］るように思われた、〈振り返り〉が正当化される。この〈振り返り〉は「我々」に対して、精神が学へと形成される歴史が今ここで終わりを告げうるのだということを、証示してみせるのである。次に「現実の歴史」（『現象学』五五九頁）が最後に明らかにすることは、いまや自己意識的精神が――ヘーゲルのもとで――、その完成した対象的な現われ方という点からして、すでにそのように現われている、そうしたものとして自らを把握するということである。まさにこのことによって、次のことが意識に対して明らかになるのである。それは、学において精神が、自ら自己自身についての真の知をもつということである。ここに含意されていることは、本来の学への移行が叙述される段階で、意識が自らの道程を忘却してしまうに違いないということではない。そうではなく、意識が自らの知を、先行する概念把握の歴史の結果として了解しているのだ、ということである。というのも絶対知は、概念把握する意識の歴史的な完成なのだからである。しかもここにおいて絶対知は、それ自身においてなお、再び自らを越え出ていくことができるような歴史的運動である、ということはないのである。こうしてヘーゲルの建築術が明らかに示されてみると、最後には、ヘーゲルがなぜ次のように公言し、また、言うことができたのかということも納得のいくこととなろう。すなわちヘーゲルは、『現象学』を「意識自身が学へと形成される詳細な歴史」であると公言し（『現象学』六七頁）、その後でまた『現象学』について、それは自己形成する自己意識的な精神を考察するものである（『現象学』二六頁）と、言ったのである。

(3) 以上の成果をふまえれば、さしあたり無規則に見えた多様な区分を単純化することも、もはや困難ではない。『現象学』の後半を支配している区分原理に関して、クーノ・フィッシャーの陥った当惑も、除去されている。理性から始まる四つ組の構成は意味がないという、ヴァン・デア・メーレの主張も訂正される。ヴァン・デア・メーレがいかにして、宗教を有限な精神と対立するものととらえるに至ったのかということも、次の事実から説明される。すなわち、宗教から新たな運動が始まるが、この運動においてはさしあたり、先行するものはすべて〔宗教とは明確に〕区別されたものとなる、という事実である。〔先だって論述した事柄を〕簡潔に再述している〔一見〕ばらばらの区分〔AAAからCCC〕を〔連続的なものとして〕連関させるために、いくつかの本質的な視点が明らかとなった。依然残っているのは、一般に企てられるとともにローゼンクランツにおいて提示された区分〔(1)意識の概念(I—V〔感性的確信章から理性章まで〕)、(2)精神の概念(VI—VII〔精神章および宗教章〕)、(3)絶対精神の自己意識としての絶対知(VIII〔絶対知章〕)〕を、考察することである。

『エンツュクロペディー』の図式に対応しているこの区分は、ヘーゲルの予備学的意識論と、宗教についての講義のうちに見いだされる。この区分は誤ってはいないが、導入としての『現象学』を定義することはできない。というのも、そもそも『現象学』においてこの区分が生じてくるのは、意識が自らの対象を何**として**知るのかということにではなく、その都度対象とは何であるのかということに、着目される場合であるからである。すなわちこの区分は、内容の展開に関係しており、それ故に、精神の本来の学の構造と形式的に一致しているのである。けれども、意識の諸段階そのものは〔実質的には〕、対象の〔内容によってではなく、その〕論理的な進展規定によって規定されているのであり、それ故に意識は、意識のもつさまざまなその都度の対象によって、異なった性状のものとなるのである。したがって、この〔ローゼンクランツの〕区分もまずは確かに、現象学的な区分と一致する。すなわち、現象学的な区分においては、内容の展開が問題なのではなくて、意識に対する内容の関係の廃棄が問題なのである。だがこの区分も〔「精神」以後は〕、現象学的な区分から離れ、意識の内在的な考察にとっては外的になり、そこにおいては意識は、意識の運動そのものには帰属しない内容〔に関わるもの〕となる。けれども、さまざまな対象を明確に区別するということは、その都度新たな意味において繰り返される諸形式——つまり、意識が対象を知る際の諸形式——を把握するよりは、本質的に容易である。それ故にこの区分は、現象学の素材を概観するという予備学的な目的には、非常に適しているのである。〔そうであるからこそ〕ヘーゲルはこの区分を、ただ予備学と、そして宗教哲学とにおいて、自体的かつ対自的な精神の展開に関してのみ用いたわけだが、このことは、ヘーゲルがいかに明瞭に、現象学固有の課題を意識していたかということを物語っている。もっともヘーゲルは第六（Ⅵ）章〔精神章〕以降、意識の経験ということを言うにしても、これを際だたせることはほとんどしない。真理と確信との関係にもヘーゲルは、ただわずかに章の冒頭で引き合いに出しただけである。けれどもその咎は確かに単に、ヘーゲル自身が認めているような、諸形態の不十分な「基礎研究」にあるわけではない。そうではなく少なくとも、次のことが問題である。すなわち、〔意識の経験という〕かの概念の後退は部分的に、内容の具体化と、それと結びついた方法の変容とによって、正当化されないのかどうか、と。『現象学』の構造を再構成しようとするが、この二つのこと〔すなわち、ヘーゲル自身が認めているような不十分な「基礎研究」と、内容の具体化と方法の変容と〕を区別しない解釈は、この著作の後半〔——精神章以降——〕において、意識内容の区分に発する抗しがたい吸引力のなかに落ち込〔んで、そこから這い出せない〕ことになる。『現象学』の構想は、その起草の経過の中で、こなごなに砕けたに違いないという主張の大部分は、この断絶〔——内容の具体化と方法の変容による、精神章以降の特有化――］のせいなのである。

結局ローゼンクランツの区分は、「導入［序論（Einleitung）］」の最後で述べられた［限りでの］区分において再認することができる。というのも、これまでの議論から明らかになったことは、現象が本質と等しくなる点ということで考えられうるのは、ただ精神だけだからである。ヘーゲルの強調からあらわになると言ってもよいことは、精神は、元々の構成においては、意識と自己意識に対する第三のものとして考察された、ということである。けれども「導入［序論（Einleitung）］」の最後は、『現象学』の方法についての暫定的な想起を締めくくるものなのだから、ありうることはまた、かの［現象が本質と等しくなる］点を際だたせるということが、もっぱら［この方法の想起を締めくくるということ、］このことを考慮することによってなされているということである。そうであるからこそまさに、意識の叙述が、「精神の本来の学のまさにこの［現象と本質とが等しくなる］点と一体化する」と言われているのである。このことによって、『現象学』のこの部分が、精神の本来の学に対してどういう関係となるのかということは、ここでは論究できない。またいずれにしても、意識がその本質と等しくなるのだとするならば、『現象学』の方法が［意識が本質と等しくなる精神以降は］修正されなければならないということは、明らかである。というのも、『現象学』の方法は、その対象に適合しなければならず、したがって、対象の現実の展開に従わなければならないからである。だからこそここにおいては、区分の視点は、意識にとって真なるものは何なのかではないし、意識の対象が何なのかでもない。そうではなくそれは、意識そのものがその本質に対する関係において何であるのか、ということである。というのも意識は、その真の現実在に向けて、自らを駆り立てていくのだからである。しかしそれでは、意識における対立が自らを廃棄するということを叙述する方法が、廃棄そのものとは異なった局面［――つまり、精神以後の面――］をもつことになるということは、どのように理解されるべきなのだろうか。ここにおいては、ひとつの問題が生じてきている。それは、『現象学』の方法の論究との関連でのみ論じられうる問題である。

成果とさらなる諸問題

『エンツュクロペディー』の諸テクストを補いつつ、また一八〇七年の『現象学』を分析することによって明らかになったことは、『現象学』が単に予備学であると、あるいはまた、単に学への歴史的な移行であると把握されてはならないということである。そうではなくそれは——意識が、普遍的精神の形成の歴史の最後に自己を理解する仕方に関してなされる——意識に対する学の正当化なのである。それ故にこの分析はまた、『現象学』が全体として、その体系構想に基づいて確かに組織されているにもかかわらず、『現象学』そのものの体系構想にのみ限定されえないし、また、意識の形式的なものにも限定されえない。その限りにおいて一八〇七年の『現象学』は、ヘーゲルが一八一七／二七年にそれについてなした簡単な性格付け［『ハイデルベルク・エンツュクロペディー』第三六節、『エンツュクロペディー』第二五節］と一致する。また、ヘーゲルが『現象学』を、いかなる範囲で意識の学的な歴史であるとよびうるのかも、理解しうることとなろう。(199) そして、『現象学』において意識の叙述は、意識の歴史の叙述と統一されるのだが、この統一もまた、示唆されるのである。

しかしヘーゲルは『現象学』を当初、体系の第一部と規定したのに対して、後にはもはやそうは見なさなかった。けれどもヘーゲルが『現象学』にいまや［あらたに］与えた意味は、『現象学』がただわずかに、主観的精神の哲学の一項であるにすぎないとか、何らかの別の体系項であるとかと、時に言われることのあるようなものではなかった。そしてまた、『現象学』とは、ただわずかに体系への予備学であるにすぎないとか、体系に対する史的生成的な前段階であるとかと、時に言われるようなものでもない。そうではなく『現象学』は、肯定的な学全体から取り出された、肯定的学の「先立ち」という、特有の位置を獲得したのである。またその際、『現象学』が以前第一部と見なされていた、その意味が、制限され、解釈し直されたのである。

(1) ここに連なりうるのが次の問いである。すなわち、『現象学』はこのように解釈し直されることによって、遂行しやすくなるのか、それとも、しにくくなるのか、と。この問いはこの上なく密接に、先に投げかけた問い[200]——すなわち、学の現象学的な正当化は、学に必然的に先行するべきなのか、そうでないのかという問い——と関連する。当初の体系構想によるならば、『現象学』は〔本来〕単に内容的に、意識によって学の概念を産み出すものとしてのみ規定されているのではない。それは同時に形式的に、学が遂行される媒体の生成として規定されているのである。したがって、『現象学』においてまずもって、見通しの利くものとされなければならなかったのは、「我々」が考察する意識のみではなく、「我々」自身である主観的な認識でもあろう。もとより、諸形式の真の連関は学そのものが明らかにしなければならない。けれども、生成する知を叙述するために、そうした諸形式が〔すでに〕知られているということは、前提することができただろう。しかし、それらの形式をそれら自体から体系的に展開するということは、いまだ前提することができなかっただろう。こうした〔自己展開する諸形式の真の連関という〕理念が、かつて〔『現象学』において完全に〕遂行可能であると見通されたのか、あるいは、その後暗黙のうちに、すでに存在している論理学と実在哲学とに基づく構成が、この〔『現象学』における〕理念〔の遂行〕の代わりとなったのではないのかということは、ヘーゲルのイェーナ哲学全体の方法分析によってのみ、決することができるだろう。そしてその際おそらく明らかになるであろうことは、『現象学』は後に解釈し直される

［――学の第一部とは見なされなくなった――］ことによって、遂行しにくくなるというよりもむしろ、遂行しやすくなる、ということだろう。というのも、この理念を開示するということに基づいて、『現象学』の体系性を展開する際にこの解釈のし直しをするならば、何も障害は存さないことになるからである。これに対して一八〇七年の著作は、体系におけるその［第一部であるという］位置によって、次のような外観を呈している。すなわち、それ自身が自らの展開の原理となっている学［『現象学』］が、すでに存している［学］自らの現実在の［歴史的］諸条件に加えて、なお欠けている最後の条件――つまり、時代の哲学的な意識における学の媒体の生成――を、この著作において産み出すかのような外観である。したがってこの導入［『現象学』］はここにおいては単に、学の伝達と承認の条件なのではなく、学の現実在の条件である。――ただしその際学は自らに対して、こうした自らの遂行［伝達、承認および現実在］の条件を有限な精神において、自ら作り出すのである。それ故に、学は人倫的行為と類似したものとなる。すなわち人倫的行為の絶対性は同様に、ただそれが現実を現実の要求に従って変えることによってのみ、現に実在するのである。それ故に、導入［『現象学』］においてなされる概念［学の諸形式］の提示ということにとっては、［解釈のし直し］後の把握形態においてはもはや立てられない新たな諸問題が現われる。もっともこうした諸問題は、［後においては］ただ無視されるだけなのか、あるいは、実際に回避されるのかということは、また別の問題である。

(2)(a)　ここではもはや『現象学』の方法について特に考察するということはしないが、この方法に関して、建築術の分析から推論されうることはただ、次のことのみである。すなわち、学に加わる意識の内容が、その展開のあらゆる段階において有機化された統一を表わしていなければならないということである。そしてここにおいてこの［有機的な］統一の最も内的なものは、さらに最も外的なものを規定し、この外的なものがそれ自体において廃棄されるものであることを証示するのである。こうした最も内的なものこそが、**論理的な形式**、すなわち、「主観においても客観においても活動している概念の力」(201)であり、これが導入の進展を統括し、導入を方法的に規定された全体となすのである（『現象学』三一頁第二段落）。しかしこの論理的な形式は、「単に」論理的な知へと至るのではなく、精神の最高の立場へと達するのである。したがってこの形式は、導入の道筋を、直接的にではなく、**精神**の領域におけるこの形式の実現を媒介として、規定する。つまりこの形式は導入の道筋を、精神の自己知の諸形式を媒介として規定するのであり、この諸形式において非学的な意識が、この諸形式そのものを理解することなく、自己理解をするのである。こうした諸形式こそが、［導入の］遂行の仕方を決定している。この遂行の仕方において、個人は、思弁的な知と対立する――もしくは、対立する自らを知る――のであり、また、それ故に個人は、こうした仕方で遂行される導入を必要とするのである。したがってこれらの諸形式はまた、導入を必要とする知が、知の純粋な概念を獲得するために走破しなければならない道程の、諸段階を形づくる。けれどもまたこれらの諸形式は、自然的意識の具体性に比すれば、まだ抽象的な諸形式である。というのも自然的な意識は、歴史的に規定されたものであるが、かの諸形式は知の諸形式一般だからである。これらの諸形式のそれぞれにおいて個人は、自らの実体を知る。そして、これらの諸形式のそれぞれにおいて個人は、このそれぞれにおいて自らの実体を概念把握していないということを洞察しなければならない。こうした洞察の根底にこそ、普遍的な自己意識的精神の歴史的な洞察が、つまり、**この精神の**学への形成［過程］が、存している。したがって、導入の次の契機［歴史的な洞察］――それは、概念によって規定され、精神の自己知のそれぞれの段階に組み込まれる――は、知のその都度の**伝統的な形態**であり、いわば、学が生成するための前提である。すなわち学は、まずは単に、抽象的な諸要素に還元され覆い隠された形式でのみ現われうる［理性章］。しかし次に学は、学そのものとして歴史的な意識の内容を決定しなければならない［精神章まで］。だが最後になお、自らの実体を知る**意識の**具体的な**形態**は、この内容とは異なっている。この形態［宗教から絶対知まで］のうちに、これ以前に位置づいているあらゆる契機が包摂されている。これらの契機は、意識の実体をなすものであり、この実体によって意識は、自らが規定されてあることの連関を見通しえないまま、規定されているのである。以上の諸形態が一緒になって、非学的な意識を具体化するのだが、こうした諸形態の一連の順次的な継起が、学へと到達するために個人が走破しなければならない「道程」を形成する。これら諸形態のそれぞれにおいて意識は、このそれぞれに固有な概念の助けを借りて、この諸形態のそれぞれは、いかなる真理をももっていないのだということを、得心しなければならないのである。

これまでに言及した諸契機の連関から、導入の**手続き**について次のことが明らかになる。すなわち、導入そのものが学であるべきなのだから、その方法は絶対的方法でなければならない、ということである。つまり、自らの実体を知る精神である、この者としての自我が、さしあたりいわば自己遂行の盲目的な明証性［――自らの行なうことが絶対的に正しいことは明らかであると盲目的に信じること――］に基づいて、この精神の体系性についていくことができるのか、できないのかという先に提起した問い［が、確かに存している。しかしこの問い］には関係なく、非学的な意識が乗り越えていかなければならない意識の諸形態がどのようなものであるのかということは、もっぱら概念が決めなければならないのである。概念がこれらの諸形態の最も内的なものであり、それらの原理をなすのだから、これらの諸形態は、学の体系性に即応しつつ［――つまり、概念に基づいて――］順次生起しなければならない［ローマ数字（I、II、III……）の区分］。逆に学の諸要素は、これらの諸形態において、これらの諸形態の［現象］学的な秩序に従って現われ出なければならない［アルファベット（A、B、C……）の区分］。しかしこれらの諸形態は、有限な知における学の諸前提なのであり、意識の諸形態としての諸契機なのであるから、それらは、それぞれの形態において、先取りされた全体性——これはまだ、諸形態の体系そのものではない——のうちに、位置づけられなければならない。したがってそれら諸形態は、学的な秩序［I、II、III……］において順次**生起**しなければならないが、しかし、学に先立つ秩序［A、B、C……］において**全体**を、つまり、その都度の契機の規定性における全体を、［実際の展開を通して］形づくらなければならないのである。

学の方法とか、学の諸前提の学的な秩序に関わる洞察とかを、非学的な意識に要求することはできないので、この両者は「意識の背後に」存していなければならない[202]。確かに非学的な意識も、自らが歩まなければならない自らの道程の終点で、この道程を振り返り、何が起こっていたのかを概念把握することができる。けれども、意識がこの道程のうちにある限りは、その進展は、意識がその本質を概念把握することのない何かが、意識に**生じている**という性格をもっている。こうした意識の学への接近が、「**経験**」という性格をもつ。というのも経験とはヘーゲルにとって単に、「内容が**自体的**つまり実体であり［——それ自体で存しており——］、したがって［そうしたものとして］**意識**の**対象**である[203]」ということ——これは、現象学が意識の経験の学であるという際の最も一般的な意味である——を意味するだけではない。そうではなくそれはまた、一層規定されたことをも意味する。すなわち、意識は、そのうちで概念が活動している限り、その知においても、また、その対象においても、運動を「遂行」しているということである。ただし意識は、この運動の本性を概念把握しないし、それ故に、この運動は意識にとって新たな対象をただ「**発生**」させるだけである。意識はこのような対象に関してもまた、学［的運動を、非学的にであれ、遂行しているもの］である限り、自らを変化させるのである[204]。けれども他方で非学的な意識は、学への道程を踏破する限り、自分自身が［実は］活動的であるのだと**思いなす**ことができる。意識は、こうした学へと接近する歩みを、その都度［実は］意のままにな［りう］る真理の基準を洞察することによって、行なわなければならない。――たとえ意識は、少なくとも最初は、懐疑的な歩みを行ない、想起することにおいて初めて、個々の段階の連関を把握するのだとしても。ただしその際意識は、それぞれの段階で、ただ概念のみによって、思いなされた真理を越え出ていくように促されてはならない。そうではなく意識はまた自ら、自分の不完全な知に対応する不完全な方法を、すなわち、暫定的な方法意識を、もたなければならない。意識そのものはこの暫定的な方法意識の助けを借りて前進するのであり、また、この方法意識が意識とともに前進するのである。

したがって、学への道程を走破する懐疑的な意識と、「我々の」認識する意識との両者に対して、全く同一の働きを要求しうるということが、想定されてはならない。そうだとするならば、導入の立論は、いわば二重の基盤をもっていることになる。すなわち、［i］導入が概念の運動以外の何ものでもない限り、それは学的な性格をもつ。導入がそのような性格のものであることによって、非学的な意識の知の行なう進展は、経験を「する」者の受動態という意味での経験[205]として規定される。また［ii］導入が、概念を「一見完全な非依存性へと[206]」［――つまり、一見意識には全く依存しない存在である対象へと――］解放するものであり、非学的な意識によってもっぱらこの見かけ［非依存的な対象］の側面からのみ解される限り、それは前学的である[207]。こうした側面からすると［導入の］進展は、〈現場にいる〉という意味での、つまり、経験を「行なう」者が自ら納得するという意味での、経験として規定される。したがって第一の側面からすれば、概念によって規定されたものである導入の体系性［I、II、III……］は、第二の側面からすれば、非学的な意識に対して、踏破したものにかかわる**明証性**［――踏破したものが何であったのかを明瞭に捉えるという性格――］をもつ［A、B、C……］。この第二の側面からしてまた、こうも言われなければならない。意識は自己自身を「吟味する」、しかもそれは意識自身の基準によってなされる、と。[208]しかし、意識が企てているように見えるこの吟味も、本当は、意識が「耐え抜く」［受け身の］吟味なのであり、この吟味のうちに、意識［の主体性］が存しているわけではないのである。

(b) 導入についての最も骨の折れる**問題**は、その方法のもつこの二重の視点である。この二つの方法的な要求の違いにもかかわらず、統一が実現されうるとするならば、ヘーゲル哲学そのものに基づいて、ヘーゲル哲学への**導入**が存在することになる。この導入はまた同時にヘーゲル哲学への現実的［一般的］な**接近**でもある。つまりそれは、学を前提とせず学へと導くのである。そのような［学への］接近を、非学的な意識は承認し［受容し］なければならない。というのもこの接近は、学がこれに関して行なう諸要求について気遣うようにと、意識に対して強要することをせず、意識自身の自立への要求を満たすからである（『現象学』二五頁）。

このような方法的な［二重］構造をもった導入の理念が、ヘーゲル哲学内部で実現されうるのかどうかを決定するためには、ヘーゲルの思弁的な思考を、その現象という側面から正確に分析することが必要である。もっともヘーゲルは、こうした現象についてはは自らの体系の概要を示す最後のところで、わずかに一般的に述べているだけで、学的な認識についてのあちこちに散在している導入的なコメントの総計を、現にそこにとりまとめるということもしなかった。しかし、方法における現象の内容的で主観的な性格をこのように［とりまとめて］探求するということが、ヘーゲル解釈上必要とされる最も重要なことのひとつだろう。導入問題に関しては、こうした探求によってとりわけ、次のことが確証されなければならないだろう。すなわち、ひとつの論理的な形式の領域がその内部で、その次の論理的な形式の領域へと、非思弁的、非学的に進展することは許容されるのか、あるいは、それどころかその上要求されるのかどうか、ということである。ヘーゲル自身の「**現実的な**思弁的なもの」（『現象学』五三頁）に関する言表や、また、次のような言表、すなわち、「**表象から概念へ**と、そしてまた**概念から表象へ**と越え出ていくこと一般――学的な瞑想のうちに存している行ったり来たり。そして、そのことがまた学的な叙述においても至る所で語られ、……要求される」[209]という言表は、論理学の端緒を体系の末尾から解釈するという当然の試みと同様に、この［現象分析による『現象学』の論理的進展の探求という］方向を示唆しているのである。

ヘーゲルの論理学的な思弁そのものは今日、評判がよいとは言えないが、こうした不評に直面して［実際］、有限な思考の自己意識を、ヘーゲルの絶対的な方法の思想［論理学］と和解させたいという希望は、大部分の哲学的な労苦には疎遠なものにとどまっている［――つまり、ほとんどのヘーゲル研究者たちがこの希望を果たそうとはしない――］と言ってよいだろう。けれどもこの希望は、導入の理念においては、ほかならぬ、現象学的な哲学と証明的な哲学との統一［つまり、希望の実現］へと向かっていよう。いずれにしてもヘーゲルを理解しようとする試みにとっては、［ヘーゲル哲学に対する漠然とした］不信感を、この『現象学』と論理学との統一についての］不信感へと置き移し、この導入の可能性を弁護する［――つまり、この統一を果たす――ために］すべてのことを確かめ［検討す］るのが得策である。ヘーゲル自身が、疑う余地なく、この可能性を確信している。すなわちそれは、「そうした学のうちへと入る」ということがそもそも、次のことのうちに見ている。すなわちそれは、公理的に構築された有限な諸学の本質的な欠陥を、その研究に際しての主要な困難のひとつだ、ということである。「この学のうちへは、ただ、諸前提を盲目的に受け入れるということによってのみ、入ることができるのである……」[210]。――ヘーゲルは、有限な学においては［本質的な］欠陥であると考えられるこうしたことを、哲学的な学において長所と見なそうとする［――つまり、こうした欠陥を除去するものとしての哲学（導入）を構築しようとする――］。そうしたヘーゲルをそれほど筋の通らないものとは見なそうとしないのならば、次のことが想定されなければならないだろう。すなわち、概念把握する思考がなぜ、**自らのもとに存在し**つつ［I、II、III……、方法二］、同時に、自らを自然的な意識へと、つまり自らの内容と自らの形式との偶然性へと、**解き放つ**ことができるのか［A、B、C……、方法二］ということを、ヘーゲルはすでに根拠づけたと確信していたのだ、と。(211) そしてこのことだけではなく、ヘーゲルはまた、導入の可能性にとって、次のような同様に重要なことをも、すでに根拠づけたと確信していたのだ、と。それは、偶然的な思いや思いなしのうちで失われた概念が、なぜ、この思いや思いなしから再生されうるのかということである。そして、ヘーゲルの様相論理が、こうした確信のための正当な根拠を与えていないかどうか、という問いが提起されるべきだろう。というのも、この論理においては次のことが明らかにされているからである。すなわち、絶対的に必然的なものそのものは、なお偶然的なものの偶然的な多様性を必要としている。それはこの多様性を必然的に含んでいる。しかし、それは、この多様性に依存することにはならない。なぜならそれは、この多様性そのものを、自らの偶然的な条件とするからなのである。この必然性はまさに、任意の偶然的なもののどれからも生じるということに存している。(212) このことは絶対知に適用されるとするならば、次のことを意味しよう。すなわち、絶対知は任意の自然的な知のどれからも自らのうちへと立ち返るということ、そしてそれは、こうした顧み（返り見）において初めて自由であり概念である、(213) ということである。

(c) このような指摘をしたからといって、問題が解決したわけではないということは明らかである。問題が決して十分に立てられているわけではない。『現象学』においては実際、二重の仕方で立論がなされているということを前提とするならば、とりわけその立論特有の性格が、非学的な基盤のもとで証明されるべきであり、また、当の［二重の］性格が可能なものであると証示されるべきだろう。だがヘーゲルは、こうした非学的な基盤のもとで、端的にレトリカルな方法――説き伏せとショック――を避け、これとは別の方法を操ることができるのだろうか。ただやはり、こうしたレトリカルな方法を避けつつもヘーゲルは、『論理学』第二版においてはっきりと次のように認めている。すなわち、反省やその理屈付けのあらゆる言い回しや思いつきをいわばつかみ取って、それらが自己矛盾を覆い隠すための脇道や逸脱を、それらから奪い取り、それを不可能にしてしまおうとすることは、無駄な骨折りである［――レトリクは完全には避けられない――］、と。学を非学的な意識へと差し向けて、非学的な意識に対して、同じような振る舞い［脇道や逸脱］を不可能に［し、学的な進展を可能に］することは、何によってなされうるのだろうか。[214]［それは、自己遂行の明証ということによるのだろうか。すなわち、］意識が自分自身の尺度に従って企てるという吟味［『現象学』の展開論理であるいわゆる意識の自己吟味］は、本来の説得力を、およそ論証から得るのではなく、自己遂行の明証［――自ら行なっていることが明らかに正しいと自ら納得すること――］から得ている［ということになる］のだろうか。また、この自己遂行の明証にとっては、言い回しも論証もただ、この明証を指し示す機能をもっているだけ［ということ］なのだろうか。もしそうだとするならば、言い回しや論証が示唆する洞察とは、そもそも言い回しや論証によって明らかにな［りう］る洞察なのではなく、単にそれぞれの個々人によって、いわばその個々人に提案される思考実験［意識の自己吟味］の助けを借りて、拾い集められた［二次的な］洞察であるにすぎない。したがって『現象学』の学的な側面は、ある意味でフィヒテの知識学が従う手続き［意識（自我）のあり方の自己展開］に対応することとなろう。けれども意識は、［ハイデガー的に表現すれば、］自らの内容のもとへと頽落している自らの最も外的な働きに基づいて、自らを検討する［自己吟味する］のである限り、この側面はまた、現代の現象学的解釈学と、いくつかの共通点をもつことになろう。そうである限り『現象学』は、意識生活に対して、その有限な自己理解に基づいて、意識生活そのもの［の何であるのか］を告げ知らせるという、最初の試みだと言えよう。ただし、このような今日ではあまりにも当然となった解釈に対しては、こう言われるべきだろう。すなわち、［現象学的］解釈学的な観点は、『現象学』においては実りが少なすぎる、と。それどころか、考察される意識の諸形式の立場で真理を探究しつつも、これらの形式とは異なる［あり方をする］意識［すなわち、「我々」もしくは、言うならば、解釈学的意識］は、それぞれの段階においては決してそれ自体として論及されてはいないのである。しかしこうしたことのみではない。かの［現象学的解釈学的観点からの］解釈に対してもまた、容易に主張されうることは、『現象学』においては懐疑論的な観点があるということである。というのもこの観点は、もっぱら『現象学』に特有のものでありうるからである。すなわち『現象学』は、首尾よく規定された概念を論証の根拠として前提し、その後でそれを破壊するのである。

このようにして、『現象学』から論証的な性格を奪い取らないのだとすると、今度はさらに次のような問いが提起される。すなわち、非学的な立論は学的な立論からあくまでも区別されなければならないのだが、これらの立論が錯綜することはないのか、と。(215)『現象学』のどこかに、具体的に適用して検証すれば分かることだが、実際困難であるのは、弁証法的な運動がいかにして説得的であるのか、ということを洞察することとである。確かに――学の開示ということに基づいてであるにせよ、諸形式を歴史的に熟知しているということによってであるにせよ――「我々」にとっては概念の意味が明らかであるが、そのような「我々」にとっては明らかな」概念の意味、および、そうした諸概念の思弁的な考察を、［「我々」にとってと同様の仕方で、つまり、明らかなものとして］要求することが、一般に許されていないのだとするならば、この洞察はまさに困難なのである。――けれども他面、思弁的な［「我々」の学的な］考察と非思弁的な

［非学的な一般の］考察とが実際まさに入り交じっているということは、それでなくとも問題的であるにちがいない『現象学』を、それほど問題的ではないように見せるということに役立っている。というのも、ヘーゲル自身が『現象学』にこだわるのは、ヘーゲルがこう指摘することにおいてであったからである（『現象学』五三頁）。すなわち、命題の形式の廃棄、概念の自己自身への還帰が、叙述されなければならない、なぜなら、こうした運動のみが現実的な思弁的なものなのだから、と。［つまり、単に学的・思弁的な考察が展開されている論理学よりも、それが非思弁的・非学的な考察と一緒になっているほうが、自然で分かりやすいように見える、と。］しかし思弁的な命題の諸問題から離れたとしても、叙述――それがたとえどのような範囲に伝えられうるにせよ――は、**一つの**間主観性の［いわば総合的な］統一のうちで遂行されなければならないというようには、要求されなければならないだろう。したがって、二重の立論の基盤についてのさしあたりの発言［――二重の立論が区別されなければならない、という発言――］は、この統一を考慮して修正されなければならない。しかし［翻って］、了解のこうした統一というものは、［それでは一体］どのように考えることができるのだろうか。いまだ学の立場の真理を得心していない意識が、全く明確な、したがって秘教的ではない姿で現われてくる学（『現象学』一七頁）［『現象学』］に、試しに関わって、どれだけ学とつきあえるのかを試みる、という［通常考えられている］こととは何か別のことを、この統一ということで考えることができるのだろうか。導入は純粋思考への決心を動機づけるとされるが、この統一によって、この動機づけの厳密さが失われる、ということにはならないのだろうか。［他方］もしも論理学の端緒が、恣意的なものでも、また、恣意的に見えるものでもないと主張されるのだとするならば、導入は［かの決心を動機づけるものとして］機能しなければならないのではないだろうか(216)。

『現象学』を、次のような学問分野であると考えるとするならば――すなわちそれは、意識を否応なく学にまで連れていくのだが、しかしその際意識は、学そのものである『現象学』を共に遂行するというわけでもなく、またそれどころか意識は、本質的な部分で肯定的な学そのものを［自ら］遂行したのでなければならないということもないという、そういう学問分野であると考えるとするならば――、それによって［上述の］困難な問題が生じることになる。しかしまた、それによって容易に促されるのは、『現象学』を先に提案した[217]［――『現象学』は「学の先立ち」である――］のとは別の選択可能性にしたがって解釈するということである。すなわち、純粋思考をしようとする決心が、教養形成の歴史的局面において直接的に可能である限り、この決心を導入が動機づける必要はないのである。非学的な意識に対して学が真理であることを証明するには、学がこの決心を正当化すれば十分である。したがって、［『現象学』はいわば「学の後追い」として次のようなものであることになろう。すなわち、］学に対してなされる主観的な認識が、まずは一旦肯定的な学を修了し、その後で、――自ら背後に押しやってしまったが、なお記憶のうちに保持している――自らの非学的な諸見解は、学に対しては主張されえないのだということを、『現象学』が主観的な認識に提供する叙述を通して、この認識自身が得心しうる、というわけである。これまでに言及された諸々の困難の故に、これ［――こうした『現象学』の位置づけ――］が、いずれにしても『現象学』を現実のものとしうる唯一のあり方であると、推測されることになるのかも知れない。ヘーゲルは実際また、こうした可能性と齟齬を来すようなことは全くやっていない。というのも、ゲッシェルが次のように要求したときに、ヘーゲルはそれに同意しているからである。すなわち、「体系は、自らが体系であることを表明しなければならない。しかも体系は、自らの外に出て、この自らの最後の抽象［非学的な意識］を克服し、自らが愛であることを表明することによって、この体系であることの表明をなさなければならない。というのも体系は、体系の側としては、まさに自らに対立してくる契機に**抗するのではなく、**自らをその契機のうちへと**置き移す**のだから、である」(218)、と。しかしながらヘーゲルは、このことが、体系外でなされる「と見なされうる学問分野、具体的には『現象学』の」唯一の「了解」可能性であると考えるというところまでは、決して行ってしまおうとはしなかった。というのも、そうなるとそれはもちろんもはや導入ではなく、単に後付の了解にすぎなくなってしまうからである。

(3) これまでに挙げてきた諸々の問いは、『現象学』の方法分析との関連でのみ論じられうるものだが、こうした問いの目録は、もうひとつの「一連の」問いの分だけ拡張されなければならない。すなわち、これまでに言及してきた諸問題が、ひとつの、あるいはまた別のひとつの仕方で解決されうるともしも想定してよいのだとするならば、純粋思考への決意は『現象学』によって完全に動機づけられうる、もしくは、正当化されうるのだろうか。あるいは、絶対知に至るまでの概念把握の歴史が、詳細に、かつ、意識に対して説得的にたとえ叙述されているのだとしても、それでもなお、次のような「非学的な意識が素朴に抱いている」諸前提——すなわち、諸々の悟性規定が確固として妥当するという前提、思想の基体という前提、そして、認識とはただ、思想が所与の基体に関係するというだけのことであるという前提——が、放棄されなければならないということは、依然十分に根拠づけられないままにとどまるのではないだろうか。「ローゼンクランツはことによると、こうした問いをも考慮した。それ故に、」先に述べたように彼は、導入というものが、理論的な知性のさまざまな形式の概念や、また、学の展開がなされなければならない場である、思考の諸形式(概念、判断、推論)の概念をも、論じなければならないということを要求した「のかもしれない」。すでに論理学の端緒において、説明的な諸概念(無規定性、直接性)や命題形式が、およそ自明ではないような仕方で使用されているということを、考慮するならば、この要求はもとより正当であると見なされなければならない。ちなみにヘーゲルが自らこうした要求を認めたようなのである。というのもヘーゲルは一八〇八／〇九年に、哲学への導入［哲学入門］としての精神論を構想したが、これは［i］精神を単に、その意識のさまざまな様式に則して考察するだけではなくて、それに続けて［ii］精神を、精神の活動のさまざまな様式に則して――つまり精神を、その意識の諸規定が精神自体に帰せられる限りにおいて――考察することになっていたからである。ヘーゲルは、この第一の考察を意識論と名付け、第二の考察を心理論（Seelenlehre）と名付けた。この意識論と心理論との両者の対象――すなわち、学へと到達するために精神が通過しなければならない精神のさまざまな性状や活動――は、必然的に関連づけられていなければならず、したがって「この自己認識は同様にひとつの学」をなすのである。(219)

導入としての心理学のプログラムは、当然のことながら、どのようにしてそれが絶対知へとつながるのかという問いを、投げかけよう。心理学は、絶対知の段階でなされ、絶対知を何よりもまず、意識にとって遂行可能なものとし、したがってそれは、『現象学』の方法の内部で展開される、ということとなのだろうか。それとも心理学は、ヘーゲルの草稿に見られる区分から推測されるように、ひとつの固有の分野として現われる、ということとなのだろうか。けれどもそうだとすると、『現象学』の成果が再び後退してしまうということになるに違いないのではないのだろうか。――この問いもここでは論じないままにしておかなければならない。以下の二つの章で試みられることはわずかに、次のことのみである。すなわち、現象学的な導入の必然性を導き出すために、ヘーゲルの体系論は諸条件を準備するのだが、そうした体系論の準備する諸条件を、明るみに出すということである。

第二部　導入の体系的基盤

第一章　導入の基盤の歴史的規定性

研究の展開と研究史に関する予備的考察

(I)　これまで導入という概念の解明は、『現象学』の方法の分析に立ち入るのを避けながら、その中で可能である範囲内で行なわれてきた。以下ではこの『現象学』という学の体系的必然性を主題としなければならない。したがって、すでに語られた諸問題の導きの糸のもとで『現象学』の内的可能性を一層詳しく探求するのではなく、今や、体系が導入的な現象学のために用意する諸々の基盤を解明するということになる。そのような問題の立て方も『現象学』の内的可能性の解明に有効である。というのはおよそ導入というものがヘーゲルにとって実現可能であるのは、積極的な学の体系的連関が導入を必要とし、また導入を組織する際に必要な諸概念を含んでいる場合であることは、疑いえないからである。したがって、『現象学』の内的可能性を『現象学』そのものに即して、また『現象学』そのものとして考察するのではなく、あらゆるヘーゲル研究の出発点でもあり到達点でもあるところの、体系の構図に即して考察することになる。それ故、ここでは、本書で取り扱われる領域〔導入的な現象学そのものの解明〕のさらに外にある本来的な課題のための、予備作業を行なうことになる。このような問題への移行は次のような確信から生じてきている。『現象学』の研究が実り大きいものになるとすれば、それは『現象学』の構成理念について予め明瞭な像が得られる場合においてのみであるが、この『現象学』の構成理念というのは『現象学』の篇別構成を含むだけでなく、現象学そのものと現象学の諸部分が体系のうちで占める位置の問題も含んでいる、と。

ヘーゲルは導入を『エンツュクロペディー』の体系の脈絡のうちではもはや語らなくなってしまう。現象学が体系のうちでどのように位置づけられているかを見るためには、『エンツュクロペディー』によって表わされる体系の構図を一層詳しく述べなければならない。しかし導入そのものが『エンツュクロペディー』のうちで言及されないだけでなく、さらに、導入と体系の一構成部分としての「現象学」との違いをなす、導入の中心的概念、すなわち意識の歴史（『ハイデルベルク・エンツュクロペディー』第三六節、注解）も言及されない。したがってさしあたり、「エンツュクロペディー」の体系的連関を再構成してみて、この意識の歴史という概念を「エンツュクロペディー」のうちで明らかにする必要がある。それ故、本章で主題とするのは導入ではなく、導入の体系的諸条件の一つでしかない［というのは「導入」は「意識の歴史」であるだけでなく、後述のように、さらに「非学的意識」に対する「正当化」という面ももたねばならないからである］。それは、体系のうちで意識に指定されている形式的な連関［「意識」は「主観的精神」のうちで「心」と「精神」との中間段階に指定されている］が明らかであるほどには、明らかにされていない。本章の最後で初めて導入問題のための諸々の結論が引き出されよう。

「エンツュクロペディー」の体系的連関を再構成する際に、その出発点として、哲学史が体系のうちで指定されている位置と意味への問いが役に立つかもしれない。というのは導入は、学が、学の歴史や学が登場する際の歴史的状況と取り組むという性格をもっており、つまり歴史的に規定された学の概念と関わっているからである。この［哲学史の位置と意味への］問いに対する答えも決して自明ではない。というのはヘーゲルが哲学の概念について略述した［『エンツュクロペディー』初版の］最後の六つの節［第四七二節―四七七節］での述べ方は、それまでに導出してきた一切の内容を非常に密に凝縮しており、そのため、そこでおよそ哲学史について語られているのかどうかを認めるためには、いわば顕微鏡的な見方が必要とされるからである。これに加えて、ヘーゲルが一八二七年の『エンツュクロペディー』［第二版］では［初版における］最後の三つの節をもはや受け入れなくなってしまったという事情がある。彼はその代わりにアリストテレスの文を引用した。しかし一八三〇年の版［第三版］では彼は、かの三つの節の箇所を若干改めながら、再びこのアリストテレスの引用文の前に挟み込んだ。こういった事情は、多分、以下の論述の回りくどさを正当化してくれるだろう。

(II) ヘーゲルは確かに哲学史の講義において、彼が哲学史の名のもとに理解していたものを、さまざまな仕方で述べている。しかし彼はそこでは『エンツュクロペディー』との連関について決して明確には触れていない。ヘーゲルの弟子たちが初めて、哲学史が体系のうちで占める位置を明確に示した。しかしそれは非常に呆れ返ったものであり、それが果たして、ヘーゲルの目論むところであったかどうかは、疑わしく思われる。ミシュレの主張によれば、[1]哲学史とは哲学の概念が把握されるようになる過程を意味しており、「哲学体系の真理の試金石」であるから、哲学史は体系の最後の分野である。この主張はともかく一つの注目すべき成果ではある。けれどもヘーゲル自身ははっきりと論理学を、しかも思弁的神学の意味で最後の分野とみなしていたし、[2]さらに宗教哲学講義では宗教学を最後の分野と呼んでいた。[3]ミシュレの見解というのは、ヘーゲル以後の哲学もなお未来があり、その未来は体系の終わりによって予示されていることを、自分や同時代人に納得させようとして、述べられたのだろうか。ミシュレはこのような努力によって、世界史が国家との関係において占めている位置――確かにヘーゲルは世界史が彼の時代でもって終わるとは主張していない——と似たような位置を、哲学史に与えるようになったのだろうか。またそこから、ヘーゲルのめざした哲学史と世界史との結合が生じたということなのだろうか[4]。いずれにせよミシュレは、いわゆる老ヘーゲル派の他の人々と同様に、哲学史はヘーゲルでもって終わっていないという事実を非常に重視している[5]。しかしそうなると、真理のうちで自分の故郷にいるという確信は失われてしまうのではないだろうか。というのは、この場合真理の最高の規定というのは、真理を表わす体系が単に暫定的な意味で最後のものでしかないということになるからである。かくてミシュレの捉え方がヘーゲル哲学の最後の分野に関するすべての問題に対して満足のゆく説明を与えている、と考えるのは難しいだろう。いずれにせよ、ミシュレの捉え方は導入問題とその体系的意味に関して非常に問題を含んでいる。ミシュレの捉え方の特徴は、導入が提起する課題をまだ歴史的にしか見ておらず、もはや体系的には見ていないという点にある。それは、彼が、ヘーゲルによって見いだされた学の諸原理に承認を与えることを、ヘーゲルに続く自分の世代や将来に留保された哲学史の仕事とみなしているからである[6]。かくてすでにヘーゲルの直弟子のうちで歴史哲学が体系を支配する座につくようになる。哲学史を扱った他のヘーゲルの弟子たちも事柄を明らかにしていない。ローゼンクランツは、ミシュレよりも一層ひどいことに、体系を哲学史の無限進行で終わらせるだけでなく、さらにこの終結のすぐ後に続けて神の証明を置いている[7]。そのことがヘーゲルの『エンツュクロペディー』の最後の三節といかに整合にもたらされるかは、彼の問うに及ばないことである。というのはローゼンクランツはそれら三節の内容をすでに「論理学」の終わりで先取りしてしまったからである。エルトマンも、哲学史がヘーゲルの体系の終結をなすとみなすが、彼はヘーゲルを叙述しようとするのだから、その点について注釈をすべきだったろう。けれども彼は種々の困難をダッシュ記号でもって飛び越えてしまう[8]。最後にクーノ・フィッシャーにとってはミシュレ、ローゼンクランツ、エルトマンによるヘーゲル体系の終結の捉え方はすでにきわめて自明なものであり、その見地から彼はさらに『現象学』の最後の頁の不明な部分にも光を当てようとする。(9) しかしこれらの著者が口を揃えてヘーゲル哲学の最後の領域について自明なものとして断定しているのに対し、ヘーゲル自身は哲学の最後について『エンツュクロペディー』の三つの版でそれぞれ異なった仕方で述べていたのだから、そのような決まり文句的な自明性は不信をよび起こさざるをえない。

(Ⅲ) 残念ながら、ヘーゲルは哲学の哲学を、芸術の哲学や宗教の哲学を講じた場合と同様の詳しさでもって取り扱わなかった。哲学の哲学において彼の主要な関心は哲学史に向けられていた。この点も手伝って、哲学史が体系を終結させるという見解がもたらされたのかもしれない。しかし哲学史は哲学概念の展開における一つの契機でしかない。それによって本来はすでに、哲学史は体系の最終項をなさないということが言われているのである。哲学概念を歴史のうちで実現することは、「永久に続く」終結における単純な統一［の中での展開］に帰せられねばならない。それは、この点に関するヘーゲルの著作のうちにあるすべての指摘によって指示される。しかしこのテーゼは単にばらばらにある指摘から引き出されるだけでなく、哲学という概念の一層綿密な規定から確認されるはずである。哲学の歴史性の意味は種々の箇所の寄せ集めによって可能にされるよりも、［哲学という概念に基づいて］一層明確に規定されるはずである。

ヘーゲルの著作はそのためにいかなる材料を提供するのだろうか。主な典拠はもちろん『エンツュクロペディー』であるにちがいない。というのは『エンツュクロペディー』は哲学概念を体系の全体的構図との連関で定義しているからである。しかし『エンツュクロペディー』はそれ自体では、ここで関心の対象となっている問題において明瞭な結論に達することを、不可能にするとは言えないとしても、きわめて困難にしている。それ故、哲学史講義が哲学の概念と歴史について道案内をしているということは、たとえそのような導入がヘーゲルにとって厳密な意味で学的ではありえないとしても、評価すべきことであろう。けれどもこの哲学史講義における導入箇所でのヘーゲルの叙述はおおむね分かりやすいとはいえ、それを『エンツュクロペディー』の連関に組み込むのは困難である。哲学史はおよそ全く体系の項ではないのだろうか。この点〔哲学史が体系の項であること〕が認められないとすると、そこでさらにもしも哲学史と体系との両者を引き合わせようとするなら、そのためには一つの導きの糸が必要となる。この導きの糸によって、エンツュクロペディー的な哲学概念を、哲学史講義で与えられる哲学史の根本諸規定をも含むような具体的なものへもたらす、そういう具体化の法則が認められよう。そのような導きの糸は哲学を精神の他の歴史的領域と比べることによって与えられると考えられるかもしれない。そのような領域としては、(a)国家と世界史との関係、(b)芸術と芸術史との関係、(c)宗教と宗教史との関係が挙げられる。それらの内容は『エンツュクロペディー』以外に、さらに講義でも扱われている。しかもそれらの場合には〔講義での〕叙述を〔体系の〕構図と関係づけたり、両者における叙述の差異に関する真の難点を見いだすのが、哲学の場合よりも一層容易である。かくて哲学概念の内容の輪郭を示すことになるとすれば、それは、結局、哲学概念の展開の構図を〔哲学史の講義においてではなく、「エンツュクロペディー」における〕絶対的精神のうちで企てる試みをなしうる場合においてである。

A 「エンツュクロペディー」の構図における哲学

〔『エンツュクロペディー』の〕第五七二節において哲学、すなわち真理を真なる形式において対象とする、絶対的精神における知（第五七一節）は、芸術と宗教との統一として構成されている。哲学は一方で宗教における内面的なもののうちから感情という無規定的なものを取り去り、それを思考の内面的なものにして、他方で芸術から感覚的外面的なものを取り去り、それに思想としての客観性を与えることによって、芸術の客観性と宗教の主観性とを結びつける。[10] したがって哲学は特定の対立する諸契機の統一である。しかしまさにそこで述べられているように、哲学は諸契機の統一において、それら諸契機の規定性そのものからは出てこないような新たな全体としてのみ現われる。［だがその場合、］哲学が第三者によって外からもたらされるべきでないとすれば、哲学は当の対立諸契機のうちの一つ［宗教］から出てこなければならない。それ故、統一の根拠［宗教］であるものは、一方で［他の契機すなわち芸術に対し］対立的でありつつ、他方で単に対立的であるよりむしろ合一的でなければならない。厳密に言えば、この統一の根拠であるものは、しかも自己の対立を己れから初めて出現させるのでなければならない。しかしヘーゲルは第五七二節ではその点を省いている。なぜなら『エンツュクロペディー』では、「学的方法を余り厳密に守らなくてもよく、外面的な結合をも許容する」（第二版序文）からである。対立から出発するならば、その対立の廃棄が述べられねばならない。本来は一者が初めて対立を形成するのでなければならないのだが、一者はその際対立を少なくとも自ら廃棄させるのでなければならない。さらに、一者が自己のうちで［一者とは異なるという意味での］他者を自ら廃棄させることによって、一者は［他者とは異なるという意味での］自己自身を廃棄するのでなければならない。つまり一者は他者を自己と結びつけるのでなければならない。しかしまさに一者が他者と一体である限り、一者は再び、［他者と一体である］自己自身と、［一者と］一体ではないような他者とに、対立することになろう。それ故、一者はそこでこの対立をもさらに包含する一層高次の統一へ進展するのでなければならないだろう。そうなると、結局、この一層高次の統一は、そこから初めて対立が出現するような統一であることになる。

対立諸契機は芸術と宗教である。両者は、たった今行なった考察から生じてきたように、二重の対立をなしている［一方で、芸術は宗教と対立するものとして宗教から出てくるのに対して、宗教は芸術と対立するものとして芸術から出てくるのではない。他方では、芸術は合一的でないのに対して、宗教は合一的である］。むしろ厳密に言えば、二つの対立契機のうちの一方［宗教］が再び多様なものに分解する。それらの内的連関を指摘するためには、しかし芸術と宗教の概念を一層正確に再現する必要があるだろう。我々の叙述は［ヘーゲル自身の実際の叙述に見られるような］対立契機の提示に制約されているものの、それに対して［ヘーゲルの叙述に解釈を施して、後述のごとく］哲学がいかなる意味で対立契機の統一でなければならないかを、明らかにすべきである。一切の対立を包括するものは、芸術の「外面的な直観の様式」と宗教の「一体的な精神的直観」との間にあるものである。ヘーゲルによる統一の規定は前者の言及から始まり、後者でもって終わる。芸術と宗教と哲学とは、それらが自己の内容――絶対的精神――を知る**形式**の点で本質的に互いに区別される。それ故、区別の原理は、ヘーゲルが「心理学」で扱う精神そのものの概念の諸契機である。しかしこのことは、芸術と宗教と哲学とが「心理学的に」区別されることを意味するものではない。[11] なぜなら区別の原理は外から絶対的精神の概念のうちに入ってくるのではなく、もはや全く有限的な知ではない絶対的精神のうちで自己展開し、そして絶対的精神自身の完全な形式になるからである。芸術の形式は外的な直観である。なぜなら絶対的精神が己れを自覚する第一の様式である芸術においては、理念[12]が美的な形態として感覚的に直観されるからである。感覚的直観が存在する仕方は、空間と時間において相互の外に存在するというあり方である（『エンツュクロペディー』第二〇節、第四四八節）。この相互の外に存在するというあり方においては、絶対的精神は自己の精神性にふさわしくない仕方で現われているのでしかない（第五五七節参照）。かくて芸術における直観は宗教における直観とは対立しているが、それは、宗教における直観が「人間の意識と神との二元性を克服したという意味で」一体的であり、また精神的であるからである。ところで宗教における一体的かつ精神的な直観とは何か。それは宗教において知るという営みではない。宗教において知るという営みは、さらに「次のパラグラフで」示されることになるだろうが、そのように一体的なものではない。そうではなく、宗教における一体的かつ精神的な直観とは、宗教において知ることを廃棄するもの、つまりその知る営みにおいて残存している知る者と知られる対象との対立を廃棄するものである。それは祭祀における信仰者と神との合一体験にほかならず、しかもこの祭祀的合一体験の精神的で最も内面的な形態である信心（第五七一節、『ラッソン版全集』第一二巻の諸所）において行なわれる。だが信心においては、芸術における外面的な直観様式も内面的なものとなっている。[13] つまり信心における精神的な直観は単に直観一般、内容の直接性という抽象的規定を芸術と共有しているだけでなく、その直観において芸術が宗教と**合一されてもいる**。

だが宗教はいかなる意味で単に「芸術に対して」対立するものでもあるのだろうか。簡単に言えば、それは、宗教が内容「絶対的精神」で充ちた知る営みであるという面においてである。なぜなら宗教はそのようなものとして絶対者を知ることによって、絶対者を「人間の意識から」区別された所与の客体的なものとして表すのだが、他方、芸術は絶対者を芸術作品の形態において主体的なものとして産出するからである。さらに宗教は絶対者を対象として表わす際に、絶対的内容の諸契機を（それらの契機は宗教に対し諸々の自立的で全体的なもの——神、世界、霊魂——として現われるが）、たとえなお外面的な仕方においてであろうと、つなげる。それに対し芸術は形象的に表現する場合、形象化されたものにおいて直接的には単純なものとして現われる内容を、まさに自立的な諸形態へと——多くの芸術作品と多くの芸術分野へと——分散させる。

宗教が合一するものであるのは、宗教が全体的なものだからである。しかもそれは内容が全体的なものである――つまり宗教によって知られる内容が絶対的精神である――からだけでなく、絶対的精神の［基盤である］現実が芸術の現実をも自己のうちに含んでいるような全体的なものだからでもある。(14) このように二重の面を持つものとして、宗教は確かにまだ思弁的思想［哲学］におけるような有機的で具体的な全体的なものではなく、(15) さしあたりなにがしか［a］宗教自身および［b］宗教以外のもの［現実］の諸条件における全体的なものである。(16) なぜなら宗教は、［a］確かにその内容が全体的である限り、すでに絶対的精神そのものを知っているが、ただ絶対的精神を対象として表わすにすぎず、外的な形式で知っているにすぎないからである。他方で、［b］宗教は絶対的精神の現実における全体的なものとして［捉えられもするが、しかしそのことは］、まだ絶対的精神がその自己の知と外的に統一している有様を表わしているにすぎない。

したがってまた上述の対立諸契機はさらに二重の仕方で合一されている。第一に、対立諸契機はそれ自身まだ単に外的に一つの全体へ「まとめられ」（第五七二節）、［a］宗教において知られる全体的なものと［b］宗教の現実における全体的なものが生じるにすぎない。［a］そこでは芸術において知ることは宗教が知るものを感性化し、宗教において知ることは芸術が知るものを解釈する。［b］また芸術における現実は祭祀を対象化し、宗教における現実は［芸術の］対象を内面化する。だがそれ［宗教における現実が祭祀を通して芸術の対象を内面化すること］によって、第二に、合一は、上述したように、信心という一**体的**なあり方で存在してもいる。

これら二つの合一の合一が哲学である［哲学は芸術と宗教との合一であると共に、宗教における対象的知と直観との合一である］。哲学は何によって必然的なものとみなされるのか。哲学はいかなるものとして自己を規定するのか。そういった点についてヘーゲルは非常に明確に述べたとは言えないだろう。第五七一節では彼は、啓示された宗教における諸々の推論の最後の立場は一体的な感情的信心であるだけでなく、［先行する］推論が精神の自己自身との媒介という意味をもつということから、精神に固有な形態における思考でもあると示唆することで満足してしまった［第五七一節でヘーゲルは言う。「……媒介の展開は、精神の自己自身との合致という結果において、信仰と感情的信心の一体性にとりまとめられるだけでなく、思考にも（auch）とりまとめられる」］。第五七二節では「……にも（auch）」という言い方ではなく、「それから（dann）」という言葉が出てくる［第五七二節でヘーゲルは言う。「この学［哲学］は次のような意味で芸術と宗教との統一である。一方の芸術においては、形式の面からすると直観の様式が外的であり、産出活動が主観的であり、実体的内容が多くの独立した形態に引き裂かれている。他方の宗教は全体的なものであり、そこでは表象において離散が展開し、展開されたものが媒介されている。そして一方の芸術の外的な直観様式が他方の宗教の全体的なもののうちで一つの全体に統合されるだけでなく、一体的で精神的な直観へと合一され、それから自覚的思考へと高められている」］。それにともない、宗教から哲学への展開が時間的なものと主張されているのかどうか、という問いが投げ掛けられよう。講義などではヘーゲルはほとんど「思考の一層高い欲求」について語っている。この欲求は宗教において知る営みや直接的な確信においては満たされない。しかしそれは満足を求め、さしあたり宗教を打ち壊すという仕方で――啓蒙のように宗教を論駁するという態度であれ、合理神学のように弁神論的な態度であれ――満足に達しようとする。しかし最後には思考が宗教の内容の理性的認識として捉えられるようになる。かくて古代においては新プラトン主義者が初めて、かつて哲学者たちによって明確に反駁されたり排除された民族宗教の普遍的な内容を承認するようになったという(17)。

このような歴史的な側面はともかく、ヘーゲルは哲学をまた、一方では既述のように外的に芸術と宗教との統一として表わすが、他方では同様に外的に宗教における対象的知と直接的確信との統一としても表わす[18]。つまり哲学は、宗教において二重の仕方で存在する内容を、**一つの**認識のうちに含んでいる。なぜなら思想は第一の規定によれば対象的であるが、思想においては内容と形式とが一つであるから、思想は［二元性を克服して］一体的でもあるからである。その限り、私が考えるもの、思想の形式のうちにある内容は、もはや私に対立していない。

だがこのような総合では［まだ］、哲学的思考が**存在する**必然性は把握されえていない。また哲学的思考が、一つの欲求として、すなわち理性的洞察への「衝動」[19]なるものとしてすでに十分に正当化されているというようにも見られないだろう。なぜなら欲求が哲学的思考でありうるのは有限的な個人の場合でしかなく、そして有限的な個人というものが真理にあずかりうるかどうかが、まさに問題とされているからである。それ故、もしも哲学的思考が真に必然的であるとすれば、それは、この思考が［有限的個人の知ではなく］絶対的精神の知の必然的なあり方として生じてくる場合においてのみである。そのためには、哲学的思考は、芸術と宗教との形式上二つあると言われた合一――それらの合一は宗教の［展開］全体から、単に「……にも」によって［哲学へと］まとめられたにすぎないが――から［抜け出て］、それらの絶対的な統一として出現するのでなければならない。それ自体一面的で特殊的な［二つの］合一は相互に還帰しあうものとして示されねばならず、それらの区別は、それらが行き着く結果から生じてくるのである。したがって［二つの］合一を**一つの**知として受け取る必然性が、展開された諸規定のうちに含まれているのかどうかが、見られねばならない。

まず一体的かつ精神的な直観について言えば、我々はその模範例として信心を挙げたが、そこには実際すでに思弁的な思考が存在している。なぜなら信心は一方では宗教における表象と芸術における直観を内面化するが、他方では、祭祀における［信心とは］別の諸形式が個人とその行為の対象との間にもたらす実践的な**関係**を、廃棄するからである。信心のうちには私というこの個別的なものが確かに含まれているが、この個別的なものは消えゆき、自己を放棄する偶然的な契機としてあるのである。[20]しかし先行するすべての区別のこのような直接的統一は、先行する区別によって制約されており、したがってそれ自体媒介されたものである（第六八節）。この直接的統一が思考の形式における思考であるためには、自己をもっぱらそのような［媒介された］ものとして定立せねばならない。それは、自らが諸々の区別の結果でありながら、諸区別を自己自身の条件として自ら前提する。それによって［信心に認められた］直接的統一は一体的な統一でありつつ、同時にそこで内容の展開に、――その内容が美感的叙述や宗教的表象など他の場合にもっているような――広がりを与えることにもなる。信心の直接的統一はその広がりのうちで自己自身を規定する活動となるが、それが思考である。実際、思考とはこのような「意識の対立から解放された客観的行為[21]」として理解されるべきだとすれば、そういうことになる。それは抽象的な境地の自己規定であり、そういうものとして信心はすでに思考一般である。[22]

芸術と宗教との外的合一は一体的な信心に帰一する。また二重の合一が一つの知に統合されるべきだということを、信心の一体性から論証しようとするなら、その場合、我々はさらに、それらにおける内容的な区別が維持されざるをえないことを示さねばならない。その答えは芸術と宗教の概念の解明のうちにすでに含まれている。なぜなら芸術にとっても宗教の内容にとっても、媒介そのものが本質的だからである。というのは芸術は自然的なものを主体的な形成によって理想へ高めねばならないし、[23]宗教の内容は内容に関する知を本質的契機として含むことによって初めて絶対的精神であるからである（第五六三節以下）。両者に欠けているものは、ただそれらの契機が必然的であるという形式のみであり、しかも諸契機自身における、また諸契機の知にとっての必然性という形式のみである。それらの契機が必然性という形式を獲得するのは、それらから直観に属するような規定性が取り去られ、その純粋な意味が思想において把握されることによってである。

したがってこの［芸術や宗教における媒介性という］面からしても、結果として思考が出てくる。それは一層正確には認識であり、自己を展開する知であるが、それは単に抽象的に普遍的なものを知るだけでなく、普遍的なものを特殊的な相において知る。それは自己意識である。というのは芸術の直観作用と宗教の意識とが一体的な精神的直観において思考へと高められているからである。それは結局、思考によって認識された芸術と宗教の概念である。なぜなら、それは芸術と宗教との互いに別々な領域を単に外的に取りまとめるのでも、抽象的な統一へ沈潜させるのでもなく、具体的にして全体的なものとして把握するのであり、そこでは［宗教や芸術の］諸々の区別は必然的なものとして、しかも諸区別自身において、それ故また自由なものとしても認識されているからである。(24)

第五七二節における哲学概念の導出は、哲学の内容をこのように規定することでもって締め括られている。哲学概念に関する我々の解釈もそれによって終わったことになる。けれどもなお指摘しておかねばならないことがある。それは［同じ節の］最初の命題の終わりにある「それから」という言葉が歴史的意味をもつかどうかが、未決定なままになっていることである。けだしこの問題が持ち上がってくるのは、ヘーゲルが哲学的思考を自己意識的なものとみなすこととの関連においてである。ヘーゲルは哲学的思考を近代の哲学的思考に限定したということなのだろうか。哲学の導出は哲学一般の導出ではなく、本来は近代哲学の導出ということなのだろうか。というのは哲学は宗教の結果として表わされるが、宗教も実際宗教一般ではなく絶対的宗教［主観性と自由を特徴とするキリスト教］であるからである。確かにヘーゲルは近代哲学の特徴を、それが「現実的自己意識」の立場に立つという点に、(25)自己意識的理念が近代哲学の原理をなすという点に認めた。(26)この問題がいかに解かれるべきかは、ここではまだ取り組まない。その問題が解かれるのは、絶対的精神の哲学が或るまとまった全体的なものとして解釈され、その概念から「永遠の」無時間的な絶対的精神とその時間的展開との関係が規定されてからである。なぜなら、そうして初めて、宗教から哲学が出現することが歴史的意味をもつかどうか、その歴史的意味はいかなるものかが明らかになるだろうからである。

第五七三節では哲学の内容が一層立ち入って規定される。その際さしあたり上述の難点を越える新たな難点はもはや出てこない。哲学は、絶対者の対象的知がもっている内容の必然性の認識である――この点で第五七二節は終わっていた。同時に哲学は絶対者の対象的知の両形態、すなわち芸術における直観と宗教における表象との必然性の認識でもある。なぜなら哲学は思考によって認識された芸術と宗教の概念として、自己の知の内容をその諸契機において必然的なものとして把握するだけでなく、この知の種々の形態をもかの内容に必然的に属するものとして把握するからである。これらの形態がいかなる場面で存立するかに関して、ヘーゲルは一**方では**それらの抽象的意味と具体的意味とを列挙する。［芸術の存立場面は抽象的意味においての］直接的な直観と［具体的意味においての］詩である。芸術的な知は一般に直接的な直観と定義される。詩は諸芸術のなかで最も具体的なものであり、他の芸術を自己の契機として含んでいる。(27)［宗教の存立場面は抽象的意味においては］宗教の内容をそれ自体において存在するものとして前提する表象と、［具体的意味における］キリスト教的救済史の客観的外的な啓示である。**他方では**彼は抽象的規定と具体的規定との連関をも指摘する。この連関はひとつの進展であり、芸術の場合は主観化という性格、「主観的な自己への内向」という性格をもっている。すなわち、詩は諸芸術のうちで最も主観的で最も精神的なものである。宗教の場合は人間的なものの神的なものへの接近という性格、「信仰における主観的な変転および前提との同一化」という性格をもっている。すなわち、個別的な主観は「自己の直接的な自然規定性と我意を放棄し、……かくて自己を絶対者と同一なものとして自覚するようになる運動[28]」である。

この運動も歴史的意味をもっているかどうかと、問うことができよう。なぜなら美学講義で示されているように、芸術の直接性から詩への進展は、厳密に言えば、体系的〔非歴史的〕な進展という意味をもつだけではないからである。象徴的芸術からロマン的芸術への歴史的展開も一つの主観化の過程である。この過程のうちで詩は諸芸術の体系のうちでますます包括的な地位につくようになる。また上述のキリスト教的信仰の運動には宗教の次のような歴史的展開が照応している。――オリエント的な神は主体にとってよそよそしいものであったが、ギリシアの宗教において初めて神々は地上に降りたち、さらにキリスト教において神は人間と和解するようになる。キリスト教団の歴史は、結局、人倫に対する自由な関係が出現することによって、信仰のうちで、前提された世俗的世界と同一化するようになる過程である[29]。

ここ〔第五七三節〕でも、すでに第五七二節で難儀させられたような、次のような二義性が生じている。すなわち、歴史的展開と体系的展開とが今やほとんど互いに含みあい、あるいは少なくとも非常に緊密に並行しているように見える。そのため我々は一方と関わり合っているのか他方と関わり合っているのか、見極めるのが難しくなる。さらにここでも再び「それから」という言葉が「最初に」という言葉に続いて出てくる〔ヘーゲルは言う。「したがって哲学は、絶対的表象の内容の必然性を認識すると共に、次の両**形式**の必然性を認識するというように規定される。〔その両形式のうち〕**一方は**直接的直観とその**詩**、および**前提する**表象と客観的外的な**啓示**である。**他方は**最初に主観的な自己への内向であり、それから**信仰**における主観的変転および前提との同一化である」（太字—ヘーゲル、傍点—訳者）」。したがって、これらの運動を時間的なものと解するならば、「最初に」から「それから」への継起も時間的なものと解したくなるだろう。そうなると、主観的な自己への内向は絶対的精神の意識における芸術**宗教**の段階から真の宗教への展開であり、この展開が古典的芸術からロマン的芸術への展開と照応していると解すべきだということになる。つまり、それは本来芸術の直接的規定から詩への運動としてではなく、宗教の歴史の一局面と解すべきだということになる。この点は、テクストにおいて「他方は」で始まる命題部分においては強調された語が一**個**「「信仰」」しかないということと符合する。もしもその命題部分を「一方は」で始まる命題部分と正確に類比していると解するならば、芸術と宗教との並行性に照応して、二個の強調名詞を見込まねばならないだろう［「が、そうなってぃない」］。実際、［「一方は」において］宗教に関しては、「詩」に照応する「啓示」だけでなく、「前提する」も強調されている。それによって、「他方で」形式であるものがいかなるものかが、示されている。つまり主観的な自己への内向とは、［芸術における直接的規定から詩への展開としてではなく］**信仰**における自己への内向というようにも読みうると考えられる。そうなると、「主観的な変転」は絶対的宗教への進行と解しうるし、「信仰における前提との同一化」は宗教改革までのキリスト教の歴史と解しうるだろう。

ヘーゲル自身似たように規定していて、そのため、テクストに現われてくる概念だけによっては、一方の解釈を取るべきか他方の解釈を取るべきかを決定するのがほとんど不可能な事柄に関しては、さまざまな解釈が出てくる。それにもかかわらず、多くはその事柄に関する一つの決定に依存している。なぜなら最後に示した解釈が当たっているとすれば、第五七三節では哲学でさえも、それが「他方で」あるところのものの意味［宗教の歴史］に従って、歴史的に規定されていると容易に考えられるからである。換言すれば、諸形態の一面性からの解放と絶対的形態への高揚とは、哲学が必ず辿らねばならない歴史的展開である。そうだとすると、第五七三節ではとりわけ哲学史の必然性と概念が導出されているということになろう。

すでに第五七二節に関して注意したように、本来は事柄に関する根拠であるものが或る歴史的解釈に当てはまるとしても、そういう根拠は絶対的精神の哲学の全体の中から引き出されねばならない。文脈から言っても、若干の点がやはり、第五七三節冒頭の命題について最後に示した解釈を確証する。それは——「他方で」の場合には「信仰」という言葉だけが強調されているという——すでに注意した事情に加えて、とりわけ「最初に……それから」という時間の副詞が頻出していること、また「一方で……他方で」というように字間が開けられることによって、両側面の区別が鋭く際立たせられていることである。[30] この両側面にはそれに続く箇所における「承認」と「解放」との対立が照応している［「この認識はかくてかかる内容とその形式の承認であるとともに、諸形式の一面性からの解放と絶対的形式への高揚である……」］。

だが最後にこう問われよう。哲学は美感的意識や宗教的意識が帯びている諸形式の一面性からの解放であるという主張は、単に［第五七三節よりも］前の諸節で示された学と関係づけられるにすぎないのだろうか。それとも、哲学史と関係づけられるのだろうか。もしも、学は純粋な思考であるべきであるのに、ヘーゲルはここでなおも学そのものに、学の行程のうちで直接的な直観や前提的な表象から解放される必然性を帰しているということを認めたくないのならば、かの解放を哲学の歴史的展開と解する以外にない。哲学の歴史的展開は学へと導き、その学は「絶対的形式への高揚」と共に始まる。

第五七三節の最後の二つの命題をこのような見方で解釈してみることにしよう！　哲学であるところの認識は、ともかく、承認すること、しかも内容とその形式を承認することである。なぜならこの認識は哲学の必然性を認めることであるから。しかし、他方、それは絶対的精神の歴史の必然性の認識、すなわち、絶対的精神が内面化されると共に有限的精神と和解する過程の認識でもある。したがって、それ自身さしあたり定義からして有限的である認識が[31]、同時にその有限性から解放されること、すなわち、絶対者を把握しようとする際の諸形式の一面性から解放されることである。諸形式の一面性からの解放は、諸形式をもはや一面的でない絶対的形式へと高めることである。哲学そのものが歴史的であるならば——つまり「思考する理性の英雄たち」の所業として哲学史であるならば——、哲学はなにがしか絶対的精神の歴史を思想の立場のうちに受け入れるものである。しかし何故に哲学がそれ自身歴史的であるのか、という問いが再びもたげてくる。同時に解放でもあるような歴史的運動を承認することは、歴史的でなければならないのだろうか。

哲学の歴史の目標は——解放が一度そのようなものとして受け取られるならば——絶対的形式である。絶対的形式の特徴は、自己を自ら内容へと規定することである。絶対的形式は内容と同一なものである。つまり内容は絶対的形式にとって他者ではない。すなわち、絶対的形式が認識の営みにおいて浸透することのできないような疎遠なものではない。それゆえ絶対的形式は内容の**うちに**あり、もはや内容と対立していない。そこでは絶対的形式はそれ自体においてまた自己にとって存在する必然性を認識することである。つまり、その必然性というのは——内容が単に他者にとってあることから独立である、例えば認識されることから独立であるが、ただし他者との関係において規定されているような——そういう「それ自体において存在する」内容の必然性であるだけでなく、内容が自己の他在を自己のうちに廃棄してしまうという意味での「自己にとって存在する」内容の必然性である。かくて、それ故、また、認識は内容の面からして、「認識者の外にある内容を認識するのではなく」内容を内容のうちで認識すること「として特徴づけられ」、かくて必然性は内容そのものにおいてあるだけでなく、同時に把握する主観的な者である私にとってもある。そうだとすると、認識するという形式は絶対的であり、それ故内容に内在的であるから、認識することは事柄そのものにおける事柄の必然性を認識することであるだけでなく、認識すること自身の必然性を認識することでもある。この認識するという運動が哲学であり、それはかくて哲学自身の概念を把握することをめざす。そしてこの哲学の概念は運動を含んでいるので、哲学は自己の知、自己の運動を**振り返ってみる**、——それどころか、哲学の概念とは承認と解放の運動にほかならないから、哲学の営みは、実にこのこと「認識の運動を振り返ってみること」**のみ**である。というのはこのこと「のみ」がすべてであるから「第五七三節でヘーゲルは言う。「この運動が哲学である。それは最後に己れ自身の概念を把握する、つまりただ己れの知を振り返ってみることのみによって、自分がすでに成就されていることを見いだす」」。

以上を要約すれば、次のように言うことができよう。第五七三節では哲学の概念が規定され、実在化されている。すなわち、哲学の概念は、(a)認識と(b)必然性一般という二分肢において実在化されている。必然性であるものは、(1)宗教において表象される絶対的内容と(2)絶対的内容の諸形式であるが、絶対的内容の諸形式はそれ自身再び二重に規定されている。すなわち、aa一方で超時間的に、(直観と詩という二分肢における)芸術と(表象と啓示という二分肢における)宗教として規定されていると共に、bb他方で時間的に、信仰の歴史として規定されている。これに照応して、それ自身形式である認識も、(1)一方で超時間的に、承認(b1+2)「「承認」とは「必然的な内容」(b1)と「必然的な形式」(b2)とに関する「認識」である」と、(2)他方で時間的に、一面的な諸形式による認識という有限的形式からの解放とに、分けられる。したがって解放の目的は絶対的形式であり、そこでは上述のすべての二分肢は媒介されている。この目的の実現が哲学の最終目標であり、そこで哲学は自己の概念を把握する。

この哲学の概念は、**第五七四節**で明確に述べられているように、絶対的理念である。絶対的理念の最初の概念は「論理学」の終わりで到達せられたが（第一七節参照）、第五七三節では絶対的形式と呼ばれた。しかしそれは今やもはや、一切の具体的内容の単に抽象的な基盤というもの（『ハイデルベルク・エンツュクロペディー』第一七節）、「特定の形式で**現われる**というところにまでまだ至っていない[32]」単なる論理的理念としてではなく、**一切の**実在性、**現実性**（第六節）を自己のうちに含むという意味をもった「論理的なもの」として現われている。一層正確に言えば、論理的な理念とその実在化との合致として、つまり絶対的理念が自己との最初の媒介から抜け出て自己を具体的内容へと放免した、その具体的内容において自己の真実性を証明すること（第八三節参照）として現われている。すなわち、理性の学として、「しかも理性が自己自身を一切の存在として自覚している」（『ハイデルベルク・エンツュクロペディー』第五節）場合の、理性の学として現われている。学は最初「論理学」の最後で端緒に戻ってきたが、「『精神哲学』の最後で」再度その端緒に戻っている。かの最初の還帰は無媒介的に「論理的なもの」であったが、それが今や**精神的なもの**、定在するものという意味を帯びた学の結果となっている。すなわち、客観も主観も概念であるような、自覚的存在に達した理念（第三八一節）、つまり学になっている。それによってこの精神的なものは自己を事柄において存在する真理として証明し、学をその無媒介的な規定性から［媒介され］達成された直接性へと高めたのである。——学の無媒介的な規定性においては、学は、「論理学」の内容とその有機的構成を他の諸学［自然哲学と精神哲学］との対比において規定するところの方法によって、学の自己規定によって前提された結果という状態のうちにあったのだが（第二三八節）［第二三八節では次のように言われる。「思弁的な方法」の第一のモメントである「端緒は存在であり、無媒介的なものである。これは端緒であるという単純な理由からして、自立的である。しかし思弁的な理念から見れば、概念の絶対的否定性もしくは運動として根源的に分割し、自己を自己自身の否定的なものとして定立するものは、思弁的理念の自己規定である。端緒そのものにとっては抽象的な肯定と見える存在は、むしろ否定であり、定立されたものであり、媒介されたもの一般であり、前提されたものである」(傍点―訳者)」。

『エンツュクロペディー』第二版は、我々がここで敷衍したにすぎないこの節［第五七四節］でもって終わる（アリストテレスの引用文が付けられていることを除くならば）。したがって、エンツュクロペディー的な構図における哲学概念の叙述をしばし中断しても構わないだろう。この叙述においては、哲学が宗教から出現することとの歴史的意味に関しては、明確な結論は出てこなかった。また哲学史が上述の箇所で疑いの余地ないほど明確に導き出されているということも主張できないだろう。そこでさらに問題になるのは、『エンツュクロペディー』が単にこの導出を企てるには十分なほど委細を尽くしていないのかどうかである。またこの導出のために一層詳細な解明が行なわれたならば、『エンツュクロペディー』の体系的連関を変更せざるをえないのかどうか。あるいはヘーゲルは哲学史を全く体系の項と解していなかった(33)ことがここで暗示されているのかどうかも問われる。後者の見方にくみすると思われるものは、『エンツュクロペディー』の緒論で哲学そのものと哲学史について注釈されている箇所である（第一三―一四節）。そこではこう言われている。哲学の発生と発展の外面的な歴史に特有な形態が哲学史と考えられている。こういう形態では理念の発展諸段階は、偶然的な継起という仕方で、またさまざまな原理やそれらの哲学的展開が互いに単に異なっているにすぎないという仕方で、示される。［哲学史において述べられるのと］同じ思考の発展が哲学そのものにおいて、ただしかの歴史的な外面性から解放されて、思考の立場で純粋に表わされる。哲学史講義はこのような選言［哲学史は諸思想の展開を偶然的歴史的な継起という仕方で表わすか、それとも論理的必然的なものとして表わすか］を確証しているようにみえるかもしれない。何故なら哲学史講義は［一方では］歴史的に振る舞っている、すなわち哲学の歴史をアプリオリに哲学の原理に従って考察するのではなく、[34]「これらの形態を、それらが時間のうちであいついで現われ、このように相互からの出現という仕方で……偶然的なものとして現われるがままに、受け止め[35]」ねばならないからである。しかし［他方では］哲学史講義は同時に、「思想の出現が時代のなかで生じる必然性について、顧慮を[36]」払っている。それはこの必然性を少なくとも「注目[37]」する。というのは哲学史講義は「諸々の哲学の精神的形態の行進を、それらの連関を暗示しながら展開し」ようとしているからである。[38]哲学史講義は「よく考えられた歴史」というものを含んでいる。そこでは「学問の叙述形式こそ経験的であるものの、単に諸々の現象にすぎないものが、洞察に満ちた見方によって概念の内在的進行のように秩序づけられる」（『エンツュクロペディー』第一六節、注解、［実証的学問の種類の］三番目）。哲学史講義のいかなる対象が理性的なものを含んでいるのかは、体系のうちで論じられねばならない。その点は世界史――ヘーゲルは講義において世界史を同時に経験的にも述べたが――の諸原理の場合と同様である。[39]哲学の体系と歴史との同一性が主張されているにもかかわらず、しかしこの課題は論理学においてのみ解決されるのでも、体系全体においてのみ解決されるのでもない。なぜなら、さもなくば、論理学的な諸原理の進行と哲学史的な諸原理の進行との間のかの同一性に含まれている、両者の区別が述べられないだけでなく、[40]同一性そのものも示されないからである。

哲学史は哲学概念の体系的解明の連関から明確に導出されるようには思われない。しかし他方哲学史における必然的なものが、世界史と同様に体系的連関に内在的であるにちがいないのならば、哲学史を世界史の内部に求めるということが、容易に考えられる。実際ヘーゲルの世界史講義は哲学のさまざまな形態に言及しており、哲学を一般に精神の形成の歴史的現実に生じた一側面として考察した。『法哲学』のなかの短い体系的略図は少なくともその最後のところで学と関わっている。[41] また『エンツュクロペディー』のなかの世界史に関する注解［第五四九節］は哲学史とその諸形態の特徴を主題的に扱っている。しかし世界史的意味における哲学が内在的必然的に展開されているとみなされてはいない。なぜなら絶対的精神の概念が導出され、哲学が絶対的精神の一つのあり方として規定されるというよりも、むしろ、哲学は精神の有限的現実の契機として認められるにすぎないからである。そのようなものとして哲学はこの現実の他の諸側面と結びつけられており、世界史的諸原理の進行に依存している。けれども哲学の構造や時代との関係は世俗的現実そのものの構造や時代との関係とは異なっている（この点はすぐ後で示すことになる）。したがってまた哲学の必然性を世界史の領域のうちから導き出しうるものではなく、哲学は絶対的精神の領域の内部で独自の位置を占めていると考えねばならない。

この結論は哲学史の最後にとって意味がある。哲学史の最後を主題にすることによって、我々がこれまで見過ごしてきた一つの問題が現われてくる。しかしそれは第五七三節の最後の部分からただちに出てこなければならなかった問題である。それはこうである。学がその端緒に戻ってくるというのならば、その最後が実現されているということにならざるをえないのではないか。そのためには、哲学の完成が**生じてしまって**いるのでなければならないのではないか。ヘーゲル哲学が哲学として自己に還帰しうるためには、哲学史はヘーゲル哲学でもって終了せねばならないのではないか。しかしいかにして哲学がそこで自己の概念を把握するという、終結が生じたのだろうか。いかにして解放事業は目標に到達したのだろうか。いかにして解放事業が目標に到達したということが、**論証**されるのだろうか。この節の最後から二番目の命題には「解放」と「高揚」との間にぽっかりと隙間が空いているのではないか。そしてこの隙間が埋められるのは、ただ、哲学の最終目標の実現が未来に据え置かれるというような無限な課題などではなく、すでに遂行された事態であると解されうる場合においてのみではないか。だがそもそもこういう連関において［真の哲学的立場をこれからめざす］導入は本来の機能を有するのだろうか。[42] しかしそうなると、ヘーゲルに対し、彼の哲学で初めて絶対者が把握されたという主張を、認めねばならないのだろうか。

これと似たような問いに対する答えを、ヘーゲルは当時彼の弟子のヒンリクスから求められていた。彼はヒンリクスに簡潔にこう答えた。「絶対者が私の哲学で初めて把握されたという、見方が生じているという……点に関して言うと、それについて言うべきことはたくさんある。しかし簡単に言うと、こういうことである。哲学そのものが問題ならば、**私の**哲学は問題になりえない。実際およそ**あらゆる**哲学が絶対者の把握である。ただしそれは自己とは別なものの把握という意味ではない。つまり絶対者の把握とはもとより絶対者の自己把握である――神学が以前からずっと同じことを主張していたように。哲学ももちろんかつては現在よりも以上に神学であったが。しかしそのような理念のもとで特定の人物を――自分とか他の人物を――頭から離すことができないような人々は、もちろん、その点で誤解を免れられない」。[43] 以下の諸節ではヘーゲルからこのような短い答えではなく、もっと詳しい答えを得るようにしよう。

B　哲学の歴史性

a　哲学の歴史性の根拠

前節では歴史について、つまり絶対的精神の歴史的運動とりわけ哲学の歴史的運動についていろいろ述べた。その際歴史というものを、暫定的に漠然と絶対的精神の時間的展開とみなした。だが今こそこの概念を一層立ち入って規定するときである。この概念を規定することは、上で提起された諸問題の解決と重なる。

哲学が歴史をもたざるをえないということは、どうして生じてくるのか。この問題についてヘーゲルは自ら哲学史講義の始めで論究した[44]。哲学の歴史という考えはさしあたり二律背反を含んでいるようにみえる。なぜなら哲学は不滅なものの認識をめざしているからである。哲学は純粋な真理とかかわり、客観的精神の外面的現実とかかわるのではない。ところが歴史は過ぎ去ったものを語る。真理が過ぎ去ったものではない限り、歴史には真理は見いだされない[45]。したがって、せいぜい哲学の外的運命の歴史はありうるとしても、哲学の内容の歴史はありえないようにみえる。それはちょうど、キリスト教の信仰が、信仰に対して啓示されるものはすべての時代で同一のものであることを認めつつも、教会とキリスト教信仰の歴史がありうるのと同様である。他方、宗教史と哲学史を内容の点で比べてみると、両者の違いが目につく。人は宗教に対しては内容の継続性を認めたがる。そこでの変化は単に補足や逸脱として認められるにすぎず、それに対し純粋な教義を繰り返し復活させることが肝腎である。それに対し哲学はそのような同一の内容への固執を示さない。哲学の対象は種々の時代において常にその都度別のものであり、哲学という名称は種々さまざまな努力を表わしているようにみえる。その点で哲学は他の科学とも異なっている。というのは科学は確かに内容的に歴史をもっているとはいえ、その歴史は同一の対象に関する認識の増大や拡張にあるからである。科学は「[過去の科学における認識と]並んで進む[46]」。それに対し哲学史は、「すでに獲得されたものに、新たな宝を平穏に継ぎ足すというような経過を」示すものではなく、「むしろ、繰り返し新たに全体の変革をもたらすという光景を示し、それらの変革は結局もはや共通の絆をめざすという目標さえもたないことになる。むしろ抽象的な対象そのもの、すなわち理性的認識が、消え失せるものである。そして学の構築は、結局、空虚な住居と共に、僭称を、つまり哲学という自惚れとなった名称をもたざるをえない」（同箇所）。

　哲学史の概念における二律背反は、厳密に言えば、二重である。第一に、一方で哲学の内容は不変の真理であるが、他方ではその外的歴史の経過において哲学の内容は紛れもなく変化する。第二に、一つの真理と内容の変化とは哲学にとって共に本質的であるが、それにもかかわらず、哲学は他の科学における進歩という意味での進歩を知らない。これら二つの二律背反はその解決を次の問いに対する答えのうちに見いだす。それは、いかにして哲学は歴史というものをもつようになるのかという問いである。

　歴史はこれまで普遍的精神の時間における展開というような、漠然とした意味で受け取られてきた。そこで我々の問いへの答えの第一歩は、何故に哲学は時間における展開として現われるのかと問うことである。(47) その点についてヘーゲルはさしあたり意識の本性に関して一般的な示唆を与えている。この示唆を正しく理解するためには、その場合絶対的精神の意識が問題とされていること、そして絶対的精神は超越的な神というものではなく、普遍的人倫的精神の自己反省であるということを明確にしておかなければならない。(48) したがって絶対的精神のうちには有限的精神が含まれており、有限的精神は絶対的精神の実在性をなす規定として絶対的精神自身によって定立されている。かくて絶対的精神は「自己（一にして普遍的な実体）と（実体が実体としてあることを捉える）知とへの根源的分割である」（第五五四節）。精神はかかる絶対的根源的分割によって自己を自己自身に対して外化する。精神は自己を意識という外面的立場へと定立する。その立場において意識は確かに絶対的精神のうちで絶対的内容をもっているが、しかし形式の面では有限である。だが絶対的精神が時間的に現われるのは、有限的精神が時間のうちにあるからではなく、絶対的精神の意識が絶対的精神の外化したものだからである。けだし時間は、「我＝我」が外的にある限りでの、絶対的否定性と自由である(49)［ヘーゲルは言う。「時間は、純粋な自己意識である我＝我と同一の原理である。ただしこの原理あるいはこの単純な概念はまだ完全な外面性と抽象のうちにある。……概念は自由に単独に存在する自己との同一性のうちにあって、すなわち我＝我のうちにあって、それ自体において絶対的否定性と自由である。したがって時間が概念を支配する力であるのでも、概念が時間のうちにあり、一つの時間的なものであるのでもない。むしろ概念こそが時間を支配する力である。概念の否定性が外面性としてあるにすぎないものが、時間である」（『エンツュクロペディー』第二五八節）傍点―訳者］。それ故、ここには絶対的精神の時間性の根拠が全く一般的な形で含まれている。その構造をさらに詳しく分析することにしよう。

哲学の時間性は、もしもそれが単に一般的に絶対的精神の契機として認められるだけならば、十分には根拠づけられていない。芸術や宗教もこの点で時間的であらざるをえないだろう。哲学は宗教や芸術を自己意識的思考へ高めるものであるが（第五七二節）、自己意識的思考はもはや外面的なものを全く含まないから、時間はこの自己意識的思考という立場に入り込めないのではないか。そうだとすると、哲学的思考の時間性に特有の根拠とはいったい何なのだろうか。

哲学的思考は決して闇雲に何も規定せずに直観するのではない。哲学的思考は本質的に区別する働きと区別される対象とを含んでいる。自己のうちで区別する働きとして、したがってまた展開として、思考の立場にある理念は外的状態へと出現する。しかも同じことはさらに、自己の対象と同一であるような純粋思考、すなわち学である純粋思考においても認められる。それ故、学は時間のうちでの展開として現われる。というのは「悟性的なもの」が学の第一の契機をなすからである(50)。学の第一の契機は普遍的なものを特殊的なものに**対して**確保すること、抽象することにある。［ヘーゲルは言う。「……悟性は上述のような欠陥を自己のうちにもっているとはいえ、理性的思考の一つの必然的な契機である。悟性の活動は一般に抽象することにある。悟性は偶然的なものを必然的なものから切り離し、その限り全く正当であり、悟性が真にあるべきものとして現われる」(『エンツュクロペディー』第四六七節、補遺)傍点―訳者〕。そこでは特殊的なものは**所与の**内容として普遍的なものに関係するが、普遍的なものも再びそれ自身一つの特殊的なものとして特殊的なものに関係する。それ故、普遍的なものが純粋思考において特殊的なものへと自己を**展開す**べきである限り、純粋思考は一つの媒体、以前と以後という秩序、つまり時間に差し向けられており、その中で展開が生じうる。あるいはヘーゲルは一層適切に、思考と「思考のうちで」自己を展開するものとの同一性、ならびに普遍的なものの形式と普遍的なものの展開との同一性を次のように明確に定式化する。すなわち、純粋思考が悟性の契機において自己を展開する限り、純粋思考は普遍的なものであるが、それは特殊的なものを所与の内容としてもち、それ故それ自身特殊的なものであり、**自己にとって**特殊的対象的な内容であり、――つまり自己にとってありながら、**それ自身において外的なもの**であるような普遍的なものである。それは自己にとってあるという統一性を、自己自身の展開という外的形式において、すなわち時間のうちで有している普遍的なものである。かくて「思考において純粋な哲学は時間のうちで進展する現実的存在として現われる(51)」。

しかしこのような哲学的思考の時間における存在はさしあたり単に**個々の**思考の活動という契機、つまり単に時間的なものの一般でしかない。それは学の絶対的普遍的主体そのものの時間的な現われ、つまり学の歴史的具体的展開ではない。学の歴史的具体的展開へ進展することは、有限的精神が世界史的個体という包括的統一体へ展開することを、自己自身を把握する無限な精神〔絶対的精神〕の段階において、すなわち哲学の段階において再現することを意味する。この再現は、哲学を同時に諸民族の文化や人倫的生活と、つまり有限的歴史的精神の全内容と結びつける。かくて思想は、思想の内的展開に照応しつつも、歴史の経過のなかで次々と登場し相互に争いあう諸々の哲学の系列という形態で現われる。それらの哲学はそれぞれ自己の時代の刻印を帯び、それぞれの時代の形態がもつ運命に巻き込まれている。そこで各哲学はそれら歴史的な哲学のなかの一つの**契機**でしかなく、思想を制約している諸々の時代的性格のなかの一つでしかないように見える。しかし本当は各哲学はそれぞれの時代の形態の**概念**、時代の形態の原理である。[52] ヘーゲルはこのような哲学史の概念、また哲学史と精神の他の諸形態との関係を講義で詳しく述べた。けれども彼は哲学史の概念を本来的な意味では導出していない。彼はただ、哲学の概念の前に出てきた有限的精神の諸規定をとり上げ直し、それらを哲学の概念のなかに挿入したり、哲学の概念をそれらと関係づけたにすぎない。〔哲学の歴史性について〕厳密な意味での哲学的解明が求められるとすれば、それは、有限的精神の諸規定を哲学の概念の諸規定として、哲学の概念の見地から新たに展開するとともに、それらと他の精神の諸形態との関係をも哲学の概念の見地から規定せねばならないだろう。そうすることによって、哲学の歴史性の根拠と性格も体系的に一層詳しく規定されるだろう。ヘーゲル自身はそのような導出を示さなかったので、我々は、そのような導出によって展開されるはずの最も重要な諸契機について素描することに留める。ヘーゲル自身はすぐさま哲学の世界史的規定性に移行している。けれども哲学の世界史的規定性という概念は、その前段階が顧慮されなければ、空虚なものとなる。

個々の哲学的思想から普遍的な自己意識的精神への進展であると同時に、哲学の抽象的時間的概念から具体的歴史的概念への進展である過程は、おそらく、まず個別化された理念から始まり、間主観的過程を介し、それを自己のうちへ克服する普遍者の単純な統一へ導くという過程でなければならないだろう。このような連関は純粋に論理的な形式においては「生の理念」のうちで展開されている。[53] そこでは生きた個体が外的なもの、非有機的自然との連関において自己自身を**再生すること**として規定されている。その際、生きた個体はその手元に非有機的自然をもち、それを手段として用い、自己の一なる原理すなわち魂と自己の外界とを媒介する身体を介して、非有機的自然と結ばれている。生きた個体は外的客観的なものを自己に同化することを通して、かつては自己にとってどうでもよかった他の存在と一つになる。そうなると、この個体の普遍性はもはや単に抽象的な普遍性ではなく、**類**、すなわち「自己自身において具体的なものである、普遍性」(54)である。またかつてはどうでもよかった外的なものも、それによって、「魂と」同様に一なる外的なものへと規定されるようになる。したがって外的なものもそれ自身一つの生きた個体である。最初の生きた個体はこの［外界における］生きた個体を自己と同類の他の生きたものとみなして、それに関係する。だがこの関係［性的関係］は同時に類の繁殖、類の**実現**である。そこで類は、関係づけられる諸個体の実体であることが、明らかになる(55)。結局、自立的な諸個体は類の過程において、個体の現実的存在のみならず個体の概念に関しても、その**根底に**至る［没落する］。それによって個体の直接性は廃棄され、その点に鑑みて、類のみが実体であったことになる。普遍性は諸個体のうちに潜在的に存在する類としての統一にすぎなかったが、それが**自覚**されることとなって、主体となる。

このような構造はここでは形式的に示されるにすぎなかったが、その**具体的形態**は実在哲学の多くの箇所に見いだされる(56)。その最初の形態は有機的なものの概念から精神の概念への移行の箇所に認められ、その最後の形態は有限的精神の内部において国家の概念から絶対的精神への移行の箇所に認められる。後者の場合、諸国家相互の関係が類の過程に対して規定される。かくて類は、世界精神である普遍的精神、つまり本来の意味で歴史的となった精神である。というのはこの精神は諸国家を——国家は人倫の中の個人にとってはそれ自身類であるのだが——別々に登場させるだけでなく、相互に伝えあうようにさせる。また諸国家**自身を**展開させるだけでなく、普遍的精神をも展開させる。しかしこの精神の実現は、普遍的精神の展開という面から言うと、精神自身における**無限の**過程である。というのは精神は有限的精神のこの立場ではまだ自然という制約をもっているので、それ故、努力が永久に続くからである。[57] そして有限的精神が移りゆく、その結末は、有限的精神がそこで己れを自覚する状態である。この移行によって有限的精神は自己を高め、自己の本質を知るようになるが、それは歴史的な移行ではなく、概念における移行である。それは歴史の根底への還帰であるが、この根底は同時に歴史の主体でもある。それ故、もしも世界史がヘーゲルにとって終わるものだとすれば、世界史はせいぜい歴史の根底への還帰という意味で終わるのであり、世界史そのものが終わるという意味ではない。

哲学において生の構造のこのような具体化に照応するものと言えば、それは、個々の哲学的知から伝統の営みを通して特定の民族の哲学の原理になるという展開であろう。この過程の最初の段階では、個々の思考は否定的であり、個々の思考を通して自己を把握するところの精神と対立しているだろう。この精神が個別的思考の実体をなす。個別的思考は、それが時間的なものとして現われる関係のうちで、この実体を自己に同化して概念の形式に転化せねばならない。[58] この［個別的思考と実体との］関係を媒介する言わば関係の「身体」としては、哲学的な語り（Rede）というものが容易に考えられよう。というのは哲学的な語りはかの関係の思想表現の適切な媒体であるからである。けだし哲学的な語りにおいては思想が無抵抗な場［音声］において生じ、そして束の間に消え去っていくというように、全く観念的に現われるものであるが、それは純一なる思想を（実体としての精神である）人倫的世界の外面性と結びつけるものである。[59] それはまた精神によって全く支配され貫徹されており、その点で実体の他の実現様式とは異なっている。[60] また哲学的な語りは、哲学と、人間の有限的また表象的な行為や信仰とに共通している面でもある。次に第二の歩みは、個別的な哲学的思考がその類へ進展するなかで、語りが語りの体系へ概念的に展開することであろう。個別的な哲学的思考の類は言語共同体の哲学である。この言語共同体のうちで哲学的に思考する人々は互いに承認を求めて闘いあい、言わば哲学的な「動物の国」を形成する。その中で彼らは形式上、また内容上も有限的な知を概念の形式へ高めることを共通の課題として、互いに他の仕事を破壊しあう。[61] この段階において哲学の身体的かつ言語的な側面が特定の自然的歴史的に実在する側面となる。或る民族の哲学の言語的な習慣が言わば哲学する主体の類的生活をなす。この類的生活は民族の伝統や前国家的な、したがってヘーゲルにとっては本来の意味で歴史的ではない生活のうちに根ざしている。ちょうど類の生命がその非有機的環境の風土的地理学的諸条件によって規定されているのと同様に、民族の言語的生活は民族の伝統や非歴史的な生活によって規定されている。したがってここから哲学の歴史性の次のような面が生じてくる。それは、人々が今日、「生の哲学」に帰せられる精神史の影響の下で、非常に安易に唯一の哲学の歴史性とみなし、またそれをヘーゲルと対立させようとしたがっている面である。ところが我々は、このような「精神史的意味での」哲学の歴史性がヘーゲルにおいても、たとえ未展開であろうと、また彼の本来の関心がめざすところではない従属的な契機としてであろうとも、存在しているということを示さねばならない。言語や伝統は特殊的偶然的な諸規定のうちで生じる。そのような特殊的偶然的諸規定はもちろんそれ自体へーゲルの意味における哲学的な学の対象ではありえないが。

哲学的な「動物の国」における諸個体の没落は、生の図式に従えば、それらの主体としての**民族哲学**の出現であろう。また民族哲学がなければ、哲学的な「動物の国」も、精神の具体的本性（『エンツュクロペディー』第三八〇節［精神においてはすでに「低次の規定」において「高次のもの」が経験的に存在しているということ］）の故に、存在しえないだろう。民族哲学でもって初めて哲学は［「語り」のように束の間の現象ではなく］、精神的な持続性の意識を獲得する。哲学は精神的持続性のうちで存立し、また哲学自身がこの持続性を表わす。民族哲学でもって初めて哲学は持続への意志をもち、国家の現実のうちで本来の意味で歴史的な存在を獲得するようになる。具体化のこの段階でヘーゲルの哲学史の概念が捉えられることになる。それ故、哲学史はヘーゲルの場合必然的に政治史と関連している。[62] 哲学の特定の形態は特定の民族と同時に存在する。哲学の特定の形態は、その民族の体制を支配している特定の原理の思考であり、普遍的な精神的実体が特定の民族において身に着けた特定の形態の概念的把握であり、――「全体的状態の意識と精神的エッセンス［であり］、時代精神が自己を思考する精神として現われているもの」[63] である。それ故、また哲学の始まりも政治史から規定される。哲学は普遍的なものを思想に定位して自由に思考するものであるから、歴史においては自由な体制が現われた時に初めて、つまりギリシア世界のうちで初めて登場する。[64] このように規定された哲学の展開は、時代や特定の民族精神の実体的なものが何であるかに関する、意識の形成である。哲学の展開は、特定の民族精神が自己の特殊な原理の諸可能性を全面的に汲み尽くしていくという、民族精神における歴史の反省である（第五四八節）。それ故、哲学の展開は、哲学に先立つ段階としての伝統の営みとは異なり、一つの目的を、しかも伝統的営みそのもののうちでもっている。それは、自然的な歴史の盲目的な経過に対して、自然的歴史自身の自覚の運動であるという、権限を哲学の展開に与えるものである。

哲学の展開は［民族の］原理の反省であるが、それはやがて新たな原理をもたらすものでもある。[65] かくて哲学の展開は哲学自身と共に、諸々の民族的特性、すなわち個々の言語、個々の民族、その伝統や歴史という個別的制約を越えて、普遍的な統一へもたらす。哲学の展開は、それ故、思考する理性の英雄の行為によって生成したり没落したり伝達したりする民族哲学の歴史として規定される。そのような諸々の民族哲学があいついで現われることを通して、「哲学」という、一つの真理の自己認識が展開する。そしてこの「哲学」の偶然的に最後の形態としてヘーゲル哲学が登場してくる。かかる哲学の普遍史は先に述べた二つの哲学史の見方［第一に哲学は一般に悟性的なものという契機をもつ限り、普遍的なものの特殊化において時間のなかで現われ、第二に哲学は民族の原理の把握として、政治史と関連して現われる］を自己のうちに含んでおり、かくて初めて哲学の歴史性という概念を完成させる。この場合世界史は、時代が哲学的思考一般にとってもっているのと同じ機能をもっている。すなわち、世界史は絶対的精神の諸原理の陳列の具体的媒体であるが、この陳列の純粋な形態が論理学なのである。したがって絶対的精神が自己を世界史という媒体のうちで陳列する必然性こそが、哲学の歴史性の完全な根拠である(66)。それは、精神が自己を時代のうちで展開するという、普遍的な必然性の一つの具体的形態である。なぜなら世界史は時代における精神の陳列にほかならないからである(67)。哲学がこのような理念の最も具体的な外的媒体を必要とするのは、哲学自身が精神の最も具体的な形態だからである。しかし媒体は、媒体を通して表わされるものと同じでない限り、哲学は世界史の諸規定から区別されるのでもなければならず、哲学の歴史性に関してはもとよりそうである。哲学史の構造を終結の問題との関連で解明するために、次の二つの節では哲学史と政治史との関係、また絶対的精神の歴史における哲学史の位置を述べることにしよう。

b　哲学史と世界史との絡み合いと差異

(I)　哲学の発展と世界史の進歩

前節では間接的ながらすでに人倫的精神の三つの側面が語られた。というのは哲学史を構成する諸契機［上述の哲学史の二つの見方とそれらを包含した「哲学の普遍史」］は、この三つの側面と関係していたからである。その三つの側面というのは伝統[68]と民族精神の発展史と普遍的な世界史（第五四八節）である。そして普遍的な世界史のうちに他の二つの契機が含まれている。［世界史の規定のうち］いかなるものが哲学史と同じ規定であり、いかなるものが哲学史と異なる規定であるのだろうか。哲学史と世界史との同一性は、すでに先に[69]哲学が人倫的世界やその歴史に絡まれていることとして語られた。哲学はその時代に先立つことはできない。哲学の発展の局面は常に、それと照応する世界史の時期と同時に存在する。なぜなら哲学の発展の諸局面はそれぞれ民族特有の原理の意識や自己意識であり、その点は、民族の形成の他の諸側面と共通しているからである。いや、それどころか、哲学の発展の諸局面は時代の中で他の諸側面に追従してさえいる。というのは哲学の欲求が生じるのは、意識の形成が進んで、意識と意識の実体をなす内容とが分裂するようになってからだからである。つまりこのように一層厳密な意味において、哲学の存立の条件は［民族の］形成のうちにある。

けれどもこのことは、哲学の発展が哲学自身の内容とは別なものによって規定されるということを意味しない。というのは哲学は［民族の形成との］絡み合いによって依存的なものとなるが、哲学に絡んでいるもののほうも、その絡みを通して哲学と照応しているからである。哲学史における思想が思想に特有の形態からなおも疎外される限り、思想の内容そのものが外面的なものをもつようになるのである。［つまり］哲学において神的精神が考えられるが、その神的精神に世界精神が適っているのである[70]。世界精神は理性そのものの「模像」、現象であり、その理性の歴史が哲学である。それ故、本来は世界精神が［哲学に］依存的なものである。世界精神はいまだ有限的な精神であり、その存立基盤は絶対的精神にある。世界精神の依存性は、世界精神の歴史性の構造と哲学の歴史性の構造との違いに表わされている。哲学の歴史性の構造は哲学の終結の問題との関連において興味深いものにちがいない。ところで我々は先に、哲学史がいかにその終結と関わるかという問題を未解決のままにしておいた。今や我々は、世界史とその目標との関係をも考慮に入れることによって、この問題の解答に近づくことにしよう。

世界史と哲学史との構造の違いは、すべて、結局、客観的精神と絶対的精神との違いに帰する。世界史は客観的精神の最も具体的な現実である。世界史は人倫的精神として、本質的に、対象へ向かう活動である。しかし対象、すなわち人倫的現実はかの活動に対して受動的に関わるだけでなく、それ自身能動的でもある。両者は同一の内容である。というのは人倫的現実、善はもはや有限的な内容ではないが、他方善い意志ももはや有限的な内容をもっていないからである。その点で世界史は絶対的精神と非常に似ている。世界精神の活動の対象には、この活動に対する他者という形式、単に自然的なものという形式が付いていない。世界精神の活動の対象は精神によってもたらされた世界であり、人倫的意志の活動と作品である。それに照応して、絶対的精神の内容も端的に絶対的精神によってもたらされたものである。しかし絶対的精神においてはその他者、すなわち自然と有限的精神は絶対的精神に対する自立性という一切の見掛けを失っているのに対し、世界精神の活動の対象は同時に自立的なもの、直接的に存在するもの、精神によってもたらされていず、単に前提されているにすぎないもの、すなわち世界精神の活動よりも先にもたらされているようなものでもある(71)。

したがってこのような違いのために、世界史の抽象的構造は、素材に向かい、また素材を目的に合わせて形成するべく手段を必要とするというような合目的的活動である。活動と手段、素材と目的とは別々なものである。それに対し哲学史においては素材と手段と活動と目的とは同一のもの、すなわち思想である。思想はおよそ——絶対的精神の他の様式と同様に——その意味から区別されていない(72)。それ故、世界史は絶えず自己を乗り越えていく運動を行ない、進歩していくが、それに対し哲学史は自己のうちにとどまる運動、すなわち発展である。哲学史は絶対的運動であると同時に絶対的静止でもあると規定される[73]。ヘーゲルはこの相違を非常に見事に直観化して、世界史をとりわけ「舞台」として描く一方、哲学史を諸々の絵画の「画廊」と表わしている。それに照応して、彼は世界史を諸原理の「階梯」と名づけるのに対し、哲学史を諸形態の「系列」と呼んでもいる。

世界史は「努力[74]」を含み、世界史の内容は「完全なものへの衝動[75]」を含んでいる、とも言えよう。ただし努力や衝動はここでは個人的な道徳的主体の規定であると考えられてはならない。ましてやこの努力の実現は技術的な改善という性格のものではない。世界史の個体は個人ではなく、民族精神である。だが民族精神は活動するものであると共にその対象でもあるものである。［世界史において］なすべき使命も［民族精神における］活動とその対象の一つの契機であるから、使命はここでは技術的カテゴリーでも道徳的カテゴリーでもない。善は我々によって初めてもたらされるべきものではなく、現前しており、現実的である。つまり善とは人倫的現実そのものである。この人倫的現実のうちには目標への運動が内在しており、その運動は人倫的現実のその都度の規定性を越えた究極目的をめざしている。それに対し絶対的精神の目標について語ることは、ただ非本来的な意味においてだけ可能であるにすぎない[76]。というのは絶対的精神の自己把握の運動は自己のうちにとどまっている過程だからである。

世界精神の目的活動とその対象とは内容的には同一であるから、世界史の特徴をなす区別は、活動と対象そのものに含まれている。それは活動においては目的と手段との区別であり、対象においては人倫的現実そのものと人倫的現実のうちに含まれている偶然的外的非理性的な契機との区別である。世界史の目的は人間の自由の意識ならびに自由の実現である。この目的の活動は直截には実現されず、諸個人の一面的偶然的非理性的情熱を通して実現される。それは、自らは争いに身を晒すことなく、傷つけられることなく、背後に控え、道具を使役する「理性の狡知」[77]である。世界史の特徴は、世界史がまさにそのように狡知を要するという点にある。世界史はこの意味で外的合目的性の構造をもち、その点で、全くの内的合目的性である哲学史から非常に異なっているだろう。確かに世界史の手段のうちには諸々の哲学者の私念が含まれるだろう。しかし哲学者たちの私念は哲学史には属さない。それ故、哲学史は、世界史の素材の特徴をなす区別から解放されてもいる。哲学史は「世界史の最も内的なもの」[78]であり、その展開において自己自身と分裂していない。それに対し世界史は「精神の自己自身に対する闘争」[79]である。諸個人の意志が本質的実体的な意志である場合は、諸個人はもちろん手段ではなく、自己目的である。その限り彼らの意志は世界史自身の合目的性に属している。したがって、世界史の全体的構造は実践的理念と外的合目的性との混合というものである[80]。

上述の諸構造から両者の時間的進行に関する区別が生じてくる。一般的には次のことが認められる。世界精神は時間のうちへと**転落し**、時間は世界精神の**運命**である[81]。それに対し絶対的精神、とりわけ哲学的思想は時間のうちへ転落するのではなく、時間のうちに**現われ**、またそこで時間に対する主人であり続ける。それは自ら時間に対する**威力**である。それ故、哲学史における進行の必然性は全く内的である。「論理的なもの」の必然性と比べて、この哲学史になお欠けているものは、進行の必然性の意識にすぎない[82]。しかしその意識は常に哲学史を駆り立てているところの、哲学史自身の内的概念である。それ故、哲学史はこの概念においては常に自由であり、時間を越えている。この概念のどの現象形態においても、すなわち哲学の諸々の有限的形態においても、精神が全く存在している。それ故、いかなる哲学の形態においても、まだ過ぎ去っていないとかすでに過ぎ去ってしまったということはない。精神の絶対性、時間に対する自由は、まさに、一連の諸形態において自己を同一のものとして顕示し、それらを形成する原理であるという点にある。それ故、諸形態が過ぎ去っていくとすれば、それは、諸形態が世界史にも属している限りにおいてであるにすぎない。

かくて哲学史という思想のうちに含まれているように見えた、二律背反が解決される。哲学は過去の哲学史上の諸形態を扱っている場合でも、本当は過去のものと関わっているのではない。なぜならまさにそれらの形態において、抽象的な不変的なもののみならず、特殊的なもの、規定されたものも現在的であるから。そしてこの現在的なものが諸形態の系列において必然的に差異的なものとして現われるのである。第二の二律背反［哲学は唯一の真理をさまざまな内容において扱うが、しかしそれは科学における「進歩」を意味しないこと］を解決に導くのは、哲学史を規定している発展の概念である。なぜなら、発展は内容的な意味をもった一つの進行であるが、それにもかかわらず、有限的な諸科学の場合に見られるような、絶えず新たな内容を蓄積していくという意味での進行ではないからである。

それに対し世界史の哲学は本質的に過去のものと関わっている。なぜなら世界史においては、諸個人や諸民族精神の具体的な諸側面、つまり外的偶然的なものに関して失われゆく諸側面が過ぎ去っていくだけでなく、彼らの原理も過ぎ去っていくからである。どの原理も、それがおよそ世界史的意味をもつようになるためには、他の諸原理に対して自己を貫徹し、世界史的な承認を勝ちとらねばならなかったが、またそれが故に、再び、他の原理の側から［没落の］運命を被らざるをえなかった。したがってここでは、諸原理は世界史の**一つの**原理によって秩序づけられるとはいえ、世界史の形成のみならず、諸原理自身が種々さまざまである。それ故世界史の進行の仕方は本質的に**変化**というカテゴリーによって規定されている。しかしこの変化は同時に世界史の原理によって惹起されている。世界史はこの原理によって方向づけられ、世界史の原理は自己を個々の諸原理において実現する。この変化は自然における変化のように物体に対して外から生じるのではなく、「概念をただす」(83)というものである。それ故、世界史は新たなものを出現させるが、それに対し自然においては太陽のもと新たなものは全く存在しない。また他方で哲学史も発展であり、本来の意味で新たなものを全く知らない。世界史に固有な変化の特殊的性格を、ヘーゲルは「若返り」と名づける。そこでは、まさにこのように本質そのものに関して時間の進行のうちで再び新たになるということと、さらにそれを越えて古いものが想起において保持されるということとが表わされている。この進行の論理的意味は普遍化である。世界精神は、意志や諸事情における自然性を帯びた特殊的な原理でもって始まり、この原理はまだ世界精神の究極目的をなす自由の原理ときわめて鋭く対立している。だが世界精神は徐々に原理の適用を自由の原理という究極目的へ近づける。それに対し哲学は初めから端的に普遍的なもののもとにある。哲学の展開は端緒の具体化と自己規定という性格をもっている。その際、内容——すなわち、自己展開するもの——は、自然的な展開とは異なり、発展にほかならない。発展の過程は内容と別なものではない。それに対し世界史においては発展のカテゴリーは、形式的な面を表わすにすぎない。それによって世界史の目的や内容が捨象されざるをえなくなる。それ故ここでも進行を規定するものは、それ自体「論理的なもの」である弁証法ではなく、意識の弁証法である。意識の弁証法においては否定という単純な形式のみが支配している。というのはそれは抽象的な対立にまでは行き着かず、単に諸原理相互の区別ならびに諸原理と一つの原理との区別にまでしか行き着かないからである。それに対し哲学史における指導原理は、形態化された発展の諸契機の内的弁証法である。ここでは諸原理そのものが互いに離反しあうのではない。ただ、後続の原理が先行の原理を従属的契機におとしめるという、展開を克服することにおいてのみ、互いに離反しているにすぎない。つまり、後続の原理は先行の原理を自己における特殊な側面として保持する——世界史では先行のものが後続のもののうちで生き残るのは、そのような具合であるが——のではなく、積極的に自己の本質的な対立や内容として保持する。最後に触れられた対照に関して言うと、否定は二様の形態で現われることになる。すなわち、一面的な否定と規定された否定として。(84)

世界史と哲学史とを対立させることは、まるで両者がただ［同じ類のうちの］諸種として互いに異なっているにすぎないという、印象をよび起こすかもしれない。しかし両者の思弁的な関係は少なくとも次のようなものである。一方で世界史は哲学史に対して普遍的なものであり、それ故、哲学史は世界史の一つの特殊な側面である。というのは哲学は宗教や科学と同様、世界史の素材に属するからである。(85)哲学は世界史の最も内面的なものをなし、したがって哲学は形式の点でも世界史と異なっている。哲学の活動の仕方は活動と素材との区別を含んでいない。だがその限り、他方ではまた、哲学史がまさに世界史に対して普遍的なもの、規定するものである。

しかしそれにもかかわらず、哲学史が形式上なお世界史との間で廃棄されざる関連によって特徴づけられないかどうかが、問われねばならない。哲学史の形式は確かに発展として、全く内容に内在的であるように見えた。実際、哲学史の進行を綿密に規定した諸契機の故に、哲学史のこの形式は、ともかく世界史の進歩よりも、「論理的なもの」の進行に一層似ていることが示されえた。しかし哲学史の進行と「論理的なもの」の進行との同一性が主張されうるかどうかは、疑問である。確かにヘーゲルは、「**歴史における**哲学の諸体系の継起は、理念の概念規定の**論理学的導出における継起**と同じものである」(86)ことを明確に説いた。もしも哲学史において現われる諸体系の根本的諸概念を純粋に、つまり概念の外的形態をなすものや、概念の特殊的なもの等への適用に関するものを剝ぎとって、扱うならば、理念そのものの論理学的諸概念における諸段階が見いだされることになる。しかし彼はすぐ付け加えて、こう言う。歴史の時間的継起としての継起は、しかしながら或る面では、諸概念の秩序における継起とは異なってもいる、と。残念ながら彼は、この相違をどこで確認しようとしているかについて、まとまった考えをどこにも述べていない。それを見いだすためには、彼の哲学史の叙述を詳細に分析せねばならないだろう。我々は若干の際立った特徴を注釈することにとどめる。

(1) ヘーゲルは「生成」のカテゴリーをヘラクレイトスに照応させた後、それに続けて「対自存在」のカテゴリーをレウキッポスに関連づけている。彼はそのようにレウキッポスを扱う際に、何故に「定在」のカテゴリーが抜け落ちざるをえなかったかを、説明している。――「定在」のカテゴリーは現象の領域に属し、したがって哲学の原理にはなりえない(87)。確かに哲学の歴史的展開は論理学的哲学に照応しているにちがいない。しかし、歴史の展開では抜け落ちる箇所も、論理学的哲学においては「抜け落ちず」存在するにちがいない。実際ヘーゲルはこのような見方を妥当なものと認めているように見える。というのは彼は、論理学的領域においてその都度二番目の規定を、哲学体系の原理になるという機能から排除したからである。かくて「無」についてはこう言われる。「無」はエレア派の場合意識の側に出現するのであり(88)――そしてギリシア哲学では「無」はこのような側面としてしか、つまり本質的なものの契機としてしか現われてこない。さらに「対自存在」の後に続く原理は「量」ではなく、ただちに「度量」(アナクサゴラス)になる(89)。そして驚くべきことに、「本質」も論述そのもののうちで明確には原理として登場してこない。アナクサゴラスはそれ自体すでに普遍的なもの、ヌースを原理としていたが、そのアナクサゴラスからソフィストへと展開が進み、ソフィストについてはこう言われる。ソフィストは普遍的な原理を表わす特定の内容を探求するなかで、人間を尺度(プロタゴラス)として認め、そして最後にソクラテスが主観的なものをそれ自身において客観的なものとして捉えるようになった。かくてソクラテスには「概念」

という原理があてがわれ、それに対しプラトンとアリストテレスには「理念」が指定されているように見える。それに対し哲学史の主要な時期に関してまとめられた概観においては、ヘーゲルはプラトンには「本質」を、アリストテレスには「概念」を、そして新プラトン主義に対して初めて具体的な「理念」を照応させている(90)。このような食い違いが個々のテクストの成立時期から説明されるのかどうか――それを決定するためには、ヘーゲル論理学の詳しい発展史が求められよう。しかし、ヘーゲルが個々の論理学的形式の意味を哲学史においてさまざまな仕方で捉えていたかどうかという問題よりも、一層重要なのは次の問題である。それは、原理としては抜け落ちてしまった諸形式［二番目のカテゴリー］が、それにもかかわらず発展の特定の位置において原理的な意味をもつような、そういう法則性がそれら諸形式にあるのかどうかという問題である。さもなくば、それらの形式は［過去の哲学においてではなく］ヘーゲルの場合に初めて事柄に通用する形式として正当化されるようになったと、想定せねばならないだろうが――しかしそういう想定は、彼の哲学史におけるヘーゲル自身の位置に関する原理的な捉え方［ヘーゲルという個人を特権化しない捉え方］とそぐわないだろう。そして「定在」のカテゴリーが抜け落ちていることや、「無」が意識の側に登場することに関する注解は、［むしろ］何か別のことを推測させる。というのはヘーゲルは「定在」についてこう言うからである。「定在」を原理にしようとしても、それは、我々が意識のうちにもっているものであり――我々の没思想的な意識のカテゴリーである、と。このように意識について二度も言及していることは、次のような考察をもっともなものと思わせる。それは、二番目に出てくる種々のカテゴリーは、対自存在する主観性という原理を一般的特徴とする近代の哲学において初めて、その主観性の原理のうちの種々の体系における差異を示しているのではないか(91)という考察である。究極の最も頑なな対立［思考と存在との近代的対立］が、なにがしか、理念の発展のうちに含まれているすべての対立に初めて規定性を与えるものである。それと同時に、ヘーゲルをして哲学史を二つの主要な時期に、すなわちギリシア哲学とゲルマン哲学とに区分せしめた論理学的根拠も見いだされよう。なぜなら単に新しい原理が付け加わってくるという事情だけでは、たとえそれが最後の原理であろうとも、ゲルマン世界の哲学が二つの哲学史的時期の一つとはみなされないからである。したがって、もしもかの説明が考慮されなければ、時期区分が哲学史的にはっきりと考えられていないということでしかないだろう。しかし、かの説明によって、何故に諸原理の論理学的形式への帰属性がしばしば曖昧であらざるをえないかも、それなりに解釈できよう。つまり種々の対立が思考と存在という最高の対立によって独立した意味をもつようになるのでない限り――そしてそのこと［種々の対立が思考と存在との対立に基づいていないこと］がヘーゲルによればギリシア哲学に一般に認められる特徴だが――対立を媒介しまた対立の論理学的成果でもある諸形式も、互いに明確に区別されえない。そのため、例えばプラトンの原理を［「本質」における］反省諸規定に照応させねばならないか、それとも別の形式に関係づけねばならないかは、決められないことになる。一般にヘーゲルが種々の哲学を彼の論理学の諸形式と関連づける際にしばしば曖昧であるのは、そこから理解されよう。(92)

(2) そのように解明された問題と関連して、哲学史における諸原理はしばしばその［論理学的に］純粋な形式においては表わされていないということが認められる。諸原理は単に一面的な観点の下で――すなわち、本来は実在哲学のうちに現われ、論理学には出てこないような諸規定において表わされているか、もしくは、本来は一層展開された論理学的段階に属し、また後になってそのように解されたりするものの、当初はまだあまりに抽象的に捉えられているため、本当は正しい位置で扱われえていないような諸カテゴリー（例えば、アナクサゴラスのヌース）において述べられているかである。

(3)　さらに、哲学史が後の必然的な諸原理を非思弁的な形式で先取りしている（例えば、イオニア派やエンペドクレス）ために、それらの段階の論理学的進行への一義的な帰属が危うくされるということもある。

(4)　だが最後に、いかなる原理的進行をももたらさず、したがってその必然性が論理学的には全く反省されえないような、哲学者や哲学や哲学史上の時期がある。例えば中世全体がヘーゲルにとってはそのような時期である。

哲学史において精神が把握される際の上述の混濁は、哲学と世界史との廃棄せられざる関連の故に生じた、とヘーゲルは見ていたように思われる。実際、世界史は、精神が自己を完成するために必要とした媒体である。だが媒体として世界史は或る自立性をもっており、そのために思想は形式上制約されたものとなる。ヘーゲルが哲学史の叙述のうちでしばしば世界史的出来事や宗教史的出来事との関連の説明を、単に付随的にではなく、話題にするということ——例えば、いかなる原理的進歩をももたらさぬとはいえ、必然的であるような、哲学の包括的時代が存在する場合には、まさにそう想定されるが——そのことは、哲学と世界史との関連によってのみ正当化されうる。

ヘーゲルの論理学はそれ自身哲学の一つの時代的形態である。しかし他方ではかの混濁から純化されていることを要求する限り、ヘーゲル哲学においては、哲学は、世界史との関連の故になおも有限的な知に依存しているというような、そういう世界史との関連を廃棄してしまったと考えねばならない。このような廃棄という見地から、哲学史の終結に帰せられる意味を一層立ち入って規定せねばならないだろう。それ故、今や世界史の究極目的と哲学史の終結の意味を問うことにしよう。

(II) 歴史の二つの様式における終結

世界史は諸々の根本原理の有限的な継起である。その最終原理は自己を知る主観性であり、それは、キリスト教が世界に登場すると共に生じる。その限り、精神と世界との歴史的和解はすでにキリスト教でもって**潜在的には**行なわれてしまっている。[93] しかしこの和解は絶対的和解であるものの、ただ潜在的に行なわれたにすぎないため、現実にはなおもきわめて抽象的な対立、すなわち精神の国と世俗の国との対立につきまとわれている。この対立は、［世界史の］原理が理性的で自由な思想という形式で実現される時に初めて消える。なぜなら、ただこの形式でのみ精神の目的が世俗的なものにおいて実現されうるからである。それによってかの和解が個々の現実の意識にとっても遂行されたことになる。「自由は現実のうちに自己の概念を見いだし、世界の現実を自己のうちで有機的になったこの客観的体系へと形成した」[94]。その限り、世界史の目標は［フランス］革命後の時代の正義と法に基づく理性的国家において達成されている。けれどもそのことは、世界史が自由の意識に関してさらに進歩し続けるという意味で、「仕事がまだある」ことを排除するものではない。例えばヘーゲルは、国家の原理と市民的自由の原理との抗争、「この紛糾、この問題こそ、歴史が直面しており、また将来解決せねばならない問題[95]」であることを指摘した。またこれまでとは異なる民族がこの点で世界史的意義を獲得するようになることも排除するものではない[96]。しかしさらなる進歩が行なわれる時代の原理はまだ登場していないのだから、このような見通しは「経験的な側面[97]」に属し、今のところ哲学的な学の問題ではない。

しかし世界史が定義上一つの過程であるからと言って、当初言及された歴史の自然的展開とは異なる。それは、世界史が（歴史の自然的展開の場合のように）いかなる目標ももたないことを意味するのでも、世界史の究極目的が（啓蒙の歴史把握に見られるように）単に無限の彼方に置かれることを意味するのでもない。第一の点は世界史の概念からおのずから理解される。第二の点、すなわち、目的の内在と無限な完全性との統一も世界史の理念のうちに含まれており、その点をヘーゲルは非常に明確に述べている。「このような進行、段階的歩みは完全性の観念に適合せんとする無限な過程、**永久に**目標に届かない過程であるように見える。新たな原理への進歩においてかつての原理の内容が一層普遍的に捉えられるとしても、新たな形態がやはり再び単に或る**特定の**形態にすぎないということも確かである。いずれにせよ歴史は、普遍者が限定された仕方で現われるところの、現実と関わらざるをえない。だがいかなる限定された形態も思想、概念に対しては固定化されえない。もしも概念によって消化されえず、解消されえないようなものがあるとすれば、それはもちろん最高の分裂、不幸としてあるだろう。しかしそういうものがあるとしても、それは、自己を把握している思想そのもののあり方でしかないだろう。何故なら思想のみが自己のうちで限定されざるものであると同時に、そこですべての現実が限定されてあるからである。かくて分裂は止み、思想は自己のうちで充足しているだろう。ここに世界の究極目的があるだろう。理性は真なるもの、事柄として存在する無制約的なものを認識する。精神の概念は、自己を対象化しそして自己自身へ還帰していくものである。したがって進歩は無限への無限定な歩みではなく、そこには目的というものがある。その目的とは自己自身への還帰である。それ故、また、精神が自から**求める**或る循環過程というものがある」[98]。

ヘーゲルはとりわけ歴史哲学のうちで、啓蒙において誤って用いられた無限の進歩というカテゴリーを反駁している。そこで、この反駁はそれ自身再び一面的な立場を示すものと受け取られかねない。とはいえ、引用された文章ではほとんど各行ごとに、内的目的論と外的目的論という両原理の統一が述べられている。［啓蒙の歴史観では］決定的に最後の形態という虚構が用いられるが、それは［永久に到達できない彼岸であるので〕まさに最高の分裂状態である。そうだとすると、虚構されたものは、ヘーゲルが自ら捉えているように、思想でしかありえないということが、語られている。しかしたとえ思想が歴史の**うちに**〔目標として〕現われうるとしても、思想は世界史的現実としては「存在し」ない。

だが世界史の終局において「真の和解が客観的になった[99]」場合でも、人倫的意識は、自己の世界がさらに形成を要することを理解している。またたとえ現在において根本的原理が認められていても、根本的原理に従属する二次的な原理に関しては、まだそれ自体としては認められていない或る原理に代わって、根本的原理に一層適切である他の原理が登場するにちがいないことも、人倫的意識は理解している。後者の原理に関しては、人倫的意識は、さらに、自分では見通しえない必然性に服していることも分かっている。

もしも哲学が精神の世俗的現実の一側面でしかないならば、哲学的意識についても、〔世界史に関して〕今述べたこと以上のことは認められないだろう。それ故、もしも哲学のヘーゲル的形態が歴史の動向に由来しているならば、そのような歴史の動向はそれ自身、ヘーゲル哲学が決して世界史の一層高い権利に屈伏するものではないという点に関して、体系の内部でいかなる確信も与えない〔むしろヘーゲル哲学が世界史の動向に左右されることを認める〕ことになる。哲学がたとえ精神の世俗的規定性を身につけているとしても、哲学がその世俗的規定性によって定義づけられない場合にのみ、哲学的意識は自らまごうことなく、有るところのものの真の知だと確信できる。哲学的意識が自己を同時に世界の一部分と自覚している場合に限り、哲学的意識には、もちろん、自ら求める哲学がさらにさまざまな改善を要し、また自ら認識する諸対象がさらなる規定を要し、また人倫的世界の来るべき改革から出てくる諸動機が顧慮される必要があるように思われてくる。しかしそれにもかかわらず、哲学的意識が特定の世俗的形態のうちに現われるものではなく、自己を、自己自身を把握する思想として認める限りでは、この自己把握的な思想に割り当てられた哲学の形態は、それが現在および将来において帯びるであろう、あらゆる表現のうちで同一であり続けるということになる。そうなると、さらなる変化、それどころか葛藤に服している時代の文化や政治的現実は、学となった哲学をもはや自己分裂させることはできないだろう。

このような論証によって初めて、学そのものが体系内在的に正当化されることになるだろう。したがって、もしも論理学の真理要求が現実のうちで確証されるべきであるならば（『エンツュクロペディー』第五七四節）、そういう論理学の真理要求に対して求められる歴史的根拠づけは、世界史の哲学と同じものではない。ヘーゲルは哲学を彼の講義では「学」と呼んでいる。それは哲学自身の概念を把握した哲学というものであり（『エンツュクロペディー』第五七三節）、あいついで歴史的に実現されゆく哲学の諸原理の締め括りとして現われねばならない。哲学はその最終的原理、すなわち、先行する全運動の法則であるところの方法を、ヘーゲルの論理学において到達し、把握してしまわねばならない。［過去の諸哲学における認識の］方法が同時に「論理的なもの」自身の原理である。哲学の歴史的展開が、この最終的原理に適った「論理的なもの」の提示へと導き、他方で「論理的なもの」の提示自身、歴史的にあいついで生じる諸原理の順序を必然的なものとして把握することによって、哲学史の終結は特殊な意味を帯びてくる。それは、精神が現在の現実と和解しているだけでなく、この和解のただなかで自己の過去の内在的な意味をも認めるということである。哲学史を駆り立てた、精神の諸原理による仕事は、論理学で単に終わるだけでなく、全体として成就されてもいる。

しかしまたこの終結は、必ずしも、哲学そのものが将来もはやいかなる仕事にも携わらないことを意味するものではない。というのは先に次のような問題が未解決のままになっていたからである。ヘーゲルは、中間の［二番目の］諸カテゴリーが哲学体系の原理とならないと言っていた。しかしこれらのカテゴリーも哲学史において原理として認められるべきだとする少なくとも相対的な要求を掲げるにちがいない、というような法則がそれらの原理に関してあるのではないかという問題である。**そのような原理の**仕事が終わってしまうのではなく、おそらく、まさに、全体の方法が見いだされたときに初めて、正しく始まるのかもしれない。それによって、その都度の時代の文化が集約されている世界史的諸原理の進行と、論理学的諸形式の体系全体との連関が理解されることになろう。なぜなら学の登場の後にもあいついで生じてくる文化の諸原理は、その純粋な内容の論理学的な位置を論理学的理念の先にもちうるからである。ヘーゲルの『論理学』の中ですでに挙げられた諸形式だけが、論理学的解明の与えられうる形式ではない。ヘーゲルが『論理学』の種々の版で示した種々な叙述から推測されるように、ヘーゲルの方法は、おそらく、カテゴリーを原理的には無限に広く拡張することを許すだろう。その場合少なくとも論理学にはなお多くの進歩が可能であろう。必ずしも叙述のスタイルが洗練していることとか首尾一貫していることだけでなく、叙述内容の規定そのものに関しても改善があるだろう。しかし集められた諸原理の範囲を越えるような、一層高い原理はもはや見いだされえないだろう。ヘーゲル哲学は、ヘーゲル以前の哲学が反駁されたようには、反駁されえず[100]、ただささらに**修正される**のみだろう。しかし反駁されえないものは、本来、ヘーゲル［という個人］に特有なものではなく、現実に存在するようになった学であろう。この学の叙述のうちでヘーゲル特有の部分は、歴史のうちで他の特有なものによって取って代わられるだろう。ちょうど、以前からその都度、客観的精神の諸形態が交替してきたように。このように単に［原理の］形態化という面での継起は、学においてなお必要にして可能な進展と区別されねばならない。後者こそ諸々の形態化を通してなされるべき本来の仕事である。そしてその仕事というのは最後に到達されたものの**仕上げ**になるだろう。進展はもはや、先のように、絶対的精神の概念的な自己把握の展開ではないだろう。哲学は一つの原理の展開としてあらゆる時代において同一であり、哲学史の運動はこの原理が自覚される過程であったが、その原理が現実に存在するようになるだろう。それ故、今後、学は、有限的な諸科学が確実な歩みをするようになって以来ずっと続いていたのと同様な歴史をもつことになろう。

(Ⅲ) 歴史性の第三の様式の必然性

哲学史の終わりになおも原理的に意味のある仕事が残っているかどうかという問題は別にして、この終結を示すことですでに哲学のヘーゲル的形態を完全に正当化したとするなら、それは間違いである。なぜなら、もしも哲学のヘーゲル的形態の唯一真なる正当化が、「哲学を学にまで高めるべき時代が来ている」[101]のを示すことにあるならば、哲学に学の形態を与えんとするこのような形成を、哲学の原理的展開の内在的帰結として表わすことだけに限定できないからである。哲学のヘーゲル的形態を正当化するためには、次のことも示さねばならない。それは、精神の現在の状況においてこそ――その精神そのものは哲学という形態では捉えられないが――真の形態において仕上げられた哲学的最終的原理を学の**体系**へと形成できるようになったということである。哲学史は単に「哲学の」諸原理の発展を把握したにすぎず、それに対し「哲学的」原理を一つの包括的な世界観へ具現することは過去のこととみなさねばならなかった。というのはこの具現は過去の文化に――過去の精神における世俗的な体制に[102]――属していたからである。だが今や次のことが明らかにされねばならないだろう。それは、精神を最終的に満足させるような具現への可能性が、最後の「哲学的」原理の具体的性格にあるだけでなく、総じて、世俗的精神がいかにさらに変化してももはやそれに左右されないような、そういう具現への**欲求**が文化のうちにも存在していることである。

したがって、学が学自身を学の生成の歴史に鑑みて正当化せねばならないということは、正確に言えば二つのことを意味する。それは、一方では、哲学的諸原理が終結したことを示すことである。他方では、諸原理が具現される時の［世俗的文化における］諸条件が終結したことを示すことである。学は、真理を洞察していく運動であろうとする要求を掲げる。だがその真理は生成過程において、ただ世界史との内的連関によって混濁された仕方でしか現われえなかった。それ故、また、これまで真理を把握してきた形態はいずれもこの混濁を免れえなかった。真理が歴史的運動のうちで混濁していることは、哲学と世界史との連関から生じているのだとすると、この連関による［哲学への］規定が哲学において廃棄されねばならない。それによって、真理がその真の形態で出現しうるようになる。かの連関による規定の廃棄は原理において把握され、真理の真の形態はその原理から出現するようになる。そうなると、この原理が究極的なものである。なぜなら原理における知はもはやいかなる外的条件によっても規定されていないからである。この知が**絶対知**である。ところでかの連関による規定が廃棄されるのは、ヘーゲルの方法によれば、ただ、［哲学が］関連づけられるものの規定性が、真理に照らして廃棄されるという仕方でのみ可能である。その関連づけられるものとは歴史的世界であった。したがって歴史的世界は進歩しなければならない。そしてその結果、［哲学が］もはや外的に制約されることなく、［逆に］精神が哲学によって把握されるようにならなければならない。その限り世界史も完成しなければならない。「それ故、精神がそれ自身世界精神として自己を完成しないうちは、精神は**自覚的**精神として完成するに至らない[103]」。しかしこの世界史の完成は——世界史の原理について語られたことが正しかったとすれば——精神がその世界史的形成の歴史を終えてしまい、自由の意識において進歩するのを止めてしまわざるをえないことを意味するものではない。世界史はただ特定の時期をなにがしか真理のための好機[104]としてもたらさねばならないだけである[105]。哲学が現実に存在する条件は世界史のうちにあるのだから、世界史は次のような段階に達するのでなければならない。その段階とは、文化が哲学的思想をもはや［外から］触発せず、むしろ文化が哲学的思想の内部で哲学的思想の規定の契機として現われてくるという段階である。それ故、学の登場の**前**提にすぎないという意味での文化の歴史が終わる時に、世界史はさらに一層完成したものになる。[106]

歴史における文化が、［哲学による］概念の把握を引き起こす条件であることを自ら止めるということは、厳密に言えば、客観的精神の展開を終結させる世界史の哲学においては示されえない。というのはここでは世界史はまだ全く真理の運動の条件としては規定されていないからである。実際そのような示唆は世界史の哲学の講義においても見いだされない。けれどもそれを哲学史に求めようとしても同じである。ヘーゲルはそこでも単に、絶対知は**普遍的な時代**と**哲学の欲求**であるというテーゼを立てているにすぎない。それ故、世界精神が今や自己を絶対的精神として把握するのに成功したということは、「**そう思われる**」というような、単に臆測的な言い方で述べられているにすぎない。しかしながら論証の目標は明確に与えられている。「有限的な自己意識の外に立ち現われた絶対的な自己意識に対する、有限的な自己意識の闘いは止む。有限的な自己意識は有限的であることを止めてしまった。それによって他方では絶対的な自己意識はかつてもっていなかった現実性を獲得するようになる。これまでの一切の世界史一般および特殊的には哲学史はただこの闘いを表わしているにすぎない。この歴史は絶対的な自己意識に関する表象をもっていたが、かかる絶対的な自己意識が外的なものでなくなる時、つまり精神が精神という形で現実に存在するようになる時、歴史はその目標に到達しているように思われる。」[107]［傍点―訳者］

それではその論証そのものはどうなのか。哲学史講義ではヘーゲルはまだ論証を展開していない。その理由は、「よく考えられた歴史」がその「対象を全く論理的に厳密には導出できなかった」[108]からだろうか。

あるいは論証を行なう手段をもちえたとしても、論証を行なう時間が不足していたからなのだろうか。それとも哲学史は学であるとしても、全くかの論証の方法的基礎を提供するものではないのだろうか。後者の場合だとすると、ヘーゲルの臆測的な語り方は原理的な意味をもつことになろう。そうなると、哲学史とは異なる学が登場してきて、その学が、哲学はヘーゲル論理学において終結し、哲学自身の概念を把握するようになることを示すのでなければならないだろう。

ヘーゲルが哲学史の一般的成果について述べているところによれば、次のように推測してもかまわないように思われる。ヘーゲルは哲学史だけで自己の論理学を真理の真なる形態だと示すつもりは全くなかった、と。というのは彼は［哲学史の］成果としてただ次の点を挙げるにすぎないからである。第一に、いかなる時代にも常にただ一つの哲学があったこと。第二に、哲学の諸体系の経過は偶然的なものではないこと。第三に、**一つの時代**の最後の哲学は、精神が自覚され、その真理が示される最高の形態であること。ヘーゲルの哲学史は確かに必然的な**進行**を示さねばならないが、終結したことの必然性を示さねばならないわけではないのだろう。かくてヘーゲルは哲学史の［一般的成果について述べている］この箇所でも［哲学史の］導入の箇所でも、自己の哲学を単に「現代の哲学」[109]としてしか語らない。彼は導入の箇所において確かに運動全体の端緒と進行を解明しているが、終結を解明してはいない[110]。そのような終結がなければならないということは、確かに運動全体という概念のうちに含まれている。そのことは、哲学史は哲学体系と同一であるという主張でもって示されている[111]。しかしこのテーゼを論証してみたとしても、ヘーゲルが展開した具体的な哲学の形態を正当化したことにはならない。仮に彼が古代から近代に至る哲学の歩みを必然的なものとして把握しただけでなく、近代哲学の歩みも——それは理念の自覚という原理を承認し、この原理に適った形態を与える歩みであるが——必然的なものとして把握したとしよう。さらに、思考と存在との統一というかの根本理念そのものを扱い、それを把握したヤコービやカントから始まるドイツ哲学の時代の諸段階も、彼が導出しえているとしよう。[112] そうだとしても、彼はまだこの導出を論証しえていないだろう。その論証は時代の文化から導きだされるべきものである。つまり哲学の真の形態において到達される知は、文化的状況を表わす一切の内容のうちで実現されるものだという論証である。何故なら、たとえ哲学史のうちに世界史との内的連関が含まれているとしても、哲学史の叙述だけでは、いかに思想が世俗的および宗教的な文化そのものを前提とし、この文化のうちから自己反省するものであるかを示しえないからである。文化の普遍的歴史と、文化の内面的で純粋な成分である思想の歴史とを、**一緒に**主題とするような哲学的な科目［フルダはそれを「形成史」と呼ぶようになる］だけが、論理学の立場の真理性を論証しうるだろう。しかしながらヘーゲルは、ヘーゲル哲学を学として正当化するために世界史と哲学史以外の科目を要することを、一度も明確には述べなかった。しかし彼は、哲学史を厳密に学的には論述していない講義においては、しばしば、種々の体系の企てと文化史的事態との関連を暗示していた。しかし他方では、一般に文化に属するものは本来哲学には属しないということをも注意していた。[113] また彼は、哲学史がとり上げる思想諸規定が世界史の最も内的なものとして重要な意義をもつことは、哲学史には属さないさらに別の認識であるとさえ述べていた。[114] とりわけ信仰と知に関するイェーナ時代の著書［『信仰と知』］において、最終的な哲学的立場の真理性の論証はただ先行する文化全体の論証を介してのみ達せられねばならない、という意識が暗示されている。この著書は次のような考え方でもって締め括られている。「主観性の形而上学」はすでにとり上げられた諸哲学［カント、ヤコービ、フィヒテ］において「その諸形態の完全な円環を一巡してしまっている。**それ故**文化の諸側面とみなされるもの、すなわち、全体の中の個々の次元をすべて定立すると共に、個々の次元をそれぞれ体系にまで仕上げることが完全に表わされており、それによって文化を**完了して**」しまっている。ここにおいてただちに、哲学がこの文化のうちから起こり、有限性が絶対的であることを否定しつつ、それらの富全体をもって完成された現象として自己を表わす、**外的な可能性**が定立されている。何故なら芸術の完成が機械的技巧の完成によって制約されているように、哲学が豊かに現われることも文化の完成によって制約されており、そして文化はすでに辿られてしまっているからである。[115]しかしこの著書はカント以後のドイツ哲学しか扱っていない。それは、思考と存在との統一を把握するというドイツ哲学の根本理念を、哲学史の究極的原理として認めねばならないかどうかについて、はっきりと語っていない。他方、そこでは、確かに芸術と技巧との関係との比較で、まさに哲学と哲学以前の文化との関係が暗示されているものの、**哲学的**文化の領域に限定されている。それ故そこでは単に真の哲学の外的な**可能性**についてしか語られていない。決して、「哲学を学にまで高めるべき時代が来ている[116]」という**外的な必然性**を、厳密に学的に示そうとするものではない。

［「哲学を学にまで高めるべき時代が来ている」という］『現象学』からの引用箇所の故に、求められている科目は『現象学』のうちに見いだされることが、導きだされるかもしれない。そうは言っても、『現象学』を、「導入であり**うる**」というすでに明らかにされた意味においては、まだ受け取ってはならないだろう。というのはもしも『現象学』が導入であるならば、それは同時に非学的意識に対する正当化であろうが、ここでは非学的意識についてはまだ全く問題になっていないからである。しかしその点を無視するならば、『現象学』は多くの点ですでに素描した課題を遂行するのにふさわしいもののように思われる。『現象学』の或る定義によれば、『現象学』は「意識自身が学に至る**教養**［文化］の詳細な歴史[117]」である。『現象学』においては意識の諸形態の根底に文化の歴史的諸形態が存在している。ただしこの文化の歴史的諸形態は第二段階「精神」で初めて「実在的な諸精神」、「世界の諸形態」になり[118]、それによって『現象学』の歴

史的構造は複雑化される。この複雑化は『現象学』の導入的機能と関連している。その点を除けば、『現象学』は或る程度精神の普遍的な文化史であり、人倫的知と宗教的知との間に存在する対立を解消することによって、絶対知の立場を出現させるものである。したがって先に必要と思われたように、『現象学』は、非哲学的文化のうちに存する哲学の外的条件が廃棄された結果として、学を提示することになる。絶対知は『現象学』では、まず人倫的精神の側でもたらされた意識と自己意識との和解と、次に宗教においてもたらされた意識と自己意識との和解との、その両者の合一である。(119) 人倫的精神の最後の形態である「美しい魂」は確かにすでに概念の純粋な統一性をもっているが、絶対的精神の現実性をなす具体的内容に欠けている。宗教的意識はなるほど絶対的内容をもっているものの、それを表象の形式でもっているのでしかない。「確かに」宗教的意識は絶対者を直観する直接知であり、そういうものとして自己と眺められるものとの区別を解消してしまっており、(120) それ故、絶対者の存在そのものである。(121) しかし宗教的意識はまだ内容的な意識との区別を保持しているため、内面的な立場として「外的現実から」隔てられたものでもある。宗教的意識は、神的なものを直観する際にもっている確信と同じものを、自己の行為のうちには見いださない。宗教的意識は自己の現実的和解を遠い未来に置かざるをえない。また他の「自己」(キリスト)がもたらした和解は遠い過去の出来事である。現在の世界はまだ変容を待たなければならない。(122) したがって実際には、信仰において確信されている和解と、世界との接触において経験される分裂との、対立がまだ宗教のうちで支配している。しかし「美しい魂」は行為することによって、「美しい魂」に欠けていた内容を獲得する。また宗教的意識は思考することによって、宗教的意識の内容を「自己」自身の行為となす。それ故、「自己」はもはや他人の行為による世界の変容を期待しなければならないわけではない。これらのことによって、絶対知の諸契機が寄せ集められている。(123)「精神は精神の完全で真なる内容に同時に「自己」という形式を与え、それによって精神の概念を実現すると共に、実現のうちで精神の概念に留まっている」。

したがって、人倫と宗教とが近代のプロテスタンティズムにおいて互いに対立しているものの、両者の一面性は哲学的な知によって克服されるということが、『現象学』において示されている。それによって、『現象学』は、絶対知を近代のプロテスタンティズムの必然的結果として説明しようとする。この哲学的な知は人倫的であると共に宗教的でもある。それは、「自己意識が単に自己の内面に引きこもるのでも……自己意識が単に実体に沈潜して区別がなくなるということでもなく、「自己」が自己自身を外化して、実体のうちに沈潜すると共に、実体から抜け出して自己のうちへ還帰した主体として存する。この主体は実体を対象とし内容とするが、同時にこの対象性や内容［と「自己」と］の区別を廃棄するという、**かかる運動**である[124]」。

このような指摘によって確かに、『現象学』には次のような主題設定が含まれていることが十分に明らかにされている。それは、哲学史の運動が終結すると共に、それによって学がその端緒に還帰するという（『エンツュクロペディー』第五七三節以下）、そういう筋道だった移行を明らかにするのに必要な主題設定である。しかしこの指摘においては、『現象学』がこのような移行の媒介を果たさねばならないとまでは言われていない。［『現象学』の］緒言（Vorrede）では哲学が学になる外的必然性が語られている。そこでヘーゲルは、哲学を学にまで高めるべき時代が来ているのを示そうとする試みの唯一の真なる正当化を、接続法の形で述べている［「それ故、哲学を学にまで高めるべき時代が来ているのを指摘するということが、この目的を抱く試みの唯一の真なる正当化であるだろう（würde）。というのは時代はこの目的の必然性を示し、否、同時にそれを実現しさえするだろう（würde）からである」］。したがって、『現象学』と、知が学となるための外的必然性の学的論証との間に、或る差異も存在する。もしも求められている文化の歴史をそのような学的論証と解することが許されるならば、文化の歴史の構造はこの差異を明らかにしなければならない。この歴史は、絶対的精神の哲学の全体を見通すことができた時に、一層詳しく分析されるはずである。

c　絶対的精神全般の歴史のうちの哲学史

文化の歴史およびその中で特に近代における文化の歴史を貫いている人倫的文化と宗教的文化との対立の廃棄は、［『エンツュクロペディー』］第五七三節で主張されている「哲学の運動」（それを我々は哲学史と解釈するが）から哲学の終結への移行、すなわち哲学が哲学自身の概念を把握するようになることへの移行にとって、決定的な意味をもっている。だがそのことはもっぱら、『エンツュクロペディー』から時代的に隔たっているイェーナ時代の著書や『現象学』、また編集に関して問題がある諸講義をもとにしてのみ論証されねばならないということはない。それは、『エンツュクロペディー』の第二版と第三版における絶対的精神概念に関する簡潔な説明によっても支持される。すなわち、第五五五節では、絶対的精神の主観的意識[125]は自己のうちで過程であると言われる。この過程を通して直接的で持続的な統一をなすものは、客観的真理の**確信**としての「精神の証言[126]」における**信仰**である。――絶対的精神の主観的意識は過程であり、したがって次から次へと異なったものへ進行していく。しかしそれは**自己のうちでの**過程であり、それ故、また直接的な統一であり続ける。絶対的精神の主観的意識におけるこの統一、すなわち過程においても引き裂かれない最も内面的なものとは、信仰である。信仰において絶対的精神が証示される。それは、信仰と信仰対象が客観的真理であるという確信を、信仰が示すことによってである。客観的真理は自己のうちに区別を含んでいる。したがって信仰は、過程が統一のうちで生じるという意味で、統一を含むが、**それと同時に**、過程において区別される諸規定の関係を含んでいる。信仰はそれ自身諸規定の過程であり、そして信心において自己に戻る。――その点についてはさらにこう言われる。信仰は**信心**（これは過程のさらなる段階もしくは別の過程であるように見えるが）において、すなわち暗黙裡にであれ明示的にであれ行なわれる儀式において、「対立を精神における解放へと」廃棄する過程に移行してしまう。この媒介によって、かの最初の確信は**確証される**。当初は直接的確信として全く無規定であった確信が、具体的規定、すなわち宥和と精神の現実性を獲得している。過程によって対立が（それは明らかに自己自身の対立であるが）廃棄されて精神において解放されると言われるが、この対立とは何なのか。ここで精神における解放とは何なのか。その点については別の箇所で過程の終結という面から［宗教と国家との和解として］解明されている。［すなわち］第五五二節［客観的精神の最後の箇所］において、「永遠に現実的な真理としての、絶対的精神の知」への移行が述べられている。［この「絶対的精神の知」においては］「知る理性は自覚的に自由であり、必然性、自然、歴史はただ絶対的精神の啓示に役立つのみであり、栄えある絶対的精神を盛る器であるにすぎない」。［しかも］その長い注解の最後でヘーゲルは次のように言う。キリスト教の原理は、精神が自己の本質を自覚し、**自己**において全く自由であり自己を**解放**するという営みのうちで、自己の現実のうちにあるというものである。この原理においてのみ、国家権力と宗教と哲学の諸原理とが一体となり、現実一般と精神との和解、国家と宗教的良心ならびに哲学的知との和解が行なわれる、そういう可能性と必然性が存在する。(127)

したがって「解放」とは明らかに人倫的精神、(128) とりわけキリスト教的世界の歴史的な営みである。キリスト教的世界における宗教的領域と世俗的領域との対立は幾世紀も続き、啓蒙による知性の［宗教との］対立にまで先鋭化される。(129) この対立において哲学は人倫的精神の側に、解放の側に立っている。(130) 哲学は思考する理性の**営み**である。[131] しかし哲学はそれ自体この対立の和解でもある。ヘーゲル自身の思考は和解への努力から始まっている。[132] 彼の哲学が体系的に一つの全体にまとめられることも、ほかならぬこのことを顧慮しているようにも見える。

第五五五節において絶対的精神の抽象的概念の説明が終わっている。それ故この節はおそらく絶対的精神の全領域に関わり、その運動を素描しているのだろう。我々がここで関心を抱くのは、さしあたり、対立を克服して絶対的精神へ上昇する過程のみである。そこで次のことは明らかである。それは、絶対的精神の知は、先行する客観的精神の領域からの結果として生じ、なおも客観的精神の領域との直接的な関係を保持しているということ。またこの関係を廃棄しうるためには、この関係が相関関係と対立にまで形成されねばならないということ。そこから、相関関係が存在する限り、絶対的精神の展開は歴史的な展開でもなければならないということになる。したがって我々はここで、先に未解決にしておいた問題［哲学はそれ自身歴史的であるのか、また何故に歴史的であるのかという問題。本書の二五二頁、二五七頁参照］に対する体系的な解答をもつことになろう。その解答とは、哲学の内容、絶対的精神は歴史的なものであらざるをえないというものである。その点について先には差当りただ暫定的な説明［形成史の展開の結果、哲学が歴史に拘束されなくなり、そこで哲学の概念が示され、哲学史が終結するということ］が与えられたにすぎなかった。［だが今や］絶対的精神の契機としての哲学自身にとって［という見地から］、何故に哲学の運動がなおも世界史との関係を保持するのかという点について、体系的な根拠も明らかになる。同時に、何故にこの関係が廃棄されねばならないかも、以前より一層明瞭になる。つまり絶対的精神の全体がそれ自身この自己廃棄の運動なのである。信仰の最初の確信の「確証」（第五五五節）が終結するのは、一切の現実を自己のうちに含む普遍性としての論理的理念の確証（第五七四節）においてである。それ故、ヘーゲルは

［第二版では］第五七四節で『エンツュクロペディー』を閉じることができた。

けれども哲学史の終結の根拠を絶対的精神の本質に見いだすことによって、新たな問題が生じてくる。

(1) 絶対的精神であるところの過程が歴史的なものだとすると、確かに客観的精神の哲学と絶対的精神の哲学との連関が非常によく分かる。絶対的精神は、有限的精神の具体的現実性である世界史を自己のうちに止揚しているが、それは、絶対的精神が自己自身を歴史性へと限定し、そしてこのような自己の実在性と再び結びつき、そこで世界史が正当化されるからである。しかし我々は先に［第二部、第一章、A「エンツュクロペディーの構図における哲学」］哲学の概念を解明する際に拠り所としたのは、絶対的精神の領域が、絶対的精神を自己の内容とする**知**の諸形態という観点から区分されることではなかったのか。つまりなにがしか「心理学的に」芸術、宗教、哲学の三つの「世界」へと区分されることではなかったのか。このような絶対的精神の区分の諸契機は明らかに時間的な順序に従って出てくるものではない。いかにしてこの区分が、絶対的精神が諸段階を通して自己自身に至るという歴史的過程における区分と一致しうるのだろうか。確かにヘーゲルにおいて概念の展開というものがあるが、その諸契機は時間的経過という意味をもっていない。それは、概念の諸規定が「永遠のうちで」単純な状態から出現するということであろう。だがトレンデレンブルクが一般にヘーゲルに対して求めているような、[133]発生的解明［或る事が生じるためには何が行なわれねばならないかを示すことによって、或る事を定義すること］というものもあるかもしれない。ともあれ、もしも世界史の経過の哲学というものがあるならば、世界史は、同時にその内容が豊かになるというような生成でなければならない。そして内容の時間的な展開が概念の無時間的実在化の諸契機に対しなおも時間的な位置を指定することがありうるかもしれない。それは、ちょうど『現象学』のうちで宗教が有限的精神における歴史的な諸契機との関係においてそうでなければならなかったようにである[134]「「宗教」において「意識」「自己意識」「理性」「精神」という諸契機が再び展開され、歴史的な諸宗教の系列が生ずる」。しかしいかにして歴史的解明が同時に「非歴史的」心理学的解明でもあるのだろうか。またいかにして時間的にあいつぐ諸規定が一つの領域をなして展開しつつ、その展開が同時に互いに時間的な前後関係にないような諸規定の一つの領域をなして展開しうるのだろうか。それは途方もない謎である。しかしそれにもかかわらず、これが明らかにヘーゲルのやり方なのである。というのは彼は、古代の古典的芸術において完成する芸術(第五六一節)の次に、宗教一般を置くのではなく、真の宗教である啓示宗教を置き、そしてはっきりと、芸術の未来は啓示宗教にあると言うからである(第五六三節)。かくて芸術から宗教が出現するということは、『エンツュクロペディー』で与えられた叙述においては、そのまま歴史的な意味をもっているのである。同じ事が哲学に関しても宗教との関係で言えるかどうかという問題を、我々は先に投げかけておいたが、まだそれに答えていなかった。もしもヘーゲルが絶対的精神を『エンツュクロペディー』では芸術から宗教へまた宗教から哲学へ進む絶対的歴史的過程として述べているということが正しいのならば、我々は今やこう結論づけねばならない。確かに第五七二節以下では近代哲学が語られている、と。しかし、ヘーゲルの解明が同時に絶対的精神の抽象的諸形式を挙げるものである限り、我々は、哲学一般の概念も付随して与えられていることも認めざるをえない。

(2) 絶対的精神という領域の歴史的展開、つまり三つの「部門」の解明と展開の統一性の問題が唯一の問題なのではない。というのは絶対的精神の諸部門は実際単に知の形式の点で異なっているだけでなく、講義においては各部門が**それぞれ**一つの歴史をもってもいる。そうなると、絶対的精神のこれらの特殊な歴史がいかに絶対的精神の普遍的歴史のうちに組み込まれるか、を知りたく思う。我々の関連で特に興味深いのは、哲学史がいかに絶対的精神の歴史的過程に属するかである。したがってここでは講義の体系性と「エンツュクロペディー」の体系性との一致の問題が生じてくる。というのは芸術や宗教に関する講義ではヘーゲルはまず芸術や宗教一般の概念を示し、次にその概念の実現を歴史のうちで展開し、最後に宗教の場合には絶対的宗教を宗教の歴史の結果として扱ったからである。哲学史の講義では彼は哲学一般の概念を本来的に解明するのではなく、ただちに哲学史の概念を解明した。けれども彼は哲学史概念の解明の根底に哲学概念を置き、しかる後哲学の全歴史を取り扱った。他方『エンツュクロペディー』では、我々の見るところ、「哲学」という項目のもとでただ近代の哲学史が語られているにすぎない（第五七三節）。したがって、絶対的精神の三つの部門の特殊な歴史が一つの絶対的歴史の統一性を破っていないかどうか、が問われる。上述のごとく、我々は哲学史の講義を手掛かりにして、あたかも普遍的な形成史が哲学史の終わりと結びつけられ、その普遍的な形成史の結果として論理学が想定されるべきであるかのように思えた。今や絶対的精神の全領域があたかも一つの普遍的な形成史であるかのように思われる。またかくしてのみ、世界史を絶対的精神において止揚することが可能であるように思われる。

上述の難点を克服する試みは次節［C、三〇六頁以下］で行なわれる。さしあたり我々は、絶対的精神の歴史における哲学史の位置に関する種々の規定［以下の(a)〜(d)］を図式的に挙げておくことにする。我々は、それらの規定が絶対的精神の体系的統一のうちで連関しているかどうか、という点は考慮しない。しかし我々は、対立の一つの側面を他の側面に対して無視することは、できるだけ避ける。というのは我々はヘーゲルによる「絶対的精神の」配置全般を真面目に受けとめれば、そして彼が「精神」を動かす際の方法における「靴型責め具」(135)を単に彼の体系癖の小道具とみなすのでなければ、絶対的精神の哲学において芸術、宗教、哲学が扱われるというような単純な見方では満足できないだろうからである。絶対的精神の領域のうち第二の部分をなすのは宗教一般ではなくキリスト教であるという事実は、一つの解釈を要する。ここで試みられる解釈は、絶対的精神の領域の展開は絶対的精神を一つの歴史的過程として規定しているというものである。それは同時に、第五五五節で絶対的精神が主観的意識［宗教］という側面から示された際の、その過程の概念を解釈するものである。この解釈は、いかに世界史が絶対的精神全体のうちで止揚［廃棄かつ保持］されうるかという問題を解こうとする。[136] 絶対的精神の歴史の究極目的に関しては、先に哲学および哲学史の概念について研究したことから、もはやいささかの疑念もありえないだろう。その究極目的は学にあるのでなければならない。もしも学の内容が絶対的に普遍的なものとして確証されるべきであるならば、学はヘーゲルの論理学において達成されるのでなければならない。かくて絶対的精神の歴史は、世界史や哲学史の進行とは関わりなく、学においてその絶対的究極的な終着点に達する。また今やこう付け加えることもできよう。それは、芸術や宗教の歴史の進行とも関わりない——少なくとも、先にこの歴史について語られた際の、限定された意味においては。[137] 絶対的精神の歴史は反復不可能であり、時間のうちで始まり世界史において終わる歴史的行程である。その行程の結果、学において絶対者が再臨すると共に、絶対者の根源に還帰する。つまり絶対的精神の歴史は絶対者の歴史的諸契機をある段階へと高める。その段階においては、歴史的諸契機の進行は、概念的に把握する思考のうちで絶対者が自己の許にあるという自己同一性を、もはや全く損ねるものではない。絶対的精神の歴史は、己れ自身の内容に対する関係であろうと何に対する関係であろうと、関係の項であるだけではない限り、**絶対的歴史**である。

さて哲学の内部における哲学史の位置に関して言えば、

(a) 哲学史はとりわけ次の点で注目に値する。哲学史は、絶対的精神の自己満足であるという哲学の［近代哲学において示される］意味よりも、一層古い［時期を含んでいる］。絶対的精神は自己を知るという営みにおいて、古典的芸術からキリスト教へ、さらにキリスト教の学的形態から近代哲学へと展開し、自己の適切な叙述の段階に至る。それ故、近代哲学だけが絶対的歴史の一つの未展開の契機以上のもの、すなわち絶対的歴史の一つの局面である。古代哲学は確かに近代哲学の一つの歴史的前提であり、その意味で絶対的精神の歴史に属する。しかし古代哲学は絶対的精神そのものではない。古代哲学は絶対的内容をただ思想の普遍性のうちで捉えたにすぎない[138]。したがって古代哲学は「古代の宗教に単に対抗するという仕方で自己を表明しえたにすぎず、思想の統一性と理念の実体性は、想像力による多神教や想像力の詩作における陽気で不真面目な戯れに対し単に敵対的に振る舞うことしかできなかった[139]」。哲学は絶対的な仕事を引き受けることをまだ控えさせられていた。真の宗教によって初めて、哲学に絶対的な仕事の遂行が委ねられることになった。ここから、何故に古代哲学と近代哲学との間に一つの哲学史的時期(中世)が存在せねばならなかったか、またその時期は本来いかなる原理的な進歩をももたらさず、独自の哲学を含んでいないが、しかし「発酵」の時期として、哲学の新たな機能への準備の時期として必要であったかが分かる。このような理由から本来的にはただ二つの哲学が存在するにすぎないが[140]、哲学史においては三つの時期が存在することになる。

(b) 哲学であるものは一般に、絶対的精神の特殊な形態としてである。そのようなものとして哲学は特殊な歴史をもってもいる。しかしこの歴史の最終時期は同時に絶対的歴史の一局面でもある。すべての時期において哲学は**世界史における最も内的なもの**をなしている。哲学は文化の他の諸形態と一緒になって、それぞれの特殊な民族精神をして自己の精髄を知るようにさせ、それによってその民族精神自身を乗り越えるように駆り立てるという機能をもっている[141]。哲学は精神における解放の一つの要素である。ただし哲学は精神の他の諸形態よりも遅く登場する。しかも諸民族の生活においてもはや満足が見いだされなくなった時に、初めて登場してくる。[142]

(c) 哲学は自ら宗教に対抗しなくなる時に、初めてその完成の段階に立ち至る。すなわち、新プラトン主義と近代のドイツ哲学において。[143]

(d) 哲学が和解する宗教が絶対的宗教である場合に、哲学は完成し、そこでそれ自身絶対的な知となる。

C エンツュクロペディー的構図の構造的諸要素

a 絶対的歴史

絶対的精神の理論がもたらす本来の困難は精神の具体的本性のうちにある。その点についてヘーゲルはすでに精神哲学の冒頭で指摘した（第三八〇節）。その難点というのは、精神の概念の展開の特殊な諸段階は、自然の諸規定のように特殊な諸現実存在として分布しているのではないという点にある。精神の概念における特殊的なものは、もっぱら一層高い展開の段階のうちの契機として存在するにすぎない。そうなると、一層高いものはすでに一層低いものにおいて経験的に現存していることになる。発展のうちで後に来るものが先行するものに入りこんで現われることは、とりわけ有限的精神にとって特徴的である。ともかく有限的精神の場合には諸契機の間の或る程度明確な一つの秩序がまだ認められる。というのはこの秩序における有限的内容は他の契機［一層高い契機］を予示するからである。しかし絶対的精神の場合には、概して、さらなる進行の必然性や法則を見いだすことは困難になる。内容が自由であることによって、絶対的精神の各形態［芸術、宗教、哲学］には同等の価値が付与されているようにみえる。

したがって、ヘーゲルの『エンツュクロペディー』の三つの版における絶対的精神の叙述がすべて異なっていたことは、不思議ではない。彼が行なった変更のうちで最も著しいと思われるのは、芸術がますます自立化していくという傾向である。かくて第一版では芸術を扱う章にはまだ「芸術の宗教[144]」という題が付けられていた。そこではまず芸術一般の規定が明らかにされ、次に芸術の形式がまだ有限であり、それ故内容が単に限定された民族精神でしかないことが指摘され、最後に芸術における儀式が素描され、そこから啓示宗教への進展の必然性が示されようとする。第二版では同じ章がすでに単に「芸術」とのみ呼ばれるようになるが、他方ではまだ明瞭に、宗教が芸術の過去にもまた将来にも存在すると言われる（第五六一節以下）。したがってまだ芸術の章においても宗教が語られていることは明らかである。それに対し第三版では宗教の歴史の指摘に代わって、芸術の歴史的諸形態が言及されるようになる。それによってとりわけ芸術からキリスト教への進展は途方もないことになる。第二版では、絶対的精神における芸術までの展開が暗黙裡に自然宗教と芸術宗教という「規定された宗教」の展開でもあったという点については、少なくともまだ疑われていなかった。それに対し第三版では、絶対的精神の哲学の第一の部分では本来的には芸術のみが扱われるようになってくる。

この変更を過大評価してはならない。というのは第三版でも、芸術概念の「さらなる展開」は「美的な芸術の宗教」における儀式にまで進まざるをえないということが、語られないわけではないからである（第五五七節）。ただそのような展開の遂行がいかにして全領域の体系的統一を保ちうるかは、ますます不可解になってくる。

芸術の哲学の自立化は［最初のヘーゲル全集の編集者などによる］ヘーゲル解釈によって初めて徹底的に推し進められた。というのはこのヘーゲル解釈によって単純に美学講義と宗教哲学講義と哲学史講義とが前後関係に置かれ、この順番が絶対的精神の体系の決定的な形式として主張されるようになったからである。そのような図式化では『エンツュクロペディー』の叙述が全く分からなくなるということは、簡単に見て取れる。とりわけ、絶対的精神の全領域がその第二の部分の「宗教」(第五五四節)という名称をもつという、ヘーゲルの弁証法や用語法とは馴染まない事態が、意味の無い偶然、つまり恣意的な用語の問題として説明されざるをえなくなる。またヘーゲルが[宗教哲学講義では述べられた]絶対的宗教の前の「規定された宗教」の歴史を、[『エンツュクロペディー』では]「宗教」という一般的な題目のもとで扱っていないことも、同じく恣意の問題になる。最後に哲学について言うと、今や、[古代や中世の哲学も含めた]哲学全体が宗教の上に置かれて登場してくるという、まるでお話にならない結論が出てこざるをえなくなる。——ただしこの結論は、ヘーゲルの過大な自己評価に最初からとらわれてしまった見方からすれば、まさに期待されてしまっていたのであるが。

諸講義をもとに作られた体系的な連関においては、ヘーゲルが非常に入念で深遠な言い回しを与えた絶対的精神の統一性は、壊れざるをえない。なぜなら、たとえ個々の芸術の体系で終結する美学が概念的な結果として「規定された宗教」一般の知をもつようになり、さらには絶対的宗教が思考の形式での思考、すなわち哲学一般に移行すると考えられるとしても、そのような解明においては、いかに同時に、芸術の歴史、宗教の歴史、哲学の歴史という特殊な歴史を超越して進行する絶対的な歴史が表わされるようになるのかが、不可解だからである。したがって諸講義をそのまま基本的構図の構築のための模範と受け取るのは、間違いである。他方で、諸講義を単に口頭でなされた体系の変形にすぎないと見るのも、理解しがたいだろう。諸講義の方法が本質的に[『エンツュクロペディー』の体系に]内在的なものであるべきならば、諸講義は絶対的精神の領域の少なくとも一つの部分を満たすものでなければならない。しかしその部分は『エンツュクロペディー』における簡潔な言い回しでは自立的なものとして現われてこない。

以下で試みられる企ては、「エンツュクロペディー」の基本的構図を構築する際の指針を与えることである。その試みはすでに述べた種々の観点を正当化することになろう。それは次のような点を述べるだろう。(1)ヘーゲルが『エンツュクロペディー』ではまず芸術一般、宗教一般、哲学一般を扱うのではなく、ただちにギリシア芸術、キリスト教、近代哲学を絶対的精神の領域の諸部分として、また前者を後者の**うちで**のみ取り上げたということは、いったいどういうことなのか。(2)絶対的精神の諸領域の特殊な歴史がいかにしてその絶対的歴史に組み込まれるのか。(3)［絶対的精神の］領域の第二の項［宗教］が領域全体に名称を与えるということは何を意味するのか。

第三の点を真摯に受けとめるならば、それはおそらくもっぱら次のことを意味しうるだろう。宗教は領域全体を包括すると共に、領域全体のうちで芸術に対する対立項をなしている。この捉え方はすでに上［第二部、第一章、A「エンツュクロペディー的構図における哲学」］で述べられた。この捉え方によってのみ、芸術と宗教との統一としての哲学の概念の叙述が可能であった。宗教は絶対的精神の**現実**の全体である。このことは、宗教の概念の解明と絶対的精神の概念の解明とが或る意味で一つに帰するということを意味する。［宗教哲学における］宗教の概念に関するヘーゲルの講義は、その本質的な内容からして、［『エンツュクロペディー』］第五五三節から第五五五節までの内容［「絶対的精神」全般の序論的部分］の講述と受け取られるべきである。その講義は、宗教が**自己の内で**自己を芸術や哲学、(145)また人倫的世界や国家と関係づけ、したがってまたそれらと対立しもするということを、明らかにする。もしも宗教が芸術や哲学に対する自己規定のうちで特殊なものとして定立され、この自己規定が宗教の概念に含まれるのであるならば、芸術一般や哲学一般の概念も［宗教の］概念のうちにとどまり、宗教の実在性に属するということになる。宗教は言わば理論的側面と実践的側面とをもっている。実践的側面、すなわち儀式としての面からすると、宗教は全体であり、芸術も哲学もこの全体に属する。この点は芸術に関してはすでに上［第二部、第一章、A］で説明された。哲学に関しては、ヘーゲルが哲学を「絶え間なく続く儀式」[146]と呼んでいることを想起できよう。理論的側面からすると、宗教は真理を知る特殊な形式、すなわち表象という形式である。しかし両者［実践的側面と理論的側面］は本来別々の側面ではない。というのは宗教が他の精神的文化に対して取る関係、つまり実践的関係であるような関係のうちで、宗教は知の特殊な形式として振る舞うからである。もしもこの捉え方が正しいならば、［知の形式の分類は「心理学的」非歴史的であるから］、芸術一般の概念および哲学一般の概念の導出は、まだいかなる歴史的意味をももっていないような絶対的精神の概念規定に属することになる。そこでは上述の難点［絶対的精神の区分（芸術・宗教・哲学）がいかにして非時間的であると共に時間的であるか、という難点］は取り除かれてしまう。そうなると、絶対的精神の概念規定についてなお問われるのは、ただ、いかなる動機でヘーゲルは［『エンツュクロペディー』における］絶対的精神の本来的な［歴史的な］叙述に至ったかという点だけである。

宗教の国家に対する関係は、上述の［芸術や哲学に対する］関係と全く同じものではない。ここでは宗教は理論的には［国家と］別ではない。宗教の知の理論的形式という点で言うと、宗教は人倫的な知と非常に親密でさえある。相違は知の実践的様式における相違であり、その点についてはすでに先に抽象的ながら暗示しておいた[147]。まさに宗教が全体であるという面において、宗教は人倫的精神と異なっている。人倫的精神においては内面性に欠陥があり、その点で宗教と国家は異なる。しかし対立はすでに絶対的精神の歴史的実現のうちに、すなわち特定の宗教と特定の国家との関係のうちにある[148]。

絶対的精神の理論を構築する際に、絶対的精神という概念の三つの実現様式はその第三様式［哲学］において統一されるものの、互いに区別されねばならないだろう。この点はさらに別の場面［次に述べる、自由な知性の諸形態」において認められうる。第五五三節によれば、絶対的精神としての精神の概念のもつ実在性は、形態（Gestalt）である。この形態という概念は自然哲学において規定されている。かくてすでに非有機的形態は、それが内在的な形成活動の所産として捉えられねばならないとすると、例えば、結晶である。結晶の特徴は、すべてが規則的であることである。かくて諸部分が集まって一**つの**形、ひとつの「全体的な個体性」をなし、それは一目瞭然に全体性として捉えられる（第三一〇節）。さらに有機的な造形物はなおさら一層のこと形態である。例えば植物がそうであり、ヘーゲルが絶対的精神の諸形態について語るとき、彼は最初に植物の有機的形成のことを念頭に置いている。それは一個の客観的有機体のうちで自己を展開して、諸部分に分かれて現われるが、しかしそれぞれの部分に全体が現われるような個体性である。一本の植物の本質的部分（葉や根など）も全体的な植物（第三四三節以下）である。[149] 形態の諸部分の形成が「個体全体として」の形態の形態化の過程でもある。けれども形態は自己の内なる関係であるだけでなく、自己の外部との関係でもある。形態は自己の非有機的自然との関係において同化の過程のうちに引き込まれている。この同化の過程は、形態が自己の外に出ることを意味するが、形態は自己の状態から抜け出し、そして類の過程において自己を回復する。

これらに照応した諸規定が、今や形態としての絶対的精神にも当てはまる。[150] 確かに精神は根本的に自然とは異なっている。というのは精神はその実在性を自己自身のうちにもっているのに対し（第五五三節）、自然は実在化する際に他者に移行してしまうからである。この点は形態の性格においても認められるにちがいない。絶対的精神の場合の形態は、潜在的に自由な知性（第四八一節）という概念の実在性である。それは自由な知性という概念に**ふさわしい**ものであり（第五五三節）、したがってそれ自身自由であるような実在性である。自由な知性は諸規定へと進行していくが、その諸規定は自由な知性の諸部分ないし諸肢体であるだけでなく、自由で全体的なものでもある。それらが、すなわち、芸術、宗教、哲学という絶対的精神の「諸部門」である。[151] 知性の形態化の過程において宗教は知の特殊な形式として芸術と対立するが、この特殊な形式を超えて、自己を再び全体へ統合する。[152] そこからさらに展開して、宗教は［対立の媒介として］歴史的には「［過去として］美的な芸術の背後にあると共に、美的な芸術より前方の未来に」現われるに違いないことになる（第二版、第五六一節）。宗教における芸術と宗教との統合がさらに外的な性格をもつということを、我々は先に［第二部、第一章、Aで］指摘した。宗教が自由な形式をとると、それは哲学である。哲学は絶対的内容を、哲学に固有な形式である思考の形式へ高める。それ故哲学は芸術と同様に一つの自立的な形態をもっている。哲学の自立性の故に、哲学は実際また宗教と対立せざるをえない。けれども哲学の完成は、この対立が哲学において克服される点にある。かくて哲学は「絶え間なく続く儀式」、現実的な宗教である。[153] 哲学が学であるのに対し、宗教は場合によってはなおも学との関係をもちうる。しかしその逆［学としての哲学が宗教と対立関係にあること］はもはやありえない。この対立をも学の側から克服することが、導入である。

絶対的精神が芸術、宗教、哲学という三つの領域に展開することが、有機体の形態化の過程に照応しているように、宗教の国家に対する関係は同化の過程に照応する。しかし前者の照応と同様に、後者の照応にも性格的な区別という特徴が認められる。国家、一般に人倫的世界は、確かに絶対的精神の現われとして或る意味で絶対的精神の外面である。しかし絶対的精神はもはや単なる生命ではなく、客観性に対する主観性ではないから、絶対的精神は国家に対しては、決して［有機体のように］外的なものを掌握すると同時に外的なものに引きずり込まれるというような、外的な目的ではない。そうではなく、人倫的世界は絶対的精神から自由に出現している。[154]

それにもかかわらず、絶対的精神がなおも類の過程に照応する第三の過程であるのは、この国家との関係に基づいてのことである。というのは、絶対的精神の自然的－人倫的世界への出現によって、絶対的精神は自己を、自らの知の具体的な（世界史的に年代の付けられた）あいつぐ諸形態となし、それらの形態においてことごとく自己自身と本来的に合致するからである。それ故またそれらの形態は、第一の「形態化の」過程では抽象的にしか定立されなかった芸術、宗教、哲学という諸領域の歴史的完成となるからである。この諸形態の過程の目標は、絶対的精神が自己を知ることによって全く自己にふさわしい状態になることである。この目標が達成されうるのは、ただ、絶対的精神と自由に出現した［自然的－人倫的］世界との関係が再び克服される場合においてのみである。絶対的精神が世界において自己を産出してゆくこの過程は、我々が絶対的歴史と名づけたものである。絶対的歴史は一切の類の過程と異なっている。その相違は、絶対的歴史が、［類の過程の場合のように］最初の個体とは**別な**個体において自己に戻ってくるのではなく、同一の一者のうちで自己［芸術。三一八頁参照］に戻ってくるという点にある。その点に、精神の概念がその実在性を精神において有することの意味が、最も具体的に表わされている。けれどもまた絶対的歴史も或るものから他のものへと移りゆく。それは、精神が知の諸形式を完成させて自己と合致しているような、精神のすべての様式を通過していく。かくて精神はまずギリシア世界における芸術として、次に啓示された宗教として、最後に近代哲学において、それぞれ自己を完成させる。それが、本来、ヘーゲルが絶対的精神の領域として「芸術」「啓示された宗教」「哲学」という表題のもとで表わしているものである。しかし彼は、第三の［類の］過程において克服される他の二つの過程［形態化の過程と同化の過程］を単独には述べなかったために、彼は絶対的精神の諸契機を一層具体的なものにおいて示さざるをえず、この点が叙述を非常に混乱させることになる。この叙述が絶対的精神の自己知の必然的諸形式における絶対的精神の［自然的‐人倫的世界との関係を通した］自己満足という観点のもとで見られて初めて、叙述は明瞭になってくる。かくて絶対的精神の「心理学的」解明と歴史的解明との混成という謎が解かれる。絶対的精神が**知る**ということこそ、絶対的歴史の課題と進行を規定している。ヘーゲルがすべての重点を絶対的歴史に置いていることから、何故に彼が自己の構図において宗教の**現実**を非常に蔑ろにしたかが、説明がつく。ヘーゲルは自己の思想を本質的な諸区別にもたらそうと工夫している。しかし問題なのは知と現実との歴史的和解であり、その点について欺かれてはならない。また宗教の知が完成された哲学において止揚されるのと同じ意味で、宗教の現実が完成された哲学において止揚されると思われてもならない。宗教の知は絶対知のうちの従属的契機になるが、それに対して宗教の現実は同時に哲学になる。つまり哲学と宗教の現実とは互いに同値になる。したがってキリスト教は学との関係において過去に属するのではなく、絶対的精神の知ならびに現実の必然的形態であり続ける。

これとは別の種類であるが、しかし絶対的精神を完成させるにちがいない二つの様式［芸術と宗教］の同様に複雑な関係は、芸術宗教においてもたらされる。芸術宗教は絶対的精神の**芸術**としての完成にすぎず、宗教的現実としての完成ではない（第五五九節）。そこから芸術においては、芸術が確かに絶対的精神の過去に属さざるをえないということが出てくる。何故なら芸術の完成は宗教の完成の前にあり、宗教が完成すると存立しなくなるからである。というのは宗教が完成すると、精神の欲求は、芸術において完璧な仕方で満たされうるよりも、一層高くなるからである。だがそれによって、芸術がなおも高まり、技術的に完成されるということは、排除されない。ただ芸術は絶対的精神の最高の欲求であることを止める。そして芸術がこの欲求を満たそうとすると、（ロマン主義の芸術形式において）[155] 絶対的精神の不満足な表現になってしまう。**宗教**に関しては、古典的芸術が宗教に内容を規定するということが起きる。というのは古典的芸術は、「民衆が神々を思い浮べ、真実を意識するようになった」最高の形式であるからである。かくて「詩人や芸術家はギリシア人にとって彼らの神々の創造者となった。すなわち芸術家は神的なものの生命や立ち居振る舞いの特定の観念を、つまり宗教の特定の内容を民衆に与えた。しかもこれらの観念や教義がすでに詩より前に抽象的な意識のうちで思考の普遍的宗教的な掟や規定として存在しており、しかるのち芸術家によって形象の衣が付けられ、外的に詩的な趣味によって包まれるというような仕方においてではない」[156]。それ故、宗教史の特定の局面においては宗教における知が芸術の契機になる。芸術はその完成の時代にあっては絶対的地位を獲得する。そこでは絶対的精神の概念的展開の独自な（宗教から区別される）契機であるという芸術の本質が、全面的に現われるようになる[157]。

我々は「エンツュクロペディー」の構図の構築の指針を与えようとしたが、我々のこの試みはこれまでは先に[158]説明した問題のうち、第一の問題［三〇九頁の(1)参照］を解決したにすぎない。絶対的精神の個々の領域の特殊な歴史がその終結と共にいかに絶対的歴史のうちに組み込まれるかは、解明されないままである。また絶対的歴史の必然性や概念がどこから生じるのかという点も、述べられなかった。その点がこれまで述べられなかったのは、絶対的精神の概念の最初の実現が絶対的精神の枠内に留まっていたからである。最初の実現は絶対的精神の概念をただ単に芸術一般、宗教一般、哲学一般という諸部門へと限定したにすぎなかった。第二の実現は絶対的精神の概念を具体的人倫的世界における形態へと展開した。第三の実現は［第一の実現と第二の実現との］両者を統合した。それは三つの部門を次々に［時間的な過程のうちで］諸々の世界［芸術の世界→宗教の世界→哲学の世界］へと展開させ、その世界の特殊な知において絶対的精神はその都度［部門ごとに］独自の完成を経験した。我々はこの過程を絶対的歴史と呼んだ。絶対的歴史そのものは自己の終着点を近代の哲学に置いた。絶対的精神は近代の哲学において自己をその真なる形式において把握するに至った。それ故、さらにそれ以上の進展が必要であるかどうか、絶対的精神の哲学のさらなる展開がなおも可能であるかどうかを、疑うのはもっともであろう。絶対的歴史は端的に絶対的精神の哲学によって規定されてしまっているのではないか。哲学は一度その終着点に到達してしまったならば、いかにさらにそれを乗り越えうるのだろうか。あるいは、いかに哲学は学の体系そのものとは異なるものへ進みうるというのか。もしもこのような疑問によってヘーゲルの構図の構築の可能性について特定の確信に駆り立てられるのならば、それは次のような確信でしかありえないだろう。絶対的精神の個々の知的形式のそれぞれの歴史と体系は、我々が絶対的歴史という表題のもとに置いた連関**の内に**位置づけられねばならない、と。このような捉え方はさらに次の事情によって確証されうるだろう。それは、ヘーゲル自身が実際（『エンツュクロペディー』の第三版において）芸術に関する節の終わりで古典的芸術形式と象徴的芸術形式やロマン的芸術形式との歴史的区別について語るようになるということ、また彼が少なくとも第一版と第二版では宗教史をすでに芸術の説明のうちに組み込んでいるという事情である。また哲学史に関して言うと、我々は先に自ら哲学史を第五七三節のうちに見いだそうという試み（その試みは後に投げかけられた問題によってまだ悩まされてはいなかったが）に着手したのではなかったか。けれどもその後次のことが指摘された。芸術、宗教、哲学という自立的な科目を絶対的歴史の叙述という連関のうちで扱うことは、それらの統一を破壊してしまわざるをえないだろう、と。さらにそのような扱いは、芸術史を古典的芸術の前史や後史へ引き下げざるをえないだろう（その際、古典的芸術の説明がその前史や後史に先立つのだが）、と。しかも後史に関しては、古典的芸術の後史をそのようなものにする原理（キリスト教）が欠けていた。宗教史に関してはヘーゲルは『エンツュクロペディー』第三版でもって自ら訂正した。宗教史は何かキリスト教の叙述に張り付けられるべきだというように、考えねばならないのだろうか。かくて、ちょうど一八世紀の哲学の教科書における哲学史の叙述のように、宗教史はキリスト教の叙述の一種の付属物をなすにすぎないのだろうか。そういうことでは、ヘーゲルの絶対的歴史の思想が根本的に否認されてしまうだろう。哲学に関して言うと、我々の解釈した節においては、哲学は、厳密に言えば、近代哲学としてのみ現われてくるということであった。したがって哲学の歴史全体が、第五七三節で哲学の特徴として指摘された「解放」ではありえない——ヘーゲルの解明がここでも、芸術や宗教に関して指摘された欠陥と関連するような、不正確さを示しているのでないならば。

ヘーゲルが歴史的に種々な芸術形式および宗教を指摘することは、本来、彼の叙述にとって異質な要素である。だがこれらに関するヘーゲルの言及も、芸術一般、宗教一般、哲学一般がそれらの完成の諸形態の過程へと編入された上述の場合と同様に、説明されるべきである。絶対的精神の構図は単にその論理学的諸領域［フルダが絶対的精神の「概念」「判断」「推論」と呼ぶ諸領域——三三六頁の「絶対的精神の区分」を参照］のうちの一つの領域［三三六頁の絶対的精神の「概念」Iの(3)個別的なもの。それは「絶対的歴史」に照応する］を示すにすぎなかったから、それは他の領域に生じる諸規定を少なくとも暗示せねばならなかった。それ故、もしもこの構図が何らかの仕方でさらに展開されるという期待を捨てようとしなければ、何故にこの構図が我々によって絶対的歴史と名づけられた部分でもって終わることにはならないのか、その理由を洞察しようとしなければならない。もちろん明らかに、その進行はさしあたりもはやいかなる歴史的進行でもない。したがってその限り進行は絶対的歴史の連関の内部に留まっていなければならないだろう。しかしながら、絶対的歴史は**単に**絶対的であるにすぎず、現実的なものとして現われてこないという、絶対的歴史がもっている特殊な構造の故に、最後にさらなる差異の必然性が生じてくる余地があるのだろう。その点が実際どの程度そうであるのか、またそこからいかなる展望が開かれてくるのかは、構図を現実に構築せずとも可能である範囲内で、示されるべきであろう。

b　さらなる展開の必然性

絶対的歴史は端的に自己によって規定されてはいない。確かに絶対的精神は絶対的歴史のうちで自己還帰しているものの、それは、絶対的精神が自己を完成していく**種々の**形態［古典的芸術、キリスト教、近代哲学］のうちに分解したという仕方においてである。これらの形態を個体と取るならば、絶対的精神は言わばこれら個体の発生過程を示しているが、――先に絶対的精神の実現を説明した際の、概念の連関にとどまって言うならば、――絶対的精神において、必要な変更を加えるならば、生命における類の過程において認められるものが認められる。すなわち、個体と類とは完全には媒介されていない。進行は、諸個体が自ら類になるとともに、類が自己を諸個体において個別化して、自己の実体性を失うという仕方で行なわれる。抽象的［論理学的］に言えば、この展開を「概念」から「判断」への展開として捉えることもできよう。絶対的精神の結末は絶対的精神を完成させる二つの異なった形態が第三の形態において、近代哲学において合一することである。[159]したがって、そこでは個体はもはや当初のように類に対立していない。しかし同時に近代哲学はそれ自身一つの特殊な形態である。個体が自ら類になってしまったという結末は、それ故、類とは**別な**個体において示されざるをえない。しかし精神は生命とは異なり、自己の実在性を**精神**においてもっている。生命の場合一層高い領域への進行は精神への進行であり、生きた個体が精神となると、個体はもっぱら単独でありながら類でありえた。この進行が精神の場合には当初の領域への還帰として表わされる。進行はこの場合には同一の主体の実在性の増大である。そして結末において現われてくる他の個体とは、再び絶対的歴史の最初の個体、[160]すなわち芸術である。ただし完成されたものとしての芸術〔古典的芸術〕ではなく、〔美学講義で示されるような〕完成への運動としての芸術である。芸術は、それぞれが絶対的歴史であるような諸形態のうちで最初の形態である。絶対的歴史は複数の完成への歴史〔芸術史、宗教史、哲学史〕に分解する。それとともに絶対的歴史の構造は、その諸基体〔芸術、宗教、哲学〕のそれぞれの規定に照応した仕方に変容される。完成された諸形態において普遍的なものは単に共通なものになり、それは単に絶対的歴史の個々の領域における残留物であるにすぎない。つまり個々の領域のすべてが絶対的歴史をもっているという事実が〔共通なものとして〕あるにすぎない。しかし三つの領域のそれぞれにおいて完成の過程は別々な仕方で表わされる。芸術と宗教に関する本質的な区別はすでに述べられた(161)。絶対的歴史のうちで芸術に対して絶対的宗教が成長したのだが、このような芸術と絶対的宗教との関連の規定によって、芸術史〔象徴的形式→古典的形式→ロマン的形式〕は、完成〔古典的形式〕を越えて進む展開というものにされる。そのことと関連して、芸術史は――絶対的精神がすでに自己満足してしまっている形態の歴史として――絶対的芸術〔古典的芸術〕において廃棄されるのではなく、個別的な諸芸術の体系〔建築、彫刻、絵画・音楽・詩〕において廃棄される。芸術の個々の形態が集められる諸芸術のパンテオンから、やがて宗教への移行が生じる。この宗教のキリスト教における終結は芸術の概念の実現の完成と合致する。

ヘーゲルは絶対的精神の特殊な諸哲学の間の内容的連関についてどこにも体系的に述べていなかった。それでもやはり、哲学史の終結に関する事情は、芸術史の終結やまた宗教史の終結の場合とも異なっていると見られるべきである。確かに哲学史はその完成の段階で終わり、その点で哲学史は一般に芸術史と区別され、宗教史と一致する。しかし完成の段階――近代哲学――は再びそれ自身運動している。その運動は、哲学が自己の概念を把握したときに初めて、終了する（第五七三節）。その点では哲学史は宗教史と区別される。なぜならキリスト教の「歴史」は、近代哲学の歴史が哲学史に属するような意味では、宗教そのものの歴史には属さないからである。キリスト教の歴史はキリスト教と世界との関係の歴史（この歴史を通してキリスト教が自己を世界に貫徹すべきである）でしかなく、啓示される内容そのものの歴史ではない。それに対して主観的認識と客観との対立のうちで自覚的である思考は、それ自身のうちでさらに「自己－に－向かう」歴史的な営みである。それ故、近代の歴史は決して「絶対的な哲学」ではない。しかしまた哲学史の終わりも決して「絶対的な哲学」ではない――その点はすべての通俗的なヘーゲル解釈に対して強調しておかねばならない。哲学的な学としての哲学史はそれ自身ヘーゲルの体系の真理性に対する「試金石」ではない。哲学史が行き着く結末は、確かに――ヘーゲルの場合――ヘーゲル哲学であり、それは自己を学、すなわち哲学そのものの概念を把握した哲学とみなし、かくて初めてヘーゲル哲学が哲学そのものの内容となる。しかしヘーゲル哲学がそうなる際の形式は、絶対的精神の自己自身との最終的な合致への還帰を生ぜしめるものではない。ヘーゲル哲学が彼の哲学史の内容であるとされる場合、精神がヘーゲル哲学において合致するものは、単に「現代の立場」でしかなく、「精神の諸形態の系列は今のところその立場でもって閉じられている」のでしかない。そして哲学の歴史を把握するのがこの哲学である場合にのみ、この哲学でもって「哲学の歴史は完結している」（同箇所）。絶対的歴史という**概念**においては、近代哲学がただ一般的に哲学の概念の自己把握に至る運動と表わされたにすぎず（第五七三節）、哲学がヘーゲルによって与えられた形式において哲学の概念の自己把握となっているかどうかは、曖昧なままであったが、――それによって絶対的歴史という概念の**実現**の第三段階も未決定なままにされた。

このような把握によって、哲学の概念に関する我々の探求はその出発点に戻っている。我々は先にすでにこの捉え方をヘーゲルの哲学史において示し、またそれを哲学史の世界史的連関から説明しようとした。

ただしこの連関がいかに哲学史において廃棄されるかは、主題となっていない。今やこの捉え方の体系的根拠も絶対的精神の全体のなかで与えられる。我々はこの目的のために、「エンツュクロペディー」の構図に関する我々の構築の指針をもう一度述べることにしよう。

第一の点は、**形態**一般としての絶対的精神であり、それは自己自身のうちで抽象的な形態化の過程である。この形態一般は自己を芸術一般と宗教一般と哲学一般という自立的諸形態に展開することによって、自己を全体化する。この全体は個別的なものであり、したがってまた個別的なものから自由に放置された人倫的世界に対して排他的である。第二の点は、それ故、絶対的精神が世界のうちで反省することである。その反省とは、一方で現実が絶対的精神によって**形成されること**である。それによって人倫的世界が、絶対的精神の「主観的側面」(第五五七節)にとって——私という特殊者にとって、また特殊者につきまとわれた間主観的な共同体にとって——絶対的精神においてはすでに完全に行なわれている和解に、照応するようになる。他方では絶対的精神はこの課題に取り組むなかで、自己を**形成する**。絶対的精神は現実を自己のうちに取り込むことを通して、自己の形態がもっている直接性を克服し、外的現実を形成するなかでこの直接的形態を自己自身と合致させ、具体的な普遍者、**類**になる。この過程が第三の点である。それは形態化の過程と形成の過程との統一である。すなわち、それは、抽象的な類の諸契機という面から言うと、絶対的精神の諸形態の全体を展開する過程であるが、形成の過程の諸契機という面から言うと、それらの形態を、相互に継起し時期を特定できる歴史的な諸時点のうちで展開する過程である。それらの時点において絶対的精神の自己自身に関する知がその都度の形態に特有な**完成状態**へと結晶化せられて、現実と和解する。かの過程はそのような絶対的精神の自己自身に関する知の自己産出を意味する。したがってこの過程の諸段階をなすものは、絶対的精神の諸領域のそれぞれ完成された状態、すなわち古典古代の芸術とキリスト教と近代哲学である。しかし絶対的歴史の**すべての**過程が行なわれて初めて、精神は現実のうちで形成され具体化される。ところが芸術一般、宗教一般、哲学一般という抽象的な形態自身が**無媒介的に**〔人倫的世界との媒介を経ずに〕それぞれの完成状態へと自己限定してしまった。それ故、それぞれの歴史的実在性そのものはまだ抽象的実在性である。絶対的精神と人倫的世界との媒介が完全になって初めて、諸形態一般の**概念**が限定され、完全な普遍性になることができる。また絶対的歴史がその概念を展開してしまって初めて、諸形態の普遍性も歴史的に展開されうる。

絶対的歴史から絶対的精神の個々の領域〔芸術史、宗教史、哲学史〕への進行は**必然的**である。なぜなら絶対的歴史においては絶対的精神の**個々の**自己満足はまだ絶対的精神の**普遍的な**自己完成と等しくされていないからである。絶対的歴史の結果、すなわち絶対的歴史の個別性と普遍性との合一は、したがって、絶対的歴史が行き着く結末である個別的なもの〔哲学〕とは別の個別的なものにおいて示される。すなわち、再び、絶対的歴史の直接性をなす形態としての芸術において。それと共に絶対的歴史の具体的普遍性が崩壊してしまう。絶対的歴史はなおも単に個々の形態（これらは再び抽象的な**領域**である）の抽象的な**共通性**としてあるにすぎない。つまりそれらの形態が歴史的に自己を完成させていくという必然性としてあるにすぎない。今やそれぞれの形態が固有の歴史をもち、その中でそれぞれの領域における個別性が普遍性と和解する。だが絶対的歴史の崩壊によって、同時に絶対的歴史の残滓をなす個別的領域の普遍性も、**歴史**の普遍性と領域の**体系**の普遍性との適合の過程（Adäquationsprozeß）である。両者〔歴史と体系〕の特殊な諸過程が再び普遍的な過程の諸段階である。この普遍的過程は特殊領域から特殊領域へと進み、再び絶対的歴史へと戻る。それぞれの特殊領域において普遍的なものの自己自身への関係すなわち歴史と体系との関係や、普遍的なものと個別的なものとの関係すなわち特定の形態化一般との関係は異なっており、それぞれの特殊領域に続く特殊領域において［歴史と体系が］一層等しくされる関係になる。

かくて**芸術**においては歴史と体系はまだ互いに外的であり、決して完成されて合致することはない。いかなる個々の芸術形式も諸芸術の全体系を実現しない。それぞれの芸術形式は歴史的普遍性によってただ直接的に、象徴的形式とか古典的形式というように、規定されているにすぎない。これら両形式は別の形式へ**移行し**、それ故［「移行」はヘーゲルによればまだ無媒介的な進展の形式であるので］自己のうちで媒介されるような形式ではない。その点では最後の芸術形式［ロマン的形式］も同じである。これは第一の芸術形式との相違を第二の芸術形式に基づいてもつのではなく、芸術にとって疎遠なものに、理念の一層豊かな形態［宗教］に基づいてもつ。したがってここでは歴史はまだいわば自然な過程である。それは完成を、ちょうど花の後の実りのように、乗り越えていく。それに対して**宗教**では歴史は単に変化であるだけでなく、新たなものへの**進歩**であり、この歩みは終極［キリスト教］に達し、そのうちで自己の概念を完全に実現する。この点で宗教史と世界史とは構造的に似ている。それによって、宗教から国家が展開し(163)、宗教がその歴史的位置を客観的精神の時間的部分に指定するということが可能となる。**絶対的**宗教において個別性と体系とが、個物と類とのように、合致する(164)。しかし全般的にまだ個別者と普遍者との差異が支配している。この差異は絶対的宗教においても、それ自身の歴史の必然性として現われざるをえない。**哲学**の体系と歴史との関係についてはすでに詳しく述べた。哲学の体系と歴史は**潜在的には**同一であるが、哲学の歴史は「論理的なもの」との隔たりを含んでおり、そしてこの隔たりは体系の特殊世界史的な特質に基づいている。とりわけまたキリスト教世界の原理の歴史的意味によって動機づけられた制限を含んでいる。また哲学の歴史は個別的形態とも潜在的には和解している。というのは同一の哲学が種々の哲学の形態に現われているからである。これらの形態は芸術の諸形式のように単に互いに**別なもの**であるのではなく、それらの諸原理は、自己のうちに留まっている同一なものの展開である。しかしまた哲学の歴史は、それぞれの形態の特殊な性質という点に関しては、それぞれの形態と和解してはいない。というのは［哲学は］すべての形態において同一であるとはいえ、諸形態を完全に自ら限定しているのではないからである。したがって哲学史の進行は確かにすでに**内在的**必然的であるものの、その必然性は諸［哲学］体系において、ただ、偶然的なものである他のものとの関係によってしか実現されない。それ故、個別的形態はまだ体系から区別されてもいる。(165)

これらの規定によって——それらの規定が主観的［個人としての哲学者に関した］意味で受け取られる限り——ヘーゲルの哲学史がヘーゲルによる哲学の遂行［ヘーゲル哲学そのもの］の真理性の証明を含み**え**ないことが、十分に示される。というのはヘーゲルによる哲学の遂行は確かに先行した哲学諸体系の結果として、それらの内実をなし、かくて内在的必然的なものとして現われてはいる。しかしそれはまさに体系からなお区別された形態として現われているのであり、したがって精神の諸形態の系列をただ「さしあたり」締め括っているにすぎないからである。それにもかかわらずヘーゲル哲学が絶対的地位を占めるべきであるならば、いずれにせよ、ヘーゲル哲学はその地位をその哲学史的規定性によって得るのではない。ヘーゲル哲学は確かに哲学史の終わりで、自己を、これまでの一切の内容を展開したものとして、捉えている。しかし哲学史がその展開において異論の余地のないほど真理をもっていたかどうかは、未確定である。とりわけ哲学史と論理学的解明とが部分的に同一ではないということが、この点に関して疑問を惹き起こさざるをえない。というのは哲学史と論理学的解明との部分的非同一性は、上述の理由［哲学と世俗的世界との連関など］によってだけでなく、ヘーゲル哲学の欠陥の故に生じたのかもしれないからである。それ故、もしも我々がヘーゲルと共に彼の立場の真理性を証明しようとするならば、さらにもう一つ別の科目が必要であることを、理解せねばならない。[166] したがって今答えられるべき問いは、全く絶対的歴史の終わりに立てられた問いに照応している。その問いとはこうである。何故に哲学史の終わりの後に、さらにそれを越えて思想の進行が必要なのか。何故に哲学史の終わりは端的に自己によって規定されていないのか。[167] これらの問いに答えるために、我々はこれまで述べられた運動の結果の意味を把握せねばならない。

特殊領域から特殊領域へと辿られた普遍的な［歴史と体系との］適合過程の最後に、哲学史において哲学の原理と形態とが区別された限りにおいて、普遍者と個別者との差異が残った。それ故、哲学史は原理の面では終結したものの、形態の面では、すなわち学の諸原理が哲学史において現存しているにすぎないという面からすると、この終結は未確定である。形態の特質をなすもの、またその特質を原理と結合するものは、結合するものとしてはまだ示されていない。したがって哲学史の内部での和解の過程は個別性と普遍性との無規定的な同一性、それらの無差別でもって終結する。原理からすると、確かにヘーゲル哲学はすべての特殊的原理を具体的普遍性のうちに廃棄してしまうことによって、普遍性と和解した個別性である。しかしこの普遍性と和解した個別性は、そのものとしては、まだその特質に関しては示されていない。そのために、さらに進行することが不可避的になる。諸々の異なったものの無差別であるような普遍性は、個別性を、個別性が普遍性から区別される限り、特定の偶然的な性状として前提せざるをえず、またこの偶然的な性状から自己との同一性を回復せざるをえない。哲学の歴史的形態において特定の性状をなすものは、すでに述べられた。それは世界史であり、そしてこの世界史のうちに今や宗教史が含まれている。[168] そのような［宗教史を含む］世界史が学を**めざすもの**として、結果として学をもつようになる**境地**として、現われるのでなければならない。したがって哲学史の概念的に把握された結果が**現実的歴史**[169]である。しかし現実的歴史はもはや世界史ではない——ヘーゲルが世界史をもそう呼んだことが、多くの誤解を招いたが[170]。それは、世界史のうちで自己を貫徹し、世界史を自己のうちへ廃棄しつつ、学を生成させる運動である。この運動が把握され組織されて初めて、学が完成し、明確に理解されるようになる[171]。この運動は、精神が自己の知という形式を駆り出す、労働である。精神はこの労働においてのみ世界精神としての自己を完成させる。この歴史は絶対的でもあり、**実在化された**絶対的歴史である。この歴史の自己適合化において体系と歴史とが照合する。というのはこの歴史はそれ自身、自己を学の体系との照合へもたらす歴史的運動にほかならないからである。それは個別的にして普遍的なものである。というのは、この歴史における各形態は否定的な統一体であり、過程のなかで廃棄されていくが、この歴史の普遍的なものはそれ自身主体、個別的なもの、すなわち「普遍的な個体」、学への形成における「自覚的精神[172]」だからである。したがってこの歴史は正しくも**形成史**（Bildungsgeschichte）と呼ばれうる。

c　要請された形成史の構造

「形成史」という言葉は、絶対的精神の構図を拡張するのに必要な科目を名づけるために、ヘーゲルの用語を借用して、選ばれたものである。それは、単に、その対象が、学に至る精神の形成の歴史であることを、意味するだけではない。それだけだとすると、形成史は単に一般的に表わされ、またその目的が表わされているにすぎない。［形成史のそのような一般的意味とは次のようなものである。］自己をまだ学的な知において把握していない精神は、さらに自己を形成しなければならない。精神そのものであるところの活動においては、精神は自己を所有していない。精神はまだ自己にとって疎遠なものである。そこで精神は疎遠なものを自己に固有なものにしなければならない。精神はまだ自己に対して素材である。そこで精神は素材を適合させ、普遍的な観点のもとにもたらさねばならない。だがこの疎遠なもの、適合していないものは、精神自身である。したがって精神の労働はそれ自体目的をめざす行為ではない。精神の目的である学的な知は、さしあたり［自覚されておらず］内的なものである。したがってこの目的の生成は同時に外的な必然性である。その際、内的なものはさしあたり「形成衝動」として現われる。生成の二つの様相［内的なものの出現と外的必然性］の統一は絶対的精神の自己‐形成である。

しかしヘーゲルは「形成」という言葉を普遍的精神との関連で、上述の意味と関連する、一層限定された意味においても用いている。彼はその点について、形成は「普遍的な表象と目的において、意識と生命を規制する特定の**精神的諸力**の領域において」成り立つと述べる(173)。したがって絶対的精神の自己形成をもたらす形成は、さしあたりまさに学ではなく、内容的もしくは形式的に有限である精神の一切の様式、つまり習俗、慣習、法律、道徳、国家体制、有限的な諸科学、芸術、宗教といったものすべてである。これらの「形態」の連関によって、絶対的精神が生成するための外的必然性が示される。したがって精神による学への形成の歴史は、世界史の本質的な内容を自己の内に取り入れねばならない。

その限り、絶対的精神の構図の拡張は、当初は斥けられたミシュレの主張(174)に戻るように見えるかもしれない。ミシュレの主張は、世界史の哲学が体系において究極の科目をなすというものである。ともあれ、形成史は、まさに究極的な学としてではないにせよ、哲学史の後に続くべきである。形成史は普遍的な精神をその全範囲内において、すなわち客観的［精神］ならびに絶対的［精神］である限りにおいて、含んでいるべきである。実際のところ、ミシュレが、哲学史は学の究極的な部分でも学の究極的歴史的部分でもないということを言っている限り、彼の見解を正当に評価しなければならない。哲学史はそれ自体まだ一面的であり、それ故、学を十分に基礎づけることができない。しかし、空いた場所に普遍的世界史を入れるというミシュレの試みには、問題がある。それは、歴史の結果が真理としての学であるというような歴史の構造に関して、また歴史の始まりと終わりに関して問題がある。おそらく世界史の最も普遍的な諸性格［意識など］は、疑いもなく、形成史の論理的構造に属しているのだろう。というのは自己を学的哲学的認識へと解放する普遍的個体、つまり形成史の主体は自己の実体との関係のうちにあるが、自己を把握していないからである。この主体は意識という性格をもっている。この主体の歴史的進行は意識の弁証法であらざるをえず、意識の弁証法は先に［二七九頁］世界史の論理的本質が示したものである。しかしそれによって形成史の主体が十分に規定されたとは言えない。形成史の主体は、それが実体を意識していることの反省、つまりは実体の自己意識［形成史の主体が実体すなわち絶対者＝精神を意識することによって、実体が自己を意識していること］によって初めて、絶対的精神の知とされる。この実体のうちでのみ、形成史の主体は実体の意識でもあり、［実体と］この意識との関係でもある。芸術、宗教、哲学は、もはや世界史のうちで単なる自由な精神の素材をなすのではなく、活動的なものそのものである。さらに言うと、芸術、宗教、哲学は本質的にもはや絶対的精神の知における**特殊な**諸形態としてあるのでもなく、絶対的精神の形成の歴史において、概念的に把握する思考にならなければならない一**なる**知る主体としてあるのである。この絶対的精神の形成史において、主体の意識的な内容の直接性と［実体の］自己意識的な内容の直接性とが媒介され、意識の内容が自己意識の内容に依存するということが廃棄される。芸術、宗教、哲学がそれ自体いかなる特殊なものをもとうとも、それは芸術、宗教、哲学をしてまだ実体との関係のうちに現わさせ、したがって意識の側に現わさせる。この点において芸術、宗教、哲学も形成諸形態であり、絶対的精神の純粋な自己意識と区別される。したがって今のところ人倫的精神および絶対的精神の一切の内容が自己的な形式においてあるのではなく、つまり知との純粋な統一においてあるのではなく、まだ知にとって所与のものである限り、意識がこれら一切の内容を包含している。それに対してこの内容が形式と同一になると、その限り自己意識が内容を包含する。形成史は、両者［形成史の主体の意識と実体の自己意識］が相互に同一化することとである。

この構造をヘーゲルは自ら『現象学』の最後で素描している[175] そこで彼は学の**現実存在**とその諸条件について述べている。彼はこう言う。精神が何であるかを知っている精神として、学として、概念が存在するのは、「精神が自己の不完全な形態を克服し、精神に対する意識のために自己の本質にかなった形態を与え、このようにして精神の**自己意識**を精神に対する意識と同一にするという、労働の完成以前ではないし、それ以外のどこにもない」。それ自身のうちで同時に自覚的に存在する精神が、その諸契機［意識と自己意識］に分裂されると、それは［実体の自己意識としては］**自覚的に**存在する知、**概念把握**一般であり、そのようなものとしてまだ**実体**に達しておらず、それ自身のうちで絶対的な知ではない。実際には「知る実体」——絶対的精神の意識——は、「実体の形式あるいは実体の概念的把握の形態」よりも前に存在する。絶対的現実の認識[176]をヘーゲルは一層詳しく次のような「精神的な意識」として規定する。「**それ自身において**存在するもの［実体］が**自己に対して存在し**、**自己**という存在、つまり概念である限りでのみ、それは精神的な意識に対して存在する」。それ故、絶対的現実の認識は最初は単に貧しい対象しかもたず、この対象と比べると実体とその意識のほうが豊かである。「実体がこの認識に示されている有様は、実際には隠されているも同然である。というのは実体はまだ**自己を欠いた存在**であるのに、自己にとってあらわであるものは自己自身の確信だけだからである。したがって最初は**自己**意識には実体に関する単に**抽象的な諸契機**しか帰属していない。しかしこの抽象的諸契機が純粋な運動として自己自身をさらに推し進めることによって、自己意識は豊かになり、ついに意識から実体全体をもぎとり、実体の本質的諸性質の構造全体を自己のうちに吸収し、——この対象性に対して否定的な態度が肯定的でもあり、定立することとでもあることによって、――実体を自己から産み出し、それによって実体を同時に意識に対して再び回復してしまう」〔『現象学』五五七頁〕〕。

ヘーゲルがこれらの文章やそれに続く文章において形成史の構造を定式化していることは、絶対的精神の連関の見地から見てとることができる。絶対的歴史のこれまでの実現は、絶対的精神の自覚を示す諸形式〔芸術史、宗教史、哲学史〕の完全な円環を経過してしまった。哲学史の構造が示したように、もしも絶対的歴史のさらなる実現というものが必要であるならば、それはもはやいかなる特殊な形式にも限定されえず、もはやいかなる特殊な歴史でもありえない。そのようなものの知は今や全く普遍的な意味をもっている。すなわち、この知は思考の形式において普遍的な意味をもつに至っている。またこの知の主体は、精神が絶対的な歴史の主体であった際にそうであったように、普遍的なあり方をした精神である。しかしこの知の内容のほうは、これまで単に世界史の内容のみがもっていた具体性において存在する。知が内容に関してもはや特殊美学的でも特殊宗教的でも特殊哲学的でもない限り、したがって、知は再び全く無規定的に知一般であり、普遍的なあり方をした意識である。しかしこの意識は絶対的精神を意識するものであると同時に、そこで絶対的精神が自己を意識するものでもある。このような絶対的精神の自己意識が自己のうちでなお自己に対する関係を〔対象的〕意識としてもつということは、絶対的精神の概念から導出される。この導出の一層立ち入った意味は、特殊な諸科目〔芸術史、宗教史、哲学史〕が形成した〔体系と歴史、個別的形態と歴史との〕適合過程の結果から規定される。それらの科目は歴史と体系、また個別的形態と歴史との間の廃棄されざる差異を含んでいた。ただし哲学史においてはこの二種類の差異は潜在的にはすでに無くなっていた。というのはそこでは次から次へと出現してきた諸原理は、もはや哲学史の展開とは異ならず、それらの歴史的継起は体系と一体であるからである。しかしその代わりに、個々の哲学知そのもののうちに差異が侵入してきた。あらゆる歴史的哲学はその原理と形態との区別によって特徴づけられた。原理と形態とを媒介し、学へと至る形成史において、かの差異は個々の形態自身にとってもなくなる[177]。それぞれの形態は一方では自己を歴史的に、絶対的精神の自己形成の一層高い形態へ高めていくが、それとともに他方では自己を概念に即して、**純粋な**知へと、それ故自己意識であるような**純粋な**知へと取り集める[178]。したがってこの見地からすると、各形態は、［実体の］自己意識の自己に対する関係であると同時に、意識である。けだし多様性の純粋性への運動は絶対的精神において認められると共に、主観から出発する立場においても認められるからである。哲学史において初めて現われてきた［原理と形態との］区別は、今や知そのものの本質をなす。この区別は哲学史の根底に廃棄されがたく存していたが、知の本質が自己を［自己意識と意識との］区別へと規定すると共に、その区別を廃棄する。歴史的な面からすると、形成の二重の運動［個別的な意識の形成と、実体の自己形成］は、対象という形式で知られるものの**普遍化**[179]であると共に、「自己」という形式で知られるものの具体化である。というのは意識の進歩は具体的なものを分析し、それを抽象的な徴標のもとに包摂することにあるが、それに対し「自己」は、自己を規定することによって、自己を展開するからである。「自己」は、自己を規定するものとして、認識である[180]。両運動［「対象」の「普遍化」と「自己」の「具体化」］が適合することが絶対的精神の形成をなすが、両運動の差異は次の場合になくされる。一方では対象に向かう知が十分に普遍的かつ抽象的になって、その内容を失うことなく、「自己」という形式へ移行しうるようになることである。他方では「自己」が己れを内容へと外化しつつも、そこで己れの形式を失わないようになるということである。そうなると、意識と現実のさらなる進行、すなわち世界史の進行がもはや論理学的諸形式——それは世界史の最も内なるものをなし、「自己」という形式における「自己」である——の認識を［外から］触発するということはなくなる。

形成史の構造よりもはるかに困難なのは、形成史の**端緒**と経過と終結を一般的に示すことである。『現象学』では上述の引用箇所で「現実的歴史[181]」と呼ばれる過程が原始キリスト教団から始まっている。つまり形成史は宗教的内容までにしか遡らない。「宗教の内容は時間的には学より前に、**精神**とは何で**ある**かを、語っている[182]」。このような端緒は、ヘーゲルが絶対知を述べた際に拠り所にした諸契機のことを考えに入れるならば、もっともであるように見える。しかしこの内容を限定なしに形成史の端緒と解さねばならないとすると、それは受け入れられない。というのはすでに次の事情があるからである。すなわち、『現象学』のAからCまでの部分〔「意識」から「理性」まで〕およびBBの部分〔「精神」〕の根底にある文化の諸形態の系列が、ギリシア世界から始まっているという事情である。しかし他方ではギリシア世界はまだ、**絶対的**精神が意識に登場するということを含んでいない(第五五七、五六四節)。したがって、形成の端緒が宗教的精神にあることは、やはり特別な意味を含んでいるにちがいない。絶対的精神の内容が啓示宗教において初めて自覚されるとしても、そのことは、ヘーゲルが絶対的精神の自己完成を古典的芸術から始めることを、妨げるものではない。絶対的精神は古典的芸術においても自己のうちに還帰し、それ故、自己意識となる。したがって形成史の端緒をギリシア世界に設定するということは、とりわけここで初めて人倫的自己意識の自由が始まり、哲学という思想形式における実体の認識が生じることからして、もっともである。絶対的歴史〔古典的芸術→キリスト教→近代哲学〕の実現形態はその体系的位置からして形成史でなければならないが、結局、形成史をそのように実現された絶対的歴史として解釈することは、かくして「形成史の始まりをギリシア世界に設定することによって」のみ可能である。

形成史の**経過**は、絶対的精神が自己の完成の始まりをなにがしか先取りしているという、注目すべき事実を反映せざるをえない。形成史の経過をヘーゲルの現存する種々の言明から取り出すことは、困難である。というのはヘーゲルは絶対的精神の自立的な諸領域をもはや区別せず、互いに統合すると共に、各領域を単独に一層詳しく扱ったからである。またこれら領域契機は絶対的精神の自己意識に部分的に属するにすぎず、部分的には絶対的精神の意識の側面にも属し、それ故、世俗的精神とも関連する。かくてヘーゲルが例えばギリシア精神を次のように見ていることは、疑いもない。それは、ギリシア精神はさしあたり芸術において自覚されるということ、つまり芸術がギリシア精神に特有の形式だということである。しかしまさに特有な形式というものがもはや問題とされなくなる限り、そのように［ホメロスのように］物語って自己満足に耽るという方式はそれ自体満足いくものではなく、それ故、実体の意識に帰せられるということ［実体を意識の対象とし、自己を実体の偶有性とみなすものの、決して実体の本質をなす思考とはみなさないこと］が、顧慮されねばならない。この物語りの方式に対して［プラトンにおけるように］哲学が自己を主張する、[183]つまり哲学は物語りの方式に対して思考という形式を重要なものとして認めさせる。けれども他方、哲学は思考という形式を自ら忘却した統一として捉えることしかできない［ギリシア哲学者自身の思考する自己が「理念」としての思考形式に属していることを忘れている］。絶対的精神の自己意識をその感覚的外面性への拘束から解き放ち、絶対的精神をしてその先行段階を乗り越えるよう駆り立てるのは、まさにそのような期待であろう。この期待は哲学において、哲学の詩的な形態（その時代的な正当性はここ［ギリシア精神］で生じる）から散文的な形態への移行として表わされる。

第二と第三の時期の根本的特徴は『現象学』や『歴史哲学』や『哲学史』が提供する素材から、一層容易に示されよう。しかしそれは断念せねばならない。というのはここでは形成史の叙述が問題ではないし、また「現実的歴史」の略図の、そのまた簡略化された再現というものも無意味であろうから。

形成史の**終結**に関しては、ミシュレの世界史の場合とは異なり、この終結は**歴史的に**自己を乗り越えるものではないということが、確実に主張されうる。そうでなければ、形成史は絶対的精神の形成史ではなくなってしまうだろう。絶対的精神の形成史は自己完成であり、それ故、歴史的展開であると共に自己のうちへの還帰である。この歴史の結果は学であり、学の登場をもって、絶対的精神は自己を歴史的に自己認識へもたらすということを止める。しかしそれだからといって、歴史が止まらねばならないということはない。ただし、かの学の**登場**はそれ自身なお一つの歴史的な過程である。この過程は、学がその生成の歴史によって外的に制約されていることを止めうる前に、まず終結していなければならないだろう。おそらくここから、一八〇七年のヘーゲルの『現象学』を、形成史的に必然的な学の先行段階と解釈する可能性が出てくるのだろう(184)。

絶対的精神の区分を説明する際に、さしあたり有機的なものの領域における諸概念〔形態過程、同化過程、類〕が活用された。けれどもそれと関連して次のことも注意された。それは、絶対的歴史から特殊的領域への進行は「概念」から「判断」への進行としても捉えることができるということである。この想定は、個別者と普遍者との関係に帰せられた意味によって、確証されえた。実際、ここで試みられた絶対的精神の区分は**全体的には**、〔「論理学」の概念論における〕「主観性」の領域の具体化である。我々は、絶対的精神を予め与えられた図式のうちに押し込めるという非難を受けないようにするために、絶対的精神の区分そのものを企てることを避けてきた。しかしそのような企ては、もしもそれにかの〔概念から判断への進行との〕対応の図式を補足的に付け足すのであれば、おそらく許容され、その編別構成の完全性を明らかにしうるだろう。

この対応の根拠は現実的なものと論理的なものとの合致にある。かくてこの対応は形式的には、「絶対的精神」において「**絶対的**理念」が把握され、精神の前の段階で理念の前の形態が——例えば、「客観的精神」において「善の理念」が——実現されると言われるような仕方で、示されうる。「絶対的理念」は「主観性」に還帰している。「主観性」は自己を知っている概念である。論理的なものとしての「主観性」は絶対的精神の諸領域の基礎を含むというより、単に学の基礎を含んでいるのでしかないように見えるが——そのためローゼンクランツは美学の基礎を「生命の理念」のうちに求めたりしたが——そのことは、ヘーゲルが「認識の理念」の箇所で行なった注解から認められる。[185]［それによると、］「主観的精神」はその論理学的基礎を理論的認識のうちに有している。ただし理論的認識の論理学的理念［「認識の理念」］は、精神をもはや表象の直接的規定性や素材と絡み合ったような精神としては捉えず、[186]本来、哲学の実在的部門［精神哲学］において「主観的精神」が「魂」「意識」「直観」「表象」「直接的思考」という諸段階を通って、初めて到達すべき境地である完成された「理論的精神」、有限的な諸学の思考を、同時に先取りしている。これと同様に「絶対的理念」についても次のようなことが認められる。「絶対的理念」は一方で論理学的理念としてただちに学の方法、絶対的形式を内容として含んでいるが、他方で「絶対的精神」のうちで初めてそのような学の方法へと規定されるにちがいない。それにもかかわらず、「絶対的理念」は論理学的理念として**すべての**「絶対的精神」の基礎である。「絶対的精神」の諸部分の基礎を別のところに求めようとするならば、すでに外的観点の下で実在的なものを規定している理念の機能を、途方もない混乱におとしめることになる。それに対して、ヘーゲルが有限的精神に関して容認した観点を絶対的精神に転用するならば、［理念と実在的なものとの］有意義な均衡が有限的精神のみならず、絶対的精神においても生じることになる。理念がまず非有機的な自然を通って初めて、再び生命の理念に戻ってくるように、自己を放下する絶対的理念も、絶対的なもの**として**、まず諸段階の系列を経ねばならず、しかる後自己の純粋な形態に戻ってくる。この道程の諸段階は［絶対的精神という］領域の論理学的な概念そのものによって規定されなければならない。ところで絶対的理念は一般的には自己を知っている**概念**(187)である。そこで主観的概念の論理学が、絶対的理念が絶対的精神において展開される際のリズムを規定している。

絶対的精神の区分

I　絶対的精神の**概念**

(1)　**普遍的**概念：芸術、宗教、哲学という三つの形態における形態過程一般としての絶対的精神。この普遍的なもの（宗教）は**自己のうちで**特殊なもの（芸術に対する宗教）であると共に、個別的なもの、諸々の特殊なものの統一（哲学）である。

(2)　**特殊的**概念：人倫的世界との関係における絶対的精神。特殊なものは特殊でありながら、宗教の現実である普遍的なものそのものであり、この現実においては諸形態の区別は非本質的になる。それは区別ないし外的な他者関係へ現われた普遍的なものである、同化過程。

(3)　**個別的なもの**：形態過程と同化過程との統一としての絶対的歴史。——普遍的なものが特殊化して、客観的精神を自己に同化する適合化の諸形態において、自己と合致する。絶対的歴史とは、絶対的精神が自己自身に還帰しつつ、同時に単独に存在する諸々の個別的なものに分解することである。

II　絶対的精神の**判断**

(1)　**定在**の判断：芸術。普遍的なものは個別的なものに内在する質であり、質から質への進行は移行である。

(2) **反省**の判断：宗教。普遍的なものは反省規定である、進行は概念をただす。

(3) **必然性**の判断：哲学。普遍的なものは類であり、進行は発展である。

(4) **概念**の判断：形成史。普遍的なものは自己の偶然的な性状を自己のうちで廃棄してしまう概念である。進行は外的な現実存在を自己に照合させることである。

III 絶対的精神の**推論**：学

(1) **定在**の推論：第五七五節

(2) **反省**の推論：第五七六節

(3) **必然性**の推論：第五七七節

この区分は、「エンツュクロペディー」の構図のなかでヘーゲル自身が〔『エンツュクロペディー』という著作で実際に〕とり上げたもの、すなわち第一の領域〔I〕の第三の規定と第三の領域〔III〕全体を、中心から押し退けるものではない。第一の領域の第一と第二の規定は第三の規定のうちに含まれており、それ故、本来付け加えられるものではなく、ただ〔第三の規定に〕必然的に先行する段階としてのみ明らかにされうる。第二の領域〔II〕はヘーゲルの企てを実現するべく、諸講義の材料から補ったものである。ヘーゲルはこの領域のうちごく僅かしか『エンツュクロペディー』のうちに取り込んでいない。すでに指摘したように、『エンツュクロペディー』のうちに取り込んだものが、ヘーゲルの設計した連関を混乱させた。そこでヘーゲルは取り込んだもののほとんどを最後の版では排除してしまった。その代わりにヘーゲルが〔第五六一節と第五六二節で〕受け容れた三つの芸術形式も適切なものではない。それらは排除された部分とは反対に、明らかに付随的なもののように見える。

哲学の概念に関しては、その探求に本章全体が当てられたのであるが、次の点が指摘された。哲学の概念が構築されるのは、ただ、絶対的精神の全領域がさらに展開される場合にのみである。哲学の概念は絶対的精神の領域の一部であるだけでなく、きわめて入念に他の諸領域と絡みあわされている。哲学一般の概念、哲学の範囲と歴史、学の生成の歴史は、厳密に言えば、[『エンツュクロペディー』で]ヘーゲルによって与えられた解明のうちには含まれていない。しかしそれらは哲学の構築の必然的な部分をなし、これらの部分が[『エンツュクロペディー』で]ヘーゲルによって展開された領域にその傑出した意味を与える。第二の領域は判断の領域であるから、四つの分肢をもっている。そのために、歴史を現象学的にとり上げる場合、その位置を絶対的精神の哲学のうちに見いだすことが、非常に困難になってしまった。

導入概念に関する成果と結論

(1) 本章では導入問題そのものではなく、意識の歴史の体系的可能性が解明された。その際明らかにされたのは、ヘーゲルの絶対的精神の体系は、実際、意識の歴史への方向を示すモチーフを含んでいるものの、それが『エンツュクロペディー』においても他のどこにも展開されなかったことである。したがって導入のための体系的歴史的基盤を確立するためには、ヘーゲルの体系構想に或る修正を加えねばならないだろう。この修正は体系形式を破壊するのではなく、体系形式を首尾一貫させ一層完全なものにすることが示されたはずである。ヘーゲルの歴史把握一般について言うと、『エンツュクロペディー』の最後の部分の再構成は、通常のヘーゲル解釈と矛盾し、それ故特に強調されるべきである一つの結果をともなうことになった。それは、ヘーゲルの体系は普遍史の可能性を知らないということである。その場合普遍史とはすべての形態の領域とすべての時代を包括する人間精神の展開であると解される。ヘーゲルは、必要とあらば、そのような科目を「外的な歴史」という形式で考えることができただろう。「外的な歴史」とは学ではなく、同時代の諸々の精神的なものの必然性に関するさまざまな学的な構造を物語り的な叙述のうちで取りまとめるものである。それに対して学に関してはただ種々の歴史が併存するのみである。——それらの歴史が展開する諸局面において、なおさらに探求されるべき仕方ではあるが、相互の間に或る同時代性が成立し、かくてそれら時間的諸契機の間の相関性が産み出される。そうだからと言って、例えば歴史の相互の構造的差異が一つの歴史的全体なるもののうちに解消されることはない。「論理的なもの」［論理学において］種々の論理学的形式がそれら一切の形式である方法のうちに止揚されるように、種々のがすべての論理学的内容を一つのものとして捉えるのに対し、［歴史に関しては］本来はただ歴史一般の抽象的意味と歴史の一層限定された種々のものが存在しうるのみである。それに対しこれら種々の歴史の具体的統一は概念の統一ではない。なぜなら形成史もかかる概念の統一ではなく、一つの歴史的構造の実現形態ではあるが、そこではもちろん他の構造的契機も非常に広く含んでいるものの、やはり一つの特殊な実現形態であるにすぎない。学的体系はそのような具体的統一ではなく、「我々の」認識の営みに関する主観的意味において、また精神の自己完成を意味する絶対的意味において成立する。

(2)　本章で達せられた結論にともない、哲学史は導入としては機能しえないという結論も出てくる。というのは哲学史は、体系的必然性を暗示するにすぎない経験的な形態においてさえ、素朴な意識にも哲学的に予備教育される非学的意識にも伝えられないような、学の生成の叙述だからである。哲学史はおよそ、哲学史を解釈したり批判したりするような哲学知と了解しあうように、身を開いていない。なぜなら哲学史が行なう解釈は、絶対知の方法をすでに所有してしまった者にとってしか理解されないからである。哲学史において解釈されるもの［過去の或る哲学］は、それ自身が自己を理解したのとは、根本的に異なる仕方で理解されるにちがいない。哲学史はその解釈対象を承認すると同時に批判し、この目的のために、その都度、理性的である自己の理念とその理念の実現形態（こちらのほうは批判にさらされる）を区別せねばならないだけではない。哲学史はこの区別やそれと結びつけられる批判によって、およそ批判される側からは理解されることを期待できない。なぜならこの区別と批判は、解釈される側にとっては理解できないような学の理念に基づいてのみ、生じているにすぎないからである。哲学史はこの理念を解釈の根底に置き、解釈を通して再び自己を見いだす。[188]

ヘーゲルは解釈の原理と異ならないような哲学的批判の原理について、彼のカント批判[189]が出版されたのと同じ年に、弁明を行なった。[190] 彼の根本思想はこうである。哲学的批判が可能であるのは、ちょうど種々の理性が存在しえないのと同様に、種々の哲学が存在しえず、ただ一つの哲学が存在しうる場合においてである。この一つの哲学の理念が批判の尺度を与えるにちがいない。したがって哲学的批判は哲学の理念を既定のものとして前提し、そこから、すべて真の形態であるという主張をもって登場してきた哲学の歴史的諸形態を内在的な理念に従って、これらの形態においてその［唯一の］哲学が現われてくる仕方や程度、またそれが学的体系に仕上げられる範囲を明らかにすることによって、批判することができる。哲学的批判が行なわれるのは、哲学的批判があらゆる歴史的形態の不完全性を、その形態のうちから浮かんでくる理念に基づいて論証することによってである。

ヘーゲルが後に行なった哲学史の講義は、このような考え方を実行してみせている。この講義はもっぱら［過去の或る哲学を］受容するというポーズを示すが、それは、既定の哲学の理念を歴史的な諸形態のうちで再発見するためである。そして講義がそれぞれの形態を通して哲学の理念の出現を気づかせるのは、ただ、受容された形態を、見いだされたもの［哲学の理念］への方向で解釈し、見いだされたものが不完全にしか実現されていないことを批判することによってである。

そのような哲学史は実在哲学の他のすべての部門と同様に、本来、導入として役立つことはできない。そのことはヘーゲル自身も述べていた。[191]学の概念が把握されていない場合には、哲学史は学に関して単に暫定的な知識を与えうるにすぎない。その点でヘーゲルはシェリングと異なっていた。というのはシェリングは、ローゼンクランツによれば、[192]哲学史を導入として勧めていたからである。また哲学史はまだ論証された真理としての学をもつに至りえていないが、そのことは、哲学史の根底にある、理念と形態との差異から生じてくる。もしもこの差異が形態そのものにおいて廃棄されるものとして示されたならば、そのとき初めて、ヘーゲル哲学は「真理の真の形態[193]」として現われることができよう。けれども形態が単に受け入れられるだけで、理念がその形態のうちで見いだされる場合には、既定のものとして前提された理念を見いだすことは、確かにヘーゲル哲学という形態においては自己に戻っているものの、しかし受け入れることとその内容とは、他のすべての形態との関連がそうであるように、媒介されないままである。
(3)　したがって導入の問題に関してはこれまで行なってきた探求は、まだいかなる解答をも与えていない。確かにこれまで解明してきた科目のうちで一つ、ヘーゲル哲学の真理性の証明として、また知が学となる外的必然性の叙述として認められねばならないものがあった。それは形成史である。しかしこの科目がそれ自身全く導入でありえないことは、初めから明らかであった。というのは形成史は哲学の概念とヘーゲル哲学という形態との合致を非学的意識に対して説得しなければならないわけではないからである。形成史が導入的な現象学と一致しえないということは、容易に見てとれる。なぜならたとえ形成の歴史的諸形態が『現象学』の諸段階の根底にあるとしても、[『現象学』では]形成の歴史的諸形態はさしあたり[「意識」から「理性」までは]抽象的な諸形態、つまり意識の諸形態でしかなく、世界の諸形態ではないからである。[194] また［「精神」以後］世界の諸形態そのものが最終的に新たな歴史的系列において登場する場合でも、それらにはまだそれらの中心、すなわち自己を精神として自覚する精神が欠けている。この自覚的精神が再度行なう歴史的な歩みにおいて初めて、それらの形態はすべて合一せられるのである。[195] それに対して形成史は一つの、しかも初めから全体的な歴史である。だがおそらく形成史は『現象学』の体系的基盤であろう。というのは形成史が初めて、『現象学』が「自覚的精神をその形成過程において」考察することは何を意味するかを、認めさせるからである。『現象学』の構成を形成史から見通すためには、さらに、何故に精神が意識の諸契機に従って「意識」、「自己意識」、「理性」に分節され、世俗的なあり方をする精神が宗教的自己意識と対置されるか、その理由が求められるのみだろう。ともあれ『現象学』の形成史的な主題設定は形成史で行なわれるのがふさわしい。それ故また、導入問題に対するこれまでの探求は収穫のないものではなかったろう。いずれにせよ今や若干の欠陥が埋められている。我々は学の生成という学［形成史］に到達したが、この学は学を学の生成に対して正当化する**と共に**、今やヘーゲルの言葉で時代の教養と呼ばれるべき、学の「問題状況」に対して学を正当化する。もしもこの科目が同時に、他の文化の諸立場にそれらの立場が真理でないことを説得するような形で、現われてくることができ、またそう現われざるをえないということが示されるならば、導入の必然性と概念も正当化されよう。しかしこの正当性については、『現象学』の方法の分析によってのみ、確証したり反駁したりすることができよう。ここではそのような分析をせずに、導入を手懸ける「非学的意識」の形成史的性格を明らかにすることを問題にしうるにすぎない。

(4)　学が歴史的な結果として導出されるに至る、その最後の箇所で初めて、導入の思弁的概念が生じてくるならば、導入の学は、歴史的に規定された非学的意識とそれによる学の要求を考慮に入れるような、道具立てを用いる。歴史的状況は、学と同時代の自覚的精神の発展段階の全体をなすものだが、それは非学的意識をも内容的に規定する。ただし非学的意識のほうは自分が歴史的に規定されていることを取り立てて理解はせず、表象という曖昧な地平のうちでその特殊な遂行様式をもっていると思い込んでいる。歴史的状況は非学的意識の「非有機的自然」、その精神的実体をなす。[196]［非学的意識が］この実体を同化することによって、学への形成が生じる。『現象学』においては非学的意識は、それ故、具体的で規定された意識という意味において「**自然的**意識」である。非学的意識は直接的自然的な仕方で自己の内容によって規定されており、自然的精神を自己の対象としてもつ。[197]

自然的意識が自己の非有機的自然を自己自身においてもっていることから、自然的意識はさらに、非有機的自然そのものと関係する前に、一つの生きた全体、一つの具体的な**形態**である。それは、ちょうど非有機的なものとの直接的な統一において生存している生きた個体が、一つの組織された有機体であるのと同様である。[198]またこの形態の諸部分、自然的意識の個々のあり方も形態であり、それぞれが全体的なものである。[199]自然的意識の実体をなす精神の諸契機が対象性の形式でそれら自然的意識の個々の形態において展開される。

意識の自然性は歴史的なものである。というのは個体の実体そのものが歴史的な精神であるから。さらに言うと、この実体は個体の実体として、個体の知になおも関係している。個体は実体と関係するが、この関係において実体は個体にとって個体の他者として現われる。それによって実体に関する個体の知が、一層厳密な術語の意味において、「意識」とされる。したがって導入は「意識の学的な歴史」[200]である。

しかし導入がこのようなものであるのは、或る独特な仕組みによる。その点において導入は、その学的な基盤である形成史から区別される。形成史は、学を組織立てるところの諸契機を、形成史の外面性そのものを廃棄するような学の登場の、発生的諸前提という形式で提示する。導入のほうは学の登場を、学と**同時代である**が学を了承しない意識に対して、正当化する。導入は「自覚的精神が現前している段階において」(『現象学』一三頁)、伝承された学の形成の諸形態という形式で我がものになった諸契機を、自然的意識に伝え、かくて自然的意識をその実体の知へともたらすが、それと同時に実体をその自己意識へともたらす。[201]導入は普遍的な自覚的精神の形成を考察するが、ただしそれは、登場する学と同時代の意識において精神の形成が模写されるという仕方において、つまり「必然的な形成の諸段階の遍歴を繰り返すこと」[202]によってである。この「自然的意識を通した精神の」形成が普遍的自覚的精神の形成そのものと違う点は、それがすでに学の現代的地平において生じていることである。導入は自然的意識に対し歴史的に学の発生的諸前提を理解してもらうのではなく(そのような歴史的理解は学そのものしかなしえないだろう)、なにがしか**現在的**に、すなわち現代の知がもっているような時代的現象形態において——それが学的であろうとなかろうと——学の発生的諸前提を理解してもらうのである。導入としての学は非学的意識に対し、過去から現在に至る学の発生的諸前提を作りなすという、伝承の労働を免除する。しかし導入の目的と構造は一般に形成史におけるそれと同じである。現実的歴史がそれ自体において行なったもの、また現実的歴史が学的組織化によって把握されたものを、導入は非学的意識のためにたどり直さなければならない。というのは非学的意識自身は、そういうものがそれ自体何であるかを把握できないからである。したがって「導入の」**目標**は、形成史におけると同様に、学の絶対的端緒へと媒介することである。導入は単に学の理念を信じさせ、学の要求を知らせなければならないだけではない。そういう任務ならば、単なる予備学のほうが一層良く果たすことができよう。導入は一切の事に先立って非学的意識を己れ自身の絶望へと、己れの自明性からの離反へともたらさねばならない。さらに導入は、非学的意識にその非真理性を納得させるという導入特有の境地を、自ら廃棄して学へ高めるようにさせるのでなければならない。その結果、両者［非学的意識と学］は本当はもはや学の端緒の前提ではないことになる。学の側からの前提や要求は、ただ、非学的意識のそれに対してのみ存在する。非学的意識が己れの前提や要求を捨てるならば、学も要求することを止める。そうなると、学は［非学的意識に対して要求するという立場ではなく］単純に学的な知そのものの端緒でしかない。すなわち、それは学的知の純粋な内容と、この内容が学問性を損なうことなくそれ自体においてもつ、内容の現象でしかない(203)。

概念の形式で把握する思考への移行が非学的意識にとって理解されるならば、その限り非学的意識による学の要求は満たされる。この移行が理解されるのは、『現象学』の終着点である絶対知の形態が非ヘーゲル的立場にとって歴史的な結果として見られうるようになる場合である。それは、ヘーゲル哲学が、哲学の問題とその現代における動機づけの問題とを同時に解決し、それ故、**この**真理とみなされるにちがいないような、**この**知として現われる場合である。そうなると同時に、学が導入において自己自身のほうへ向けさせようとする要求も満たされる。つまり真理の真の形態、絶対知が非ヘーゲル的立場にとっても不可避的な帰結と見られうるならば、学が「反省の推論」を通して現われるところの、「主観的認識(204)」(『エンツュクロペディー』第五七六節)が理念の自己啓示の過程に取り戻されている［この点については、後述の第二章、とくに三七五頁以下を参照］。というのは、そうなると、理念は「自らすでに意識の一つの形態という形式において生じていたことになろう(205)」からである。精神の形態で自己を知る精神が、まさにヘーゲル哲学において出現したことは、この事実に帰せられる絶対的偶然性という性格を帯びる。

学の端緒へと媒介する**道程**は、［形成史の場合と同様に］導入の場合でも、実体を意識することが実体の自己意識と和解するという性格をもっている。非学的意識の特殊な「自己」は最終的にはこの実体の自己意識に高まる。しかしこの高揚はすでに歴史的に行なわれた和解という地平において生じる。その内容はすでに実体が**所有するところのもの**となっている。「もはや定在を**即自存在**の形式に転換すべきではなく――単に原初的なものでも定在に埋もれているのでもなく、――むしろすでに**内面化された**［想起されたものとなっている］**即自**を**対自存在**の［今、自覚するという］形式に転換すべきであるにすぎない[206]」。

このことは導入全体にとっては、導入が「執筆の時代と関わら」ざるをえないことを意味する[207]。また導入の個々の段階にとっては次のことを意味する。個々の段階は学の諸前提を非学的意識に対し、一方では確かに非学的意識にとって馴染みの言葉や考え方で伝えるが、他方ではまた、普遍的自覚的精神の歴史の諸形態への方向で指示するのでなければならない。けだし学の諸前提はすでに普遍的自覚的精神の歴史の諸形態において具体化されてしまっているからである。

かくて『現象学』においては意識の諸形態の根底に諸々の哲学説や態度形式や科学的な学説や宗教的伝統が[208]――しかもそれらが精神の歴史において現われてくる順序で[209]――存在する。「意識」（＝A）の弁証法は、プルプスが示したように、アリストテレスまでのギリシア哲学のいわば「シルエットに透写された歴史[210]」を与える。「自己意識」とともにローマ世界が意識の形成史に入りこんでくる。かくて自己意識の自立性と非自立性とが貴族と賤民との間のローマ的二元論を反映する[211]。それに続く諸形態［ストア主義、懐疑主義］はすでにその名称からしてローマ世界に由来することを知らしめる。また「不幸な意識」の由来はローマ世界で生じたキリスト教への移行と共に中世の文化を示す。それは啓示宗教の章[212]においてや［「不幸な意識」という」節そのもののうちの多数の暗示において示されている[213]。

これらの形態が自己意識という主題を含まざるをえないということは、同時代の哲学との関連からも生じてくる。その点についてヘーゲルはこう言う。アリストテレス以後の哲学においては自己意識の純粋な自己関係が原理となる。[214] 最後に「理性」（＝C）と共に近代が自然的意識の視野に入ってくる。[215]

自然的意識にとってはかの諸形態のうちに隠されていた諸哲学説がその歴史的外観を留めることができない。そのためそれらの哲学説を——たとえそれ自身歴史的であっても——一層理解しやすい形態で表わすというのは、もっともなことである。かくてギリシア哲学に属するような学の発生的諸前提が近代哲学の諸概念のうちで写しだされ、プラトンやアリストテレスがスピノザやイギリス経験論やライプニッツにおいて写しだされる。[216] またこれらの近代哲学も自然的意識に適った形式でのみ現われてくる。互いに時代的に隔たったものをこのように浸透させることは、意識の諸形態は時間のうちで継起するというヘーゲルの主張[217]にもかかわらず、可能である。というのは意識の諸形態は、精神が分析される際の、精神の**抽象的**契機の諸形態であるからである。[218] そもそも抽象的契機の諸形態としてそれらはそれ自身まだ**限界づけられ**ており、意識の形態でしかなく、世界の形態ではない。しかし限界づけられたものとして、それらは自己の他者によって規定されている。そこから全く一般的に、『現象学』では諸々の歴史的な視点が互いに入りこんでいることが、説明される。『現象学』の研究はとりわけまた次のことを示さねばならないだろう。意識の諸形態の連関は、とりわけ、精神が分析される際の［或る契機としての意識形態が次の］新たな契機［としての意識形態］へ移行するときに、その都度、くずれやすいものにならざるをえないが、『現象学』が導入であるべきであるなら、全く存立しなくなるわけではない。

非学的意識は素朴であるが、同時にすでに哲学的知でもある。非学的意識のこの二重性のために、導入の思想はさらに錯綜したものになる。すなわち、学の発生的諸前提を媒介することが、同時に自然的意識をしてその実体を理解せしめることである。もしもこの媒介が、導入であるべく、「現代的」で非歴史的な仕方で生じなければならないとすると、次のことが考えられる。それは、かの媒介は素朴な意識の要求と哲学的な意識の要求（この哲学的な意識は或る歴史的な哲学に根ざしていると信じているか、あるいは現代の哲学――それに対抗して学が現われてくる――のうちにあると思い込んでいるか、どちらかであるが）とを同一のやり方で満足させることはできないということである。なぜなら素朴な知は自己自身の考えを意識の諸形態において知らせ、この意識諸形態が哲学史的内容を指示するのであるが、この指示連関によっては、［その内容を主張する］哲学者の歴史的に形成された意識のほうは、自己の内容の非真理性について納得させられることはないからである。例えばヘーゲルは、定言命法が私有の不可侵性の導出に役立つ裁決規則であることについて批判したが[219]、このヘーゲルの批判はカント主義者を納得させることはできない。その上、現代哲学のうちで自己了解している意識のほうも、素朴な意識にとって説得力のある議論によっても、歴史的哲学的意識にとって説得力のある議論によっても、決して自分が真理でないという洞察へもたらされることはない。

それ故導入に対して求められるのは、導入が非学的意識を、当初隠されていた諸々の哲学説が出現するようになる段階にまで、もたらすということである。そうなると、或る哲学的思索をする個体がそれらの哲学説を導入の時点においてわがものにしうるようになる。換言すれば、意識の抽象的諸形態は具体的諸形態に移行せねばならない。ここで具体的諸形態というのは、『現象学』におけるように精神の世界の具体的諸形態を指す[220]だけでなく、とりわけ形成史的な意識のあり方としての哲学の具体的諸形態でもある。したがって哲学史があらたに主題とならざるをえない。ただし今や哲学史は［真の哲学の理念を前提した哲学史ではなく］、学を前提せずに方向づけをする意識、つまり歴史的意識にとって理解されるように表わされる、すなわち捉えられたり、批判されたりするものである。

最後に哲学史が導入と同時代の哲学的思索の諸形態にまで進むことによって、導かれる対象に対しての正当化は、同時に、問題状況——学はこの問題状況のうちに存在し、この問題状況の解決であると自負するが——に対しての正当化でもあることになる。導かれる対象をしてその対象の実体を理解せしめることは、知の実体性をめぐりなおも残っている問題の克服になる。［知の実体性の克服とは、すなわち、］個体の形成が普遍的精神の自己反省と同一になることである。(221) それと共に、学を非学的意識の歴史的状況に対してまたこの歴史的状況の側から問題にするということも、なくなる。学が非学的意識をして自己自身について理解させることによって、学は自己の問題状況とも理解しあうようになる。そして、あたかも学が哲学のさらに一つの形態にすぎず、哲学の問題領域に対する一つの寄与にすぎないというような、歴史的な見せかけを解消する。

第二章　学と、導入の必要性の根拠

研究を進めるための予備的注意

ヘーゲルは一八一二年［『論理学』第一版序論］以後もさらに導入的な現象学の必要性を語ったり、それを推測したりする言い方をしていた。この言い方はすでにこれまで論じられ、またこれと一見対立する言い方とも符合された。けれどもこの言い方は『エンツュクロペディー』の体系的連関のうちには存在しなかったので、それが単なる主張に留まらざるをえないかどうかは、まだ確定されていなかった。したがってこの言い方はさらにヘーゲルの体系との結びつきにおいて検討されるべきである。そこでこの目的のために『エンツュクロペディー』の最後の諸節を解釈することにしよう。というのはこれらの節において、論理学に先立つ解明が、現象学の結果において学の端緒を示すという意味において、学の端緒が規定されているからである。そこで次のことが示されねばならない。それは、当初から必然的に学に付いているものの、最後になって初めて自己を学の概念の顕示として規定するような、二つの「現象」［後述の「概念の運動において出現する客観的現象」と「概念の運動を精神の自覚として示す主観的現象」］のうちの一つ［主観的現象］が体系的な確証を必要とするということである。この確証によって、確かに端緒が学そのものに対してもつ関係が媒介されるのではないにせよ、端緒が哲学的思索を決意せんとする主観に対してもつ関係が媒介される。その際、ヘーゲルのテクストを解釈するために、前章で企てられた『エンツュクロペディー』の拡張は断念せねばならない。

目指すべき論証は困難にまといつかれており、そのため、さらに準備することなしに論証を進めることはできない。というのは『エンツュクロペディー』においては、『現象学』の最後で素描された学の体系とは異なり、もはや「現象する知の学」（『現象学』五六四頁）が、自己自身を把握する思想への接続のために、必要とされないからである。かかる現象学の必要性の断念は上述の体系の修正[1]に照応している。それ故、ヘーゲルが『エンツュクロペディー』の最後で現象学について言及しないのは、不思議ではない。それにもかかわらず現象学が導入という機能において現われるのでなければならないとしても、それは、いずれにせよ、学の端緒への還帰をそれ［現象学が導入という機能で現われるのでなければならないこと］に依存させないような仕方で行なわれる。ところで学は『エンツュクロペディー』ではもっぱらこの［導入的現象学に依存しない］観点のもとでのみ主題となる。他方では、学が自己自身を導出してしまって初めて、体系的要求から、現象学が正当化のために必要であるということが主張されうる。［そのように］現象学がそれでもやはり必要であるということならば、体系外的な正当化の必要性を結論として出すことを許すような、そういう自己根拠づけという主題が設定されねばならない。ただしその際、この体系外的正当化が必要であるという結論が下されるとしても、そのことは、学が最後において端緒と一致するための契機ないし条件として、規定されるのではない。さらに、この困難は、体系と導入とを結びつける正当化という概念を考慮することによって、一層複雑になる。というのは正当化でありうるのは、あるいは正当化を必要としうるのは、学の体系の外であろうと内であろうと、単に**主観的認識**としての学でしかないからである。ところでヘーゲルは「主観的認識」を確かに『エンツュクロペディー』の最後の諸節の連関のうちで主題的にとり上げた。しかし彼がそれを行なった仕方というのは、学の循環構造の主張とは簡単には結びつけられない。学が自己の端緒に還帰することは、すでに、学が「主観的認識」として取り扱われる以前に、行なわれてしまっているように見える。学が始まる立場の導出は、その告知（『エンツュクロペディー』第一七節）によれば、**最後の**結果であるはずだから、何故に一般に第五七四節で扱われた学の端緒への還帰を越えて、さらに［第五七六節で「主観的認識」を問題とするような］展開が必要なのかが問われる。したがって、現象学の体系的必要性を確信をもって主張しうる［以下のC節］前に、そのようなさらなる展開の必要性を見ておかねばならない［以下のA節とB節］。それ故まず第五七四節を解釈し［A節］、それを後続の諸節と結びつけることにする［B節］。

A　学の端緒への還帰

a　学は絶対的理念を把握してしまうことによって**その端緒に戻っている**、とヘーゲルは［第五七四節で］主張する。とはいえ、「純粋存在」が学の端緒をなしたのではなかったか。絶対的理念はいかにして学の端緒に行き着くのか。このような問いに対してヘーゲルはすでに「論理学」の最後で決着を付けている。そこでは次のことが明らかになっていた。一方では、端緒となる存在と、それがどのようにして端緒となるかがそこではまだ隠されていて、端緒への移行がただ事実的に行なわれたにすぎないような、そういう端緒への移行とは、無差別的な統一をなし、そのため存在が無媒介的なものとして現われる。他方では、それ［存在の無媒介性］によって不可避的になる進行が、その最後で今や存在にふさわしい形式としてもたらされ、つまり［当初無媒介的であった］存在が方法によって媒介されたものとして示されるようになる。絶対的理念によって前提された存在と、その存在においてはもたらされていない〔端緒への〕移行とが無差別であるということが、まさに存在が提示される仕方であったのである。またそのように存在が〔当初無媒介的なものとして〕提示されることが、理念の無媒介的なあり方であったのである。かくてすでに「論理学」において、理念が方法という意味で「絶対的に最初のもの」であるということが示されていた（『エンツュクロペディー』第二四二節）。さらに「論理学」において、理念はその内容諸規定（〔或る〕内容規定から〔他の〕内容規定へと移行が行なわれる）にとって外的ではなく、それらの内容規定において自己自身と合致するということが、示されていた。したがって哲学がこの理念を把握することによって、哲学はおそらくその端緒に還帰するだろうが、無媒介的なものとしての存在にではなく、「論理的なもの」に還帰する。すなわち、諸規定の「体系」としての内容に還帰する。つまり諸規定の運動は静止状態に達しており、諸規定の形式〔方法〕と合一している（『エンツュクロペディー』第二三七節）〔つまり諸規定の継起が「方法」に従っているものとして、体系的連関で捉え直されたものが「論理的なもの」である〕。そして哲学が「論理的なもの」を把握することによって、次のような結果が出てくる。「論理的なものは、**前提する判断**〔無媒介的規定と理念との根源的分割〕**から、かくてまた現象から**」立ち去っている。「**その判断**〔根源的分割〕**においては概念は単に潜在的でしかなく、端緒は無媒介的なものであったし、この現象は、論理的なものがその判断**〔根源的分割〕**のうちでももっていたものである**」〔（第五七四節）傍点はヘーゲルによる強調、太字はフルダによる強調〕。なぜなら端緒の二重の規定性、すなわち「論理的なもの」が無媒介的なものとして現われると共に、その無媒介的なものから始められたという、二重の規定性が廃棄されたのは、方法という決定的な契機であったからである。かくて一方でかの肯定的な無媒介性の現象は消えゆく仮象になってしまい、他方で理念が自己規定して根源的分割というあり方で自己を前提していた際の、概念（それはしかし当初単に潜在的でしかなかった）が実現され顕在的になっている。

b（I） しかし学はたんに一般的にその端緒に還帰しただけではなく、「**このようにして」〔（第五七四節）〕、すなわち、「論理的なもの」が、自己の現実性としての具体的な内容において確証された**普遍性であるという、**意味**をもつという仕方で還帰している〔（同上）〕。つまり真理がその真なる形式において（『エンツュクロペディー』第五七一節）認識されたという仕方においてである。しかも同時に、自然や有限的精神や自己を知る絶対的精神の有限的形式〔芸術、宗教〕がそれとは違って、真ではないものとみなされた（『エンツュクロペディー』第八三節補遺）限りにおいてのみである。それ故「論理的なもの」は一般的に〔論理学的諸規定の〕結果であるのではなく、「**精神的なものとしての結果**」〔（第五七四節）〕である。つまり精神としての結果である。ただし精神といっても、「論理的なもの」の結果的性格に照応して、活動様式ないし形式〔直観、表象、想起、欲望など「心理学」の対象〕としての精神ではなく、主観としての精神である。[2] だがそれは単に主観一般ではなく、理念の確証に唯一もちこたえられる現実的なものである。[3] この現実的なものの普遍性は同時に具体的であり、それは、絶対的精神の概念（『エンツュクロペディー』第四八二節）が現実を所有するのに最もふさわしい形態（『エンツュクロペディー』第五五三節）である。

（II） もしも「論理的なもの」がこのような意味で結果であるならば、「論理的なもの」の現象の消滅もたんに上述の如き論理学的性格をもちうるだけではない。この結果は実際には「高めること」（Erhebung）である〔先に部分的に引用された第五七四節の文章では、さらに次のように言われている。「論理的なものは前提する判断から……、かくてまた現象から立ち去り、自己の純粋な原理であると同時に自己の境地であるところに自己を高めた」〕。ヘーゲルがこの「高める」という言葉を用いるのは、有限的精神が自己を[4]——神へであろうと、自己の世俗的本質に関する知へであろうと（『エンツュクロペディー』第五五二節）

——乗り越えることについて語る場合においてのみである。確かに高める形式は方法に照応している。というのは高めることは媒介する働きだが、それは同時に媒介を廃棄するような媒介である。つまり無制約者が依存的であるかのような（『エンツュクロペディー』第五〇節注解［ヤコービによれば、自己を有限的世界から高めて神に至るという神の存在証明では、神が有限なものに依存していることになる。しかし、ヘーゲルによれば、それは見掛けにすぎない。というのは真の思考の高揚においては、有限的世界自身が空無なものであり、有限的世界における移行や媒介そのものが廃棄されるからである］）見掛けの訂正でもあるような、媒介という論理学的性格を含んでいるからである。だがこの表現は次のことも含んでいる。進行は単に思考においてのみ生じるのではない。つまり思考がそれ自体において存し、その純粋な諸形式の進行においてもはやいかなる自己制限をも必要としないような仕方で生じるのではない。そうではなく、進行は主観的知性のうちで生じる。この主観的知性は確かに思考**である**が、直観や表象を乗り越えて初めて思想に到達するのでなければならず、そのとき思考は思想を「もつ」、あるいは「概念的に把握する」（『エンツュクロペディー』第四六五節とその補遺）。自己を「高める」ところの「論理的なもの」とは、したがって、たんに「結果」として精神的なものであるだけではなく、自己を精神として高めもする。そうなると、高揚の目標は論理学的理念において示された高揚よりも、一層具体的でなければならない。「論理的なもの」は自己を

(III)「自己の純粋な原理（Prinzip）であると同時に、自己の境地（Element）であるところに」高める。

(1) まず「**自己の純粋な原理に**」高めることについて。さしあたりこのことは、「論理的なもの」がその内在的な形式としての方法と統一にもたらされることを意味していると考えられよう。しかしその点はすでに「論理学」の最後で生じた。ただしそこでヘーゲルは方法を「原理」というようには語っていなかった。[5] それに対して概念論は概念特有の**純粋な**規定性を、概念の諸種への展開と区別して、概念の展開と

実現の端緒ならびに本質を含む「原理」として捉える。[6] このような［概念論における「原理」という言葉の］意味を我々の場合に適用してもかまわないだろう。「論理的なもの」そのものはすでにその形式［方法］と統一しているが、今や「論理的なもの」は、それが自己のうちでだけでなく世界のうちで自己を確証した結果であるから、「論理的なもの」はもはや自己を理念の純粋な自覚的存在へ（『エンツュクロペディー』第二四三節）高めただけではなく、特殊的概念の全体性つまり世界へと展開された、そういう純粋な**概念的**規定性としての理念へ高めたのである。かくてこの概念的規定性としての理念は、「結果において現われるところの原理に依存するものに転換されている」。[7] このような［「原理」の］解釈は次のことと一致する。それは、『論理学』の「序論」が『現象学』の観点から『論理学』を純粋な思考の学と規定するが、この学は純粋な知をその「原理」としていることである。[8] なぜならそこでかの学の「原理」として語られているものは、たんに論理学的な意味での純粋思考であるだけでなく、実在的なものの知における「論理的なもの」の確証から出現する知だからである。もちろん、二つの確証——『現象学』で企てられる確証と体系において企てられる確証——は異なってもいる。したがってその結果も一方では単に純粋な知の「**原理**」への高揚でしかないのに対し、他方では学の端緒にまといつく一切の現象から純化された**純粋な**「原理」への高揚である。[9] かくて端緒のうちにある学［論理学］と［精神哲学の結果において］端緒に還帰している学との間に、端緒への還帰の可能性そのものとは関係なく、存在しているにちがいない相違は、すべてこの区別に基づいているように見える。

(2) 次に「**自己の境地として**」について。ヘーゲルは「境地」という表現を、要素的実体的であると共に媒体的でもあるような性格をもつもの、したがって他のものの存立基盤であるようなものを指すために用いている。[10]「境地」は、内容がそこで現われるところの（『エンツュクロペディー』第五六六節）、特殊的規定性ないし普遍的規定性（『エンツュクロペディー』第一五、一九節）である。「論理的なもの」は自己を確証したことによって、純粋な「原理」であるだけでなく、承認された現実を含んでいる形式でもあり、――原理に依存しているものが展開する際の無抵抗な媒体であるが、原理に依存しているものに対して「精神的なもの」として実体的である。さらに「論理的なもの」は**具体的な**内容において、**一切の**現実において確証されているのだから、端的に**普遍的な**媒体であり、**思考**である（『エンツュクロペディー』第一九節、第四六七節注解）。このような［「境地」の］解釈には再び『論理学』の「序論」が照応しもする。というのはそこですでに「原理」として示された純粋な知が、「自由な、自分だけで存在する思考の境地」とも呼ばれているからである[11]。両者［原理と境地］が同じ名称［純粋な知］で呼ばれうるのは、「論理的なもの」が自己の「原理」に高まると**同時に**、自己の「境地」に高まったからである。したがって「原理」はその実現において捨て去られるものではなく、それ自身媒体的な統一であり、その中で概念のすべての展開が保持されている。

(3)「論理的なもの」は自己の純粋な「原理」に高まると「**同時に**」、自己の純粋な「境地」としての「原理」に高まった。「論理的なもの」が自己の「原理」において自己の展開の媒体をもつということを確かめるのに、特別の根拠は必要ではない。なぜなら両者は同一の根拠づけの過程において生じたからである。自己を思考する理念が精神的なものとして自己の「原理」に高まることによって、理念は自己の対象そのものを産出し与える思考となる（『エンツュクロペディー』第一七節）。かくて理念は自ら産出するものとして「原理」であると同時に[12]、与えるものとして「媒体」でもある。この点でも『論理学』の「序論」は確証として役立つ。そこでは次のようにはっきりと言われる。純粋知というのは主観的な自分だけで存在するものと客観的なものとの生き生きとした統一であるが、それが「論理学の原理であると同時に境地」をなし、かくて［主観的なものと客観的なものとの区別の］展開は「ただこの境地**のうちで**のみ行なわれる」、と。

概念と存在との統一［純粋知］が『論理学』という学の端緒をなしたのだから――つまり、それは始めたもの［主観］であって、そこから始められざるをえなかったところのもの［「純粋存在」］ではないが――、学はそれ［純粋知］によって実際その端緒に戻っている。［さらに］かの［概念と存在との］統一の意味での『論理学』の端緒は『現象学』の結果だというようにも言われたのだから、それ故、体系のうちで、導入と体系とが合流する地点に到達してもいる。両者の結果のこのような外的な合致が内的な必然性をもっているかどうかを見るためには、「現象（Erscheinung）」についてさらに分析する必要がある。

c　「論理的なもの」は自己を「**現象**」から高めたのだが、その「**現象**」はどこに存立していたのだろうか。ヘーゲルはその点について後続の諸節で述べている。彼はそこでただちに二つの「現象」とそれらの高揚の過程を、互いに結びついている諸推論において扱っている。けれども第五七四節とそれに続く諸節との連関を理解するためには、いかにして廃棄された「現象」から一般に二つの「現象」が出てきたかを、予め知っていなければならない。そのためには、ヘーゲルによって示された諸「現象」における普遍的なものの理解が必要である。それ故、まず廃棄された「現象」の意味を第五七四節の連関から説明すべきである。

(I)　「現象」の論理学的性格というのは、端緒が無媒介的なものであったという点にあった。この「現象」そのものがいかにもたらされまた廃棄されたかは、すでに示された。方法の最初の契機［「端緒」］が端緒を二重の意味で――端緒が現われるがままのものとして、また端緒が理念においてあるものとして――もたらすが、他方では当初は互いに対立していた自立的な諸規定、すなわち無媒介であることとともにたらされることとが互いに転じあう。かくて無媒介性という現象が概念における非自立的仮象へと沈下し、概念が最後には自己自身と合致することによって、理念となる。この理念にとって「このような終結は、あたかも端緒は無媒介的なものであり、理念は結果であるように見えた、**仮象**の**消滅**でしかない」(『エンツュクロペディー』第二四二節)。したがって終結において端緒の二つの意味が互いに転じあうだけでなく、端緒と終結も互いに転じあう。それによりすでに進行の原理が示唆されている。

しかし高揚とその結果が[上述の如く、「精神的なもの」や「思考」への高揚という]具体的意味をもっていることから、高揚の出発点にも一層立ち入った意味が帰せられることが期待される。そのような出発点としては純粋知が生じた。純粋知は結果と同様に、「原理」であると同時に「境地」であり、ただ「原理」としての純粋知に欠けている純粋性の点で結果と区別されるにすぎない[13]。いかなる点で純粋でないのか。主観的思考において行なわれる高揚の性格や絶対的精神の先行諸形態[芸術や宗教]からして、純粋知はなおも直観や表象という契機をたずさえているということが考えられる。それ故、第五七四節で終わっている『エンツュクロペディー』第二版は「現象」について語るのではなく、**直観**と**表象**について語っている[「……学はこのようにして端緒に戻っている。つまり「論理的なもの」が学の結果であり、それは精神的なものとしてある。それは自己においてまた自覚的にある真理として自己を証明したのであり、自己を学の先行する判断、すなわち学の内容の具体的直観と表象から、自己の純粋な境地としての原理に高めたのである」(傍点—訳者)]。しかしこのことは誤解されてはならない。純粋知**への**高揚と違って、純粋知**における**高揚は何か或るもの、特殊な内容から出発しているのではなく、具体的な直観や表象から出発している。『エンツュクロペディー』は精神の活動様式そのものを抽象的意味において、つまり経験的に与えられる内容なしに扱うが、これらの[第二版第五七四節で語られる]直観や表象は、したがって、そのような抽象的意味をもっていない。さらに直観や表象はすでに、それらの主体をなす自由な自分だけで存在する思考における「現象」をなし、――それ故思想そのものから独立ではない。学は思想**において**直観や表象という形をとって現われる。直観や表象は、純粋知の絶対的な内容が同時に純粋思想と共に、だが純粋思想と並んで存在する際の諸様式である。それ故、直観と表象はまた対象的意識の諸機能ではなく、〔精神の〕抽象的活動様式と同様に、「外的対象との絡まりを……乗り越えている」（『エンツュクロペディー』第四四〇節注解）、つまり、もしもお望みならば、「叡知的」と言える。それ自体絶対的な精神が内容であるような具体的直観の構造は、芸術において生じたものによれば、次のようなものであろう。すなわち、その直観は絶対者の知として、一方で直観されるもの、すなわち内容そのものを再び直接多様性に分散する作品と、直観する主観とに分かれる。他方で主観〔芸術家〕によって産み出される両者〔自然と精神〕の統一〔絶対者〕を、直接的で単純な統一として直観する（『エンツュクロペディー』第五五六節以下、第五七二節）。しかし〔今問題としている〕直観の所産は芸術とは異なり、その材料が自然の素材であるようなものではなく、思想である。というのは産出は自己意識的な思考という「境地」においてのみ生じるからである。〔次に、〕具体的表象の諸契機は、上述したように[14]、〔宗教においては〕それぞれ〔芸術における〕直観の諸契機と対立して現われてくる。直観が内容を分散するのに対し、表象は内容を、外的な仕方であれ、媒介する。直観が内容をもたらすのに対し、表象は内容をあるがままに受容する。そして表象はそこで自己自身に関係するが、それに対し直観は主観としての自己を忘れる。したがって表象においては主観はまさに内容において自己自身をもたらすものだという自覚をもつ。しかし内容は表象にとって単一なものとして現われるのではなく、自立的でさまざまな全体的なものの集まりとして現われるが、それらを表象が媒介する。表象は関係づけるものとして本来の意味で認識するものである[15]。けれども、内容は今やもはや〔宗教における〕

直観の場合のように感覚的な規定と混じりあっておらず、思考規定そのものであり、その都度特定の形式としての論理学的形式である（『エンツュクロペディー』第二〇節注解参照）。

(II)　ヘーゲルが論理学や学そのものの他の部門で行なった手法を分析する場合、いかなる叙述の諸契機が個々においてこれらの直観や表象という概念に属するのかということを示さねばならないであろう。それに対して『エンツュクロペディー』における推論を説明する場合には、若干の指摘で十分であろう。［まず「直観」について言うと］ヘーゲルは［フィヒテのように］自我から始めることに反対するという文脈のうちでであるが、知的直観が**潜在的**ないし**内的**に存在していることは認めた［ヘーゲルは『論理学』の「端緒」に関する箇所で、フィヒテ批判との関連で、「**自我は確かに潜在的には**純粋知または知的直観として規定されうるとしても……」と述べている］。ただし知的直観の単なる存在は本当は**思考においてはじめて現に**存在するのであるが[16]。当初内的なものは、たんに外的でもあらざるをえないから、そこから、知的直観はさしあたり思考**において**「現象」として現われるということが帰結される。実際のところ純粋な思考が直観的性格をもっていなければ、純粋思考の辿る種々の規定がどのように結び付けられるかは、理解できないだろう。「したがって人は正当にも……とりわけ哲学においても……事柄の直観をもとにして語るように要求した。対象の実体の直観が思考の根底に確固として存在している場合にのみ、かの実体に根ざし、実体から切り離されると空虚な藁になってしまう特殊なものを、事柄から逸れることなく、考察することへ進むことができる」。全くもってこの進行は必要である。「完成した認識は把握する理性の純粋な思考にのみ属し、またこの思考に高まった者のみが完全に規定された真の直観をもっている。この者のもとでは直観はたんに、彼の完全に展開された認識が再び凝縮されるところの、堅固な形式であるにすぎない」（『エンツュクロペディー』第四四九節補遺）。それ故、当初単に思考に対し外的でしかなかった、ないし内的に存在していた直観は、最後には認識そのものの一契機となる。

〔次に〕表象に関してもヘーゲルは、「およそ**表象から概念へ**移行し、また**概念から表象へ**移行すること——学的な省察における行ったり来たりは……学的な叙述においてもいたるところで述べられる」[17]という要求を認めた。このことのみが——『現象学』の緒言（Vorrede）によれば——「**現実的に**思弁的なもの」[18]である。それ故にヘーゲルはまた安んじて、まだそれ自体としては導出されていない反省諸規定を、『論理学』の端緒で「『存在』は「その無規定的な無媒介性において、ただ自己自身とのみ等しく、また他者に対して不等でもなく、自己の内で、更に自己の外でもいかなる差異性をももっていない」（傍点—訳者）と言って、「媒介性」「等しい」「不等」「差異性」という、本質論における反省諸規定を先取りしているように」用いることができた。「思弁的思考はまさにそのようなものと格闘する。パンを食べ尽くすためにパンを必要とするように、思弁的思考はそのようなものを必要とする」[19]。そのような反省諸規定は論理学的な内容に適したものというより、むしろ論理学的な内容の学にとって、しかもとりわけ表象にまといつかれた学としての論理学的な内容の学にとって必要である。というのは表象するものとしての精神は、反省の段階にあるからである[20]。そのように表象を用いて、反省諸規定を具体化する特殊な仕方は、概して、宗教的表象によって絶対的内容を把握しうるようにするのと同じ仕方である[21]。すなわち、それらの表象が結ばれて、相互に矛盾し、否定の道を通って、純粋思考そのものにおいて「現存」するものを、暗示するようになる。

(III) 学の内容の具体的な直観と表象とが合わさって「現象」をなす。そうだとすると、いかなる意味で、理念の主観的活動の過程と理念の客観的活動の過程として互いに区別され廃棄しあう両「現象」について、語りうるのだろうか。この問いも、純粋知において生じる高揚との関連で、答えられる。というのは純粋知は、その中で「主観的に自分だけで存在するものと、もう一つの自分だけで存在するもの、すなわち客観的なものとの、意識における対立が克服されたものとして……知られる[22]」ような生きた統一だからである。だがこの知は当初まだ全く抽象的であり、「自己との**純粋な同一性**」（『ハイデルベルク・エンツュクロペディー』第一二節）であるから、区別された諸側面が「現象」に属し、そしてそのようなものとして別々に現われる。なぜなら「現象」とは、それ自体はたんに仮象にすぎないような形式的区別が、自立的に存在するようになったものを指すからである[23]。このことは直観にとっても表象にとっても当てはまる。直観も表象も共に主観的なものと客観的なものとの単に抽象的形式的な統一である。したがって両者の結合したものはこの抽象的形式的統一の諸側面［主観的なものと客観的なもの］へと分解する。したがって意識の対立からの解放にもかかわらず、学はその当初においては、学そのものとしてその内容——それは、事物それ自体でもある限りでの思想であり、あるいは純粋な思想でもある限りでの事物それ自体である[24]——から区別されているだけではない。さらに、学の「現象」が、概念の運動において出現する客観的な「現象」と、概念の運動を精神の自覚として示す主観的な「現象」とに分かれてもいる[25]。それ故、さらに導入について語らねばならないとすれば、導入はこのような分かたれた諸側面を主題とせねばならない。その場合、直観が自己忘却的であるのに対し、表象が主観に関係しているとすれば、客観的な「現象」の側には直観の構造が支配しており、それに対し主観的な「現象」の側には表象の構造が支配していることも、生じているのかもしれない。しかし、そもそも学がすでにその端緒に戻っているとすれば、何故にさらになおも「現象」という規定が必要なのだろうか。

B　現象の顕示への転換

a　三つの推論の議論について

第五七四節に関する上述の解釈が正しいとすれば、［第五七五節から第五七七節における］三つの推論はただ、「論理的なもの」が上述の学の諸部分［「客観的」部分と「主観的」部分］において現象する、その性格をさらに詳しく規定するものにすぎない。また三つの推論は論理学を具体的普遍的な学として、それ故最後の学として示す。そうなると、三つの推論のうちに独自の哲学的諸分野の暗示を見ようとする試みは、すべて、――展開されたものであれ、そうでないものであれ――却けられねばならない。そういう試みは、すでに第五七四節で与えられたような、「論理的なもの」を結果として導出するということと、また論理学は最初にして最後の学だというヘーゲルの多くの断言と、矛盾せざるをえない。またそのような試みは、個々の哲学的分野とその内容を互いに組み合わせて、同一の対象を種々に叙述するという奇妙なものにならざるをえない。なぜならもしも三つの推論を、「論理的なもの」の「現象」という明確な性格づけを無視して、学の内容的な叙述と受け取ろうとするならば、『エンツュクロペディー』［論理学－自然哲学－精神哲学］を単に第一の推論のみをなす学の解明とみなさざるをえなくなるだろう。そうなると、他の二つの推論では、学の諸項の順番がそれぞれ一つずつずれたような、学の全内容に関するそれぞれ独自な叙述が示されていることになるだろう。そうなると、論理学は最終的には［第三の推論では］、最初の分野としての精神哲学と最後の分野としての自然哲学との間の学となろう。もしもそうだとすると、学の端緒は――それはヘーゲルによれば明確に論理学的な端緒とされるが――いかに正当化されるのだろうか。そういうことは思いもつかないことである。ヘーゲルに多数の端緒の可能性を認めたという非難を浴びせようとしたすべての者がそう解したように、ヘーゲルは恣意的だということになる。しかしそうなると、論理学の終わりで端緒に戻り、そこからさらに他の諸分野へ進むというのも恣意的だということになろう。それと共に、ヘーゲルが絶対的理念から自然へ移行したことに対する批判がこれまで費やしてきた一切の労苦も、不必要であったことになろう。学は全体的なものであり、そのようなものとして叙述される必要があるという、ヘーゲルの導入的な注釈が語っているすべて（『エンツュクロペディー』第一四節以下）と矛盾した形で、『エンツュクロペディー』はその最後で自己を乗り越えて進むということになろう。そうなると、三つの推論が『エンツュクロペディー』の枠を越えてしまうから、三つの推論を廃止すべきだということも、確かに容易に考えられよう。ヘーゲルは三つの推論を第三版でもう一度受け入れた。しかしそのことは、何か、学をその三様の範囲においてその都度なお企てることへの、断念の徴しと受け取らねばならないだろう。それと同様に、ローゼンクランツは第二版と第三版に添えられたアリストテレスの引用文を、ヘーゲルによっては展開されなかった学——思弁的神学としての論理学の象徴と解した。[26] しかしローゼンクランツの場合、論理学の別の展開がなお求められていると信じていた。それに対しG・ラッソン[27]とJ・ヴァン・デア・メーレ[28]は第一の推論を『エンツュクロペディー』の推論と解することによって、他の二つの推論に対しては『エンツュクロペディー』以外の学を想定し、求めてしまった。第二の推論については彼らは一致して、それは『現象学』で展開されているという見解に行き着いた。第三の推論についてラッソンは、その展開はヘーゲルの種々の講義で行なわれていると考えたが、V・d・メーレは第三の推論の展開をおそらく不可能とみなした。

この見解はラッソンにおいてはそれ以上詳しく根拠づけられていない。V・d・メーレによる根拠づけは、しかし、彼自身に利するよりもむしろ反するものである。彼は、第二の推論が**現象する**知の学の推論だということをもっともと思わせるために、学は主観的認識として現われるというヘーゲルの言い回しを、ヘーゲル自身が明確に求めているのとは別の仕方で強調せざるをえなかった。かくて彼は「認識する」という言葉をイタリックにするのではなく、「現象する」という言葉をイタリックにしている（『エンツュクロペディー』第五七四節）。それによってまさに第二の推論が第一の推論と区別されない契機が強調されていることになる。なぜならこの第一の推論も「論理的なもの」の「現象」の一つ［客観的現象］であるからである。ヘーゲルは［第一の推論をとり上げた］第五七五節で、学は内容の必然性として現象するとか、あるいは——彼が「現象」一般［『エンツュクロペディー』第五七四節］をさらに特殊な「現象」からそれほど厳密に区別しなかったとすると——学は［主観的現象として］単に見守ることとして現象するというようにも言いえただろう。学が全く内容的に受け[29]取られているという第一の見方は一面的だが、その場合でも学が主観的側面をも反映しているということは、もしも実際「論理的なもの」の「現象」が推論をなすのであれば、明らかである。また学は『現象学』において他の科目の前の主観的認識として現象し、それがめざす目的は自由であり、自由をもたらすことそれ自身が道程であるというように、『現象学』について語ることは誤っている。なぜなら学はこの目的をもはや何か別の科目においてもつのではないからである。全く同じ事をヘーゲルは自然哲学についても語っている。[30]『現象学』は、意識の経験および意識の克服の道程として——つまり内容的意味で受け取られる限り——その目的が自由であるような主観的認識ではなく、「絶望の道程」[31]である。自由を目的とするという規定は精神そのものに初めて帰せられるのであって、意識に帰せられるのではない。意識にとっては対象が意識の他者として現われる。それ故意識は、己れの自由を自己のうちでもたらすことを、自らの課題となしえない。自己意識と理性における自由はまだ抽象的でしかない。結局、「意識の教養の歴史」は、もしもこの教養の主体が自己の目的を自ら設定し、それに従って行動しうるのだとするなら、冷酷な比喩ということになろう。

第二の推論のうちに『現象学』を収め、第三の推論のうちに諸講義を収めるという［ラッソンの］試みは、『諸学のエンツュクロペディー』が全くその題目通りのものにならないということを、認めざるをえないことになろう。つまり『エンツュクロペディー』は「全範囲」[32]でもなければ、哲学的諸学そのものを扱うのでもないことになろう。学の諸部門への分節はそこでは全く主題とならず、諸部門は特殊な学として規定されないだろう。——このような試みに対してここでは次のことを主張しておく。第二と第三の推論の展開が『エンツュクロペディー』に付随して現われるという考え方は間違っている。また学の最後において「論理的なもの」の「現象」の領域に属する、講義の唯一の素材は、ヘーゲルの扱う哲学的諸分野に関する彼の**方法論的な**考察であろう。[33]この方法論的考察は、論理学でも他の実在哲学でも扱いえない唯一の内容である。というのは実在哲学は最後までただ事物のみを扱い、事物から区別されると共に思弁的には事物と同一であるような、事物の学的知を扱わないからである。先に［二四六頁］絶対的精神の区分において主観的観点が排除されたのも、ここに理由がある。

哲学史の最後の哲学がそうであったように、学もその最後で自己の知を顧みているにすぎず（第五七三節）、自己が何であったかを規定している。つまり学の最後の諸規定においては、それまで述べられた内容についてその内容にふさわしい概念が問題となっているにすぎない。新たな学の形態が——それは新たに転換して初めて表明されるものの、その由来が不明であるような学の形態であるが——扱われているのではない。そう解してのみ、何故にかの［学の最後の］諸規定の諸要素がすでに『エンツュクロペディー』の補遺や注解で先取りされていたかについて、説明がつけられる。

『エンツュクロペディー』の最後の諸節でのヘーゲルの言い回しは非常に図式的であるように見える。

そのため、彼自身、三つの推論が彼の哲学全体にとってもつ意味について明確な考えをもっていたのかどうか、疑わざるをえない。〔むしろ〕『論理学』の最後が学の方法について比類なく一層具体的な叙述を含んでいるのではないだろうか。この見方は次のようなことを考慮せざるをえないだろう。『現象学』は、絶対知の概念が『エンツュクロペディー』の第五七四節の前で導出されえている以上に、一層具体的な絶対知の概念を企てているだけではなく、『論理学』の最後も、厳密に言えば第一の学としての『論理学』に属するのではないような方法に関する注釈を含んでいる、と。(34)『論理学』の他の箇所やヘーゲルの他の著書においても示されていることだが、ヘーゲルは、自己の哲学に関する観念を、その学的解明という連関でその都度展開しえた以上に、本質的に一層具体的な考えをもっていた。特に個別的な領域（自然、主観的精神、歴史、宗教、芸術、哲学史）の哲学における導入的叙述は、偶々の注釈という度合いを越えており、特殊な哲学的諸学の方法およびそれらの学が事象領域と関係する仕方に関する意識を明瞭に記述している。

b　さらなる展開の必要性と意味

ヘーゲルは、第五七四節で到達した思想をさらに越えて展開を行なうという点について、一時自ら疑っていたように見える。彼は、すでに『ハイデルベルク・エンツュクロペディー』には含まれていた体系の三つの推論を、『エンツュクロペディー』第二版では取り去ってしまった。同時に彼は第五七四節を定式し直し、「現象」について語らなくなってしまった。――それは、おそらくこの「現象」という概念は推論と不可分に結びつけられていると思われたからであろう。彼はもはや学の純粋な「原理」への完全な高揚に続けて、推論を述べようとはせず、今や、おそらく事柄上第五七四節で到達した結果よりも**前に**来るべきものの詳細な叙述のために、推論を差し向けようと思ったのだろう。やがて第三版では彼は再び一八一七年［第一版］の見解にくみしようと決断した。しかし今や彼は明確に、［第五七五節の冒頭で］「このように現われることが、さしあたりさらなる展開を根拠づけるものである」点を強調した。それ故、進行という関係にとって決定的なのは、「このように現われること（dieses Erscheinen）」が何を意味するかである。

（I）「**現われる**（Erscheinen）」は論理学では術語として明確に「現象（Erscheinung）」と区別して導入され、定義されているわけではない。それにもかかわらず、ヘーゲルはこの言葉を現象概念とは異なる意味で用いている。例えば『現象学』では、それ自体自己自身の否定であり、学への自己廃棄であるような真ならざる知を、学が現われると呼んでいる。それ故この現われることは二重の運動を表わしており、一方は「現象」が洞察されることであり、他方は、現われて「現象」になるところのものが、そのように「現象」に至ることである。［『論理学』の］現象論でヘーゲルが「現われる」という表現を用いている唯一の箇所では、一層明確に、現われるというのは、「現象」全体の他者への反省と解されている。すなわち、「現象」がそれから出現する、つまりそれが現われることが「現象」であるところの、「現象」の根拠、への反省と解されている。だが「現象」の根拠への反省は、そこで示されているように、同時に根拠の、すなわちそれ自体自己のうちへの反省の、その他者、すなわち「現象」への反省でもある。両者の区別――自己を廃棄する「現象」と、「現象」が還帰していくところの根拠との区別――は、したがって、根拠がそれ自身現われることとしてもたらされ、そこから「現象」の諸規定が出現してくることによって、廃棄される。このことは我々が今問題にしている場合に適用すると、次のことを意味する。純粋な「原理」であると同時に「境地」であるものは、今や「現象」の出現として表わされねばならない。そこでは「現象」のうちにあらかじめ含まれていたにすぎない区別が、自己を解消しゆく二つの「現象」の間の本質的な関係として一層立ち入って規定されている。

このような考察が説得力をもつのは、ただ次の場合においてのみである。すなわち、このような考察と、学はすでに端緒に還帰しているという主張とが矛盾しないことが、示される場合においてである。「現われる」ことは還帰の一契機でなければならず、この契機がなければ還帰は完了しない。その点は、方法の契機について述べられたことからして、ありそうなことである。学が端緒の純粋な「原理」とその「現象」とを規定する限り、学は端緒に還帰している。この学は両者〔端緒の原理とその現象〕をさしあたり互いに対立的に規定し、すなわち端緒と終結との差異にあるものとして規定する。だがこの差異はなくされねばならなかった。また「現象」が結果において現われる「原理」に依存するものに転換されたことによって、ただちになくされた。だが「原理」が「現象」に反省したことによって、「原理」はそれ自身現われることとなった。つまり自己と同一な一なる本質としての、具体的で純粋な知となった。ただし同時に、この本質が「現象」に現われ出るところの実在性は、まだ、そこで現われるものとその「現象」との差異のうちにある。(35)〔『論理学』における〕本質の領域では反省された規定はいずれも自立的でもあり、定立されたものはいずれもなお前提されたものでもあるから、今や「原理」であるところの現われることにおいても、なお「現象」が「原理」に対して無媒介的に存在するということが残る。それ故、「論理的なもの」は現われるものである限り、絶対的ではなく、存在する無媒介性と反省された無媒介性とに反省する。この両者は互いに自立的であるが、それぞれは他者との関係においてのみある。つまり両者は、それ自体において客観的に存在する理念と理念の主観的活動とである。両者が互いに転換しあうことによって、つまり客観的現象が主観的現象に、主観的現象が客観的現象に反省することによって、初めて、両者の実体的なもの、両者の絶対的統一としての哲学の理念が出現する。かくて「論理的なもの」はその両「現象」を自己の「顕示」（Manifestationen）として規定し、自己の外面にありながら自己自身である。[36]そうなると、「現象」が無媒介的なものでもあり、それが現われることに対し前提されるものでもあるということは、今や仮象であり、この仮象は絶対者のうちで消滅する。今や初めて「原理」は、端緒においても自己の「現象」への反省関係をもたず、それ故、進行においても自己のうちに留まると共に自己に至るようなものとして、導出されている。

(II) しかし上述の両「現象」は単に本質的な相関関係そのものの項であるのではない。というのはそれらは、前提された**判断**［根源的分割］から生じた**理念**の「現象」であるからである。それ故また両者の媒介の形式は単に本質の領域における形式、つまり反省［二項関係］ではなく、推論という形式［三項関係］である。つまりこの推論の形式においては両者は互いに転換しあうと同時に、「絶対的に－普遍的なもの」へと合一する。したがって「現象」が「顕示」へと高まる運動の全体が三つの推論をなし、すなわち、三つの推論からなる一つの推論をなすようになり、その推論形式において理念が自己自身と合致するようになる。三つの推論は理念の**内に**あり、そこでは区別されるものは排他的に定立されているのではなく、一方が他方と合致するなかでのみ存在している。[37]それ故、媒介項は端項を「有限な抽象物としての両端」に分離するのではなく、「また自己をそれらから分離して自立的なものとなり、単に［端項とは異なる］他者として他のもの［両端項］を結び合わせるにすぎないのでもない」（『エンツュクロペディー』第五七五節）。結合するのは理念であるから、推論の項は「論理的なもの」としての理念そのものと、「論理的なもの」が現われるところの異なる両境地ないし両規定性、すなわち自然と精神とである（『エンツュクロペディー』第一八、二四三節）。かの両「現象」として互いに転換しあうものが、かくて、体系の諸項の相互関係をなす。それによって、かの、『エンツュクロペディー』で扱われる諸分野の対象が後に交差するということが生じる。先に我々が批判した研究者［ラッソンとメーレ］にとっては、この交差が『エンツュクロペディー』そのものにおいて実現される見込みはないように思われたので、彼らはこの交差について独自の解明を求めたのであった。しかしヘーゲルの『エンツュクロペディー』が自己自身と合致することができ、その終わりが始まりと一致することができたのは、ただ、『エンツュクロペディー』の［第一の推論における］最初の「現象」をなす客観的行程［論理的なもの—自然—精神］と同時に［つまり別にではなく］、他の推論諸関係が実現されている限りにおいてのみである。実際に『エンツュクロペディー』がこの要求を正当に扱いえているかどうか、あるいは全く正当に扱ったかどうかは、もちろん別の問題である。いずれにせよ、それは正しい解釈を前提する問題である。

三つの推論の体系においては、推論の諸項の諸関係［大前提、小前提、結論］が——その諸関係において理念が現われるのだが——転換しあうだけでなく、諸項の意味も次のように具体化される。すなわち、推論の媒介諸項がすべての運動となり、それらの運動は互いに合一し、それらの運動のなかで諸項は完全に互いに連続し、かくてそれらが同時に一つの静的な全体をなす。形式的にはこの進行は思弁的な推論の論理学における「格」と「式」の進行に依拠している。しかし内容的にはこの進行は、項がその種々の段階で得るその都度の意味が留意されてのみ、明らかになる。

第一の推論は理念における定在の推論である。「論理的なもの」は直接的で個別的な主語という機能をもち、この主語に自然が抽象的性質として属す。この性質を介して「論理的なもの」は、もう一つの抽象的普遍性であると同時に包摂するものでもある精神と結ばれる［論理的なもの—自然—精神］。或る項から他の項への進行は、それらの直接性の故に、「移行という外的形式」をもつ。そこでは自己を全く内容的に反省する学［事柄を扱うのみで、同時に事柄の学的認識（方法論）を扱おうとしない学］が必然性をなしている。[38] それ故内容の順序は学の定在において生じる順序と同じもの、つまり絶対的内容の一義的な生成［『現象学』におけるように対象から意識へまた意識から対象へと行ったり来たりするような二義的な生成ではない、生成］である。同時にこの最初の現象は第一格の推論［個別―特殊―普遍］である。というのは「論理的なもの」という――それ自体は普遍的なもの――が個別的なものとして現われ、自然という特殊的なものが媒介者の位置を占め、精神という――本来は個別的なもの――が普遍的なものとして媒介されているからである。「論理的なもの」の意味はここでは存在する思想という客観的意味でもないし、知る思想という主観的意味でもなく、両者の無差別、両者の非現実的な実体であり――神学的には「神の知恵」と表わされるものである。つまり自然は事物として存在する概念［「論理的なもの」］を――その概念は他在の境地としての自然ではないが――予めもっている。[39] 自然は理念の他在ないし自然的世界であり、――絶対的宗教の第二の領域［神の子］において「根源的自然と具体的自然」をなしたものである（『エンツュクロペディー』第五六八節）。精神は有限的な精神、自然によって基礎づけられた精神であるが、しかしそのようなものでありながら、「論理的なもの」の内在的形式をなす概念を学において実現する。かくて概念は精神において普遍的であり、少なくともこの「一方の端項において概念の自由が概念の自己自身との合致として定立されている」（『エンツュクロペディー』第五七五節）。

それ故、精神が自然から出現することは、あたかも自然が直接的なもの、第一のものであり、それに対して精神が生成してきたものであるかのように、捉えられてはならない。概念の自己自身との合致によって、精神は自己を自己の定立の結果として示している。かくて第一の推論は第二の推論へ進み、第二の推論は第二格の反省の推論［普遍―個別―特殊］という形式をもっている。[40] そこでは第一の推論で反省の普遍性になった個別的なもの、すなわち精神が媒介項をなし、それが今や普遍的なものとして現われる特殊なもの、すなわち自然を前提する。そして精神はこの自然を、特殊なものとして現われる「論理的なもの」と結び合わせる［自然―精神―論理的なもの］。媒介項の意味は今や、学が第五七五節の結果として生じてきたような、「主観的認識」という意味であり、つまり個々の生きた主観において行なわれる学的活動である。学の「現象」としてのこの認識は、思考の形式における理念がこの認識の唯一の内容をなす限り、有限的な認識ではない。それは概念的に把握する認識である。またこの認識は第一の推論の結果として生じてきたのだから、もはや単に理論的知性というあり方をしているだけでなく、実践的知性と統一している。それは自由な精神であり、直接的個別的でありながら、自己の普遍的使命へと――自由へと純化されている（『エンツュクロペディー』第四八一節）。しかもこの自由な精神は、人倫的行為においてのみならず、絶対的に真なるものに関するそれ自体実践的な知においてあるものでもある。しかしこの認識は自然を前提している限り、まだ有限的である。この認識は自己自身を事物の本性と合致させ、概念的思想の現存する世界を自己と合致させることによって、自己の普遍的使命、自己の目的としての自由を樹立するのでなければならない。このことは自然との関係で生じざるをえないが、その自然は前提されたものでありながら、もはや単に理念の他在であるだけではない。自然は精神を反映しており、精神に特有の自然性を含んでいる[41]。自然は今や学の主観に対抗して存在する世界全体である[42]。認識はこの世界について、世界が認識に適っている、すなわち、それ自体精神と和解していることを前提する。かくて世界はただたさらに、学的認識において理論的かつ実践的に、つまり世界がそれ自体においてあるところのものとして、すなわち「論理的なもの」として定立されねばならないだけである。「論理的なもの」は今やもはや単に没世界的な形式であるのではなく、さしあたり、認識において前提された世界および認識が服するところのもの、すなわち認識の仕方としての方法である。

学はすでに当初から潜在的には自由であるとしても、このような［主観的］認識として、まだ自覚的に自由になってはいない。学の立場というのは、人が何かそういう立場に立つことも立たないこともありうるようなものとして現われる。学の立場に立つということは、学が定立であるような立場に鑑みるならば、単に学の立場を前提するということ［予め定立すること］を意味するにすぎない。確かに学は知性の他のすべての活動と比べてみると、端的に際立った位置を占めていよう。というのは学は意識［という主客分裂の立場］において働いているのではなく、［主客分裂を克服した］絶対的内容において自己との同一性をもちえているからである。それ故、学は知性の他の活動のような先入見にとらわれてはいない。学はかの学的立場を取ることによって、そのような先入見をただちに追い払ってしまう。だが学がそのような先入見にとらわれていないということは、学が自己を展開して、自己の概念の把握に至り、かくて自己の還帰と満足に達することによって、初めて示されるのでなければならない（『エンツュクロペディー』第一七節）。学が自己の展開において自己のもとにあるようになって初めて、学は自己を知り、自覚的にあらゆる前提から解放されている。このことは学の唯一の目標であるだけでなく、学の営みでもある。「主観的認識」はそれ自身、自由を自ら産み出す道程である（『エンツュクロペディー』第五七六節［第二の推論、すなわち自然―精神―論理的なものは、精神が理念において自己に還帰することを意味するが、そのとき「学は主観的認識として現われる。この認識の目的は自由であり、この認識そのものは自由を産み出す道程である」］）。この道程は第一の推論の運動とは反対の意味において目的をもったものでありつつ、移行の形式で生じ、概念を媒介するものとして経過する。概念は第一の推論では自ら主観的になり、一義的な経過を意味するのに対し、第二の推論では「主観的認識」が客観的となって、自己に還帰する系列、自己の根拠への還帰を意味する。

「主観的認識」は「論理的なもの」における自然と認識された自然における「論理的なもの」とを自己自身と結びあわせ、そして「論理的なもの」を手段や規範として扱ったり反省することを止める。というのは「主観的認識」は自己を外化して、徹底的に「論理的なもの」によって貫徹された主観性になり、「論理的なもの」が特殊化されたものにすぎないような主観性になるからである。

それと共に第三の推論がもたらされている。第三の推論はその諸項を介して、先行した二つの推論を、それらの運動が生じたところの意味において、結び合わせる。それは必然性の推論［特殊―普遍―個別］である。その媒介項は端的に、概念の諸契機であるような諸項を両端項としてもち、それ自身類であり、具体的に普遍的なものである。この具体的に普遍的なものの規定性は両端項のうちで自己反省している。両端項はそれらの同一性を媒介項においてもち、媒介項は自己の内容を両端項においてもつ(43)。事柄として存在する普遍的なものとしての**「論理的なもの」**が今や媒介項をなす［精神―論理的なもの―自然］。それはもはや「単に論理的なもの」であるのではなく、一切の実在性であると同時にその具体的な知でもあるという意味をもっている。それは「自己を知っている理性」である。この「論理的なもの」を両端項において所有する二つの「現象」は、具体的に普遍的なものとしての「論理的なもの」の「顕示」でしかない。つまり理念としての「論理的なもの」が自己を根源的に分割することによって、それらがそのような「現象」として規定される。**精神**は、第二の推論の結果によれば、特殊的なものとして現われつつ、己れ自身において再び普遍的なものをもたらし、かくて個別的なものである。ただしこの個別的なものはその論理的本性と等しくされた個別的なものである。つまり自由に自覚的に存在する思考であり、その始まりはもはや恣意的なもの、前提をなすものとして現われない。なぜならこの思考は媒介項としての理念そのものの前提であるからである。したがって、たとえ方法が「時間的な展開のうちでは、端緒そのものを予めすでに導出されたものとして捉えるということはできない」としても、「端緒は単に蓋然的に仮説的に認められるにすぎない、というように断る」には及ばない[44]。認識の進行は、自己を知っている理性の顕示であり、認識の仕方がますます完全になる経過を示すものである。しかし認識の種々の仕方の相違は理念において絶対者に解消されるようなものではない。認識の進行は今やただ端緒のなお一層詳細で一層集約された限定を表わしていくのでしかない。この進行においても端緒は消滅せず、すでに全体的なものである[45]。その進行の中で理念は自己を産み出し、自己に還帰する。つまり端緒のいかなる限定においてもその都度すでに自己に帰っている。先に「主観的認識」が自己の自由を産出する道程として現われたが、その過程は今や自由そのもの、絶対的に普遍的なものそのものの道程である。この道程を絶対的に普遍的なものが自ら整備し、通り、またその都度通り過ぎてしまうのである。しかも主観的活動としてだけでなく、認識として学でもあるような客観的現実的なものとしてである。［客観的に現実的なもの］というのは、**自然**は個別的なものであるものの、今やそれは、先に行なわれた「論理的なもの」との媒介によって、ただちに特殊なものという自然本来の姿において分析されて現われているからである。自然はもはや単に存在する世界という意味をもっているのではなく、絶対的精神を実現する世界という意味をもっており、この世界の過程のうちに学そのものが帰属している[46]。自然は、主観的活動に対置される理念の客観的現実として、第一の「現象」をなした全体的なものである。この過程においても理念は自己を産み出していくが、しかしその過程はなお理念にとって前提されたものなどではない。理念にとって過程は神学的には創造として表象されるものである[47]。同時に理念はその過程のうちで自己に還帰しており、過程の種々の段階、すなわち具体的自然、思考、人倫などにおいて自己に還帰している。理念が自然と精神を結合することによって、理念は両者の運動を理念のうちで合一する。かくて「事柄の本性、すなわち概念が、自ら進行し展開するところのものである。そしてこの運動が認識の活動でもある」。そしてこのことは単に主観から出発する認識としての学においてではなく、「永遠に事柄において存在する理念が永遠に絶対的精神として自らを活動させ、産み出し、享受する」（『エンツュクロペディー』第五七七節）という仕方で生じる。

(Ⅲ) それ故三つの推論は、学の端緒は存在であるがすでに絶対的に普遍的なものでもあるというように、学の端緒への還帰を規定するという、当初（『エンツュクロペディー』第五七五節）主題とされた意味をもつだけではなく、精神の実現という連関において内容的意味をもっている。精神一般は三つの推論を通して学において自己に十全な現実性を与える。というのは、精神の概念に従って精神に帰せられる自己啓示の三つの相異なる形態（『エンツュクロペディー』第三八四節、補遺を参照）は、［第一に］「自然の生成」であり――これは第五七五節によれば理念の第一の「現象」をなす――、［第二に］自然を精神の世界として前提し、定立することであり――そういうものとして第五七六節は第二の「現象」を規定した――、そして［第三に］「概念において啓示するもの」であり、そのなかで自然は無限な精神によって存立するものとして捉えられる［「概念において啓示するということは、自然を概念の存在として創りだすことである」（『エンツュクロペディー』第三八四節）］――それは第五七七節によれば理念そのものであり、理念の根源的分割が理念の主観的活動の過程と客観的にそれ自体において存在する理念の過程とを理念の「顕示」として規定し、かくてこの啓示するものの現実性において三つの形態すべてが結合されるからである。

また三つの推論を通して学は、絶対的精神がその概念に適っている状態が現実化したものとして、現われる。それは「自己のうちで永遠に存在すると共に、自己に帰ってくる同一性」であり、しかもその還帰は［宗教において］「主観から出発し、主観のうちにあると共に、客観的に絶対的精神から出発するものとして」（『エンツュクロペディー』第五五四節）あるものである。つまり一方で絶対的宗教［キリスト教］が絶対的内容を表象の形式によって次のような自立的な推論の諸領域へと分ける。第一に、永遠に**自己のうちに**存在する三位一体的な神、第二に、神に対して因果連関のうちにあり自己を悪として自立化する**現象の世界**、第三に、「現象」の世界において生じ、因果連関のうちにもあり、最初は自己において存在し**神から出発する還帰**〔『エンツュクロペディー』第五六六節参照〕。やがてこの神から出発する還帰に続いて、**主観から出発する**疎外が生じ、最後にこの主観の疎外を介して初めて精神が**現実的に還帰した**状態になる。これに対し他方で学が概念によって、自己のうちにあることと、自己のうちに還帰することと、還帰してしまったことを**一つのもの**として、しかも主観から出発すると同時に精神から出発するような立場で、把握する。というのは学は「論理的なもの」を、〔第一に〕「原理」として、〔第二に〕「原理」が現われることとして、〔第三に〕この現われるものが廃棄されることとして、あらゆる段階において同一の過程として生じせしめるからである。この過程においては、客観的概念と主観的認識という互いに相反した意味の二つの運動が、同時に、不動で静止している理念において合一されている。したがって〔学においては〕「現象」は、〔宗教の場合のように〕神の自己のうちなる過程から切り離されたような第二の過程ではない。三つの推論は、〔第一に〕自己のうちに存在する神の推論〔第五六七節〕と、〔第二に〕現象する世界の推論〔第五六八節〕と、〔第三に〕世界において現象する神の推論〔第五六九―七〇節〕へと分解することはない。学の端緒には「現象」がまといついていて、それは最後になって初めて解消せられる。しかしこの「現象」は、学が絶対的精神の有限的な知の諸形態〔芸術、宗教〕から由来しているために免れられないような、不可避的な欠陥というものではない。そうではなく、この有限的で、客観的な媒介の故に、かの欠陥のある諸「現象」から始まる学における行進こそが、「論理的なもの」との統一において、まさに学の絶対性と真理性と自由をなす。おそらく学は、絶対的精神が全般的にそうであるように、なおも知の完成過程のうちにある。実に絶対的内容の知というものは、もしもそれが絶対的内容の不純な知でもあるのでなければ、——さらにお望みならば、絶対的内容を知らないことでもあるのでなければ、およそ絶対的な知ではないだろう。学は最後にこの無知の必然性のみならず、道理をも把握することによって、体系としての自己を乗り越えていく［そして、次に述べるように「導入」を容認する］のではなかろうか。

c　哲学的思索を行なう主観との関係における学

a　学は一連の推論において自己を、とりわけ学の端緒を規定する。それによって学は端緒に還帰するが、その際、導入というものを学の還帰の条件としない。学は、端緒が絶対的であると共に前提をもたないことを洞察し、また両者［端緒の絶対性と無前提性］が当初から確実であることを洞察し、終結する。かくて端緒は「恣意的なものや単に暫定的に想定されたものではなく、また恣意的なものとして現われるものや単に要請されて前提されるものでもない」[48]ことが明らかになる。学が絶対的精神の自己への客観的還帰の契機でもある限り、そしてもしも二つの「顕示」［自然と精神］が理念において合一されているのならば、学の端緒は先行する一切の媒介の廃棄の結果であるのでなければならない。学は精神から由来するが、その精神の展開は**完結して**いなければならない。そうして初めて、認識する主観が思考そのものを考察し[49]、また純粋な思考を把握する認識（『エンツュクロペディー』第四六五節補遺）に対して解き明かそうと決意しうるようになる。[50]個別的な認識主観は絶対的精神の一様態というあり方をしているのでしかないから、我々にとってはかの［精神の］展開の完結と純粋で具体的な思考の始まりとの間に、或る偶発性の余地があるのでなければならないだろう。この偶発性の余地によって、「さしあたり単にこのそれ自身最も純粋なもの、論理学的端緒に属するにすぎないものを、純粋に述べよう(51)」という考え方や思索へと結びつき、かくて端的に内面的なものである決意を外面的に表明することが許される。学の現実は当初は「現象」にまといつかれたものとして導出されるので、この叙述の方法は自己の正当化を最後に見いだすであろう。いずれにせよ、もしも端緒が学そのものといかなる関係ももたないことが（『エンツュクロペディー』第一七節［「……端緒はただ哲学的思索をする決心をしようとしている主観との関係をもっているだけであり、哲学そのものとの関係をもっていない」］）、端緒について認められ論証されているのならば、まさにこのこと［哲学的思索への決意が最後には正当化されること］を要請せねばならないだろう。なぜなら、こういう要請のもとでこそおそらく、端緒においては終結において認められるもの以上でも以下でもないものが含まれていることが、理解されうるからである。だがそうなると、そのことはこの［最終的正当化の］要請でもって済んだことにしておくこともできる。学**そのもの**を自己と結び合わすには、その要請を満たすことで足りる。もはやそのことのために導入的な現象学を必要としない。もしも導入的な現象学が必要ならば、端緒の絶対性は放棄されてしまうだろう。それ故、「論理的なもの」の自己還帰はもはや結果に対する現象学的な端緒をもつことはできない(52)。なぜなら、さもなくば、「論理的なもの」はそれ自身自己を終結する解明を乗り越えるような方向を示し、したがって絶対的ではなくなろう。——このことがヘーゲルの意図の首尾一貫した解釈として考えられるならば、今や、次のことが問題となる。「エンツュクロペディー」は導入的な現象学の必要性に関して、以前の体系的根拠づけの代わりに、学そのものの終結を阻害しないような、別の根拠づけを行なう可能性を含んでいるのかどうか。またそれによって、かつてヘーゲルにより固執された、現象学の必要性を含む主張が、体系に統合されるのかどうか。

b　ヘーゲルは現象する知の叙述を［『現象学』で］根拠づけたが、その根拠というのは、さしあたり、学が登場するということはまだ学が遂行されたことではないのだから、初めに登場してくる学そのものは「現象」であるというものである。[53] ところで学の遂行は［今や『エンツュクロペディー』において］完結してしまっているのだから、当初まといついていた「現象」は、遂行において解消されるということが示された。それ故、現象学を必要とするようなものは、学においておのずから片づけられているという印象が生じるだろう。実際とりわけ、純粋な思考は断定的な確信でもって始まったが、この確信は正当化されたということが示されている。しかしそうだからといって、真でない知が満足せられるということにはならない。[54] 上述の箇所［注（53）の『現象学』六六頁］はこの観点を考慮に入れている。というのはその箇所は、よく見ると、学が精神の客観的展開の結果であるが故に、あるいは理念が自己において自己自身を前提しているが故に学に付きまとう「現象」について語っているわけではないからである。また、理念が絶対的に普遍的なものとして自己を根源的に分割するが故に学が「現象」である、そういう「現象」について語っているのでもない。そうではなく、学が真でない知と**並んで**登場するが故に、学が「現象」である、そういう「現象」について語っているのである。というのは、真でない知は自己の真理性を断言するが、それと同様に学も自己の真理性を断言するからである。もしも学が単に自分自身だけで自己の真理性を証明するにすぎないならば、そのことは真でない知にとっても断言のようなものであろう。それ故、現象する知の叙述を必要とするのは、本来、学が遂行されていないからではない。むしろ、知自身のうちで知の非真理性が確定されることを求めるような、そういうあらゆる知に内在的な無制約の真理要求の故である。学は真でない知にとって単に「現象」にすぎないという外観をもっている。学はこの「現象」から自己を解放せねばならず、そしてそうできるのは、ただ、学がこの外観を取り除くことによってのみである。

この議論は、さらに一層明瞭に、学が初めに登場してくる時の不完全な状態に関する歴史的な反省とは別に、［『現象学』の］緒言（Vorrede）の或る箇所に見いだされる（それは一八三一年にさらに修正を受けたものであるが）(55)。［その箇所によると、］個人は、学が個人に学の立場に至る梯子を差し出すよう求める権利をもっている。なぜなら個人は自己の知のいかなる形態においても絶対的な自立性をもちうるからである。個人にとって学は非現実性という形式をもっているので、学は個人の知の境地を自己と合一せねばならない(56)。それに照応して『論理学』でもフィヒテやシェリングに対抗して次のように論じられている。すなわち、純粋知の立場への高揚が**直接的に**要求されるならば、それは一つの主観的な**要請**であるのであり、また学の概念は現象学において述べられる意識による［学の概念の］産出という仕方でしか正当化されえないということである(57)。なぜなら正当化が問題となりうるのは、本来ただ、要求が掲げられたり、正当性が認められたり、批判されたりする場合においてのみだからである。つまり個別的な主観が自分だけで普遍的なものでありながら、他の主観が自己の要求を主張する際に、その他者の権利を原則として認め、そしてこの他の主観との関係のなかで、自分が誤っているとか責任があるという可能性を容認する場合である。個別的主観は次のような知の自己分裂を前提する。知は一方で、知が自己自身の無条件の確信をもつという境地と、他方で、他の知に対して開かれた関係とに分かれる。そして個別的主観は後者の関係のうちで、自己の知がもっている確信の確実性を他の知に対して証明できない限り、自己の確信の真理性が確かめられていないものとみなすという、制約に服する。知は自己を正当化する際に、自分自身の境地を放棄する。もしも純粋知が自己自身の立場とは別の立場にとっても説得的であろうとする要求を認めるならば、純粋知は自己自身ならびに体系を乗り越えることにならざるをえない。というのは体系全体は純粋知という境地の自己解明にすぎないからである。純粋知は概念の形式を放棄し、そして自己に体系外的な認証を与えるのでなければならない。しかし純粋知がこの要求を認めるかどうかを、純粋知は自己自身のうちで打ち明けねばならない。

c　学的知は体系の終結においてそのように促されており、また——もしも学的知が約束するものを、その終結が遵守する場合には——そのような状態にあるのでもある。というのは学的知は今や、絶対者が自己を産み出しかつ自己を享受する、そういう絶対者の自由そのものである認識だと自覚しており、同時に客観的に存在する理念の過程の完結だと自覚しているからである。学的知はこの理念の過程の契機として、思考そのものを考察しようと決意している主観において存在している。そしてこの同じ主観がもつ他の知の諸形態と**並んで**存在している。それによって学的知の端緒は哲学的思索を決意している主観との関係をもっている。この関係のうちで学的知は主観と同様に有限的であり、知の他の諸々のあり方のうちの一つである。しかし最後には学的知はこの関係を**もつ**だけでなく、この関係を**知り**もし、しかも自己自身を産出する理念においてこの関係が**廃棄される**ことを知る。学的知は自己から区別される知の諸形態と関係しているが、この知の諸形態において理念が自己に還帰している。かくて学的知は、自己から区別される知の諸形態を、理念の自己還帰の必然的な諸様式として認識したのである。それによって同時に学的知はこの自己から区別される知の諸形態を、理念がその絶対性をもつところの諸様式として、**承認もした**のである（『エンツュクロペディー』第五七三節）。——たとえ学的知が、この自己から区別される知の諸形態を同時に、そこでは精神であるものと精神の知において生じるものとがなお区別されていると承知しているとしても。理念が絶対性をもつところの諸様式として、非学的な知の諸形態はすべて、それぞれが一なる真理への要求を掲げる。そして［学的知による］承認は、それら非学的な知の諸形態自身にとっては明らかではないそれらの真理要求に、正当性を認めてやるのでなければならない。たとえ学的知が、自己自身の知はそれらの要求の光の下では真でないものとして現われることを、知っているとしても。とりわけ、学的知の端緒も他の諸学と同様に主観的前提から始まるように見えることを、知っているとしても（『エンツュクロペディー』第一七節）。したがって学的知は、『現象学』の序論（Einleitung）が現象する知の叙述を根拠づけるように見えるという、かの見かけの必然性を知っている。しかしまた学的知は、学的知がかの非学的知の諸要求とこの見かけに対して、一層高い自己の正当性と真理性を――たとえ後にはそれらをもつようになるとしても――引き合いに出すことができないことを知っている。なぜなら学的知は、［非学的知の諸形態が］その真ならざる知を真なるものとみなすという、かの要求を承認せねばならないからである。まさに学的知の絶対的洞察、自分自身を全く確信し、一切の内容を把握しているという確信のために、学的知は、有限的主観において生じる諸真理要求の衝突を無視することができない。一方の要求を、反対の要求を犠牲にすることなしに、承認するということは、この［一方の］要求を掲げる知に対しその妥当性の限界を知らしめることを意味する。そのためには、その要求がそれ自体何であるかを、規定するだけでは十分ではない。さらに、その要求が**いかなるものとして**またいかなる仕方**において**知られているのかという点に、立ち入る必要がある。したがって絶対的な知はその絶対性の故に相対的な知に身を落とし、そして相対的知においても端的に自己によって規定されているようになるのでなければならない。絶対的な知がかの非学的知の諸形態に対して端的に自由な関係になることによって、つまり絶対的な知が自己を知る理性であるだけでなく、そのような理性として自覚してもいることによって、絶対的な知は自己と併存する知の諸形態との（絶対的知において廃棄される）区別を、自由に自立的に妥当するように放置する。絶対的な知は自己自身の境地、すなわち概念を放棄し、そうしてこの境地をかの非学的知の諸形態の境地のうちから再興するようになる。学は哲学的思索をする主観において［同時に］真ならざる知の諸形態に関係するが、学がその真ならざる知の諸形態に対してこのように正当化を行なうことが、精神の導入的な現象学となるだろう。というのはこの導入的な学は精神を、精神がそれ自体においてある有様において考察するのではなく、精神がそれ自体においてあるところのものから区別される有様において、精神の媒体である意識を通して考察するからである。そして導入的な学は意識を、意識に内在的な必然性に即しながら、精神をそれ自体においてある有様において知るという地点にまで、再び連れ戻すからである(58)。まさに「概念が自己の区別を自由に自立的な種々の形態、外的必然性、偶然性、恣意、私念に放下する(59)」が故に、概念は絶対的な力であるということが正しいのならば、導入的な学の可能性は体系の最後において確保されている。

原注

緒言

(1) 『精神現象学の成立史　第三回ヘーゲル会議の諸討議』テュービンゲン　一九三四年〔以下『会議』と略〕におけるTh・ヘーリンク。同書一一八頁以下。

(2) 加えて、『ヘーゲル研究』第一巻、ボン　一九六一年、二七二頁以下におけるO・ペゲラー、参照。

(3) M・ハイデッガー『杣径』、フランクフルト　一九五七年（第三版）、一八三頁以下。

(4) 同書、一三二頁以下。

(5) ヘーリンク、上掲箇所、一三二―三頁。ハイデッガー、一八九頁、一三二頁。

(6) グロックナー、『グロックナー版全集』第二十二巻、シュトゥットガルト　一九四〇年、九一頁以下。クローチェ『ヘーゲル哲学における生命あるものと死せるもの』、一九〇九年、四〇一頁。

(7) 例えばグロックナー（『グロックナー版全集』第二十一巻、一九五四年、一七頁以下）によれば、ヘーゲル哲学は少なくとも四つのとりわけ提起された端緒の可能性をはらんでいる。すなわち、論理学的および現象学的端緒のほかに、さらに歴史的端緒と「自由な」端緒である。このうちの歴史的端緒は、歴史的な考察を通してヘーゲル哲学の仲立ちをなす。また、「自由な」端緒とは、グロックナーが、ヘーゲルの予備学としての宗教論、法論および義務論を、この端緒の典型と見なすものである。

(8) ハイデッガー、上掲書、一三一頁。

(9) 後期ナトルプ、リッカート、フッサールおよびハイデッガーが、この問題に携わった。

(10) 以下参照。W・アルブレヒト『ヘーゲルの神証明』、ベルリン　一九五八年、五一頁以下。D・ヘンリッヒ『論理学の端緒と方法　ハイデルベルクでのヘーゲル会議の諸討論のその後』ボン、ブーヴィエ社。

(11) E・フッサール『フッセリアナ』第六巻、参照。

(12) 以下参照。H・シュミッツ『個体性の思想家としてのヘーゲル』、マンハイム　一九五七年。W・アルブレヒト、上掲書。

(13) 『論理学』三〇頁。

(14) 『現象学』二六頁。

(15) 『現象学』第二章注解、参照。

(16) 『人間論と心理学』、ベルリン　一八四〇年、V頁。

(17) 『ヘーゲルの生涯』、ベルリン　一八四四年、二〇六頁。『学の体系』、ケーニヒスベルク　一八五〇年、VII頁以下、参照。

(18) 『哲学的予備学教本』第一部、エアランゲン　一八二七年。

(19) 導入問題をなおざりにしたということは、ヘーゲル学派の内部でたちまち報復となって現われた。ヘーゲル学徒たちは、優れた真理を所有していると考え、これを他の立場の人々に対して主張したが、その際、これらの人々に理解してもらうように真剣に務めるということはなかった。それ故に彼らの詳細な議論は、セクト的な色彩を帯びた。ヘーゲルの体系への攻撃に対する彼らの弁明が行き着く先はいつでも、［攻撃する］著作者が師［ヘーゲル］を理解しておらず、その研究はおよそ学の高みにまで高まってはいない、というものである。学徒たちは、誤解や無理解を引き起こす動因となる事柄に、まずもって立ち入ることはない。著作者は、労せずして学的哲学の一章を読めるのだから、感謝しなければならないのだ［と彼らは言う］。このような高貴な［突き放した］響きは根本的に、ヘーゲル哲学を不信にさらすことに寄与したと言ってよいだろう。

(20) 彼らおよび彼らの友人たちによって、或る立論が展開されることとなったが、後にヘーゲル「左派」は、彼らの師［ヘーゲル］の哲学を拒否するのに、この立論を利用した（例えば、フォイエルバッハ『ヘーゲル哲学批判』、一八三九年、全集第二巻所収）。フィヒテが、フォイエルバッハにおいて新たに現われる諸非難は、すでに一度ならずなされていたのである、と言うとすれば、その正当性が認められなければならない（『哲学的・思弁的神学雑誌』第四巻、一八三九年、二九二頁）。フィヒテ等は、ヘーゲル左派の声高の喧伝とは違って、とりわけなお、哲学の可能性についての体系的な問いに関わっており、その限り我々のテーマに対するほとんど唯一の先行研究をなしているのである。

(21) マルクス主義によって影響されたヘーゲル解釈はすべて、それらが、ヘーゲルの歴史理論のこの概念的な契機を考慮することができないという点で、不十分である。ヘーゲルの現象学を世界史の観点から解明するという、彼らにおいて支配的な傾向に対抗して、以下に示されようとすることは、世界史はヘーゲルにとって、歴史性の意味を完全に定義することは決してないということである。

第一部

第一章

(1) ヘーゲルは「導入」という表現を二つの意味で用いている。『エンツュクロペディー』第二五節。『ニュルンベルク著作集』、一四頁(第一節)、四三六頁。『書簡集』第一巻、一六一頁、参照。

(2) これらの分析はまた固有の課題であろう。それはとりわけ、「緒言(Vorrede)」および「序論(Einleitung)」の内容と文献的な形式との区別を明らかにしなければならないだろう。これらに続く諸々の予備折衝は、特殊なテーマについての概論を提供する。すなわち、『エンツュクロペディー』の体系に基づくならば、次の一続きの前庭が明らかとなる。(1)諸々の緒言、(2)『エンツュクロペディー』の「導入」、(3)『論理学』の「導入」、(4)「論理学の予備概念」(『エンツュクロペディー』)、(5)「学は何から始められなければならないか」(『論理学』)。

(3) 実際また次のことが疑問に思われるかもしれない。すなわち、学の叙述のどこかで、導入の必然性が定式化されている、もしくは、暗に示されているのではないか、と。というのも、ヘーゲルの哲学的な学は、特別の対象に向けられているのではなく、全体性に、つまり、理性の対象の完全な区分に向けられているのだから、我々の通常の意識の、学に対する無関心や無理解が偶然ではないと見なしてよいとするならば、導入の必然性が学において導出されえていなければならないであろうからである。しかし、そのような導出が『エンツュクロペディー』において見いだされうるであろうか。いずれにしても、その諸文章から明白に読み取られうる意味においては、見いだされない。にもかかわらず、それが、どこかに隠されているのかどうかは、まずは留保されなければならない問いである。［しかし、とにかくも］こうした導出が、成果への見通しをもって［いずれかの箇所に即して］論究されうるのは、導入についての十分に明確な概念［が確保され、それ］に基づいて行なわれる場合のみである（以下の第二部第二章参照）。

（4）こうした見解をとるのは、例えばヘーリンクである。彼は、この見解を『現象学』の成立史解釈の根底におくのだが、この解釈については、以下（第二章）で論議されることになる。それぞれなりの理由から、ヘーゲルの哲学の形式には導入は不可能であると確信するのは、また、シェリング（著作集第十巻、一六二─三頁）、思弁的有神論者たち（ヴァイセ、I・H・フィヒテ、K・Ph・フィッシャー、ウルリチ、カリーベイス、第二章A、参照）、フッサール（フッセリアナ　第六巻、二〇四頁、二七二頁）およびハイデッガー（『杣径』、一三二頁、一八九頁）。

（5）例えば、K・Ph・フィッシャー『ヘーゲルの体系の思弁的性格描写およびその批判』、エアランゲン　一八四五年、一八六頁、H・ウルリチ『哲学の根本原理』、第一巻、ライプツィヒ　一八四五年、六八七頁。ルーズな表現様式から生じるかなり極端な歪曲──例えば、言うまでもなく『エンツュクロペディー』においては、導入としての『現象学』はもはや語られていないという、ヘーリンクの歪曲『会議』、一三五頁──は、度外視してよい。

（6）『ラッソン版全集』第二十一巻、一四頁以下、四三七頁、参照。

（7）「一層」と表現される比較級は、おそらく一層錯綜した叙述の不快さと比較していよう。それは、ただ歴史的に、理屈の上だけで行なわれるうる特別な不快さを高めているのではない。というのも、そうでなければ、直前に『現象学』に認められたことが、否認されようからである。したがって、正確に解するならば、「なお一層楽ではないもの（不快なもの）」と言われなければならないだろう。しかしまた、『現象学』への言及と「ここで企てられるべきである考察」とを分け隔てる棒線は、『現象学』への無言の非難を暗示していると考えることもできよう。すなわち、『現象学』は時に、ただ歴史的に、理屈の上だけで行なおうという自らの要求［でもありうるもの］に対して、不快感をもつ、と。もっとも、こうした性格が『現象学』にとっての偶然的な特質ではなく、不可避的な特質であると認められるとするならば、『現象学』は学の立場の必然性を明らかにするという、断定的な主張と齟齬を来すことになろう。

（8）以下の第二章、B、b参照。

(9) ヒンリクスに従って、体系のどの円環であれ、いずれもが絶対知にまで拡張されうるのだと想定するならば別だが（以下の第二章A、八二―三頁参照。）。
(10) 本書一五六頁以下参照。
(11) この問いは本来、さらなる問いへと連なっている。すなわち、『現象学』の方法はどのように理解されうるのか。〈自体〉として意識に関与する内容の展開が、いわば意識の背後で進展しなければならないということは、何を意味するのか。他方、学への立場への展開は、それによってこの立場の必然性が提示されるべきであるとするならば、意識の目の前で遂行されなければならないのではないか。ことによると、この二つのパラレルな展開が、行なわれているのだろうか。だが、そうだとすると、両者の一致を保証するものは何なのか。こうした一連の問いは、本稿においては論じられない。
(12) それ故に、例えば、I・H・フィヒテやヴァイセのテーゼはこうである。すなわち、『エンツュクロペディー』は、『現象学』の立場を越え出る思考展開の成果である。それは、まさにヘーゲルの体系性への学的な導入は不可能であるということを表現しているのである、と。ちなみにまた、哲学の導入問題に関心を寄せることなく、ヘーゲルの展開に関して同様の見解が示されるのは、H・グロックナーやG・シュミットにおいてである（九九―一〇〇頁参照）。
(13) 『グロックナー版全集』第一巻、二四三頁参照。
(14) 『論理学』（第二版）、第一巻、五四頁第四段落参照。
(15) 『現象学』と懐疑論とに関する諸文章がパラレルに並ぶということ（『ハイデルベルク・エンツュクロペディー』第三六節注解）は、興味深い。第二文が二度逆接的に導入される。しかし、意識は絶対的な端緒ではないということによって、一見、学に先行する導入が不要でないかのようである。
(16) 『論理学』第二巻、一七一―二頁。
(17) 以下の、C、(b)および(c)。
(18) この証拠となるのはまた、二九頁を指示する『論理学』第二版、五二―三頁である（以下の一一〇頁参照）。しかし、『現象学』をこのように論じる際に、どのような客観的根拠が、持ち出されているのだろうか。

(19)『ベルリン版全集』第十四巻、五三八頁以下。

(20) 懐疑論とは、「人々がそう名指すように、事柄をさらに別の仕方でも思い描くことができるという可能性を提示して反論を言い立てる、つまり、主張されたこの知に対する偶然的な思いつきを述べ立てる、というやり方をするものではない。それは経験的な行為なのではなく、学的な規定を含んでいるのである。」(同上、五七六頁)。

(21) 同上、五四〇頁。

(22)『ベルリン版全集』第十四巻、五四一頁。

(23)『ベルリン版全集』第十四巻、五五三頁。

(24) 進展が、その必然性において見通されなくとも、このようにして懐疑的な意識に対しても或る明証性をもつのかどうかということは、いまなお解決されない解釈上の問題である。しかし、容易に推測しうることは、この進展は、まずはじめにフィヒテが哲学の基盤としようとした自己遂行の明証に、関与しているということである。もっともこの進展は、自我性の最も内的な契機においてではなく、ある意味で最も外的な契機において生じるのだが。ヘーゲルの『現象学』は「最も近代的な作品」であるという、広く行き渡った印象や、まさにこの作品の近代的な意味での「現象学的な」解釈が取り込んだ、かなり説得的な収穫は、同様にこうした方向を指し示している。ただしこの解釈は、体系の精神哲学に直面すると機能しなくなる。というのも、それは、『エンツュクロペディー』の体系的な諸問題と同様に、『現象学』のそれも、ほとんど解決することができなかったからである。

(25) おそらく客観性に対する思想の三つの態度は、ここにおいて、正当な動機をはらんでいる。その動機とは、導入の構想のうちに取り込むことにヘーゲルが完全には成功しなかったものである。というのも、「思考とは、一定の形式だが、その形式は、前提されたものであってはならず、形式それ自体を検討し批判するという性質のものである」(「論理学・形而上学講義」(一八一三年夏) 未公刊草稿三一b、『現象学』五六一頁参照) という洞察は、ある意味でヘーゲル哲学の前庭に立ち入る際にまたぐ敷居なのではないだろうか (第一一節参照)。だが、こうした洞察へは、哲学の歴史、すなわち、思考の形式を満足させる試みの歴史を熟考する以外、いかに到達しうるのだろうか (第一一節)。学が我々の通常の意識と一致するに至りうるのは、ただ、哲学史の進展において、学そのものの生成が考慮される場合のみであるということには、大いなる確からしさが想定されなければならないのではないか。

そして、学の登場は、同時に、一般的な時代意識に対して正当化されなければならない、ということが要求されるのではないか。というのも、この意識によってまた、哲学的な意識のそのような学的なやり方の欲求が、この意識にどの程度宿っているのかが、明らかにされるのだから。

(26) たとえ『現象学』が、「弁証法的なもの」と違って、肯定的な学の本質的な契機ではないのだとしても、『現象学』を、それ故に必然的なものではないのだと考えてはならない。それどころか、はっきりと際だつことは、意識およびその歴史が、「哲学の円環の一部」(『ハイデルベルク・エンツュクロペディー』第三六節)だ、ということである。意識やその歴史は、弁証法的なもののようには、学全体を貫いてはいないが、しかしそれは、内容的に、完全に学全体のうちに含まれていなければならないのである。

(27) したがって、そのようにして破壊される諸前提に含まれるものは、単に、すべての対立する悟性規定が「固定的に妥当する」という前提(『ハイデルベルク・エンツュクロペディー』第三五節)のみではない。それはまた、さらに次のような前提でもある。すなわち、[1]「すでにそれだけで完結した所与の基体」という前提。この基体は、かの思考規定がこれに適合するかしないかを決める尺度であるはずのものである」。[2]「そのような完結した固定的な述語が、何らかの所与の基体に単に関係することである認識」という前提。そして最後にまた[3]「認識する主観と、それと一致しえない客体との対立」という前提。これらの諸前提が認識の論理において破壊されるのである。

(28) 『論理学』第一巻、二〇頁。

(29) それは、フッサールが、哲学の端緒へと至る道としての生活世界の分析に認めた意義とは、異なっている。

(30) 『現象学』、二六頁、参照。

(31) 『論理学』第一巻、五七頁。

(32) 『論理学』第一巻(第二版)、五四頁。

(33) 論理学の端緒そのものにおいて、恣意的であるという見かけが消えてなくなるべきであるとするならば、体系外の正当化と導入とを同一視するということもまた、意味のあることでなければならない。実際このことはヘーゲルの言葉遣いと合致している。というのも、否定的な正当化という特別の課題が、導入を体系から切り離されるべきものとするのだが、そうした課題は、単に次のことのうちに存しているのではないからである。すなわちそれは単に、純粋思考への決意のうちに含まれている一切を、非学的な意識に対して正当化する——おそらくこのことは、［決意を前提とし、決意の］後からという形でなされえよう——ということのうちにのみではなく、学の概念を、またそれと共にこの概念における「決意」を**産み出す**（「ハイデルベルク・エンツュクロペディー」第三六節）ということのうちにこそ、存しているのである（以下の二二一頁以下参照）。

（34）『ベルリン版全集』第十四巻、五七三頁、参照、五五六頁、参照。
（35）例えば、『ベルリン版全集』十四巻、五三八頁以下、参照。
（36）『論理学』第一巻、二九頁。
（37）『論理学』第一巻、六一頁。
（38）『ベルリン版全集』第十六巻、九八頁。
（39）第二章A。
（40）第二章B。
（41）以下の二二一頁以下、参照。
（42）第二章C。

第二章

（1）『現象学』、五七八頁、参照。
（2）例えば、ガーブラー、エルトマン、ローゼンクランツ、ミシュレ。クーノ・フィッシャーのヘーゲル論考もまた、『現象学』をこのように配置するという観点から、構成されている（『ヘーゲルの生涯、著作および学説』、ハイデルベルク　一九一一年、第二巻、六四〇頁）。
（3）『論理学および形而上学要綱』新版、ライデン　一九〇一年、第二五節。
（4）『論理学的理念の学』第一巻、ケーニヒスベルク　一八五八年、四八頁。
（5）『ドイツにおける哲学の最近の諸体系の歴史』、ベルリン　一八三八年、六一五頁。

（6） ヘーリンクとホフマイスターは、学校教育の伝統から引き継がれた、現象学およびその他の諸資料に見られる確信のみを、ヘーゲル自身のそもそもの企図でありました、一八〇六／〇七年以後程なく再びとり上げられた企図であることを発見した、と考えた（以下の一〇〇―一〇一頁、一五八―一五九頁参照）。

（7） 『近代哲学の歴史の学的叙述の試み』、シュトゥットガルト 一九三一年、第三巻、四一七頁。

（8） 『学の体系』、ケーニヒスベルク一八五〇年、Ⅶ頁以下。

（9） 『ヘーゲルの生涯』二〇六頁、『論理的理念の学』第一巻、四八頁。

（10） 『ベルリン版全集』第十八巻、ベルリン 一八四〇年、XⅧ頁。『論理的理念の学』、第一巻、四六頁以下。

（11） 『ヘーゲル哲学』、ベルリン 一八四三年、一一一頁。

（12） 『近代哲学の歴史の学的叙述の試み』、第三巻、四三七頁。

（13） 「現象学は学の体系第一部というタイトルを保持しないだろう」（以下の一五三―一五四頁、参照）。

（14） 以下の九七―九八頁参照。

（15） 『ベルリン版全集』、上掲書、XX頁。

（16） 『ベルリン年報 一八三四年』、バッハマンの『ヘーゲルの体系、および哲学の再度の変革について』についての論評において。

（17） 『ベルリン年報 一八三五年』七九〇頁。I・H・フィヒテ『哲学体系の根本特徴』についての論評において。

（18） 同上所。

（19） 『これまでの哲学的な諸原理の学的変革の試みとしての論理の哲学概要』、ハレ 一八二六年。

（20） 『知の生成』、ハイデルベルク 一八三五年。

（21） 『ドイツにおける哲学の最近の諸体系の歴史』一八三八年、六一七頁。

（22） 『人間学と心理学』、ベルリン 一八四〇年、V頁。

（23） K・Ph・フィッシャーが同じやり方をした。

（24） I・H・フィヒテ、ヴァイセ、K・Ph・フィッシャー、ウルリチ、ヴィルト、カリーベイス。

（25） 『哲学および思弁的神学雑誌I』、テューービンゲン 一八三七年、一二一頁。以下の引用では『雑誌』と略。

(26)『雑誌Ⅰ』、一三〇頁前後。ウルリチ『哲学の根本原理』、ライプツィヒ　一八四五年、第一巻、六八六頁。この見解に次のことが合致している。すなわち、ウルリチ（六八六頁）によれば、現象学の体系は、シェリング、シュライアーマッハーおよびクラウゼにおけるのと同様に、二つの主要部分に向けて構想されるべきであったのである。
(27)『雑誌Ⅱ』、一八三八年、一八一頁前後。
(28)『雑誌Ⅻ』、一八四四年、三〇三頁。
(29)『雑誌Ⅰ』、一八三七年、八二頁以下。
(30) 同上、六八六頁。
(31)『雑誌Ⅰ』、一八三七年、一三〇頁前後。
(32)『ヘーゲルの体系の思弁的な性格付けおよび批判』、エアランゲン　一八四五年、一八六頁。
(33) 同上。
(34)『雑誌Ⅱ』、一八三八年、二三頁以下。
(35)『雑誌Ⅱ』、一八三八年、一八一頁以下。
(36)『雑誌Ⅰ』、一八三七年、八七頁。
(37)『雑誌Ⅱ』、一八三八年、一九六頁以下。
(38)『雑誌Ⅳ』、一八三九年、「根本的な論理的同一律の哲学的な意義について」。
(39)『学問論の体系構想』、一八四六年、Ⅳ頁、および、『現象学雑誌』、キール　一八四〇年、一一―二頁、七二頁、参照。
(40)『ヘーゲルとその時代』、ベルリン　一八五七年。
(41) この時期に出版されたのは、以下である。A・シュミット『ヘーゲル論理学の発展史』、一八五八年、エルトマン『近代哲学の歴史の学的叙述の試み』、一八五三年、K・フィッシャー『近世哲学史』、一八五二年より。
(42)『ヘーゲル論理学の起源と意義』、ロンドン　一九〇一年。
(43) 同上書、二二五頁。
(44)『カントからヘーゲルへ』、テュービンゲン　一九二一／二四年、第二巻、四三三頁。

(45)『ヘーゲル』、シュトゥットガルト　一九二八／四〇年、第二巻、四〇一頁。
(46)同様に、クローチェ『生命あるものと死せるもの』、ハイデルベルク　一九〇九年、九一頁。
(47)『カント研究』第三十六巻、一九三一年、二六七―八頁。
(48)『ヘーゲル』、ハンブルク　一九五八年、三三九頁以下。
(49)以下の三六四頁、参照。
(50)以下の一五九―一六〇頁、一七六頁以下、参照。
(51)以下の一〇四頁以下、参照。
(52)グロックナー『ヘーゲル』第一巻、一七頁、参照。
(53)『現象学』、一一―二頁、一七頁、『エンツュクロペディー』第五五二節、五〇節、二三節参照。
(54)『エンツュクロペディー』第七節。
(55)『現象学』、二四頁、『ラッソン版全集』第十五巻a、七九頁、九四頁。
(56)『会議』、テュービンゲン　一九三四年、一三三―四頁。
(57)この違いを主張することは、後の著作の表題において現象の概念が基本となったことで、ますます困難となっている。
(58)『論理学』第一版、X頁、三―四頁。
(59)『ハイデルベルク・エンツュクロペディー』第三六節注解、『エンツュクロペディー』第二五節注解、上述の二八―九頁、三五―六頁、参照。
(60)この箇所は、実に第二版にのみ存している。『論理学』第一巻（第二版）、五二頁第二・第三段落。
(61)『論理学』第一巻、二九頁第三段落。
(62)『エンツュクロペディー』第一〇節、上述の二五―六頁、参照。
(63)その上『エンツュクロペディー』第四節においてヘーゲルは、イェーナの諸著作以上に踏み込んでゆく。つまり、この諸著作においては、哲学――その源泉は分裂である――の欲求のみが問題であり、この欲求をまずもって呼び起こすということは語られていないのである。

(64)『会議』一三二頁第三段落。同じく、A・シュミット『ヘーゲル論理学の発展史』、レーゲンスブルク 一八五八年、一〇四頁。
(65)『精神現象学』二六頁第二段落、『ベルリン版全集』、第一巻、二七八頁以下、『現象学』三一頁第二段落、XXⅧ頁第一段落。
(66)『ベルリン版全集』第十六巻、九八頁。
(67)『ヘーゲルの生涯』、一九〇頁。
(68)以下の一四三―一四四頁、参照。［ただし、正しい参照箇所は次であろうか。一二六頁注(87)(88)、一三七頁。］
(69)これについてはまた、ペゲラーの判断も参照。『ヘーゲル研究』第一巻、ボン 一九六一年、二七八頁。
(70)「悟性は割愛されえない」。『ヘーゲルの生涯』五四六頁第二段落。
(71)『ベルリン版全集』第一巻、一八二頁。
(72)『論理学』第一巻、五五頁。
(73)『ベルリン版全集』第一巻、二八〇頁第一段落。
(74)『ベルリン版全集』第一巻、二八三頁、『現象学』六五頁第二段落、参照。
(75)同上、二八三頁。
(76)同上、一九七頁。
(77)『ベルリン版全集』第一巻、二〇一頁、『イェーナ論理学』三三頁。
(78)同上所。
(79)『ヘーゲル』第二巻、四八六頁。
(80)それは、ローマ数字の形式での第一部の表記を含んでいる。ヘーリンクはこれを見逃した(『現象学』五七七頁参照)。
(81)本書、一〇八頁以下。
(82)『ベルリン版全集』第二十巻、二七二頁、第四―第五段落。

(83) このことが明らかにされたということを想定するためには、もちろん、編集が終わる際の飛び抜けて不都合な事情のために、この章全体が不格好なものとなったことは大目に見なければならない（一八〇七年五月一日付、シェリング宛書簡、参照）。

(84) この連関は、時に誤って叙述される。例えば、ハイデッガー『杣径』、一八六頁。

(85) この点で、自由な解放についての、R・E・シュルツの解釈は間違っている（『ヘーゲル論理学解釈』、博士論文、ハイデルベルク 一九五四年、一一二頁以下、一二一―二頁）。

(86) 『エンツュクロペディー』の「自然哲学」冒頭の補遺における方法に関するコメント、参照。

(87) 『イェーナ実在哲学II』、二七二頁。

(88) 精神的なものとは、次のものである。すなわち、(1)自体的に存在するもの（『イェーナ実存哲学II』：存在）、(2)関係し規定されるもの、他在および自己存在（同書：自らにとって他なるもの、関係となること）、(3)この規定性において自己自身のうちに留まるもの、しかし、ようやく「我々」にとってもしくは自体的にそうしたもの、すなわちそれは、精神的実体である（同書：生命）。精神的なものは、自己自身にとってもそうしたものでなければならない。つまりそれは、次のものでなければならない。すなわち、(4)精神的なものについての知（同書：認識）、そして、(5)精神としての自己についての知（同書：知る知、精神）。最後に(6)自己へと反省した、自己にとっての対象（同書：自己についての精神の知）。

(89) 『現象学』、七四頁、三一頁第二段落、参照、以下の一九一頁以下。

(90) さらに同時に着目しなければならないのは、［各章の］区分に付されたローマ数字と大文字のローマ字である。すなわち精神的なものは、A 現実的なもの（意識の対象）であり、そのものとしては、I 自体的に存在するもの（感性的確信の対象）、II 関係し規定されるもの、他在および自己存在（知覚の対象）であり、III この規定性において自己自身のうちに留まるもの（悟性の対象）である。だがそれは、ようやく「我々」にとってもしくは自体的に、自体的かつ対自的存在（Anundfürsichsein）である。つまりそれが、B＝IV 精神的実体（自己意識の対象、『精神現象学』一四〇頁、参照）である。それはまた、C 自己自身にとって、そうしたものでなければならない。つまりそれは、AA＝V 精神的なものについての知（あらゆる実在性が精神的なもの以外の何ものでもないという、自己意識の確信、『現象学』一七六頁、参照）でなければならず、BB＝VI 精神としての自己についての知（自己自身を表象する、自体的かつ対自的に存在する実在、『精神現象学』、三一四頁、参照）でなければならない。自己のうちへと反省した対象――したがって、精神的なものは、そうした対象として自己にとって存在する――は、CC＝VII その精神的な内容が、この対象そのものによって産み出されるのである限り、「我々」にとってのみ対自的に存在する（もはや意識の立場からではなく、自己意識の立場からの絶対的実在、『精神現象学』、四七三頁、参照）。しかし、この対象がまた、DD＝VIII 自己にとって自己自身に対して存在する限りこの自己産出は、この対象にとって同時に対象的な本来的領域であり、ここにおいて、対象は自らの定在を得る（そこにおいて宗教の内容が自己固有の行為である絶対知、『精神現象学』五五六頁、参照）。

(91) 『現象学』、五六三頁、『イェーナ実存哲学II』、二七二頁第三段落。

(92) 例えば、エルトマン『論理学および形而上学要綱』、ライデン、一九〇一年、一二頁、上述の七七頁以下、参照。

(93) 一層困難であるのは、この結果は今度は意識にとって肯定でなければならないのだろうか、という問いである。肯定的である場合にのみ、運動全体が、したがってまた端緒が、意識にとって理解しうるものとなりうるように思われる。だが、構想からすれば、この結果は、ここにおいても間違いなく、思いこまれた真理の自己解消ということに存しよう。そうであってのみ、純粋概念の境地に立つ学の端緒が実現可能となるように思われる。

(94) 『論理学』第一巻（第一版）、九頁＝『ラッソン版全集』、第三巻、五五頁。

(95) 「このようにして、精神はまた、純粋知の展開の**最後に**、自らを自由に外化し、他なるものとして精神に対立する存在の意識である、**直接的な**意識の形態へと自らを解放する。」（『論理学』第一巻（第一版）、九頁）このような外化は、すでにニュルンベルクの『論理学』の末尾においては、もはや提示されない――せいぜいのところ暗示されるだけである。『ラッソン版全集』、第四巻、五〇六頁、参照。『論理学』第一巻の第二版でヘーゲルは、この箇所の表現を、次のように変えた。すなわち、論理学は、体系全体の最後と最初（存在（Sein））に関わる、と（『ラッソン版全集』第三巻、五五頁）。

(96) 『イェーナ実在哲学II』、二七三頁。

(97) 『ハイデルベルク・エンツュクロペディー』第二六〇節以下、『エンツュクロペディー』第三三七節以下。有機体学において初めてヘーゲルは、自然について語る。

(98) 『ハイデルベルク・エンツュクロペディー』参照。『エンツュクロペディー』の区分はまた別である。

(99) 「自由で偶然的な生起の形式」についてのヘーゲルの言及もまた、こうした解釈を容易にする。この言及は、時間において展開するという具体的な意味での自然に関与する際に、本質的に一層正確な表現となって現われる。

(100) 以下の二一六—二一七頁、二二三頁以下、参照。

(101) 上述の八八—九頁、参照。

(102) 『ラッソン版全集』第四巻、四七三頁。

(103) 以下の三七一頁以下、参照、『ハイデルベルク・エンツュクロペディー』第一一節、四七四節以下、『エンツュクロペディー』第一八節、八六節注解、五七四節以下、参照。

(104) 『イェーナ実在哲学I』、一九五—六頁、参照。このことは、『イェーナ実存哲学II』の末尾において、哲学が宗教と同じ内容をもつはずであると論じられることから帰結する。それは、『現象学』の末尾においては、精神が自らの精神への生成を提示する外化の概念において、暗示されている。それはさらに、ヘーゲルが遅くとも一八一〇年から一一年に起草したと思われる、予備学的エンツュクロペディーによって、立証されるし（『ニュルンベルク著作集』、二六七頁第四—五段落、参照）、また、『論理学』第二巻においては、ほとんど自明のことのように言及されている（『論理学』第二巻、二二三頁、四三七頁）。

(105) 『ラッソン版全集』第四巻、四三七頁。

(106) 『ラッソン版全集』第三巻、五二一—三頁。

(107) 『ラッソン版全集』第四巻、四三七頁。

(108) 『エンツュクロペディー』第一六節、『ニュルンベルク著作集』、二三七頁。

(109) 第二五節注解。

(110) 上述の七八—八八頁、参照。

(111) 『ラッソン版全集』第三巻、二九頁。

(112) 以下の三三九頁以下、参照。

(113) 『エンツュクロペディー』第五七六節。
(114) 以下の三六五—六頁、参照。
(115) 『ラッソン版全集』第三巻、五七頁。
(116) 『論理学』第一巻、五四頁。
(117) 『ハイデルベルク・エンツュクロペディー』第三九節、『エンツュクロペディー』第八六節。
(118) 上述の一四〇—一四一頁、参照。
(119) 『現象学』、五七四頁、『書簡集』九五番、第一巻、一六一頁、参照。
(120) 『ラッソン版全集』第三巻、七頁注。
(121) 『ラッソン版全集』第四巻、四三七頁、五〇六頁。
(122) 『現象学』五六三頁第一段落、参照。
(123) 『論理学』第一巻（第一版）、九頁、『論理学』第一巻（第二版）、五五—六頁、上述の一三三—四頁、参照。
(124) 『現象学』、七三—四頁、参照。
(125) 『ハイデルベルク・エンツュクロペディー』第三六節注解。
(126) 上述の七八—七九頁、参照。
(127) 『エンツュクロペディー』第二五節注解。
(128) ヘーリンクが自らの成立理論のために提示する裏付けに対する批判が、この間、ペゲラーによって企てられた。この批判にはあらゆる点で賛同しうる。『ヘーゲル研究』第一巻、一九六一年、二七一頁以下、参照。
(129) 彼は、予備学的現象学を出版するに際し、ヘーリンクの先入見に完全にとらわれていたので、ヘーゲルのなした区分を理解させようとして、これを改竄した。
(130) 『ヘーゲル哲学における理性と現実との関係』、エアランゲン　一九五〇年。
(131) 『現象学』六八頁、三一頁、『エンツュクロペディー』第二五節注解。
(132) 『現象学』、二五二頁、『現象学』、一七八頁、参照。
(133) 『現象学』、二六三頁、参照。

(134)『現象学』、二九五頁、四五一頁、参照。
(135)『ラッソン版全集』第三巻、三〇頁。
(136) この問題の歴史的側面については、以下の二九五頁、参照。［原文では原書の一八一頁以下および三一一頁が参照箇所となっている。しかし、いずれも正確とは思えず――三一一頁という頁は存在しない――上記箇所を挙げてみた。］
(137)「我々にとって」存在するものの展開の方法が、精神の本来の学［精神哲学］において行なわれる方法と区別されるのか、また、いかに区別されるのかは、明らかにまた、別途論じられるべき問題である。
(138)『ラッソン版全集』第十二巻、一七一―二頁、一八四頁、『現象学』二六〇頁、参照。
(139)『エンツュクロペディー』第二五節注解。
(140) 哲学的諸学の後の叙述においては、とりわけ次のものである。すなわち、道徳（『法哲学』第一〇八節）および市民社会（第一八七節、一八九節、二一〇―一節）。国家の領域においては、個人の政治志向（第二六八節）、民族の自己意識（第二七四節）、君主（第二七九節および注解）、世論（第三一六―七節）および世界史（第三四三節）。宗教の領域においては、絶対精神の主観的意識（『エンツュクロペディー』第五五四―五節）。次のような事情――すなわち、意識関係は、客観的で絶対的な精神の本来的な学においては、もはやそれだけでは考慮されない（第八節）が、しかし他方、逆に、現象学的な考察は、自体的かつ対自的である精神には帰属するが、その意識には属することのないものを、等閑に付すという事情――を考慮するならば、『法哲学』や『エンツュクロペディー』における上述の諸規定は、ほぼ、「理性的な自己意識の自己自身による実現」、「自体的かつ対自的に実在的である個体性」、「精神」および「宗教」［いずれも『現象学』の諸章］において、再認されうる。
(141) 例えば、『現象学』、二六〇頁、参照。
(142)『現象学』、七五頁、以下の二一九―二二〇頁、参照。
(143)『ヘーゲル』第一巻、三〇四―五頁。
(144)『ヘーゲル』第一巻、三三九頁。
(145)『宗教と哲学との関係についてのヘーゲルの学説』、ハレ　一九〇六年、一三頁。

(146) G・ラッソン、ヘーリンク、クローナー、ルカーチ等。
(147) 『ラッソン版全集』第二十一巻、一五頁、一八〇八―九年において。
(148) 『ヘーゲル』、二九二―三頁。
(149) 『詩の形態問題』、アレウィン他編集、ボン 一九五七年、三一八頁。
(150) 先行するものは、いわば「意識が外界に流れ込み、内実を獲得するということに」捧げられていたのに対して、いまや集約という部分が続く、と論じられる。しかし、一方で、ストア主義、懐疑主義そして不幸な意識が、また他方で、人倫の最初の諸段階が、そのような定式に包摂可能であるなどということは、ほとんど明らかでない。また、無限判断が、観察する理性の結果として導入される際の連関に基づいて、無限判断に、この著作全体を決定するような意味を与えるということは、裏付けることのできないことである。
(151) すでに先立って、ライマール・カクシュケがいる(『ヘーゲルの現象学における歴史性とキリスト教』、博士論文、ボン 一九五五年、付論Ⅰ、1)。彼の志向は、ここに掲げられたものと同様に、『現象学』を統一的な著作として解釈することへと向かっている(同書、第一―四節、参照)。
(152) 『ヘーゲル研究』第一巻、一九六一年、二八〇頁以下。
(153) 『書簡集』第一巻、一六二頁。
(154) 以下の一二六頁、参照。
(155) 『ラッソン版全集』、第十二巻、一七一―二頁、一八四頁。
(156) こうした解釈に対しては、以下の一九一―一九三頁、参照。
(157) 「概念」という語は『現象学』においてはしばしば、「ただようやく概念」であるという抽象的に普遍的なものを意味する。例えば、六七頁第二段落、一〇五頁、二五八頁、四八三頁第二段落。
(158) 「理性、すなわち精神の概念」(『エンツュクロペディー』第四一七節)、参照。
(159) 『現象学』、三四三頁第一段落、四七三頁第三段落、四八三頁第二段落、参照。
(160) 『ドクメンテ』、三五三頁。
(161) さらにベルリンの講義ノートでは、理性的なものが精神にとっての世界として存在するという精神の段階が、次のような段階として、すなわち、精神がその「絶対的な意識」へと到達する段階として、語られている。『現象学』についての断片の本質的な相違は、「絶対知」という用語が、後に定義される特殊な意味でいまだ用いられていないということではなく、立法する理性が真の精神に帰属しているということである。

(162) 『ラッソン版全集』第十九巻（第二版）、二五九頁以下。

(163) 『ラッソン版全集』第十九巻（第二版）、二五九頁第二段落、『現象学』四八〇頁、第二段落。

(164) 『ラッソン版全集』第十九巻（第二版）、二六一頁。

(165) 『ラッソン版全集』第十九巻（第二版）、二五九頁第一段落。

(166) 『ラッソン版全集』第十九巻（第二版）、二六〇頁。

(167) ヘーゲルは、こうした編成を「導入」を書いた時点でもなお念頭に置いていたと、想定しようとするならば、最終文における絶対知への示唆を別様に解釈しなければならない。そうだとすると、それが述べていることは、最後に意識がその本質を捉える最終段階に、絶対知の段階という表題が付けられる、ということではない。そうではなく、それが述べ立てていることは、その段階で何が起こるのかということ、すなわち、精神の段階ですでに達成されている絶対知の本性が、意識自身によって表示されるということである。

(168) 公刊された『現象学』においては、こうした言い回しはいずれにしても、自己自身を確信する精神の最後にはじめて見いだされる。

(169) 以下の一九七頁、参照。

(170) 「その（desselben）」は、「意識の」であるのか「経験の概念の」であるのか、はっきりしない。

(171) 『論理学』第一巻（第一版）、九頁第二段落。

(172) 形態の概念については、『現象学』、一三七―八頁、一五二頁、二〇〇頁、および、以下の三一〇―一一頁、参照。しばしば看過されることは、ヘーゲルの形態概念は、その起源を生命のそれにもっているということである。

(173) 『ラッソン版全集』第二十一巻、二八頁以下。

(174) 『イェーナ論理学』参照。

(175) 『エンツュクロペディー』第四一九節補遺、参照。

(176)『ラッソン版全集』第二十一巻、二九頁、第四七節。
(177)『イェーナ論理学』における「存在の相関」、参照。
(178)『ラッソン版全集』第二十一巻、三〇頁。
(179)『現象学』、二四頁、および、上述の一二六頁、参照。
(180)『ラッソン版全集』第二十一巻、三〇頁。
(181)『ラッソン版全集』第二十一巻、三〇頁。
(182)『イェーナ論理学』、七四頁、『ラッソン版全集』第二十一巻、三〇頁、四四頁、八六頁、九一頁、二四八頁、参照。
(183)「理性、すなわち本質的に概念……」(『現象学』、二五四頁)。
(184)『ラッソン版全集』第二十一巻、六六頁。
(185)同、第二十一巻、一〇〇頁、参照。
(186)『ラッソン版全集』第四巻、二三七頁、参照。
(187)上述の一二六頁、参照。
(188)例えば、『現象学』、三一三―一五頁、五五〇頁、参照。
(189)『エンツュクロペディー』第四三七節補遺、参照。
(190)『エンツュクロペディー』第四一六頁補遺。
(191)ペゲラーは、ホフマイスターが「理性」を「C」と表示するのは不当であると指摘した(『現象学』一七三頁参照)。それによれば、「理性」は、新たな区分の「AA」に対する表題として読まれるべきで、一方「C」は、表題が付かないまま残されるのである。ところでペゲラーにとっての問題は、こうした事態を作品史的な亀裂の痕跡として説明することであるわけだが、これに対して以上では、そこに思考の痕跡を見て取る試みがなされた。
(192)それ故にヘーゲルは、これ以後もはや、知の側面を考察する際に、単に意識についてのみは語らずに、また、自らを自らの本質として際だたせる精神についても語る。何ごとかが意識に対して生じたということの意味することは、いまや、それが「現象した」というほどのことである。そして、以前意識にとって本質もしくは真なるものと見なされたもの（例えば、『現象学』、一七七頁第一段落）が、精神が精神自身の分析において確保する契機（『現象学』三一五頁）として、「解釈し直され」うる。というのも、いまや意識の本質が現われ出たのであり、それ故に「我々の反省」（『現象学』、三一五頁）は、以前は意識にとって本質であったものを、精神の規定としても言表しうるからである。このようにして、精神以前の諸章冒頭における総括的要約と、それ以後のそれとの間の主要な相違が、説明されうる。この相違の理由は、単に意識が段階を追うごとに別様に現われるということのみではなく、意識についての「我々の」概念が次々と深まってゆくということにもあるのである。

(193) 『現象学』、五五三頁、『ラッソン版全集』、第十二巻、一七一―二頁、一八三―四頁、参照。

(194) 不幸な意識の結果において。

(195) この構造が、理性から新たに始まる区分が無意味ではありえないことの、明確な証左である。というのも、この構造を考慮してのみ、この区分は解釈可能だからである。この続きがまた、以下に提案する外的な区分の変更を確証する。

(196) 『書簡集』第一巻、一六一頁。

(197) 以下の三四二頁以下、参照。

(198) 『書簡集』第一巻、一六一頁。

(199) 『ハイデルベルク・エンツュクロペディー』第三六節注解。

(200) 上述の六八―六九頁、参照。

(201) 『エンツュクロペディー』第四一七節補遺。

(202) 『現象学』、五七八頁b。

(203) 『現象学』、五五八頁第二段落、三二頁、『エンツュクロペディー』第八節、参照。

(204) 『現象学』、七三頁、参照。ヘーゲルの経験概念――これは、論理学や体系の方法とは異なる『現象学』の方法の特殊性を含んでいる――の正確な意味は、ここで論究されていよう。

(205) R・カクシュケにおける、『現象学』の経験概念の正確な分析（前掲書、第一節、第二節）、参照。

(206) 『エンツュクロペディー』第四一四節補遺、第四一三節、参照。

(207) 『エンツュクロペディー』第三七―八節、『現象学』、一四頁第一段落、その他。
(208) 『現象学』、七一―二頁、参照。
(209) 『ホフマイスター版全集』、第十一巻、三一八頁。
(210) 『論理学』第二巻、四七四頁。
(211) 『現象学』、五六三頁、『論理学』第二巻、二四八頁第一段落。
(212) D・ヘンリッヒ「ヘーゲルの偶然性論」、『カント研究』第五十巻(二)、一九五八/九年。
(213) 『現象学』、四七頁第二段落、参照。
(214) 『論理学』第一巻、九七―八頁、七〇頁、一九―二〇頁、参照。
(215) ファレン『ヘーゲル哲学における認識の問題』、ウプサラ 一九一二年、一五頁以下。
(216) 『論理学』第一巻、五七頁。
(217) 上述の六八―六九頁。
(218) 『ベルリン版全集』第十七巻、一三九頁。
(219) 『ニュルンベルク著作集』、一四頁。

第二部

第一章

(1) 『ドイツにおける最近の哲学諸体系の歴史』第二部、ベルリン 一八三八年、七九一頁。
(2) 『ハイデルベルク・エンツュクロペディー』第一七節注解、『エンツュクロペディー』第一七節、『論理学』第二巻、四三七頁第三段落、参照。
(3) 『ラッソン版全集』第十二巻、七九頁第二段落。
(4) 『ベルリン版全集』第一巻。XV頁、参照。
(5) 例えば、上記[注(1)]の六〇九頁第二段落、七九九頁以下。
(6) 上記[注(1)]の六〇九頁。

(7)『学の体系』、ケーニヒスベルク　一八五〇年、第八七二節、XIII頁第三段落—XVII頁、六一九頁、参照。

(8)『学的叙述の試み』、グロックナー編、シュトゥットガルト　一九三一年、第七巻「カント以後のドイツにおける思弁の展開」第五二節六番。［「ダッシュ記号」の前後は次のようになっている。「しかし最後に体系の終わりで宗教哲学と回顧するエンツュクロペディーとは次のことを示す。自己を自然と精神へと分裂し、そこから自己を永遠に絶対的精神として産出しまた享受するようになるのは、自己を知る理性である。——しかし理性の本来の内容や理性の真の意味に関する意識が哲学に生じるだけでなく、理性が自己を知る理性になるのは、ただ理性が同時にこの生成を知ることによって、つまり、（厳密な意味で）哲学が成立するところの、かの回顧が同時に哲学史への回顧でもあることによってのみである。それ故、哲学史がヘーゲルの体系において包括的な部門であり、本来の終結をなす。というのはここで哲学はさらに、上で注意したのとは別の意味で、哲学の端緒とつながっているからである」。］

(9)『ヘーゲルの生涯、著作、教養』、ハイデルベルク　一九一一年、第一巻（第二版）、四三三頁、第二巻（第二版）、一〇二一頁以下。

(10)『ラッソン版全集』第十巻a、一五四頁第二段落。

(11) クローナー『カントからヘーゲルまで』、チュービンゲン　一九二一／二四年、第二巻、五二四頁第一段落、参照。

(12) 一層正確に言えば、「個物における」理念、実存するものと考えられる理念としての理想（Ideal）——『ラッソン版全集』第十巻a、二二四頁。

(13)『ラッソン版全集』第十二巻、二八二頁第二段落、参照。理念は「ただ直観する者、主観的意識においてのみそのものとして現われてくる。そのために教団があり、さらに祭祀というものがある。教団は現わされたものを知り、それを実体的真理として表象する。さらに祭祀は一般に、この表象が同時に外的なものに留まることなく、自己意識がまさに外面性、死んだ関係、すなわち分裂を廃棄し、対象において**自己の**本質をもつという自覚的な感情を自己に与える」。

(14) 第五五四節以下、第五六二節注解、『ラッソン版全集』第十二巻、二八〇頁以下。

(15) 『論理学』第二巻、四八九頁以下、『グロックナー版全集』第十二巻、四九頁。
(16) 『論理学』第二巻、九七頁。
(17) 『ラッソン版全集』第十五巻a、一八九頁。
(18) 『ラッソン版全集』第十五巻a、一八五頁第一段落。
(19) 『ラッソン版全集』第十二巻、二九二頁。
(20) 『ラッソン版全集』第十二巻、一四五頁以下。
(21) 『論理学』第一巻、四五頁。
(22) 『ラッソン版全集』第十二巻、二三八頁以下。
(23) 第五五六節、『ラッソン版全集』第十巻a、二二〇頁。
(24) 第五七一節、『ラッソン版全集』第十二巻、二九二頁第二段落、二九三頁第三段落、二九六頁第二段落、二九八頁第三段落。
(25) 『グロックナー版全集』第十九巻、二六七頁第三段落。
(26) 『ハイデルベルク・エンツュクロペディー』第四七二節、『ラッソン版全集』第十五巻a、二四二頁以下。
(27) 例えば、『ラッソン版全集』第十巻a、一三三頁第一段落。
(28) 『ハイデルベルク・エンツュクロペディー』第四七〇節、『エンツュクロペディー』第五七〇節。
(29) 『ラッソン版全集』第十四巻、二一五頁以下。
(30) 「一方で」と「他方で」との間隔は当節の第二稿［第二版、第五七三節］で初めて入れられているが、初稿［第一版、第四七三節］では「一方で」と「他方で」とは詩（直観）と啓示（表象）とに関係づけられている。
(31) 『論理学』第二巻、四二九頁以下。
(32) 『論理学』第二巻、四八五頁第一段落。
(33) O・ペゲラー「「精神現象学の解釈について」」、『ヘーゲル研究』第一巻、ボン、一九六一年所収、二九二頁。
(34) 『ラッソン版全集』第十五巻a、一四六頁第三段落。
(35) 上記［注(34)］の一二〇頁。

(36) 上記〔注(34)〕の一一九頁。
(37) 上記〔注(34)〕の一二〇頁。
(38) 『ベルリン版全集』第十五巻、六九一頁。それによってのみ哲学史講義は哲学における体系と歴史との同一性の主張を証明することになる。もちろんこの証明は、受け容れられた方法の故に単に「経験的」証明でしかありえない(『ラッソン版全集』第十五巻a、一一九頁)。
(39) 『ホフマイスター版全集』第十八巻a、一六八頁。
(40) 本書二八〇頁参照。
(41) 『法哲学』第三六〇節。
(42) 『現象学』、六六頁参照。
(43) 『書簡集』三五七番。
(44) 『ラッソン版全集』第十五巻a、六―七頁、一四頁以下、三六―三七頁。
(45) 『ラッソン版全集』第十五巻a、一四頁第三段落―第四段落。
(46) 上記〔注(45)〕の一七頁。
(47) 上記〔注(45)〕の三六頁第三段落、『現象学』、五五八―五九頁、参照。
(48) 『ホフマイスター版全集』第十八巻、六一頁第二段落、参照。
(49) 第二五八節注解、『現象学』、五五八頁以下、参照、『グロックナー版全集』第十四巻、一五九頁。
(50) 『ハイデルベルク・エンツュクロペディー』第一三節以下、『エンツュクロペディー』第八〇節、第四六七節補遺、『現象学』五五八頁参照。
(51) 『ラッソン版全集』第十五巻a、三七頁。
(52) 『ラッソン版全集』第十五巻a、三八頁以下など。
(53) 『論理学』第二巻、四二二頁以下。
(54) 上記〔注(53)〕の二九二頁。
(55) 詳しくは、『論理学』第二巻、四二七―二八頁を参照。

(56) 最も重要な箇所だけを挙げると、『エンツュクロペディー』第三六六節以下、『現象学』一三七頁以下、『エンツュクロペディー』第三九七、第四三〇節、『現象学』、一四一頁以下、『現象学』、二六二頁、二六六頁以下、二七四頁以下、二八五頁以下、二九八頁、『エンツュクロペディー』第四九〇節以下、『法哲学』第一一二節、第三三〇節以下。

(57) 『グロックナー版全集』第十巻、三七頁参照。その限りヘーゲルはイクスキュル男爵への手紙で(ローゼンクランツ『ヘーゲルの生涯』、三〇四頁)、スラブ民族が将来世界史に登場することについて語る、十分な理由をもっている。

(58) 『現象学』、五五七頁第三段落以下、二七頁第一段落、参照。

(59) 『論理学』第二巻、四八五頁、『エンツュクロペディー』第四五九節、第四六二節、『ラッソン版全集』第十五巻a、二一三頁参照。

(60) 『現象学』、四六〇頁以下、参照。

(61) 『現象学』、二八五頁以下、参照。

(62) 『ラッソン版全集』第十五巻a、一四七頁以下。

(63) 『ラッソン版全集』第十五巻a、三九頁第一段落。

(64) 『ラッソン版全集』第十五巻a、二二四頁以下。

(65) 『ラッソン版全集』第十五巻a、一五〇頁。

(66) 『ラッソン版全集』第十五巻a、三七頁第二段落。

(67) 『ホフマイスター版全集』第十八巻a、一五四頁。

(68) 『ホフマイスター版全集』第十八巻a、一六二頁以下、『ラッソン版全集』第十五巻a、一三頁。

(69) 本書二六七頁。

(70) 『ホフマイスター版全集』第十八巻a、六〇頁。

(71) 『グロックナー版全集』第十巻、三七頁。

(72) 『ラッソン版全集』第十五巻a、五七頁。

(73) 第五五四節、『ラッソン版全集』第十五巻a、一一〇頁参照。
(74) 『ホフマイスター版全集』第十八巻a、五五頁第二段落。
(75) 上記〔注(74)〕の一四九頁。
(76) 『ラッソン版全集』第十五巻a、一一一頁第二段落。
(77) 『ホフマイスター版全集』第十八巻a、一〇五頁、『論理学』第二巻、三九八頁。
(78) 『ホフマイスター版全集』第十八巻a、一五一頁。
(79) 『ホフマイスター版全集』第十八巻a、一〇六頁。
(80) 『論理学』第二巻、四七七頁以下。
(81) ミヒャエル・B・フォスター『ヘーゲル哲学における精神の運命としての歴史』(博士論文、キール、一九三〇年)参照。
(82) 『ラッソン版全集』第十五巻a、三三頁。
(83) 上記〔注(82)〕の一五三頁第二段落。
(84) 一面的否定は、例えば、ストア主義、エピクロス主義、懐疑主義である。規定された否定はプラトンや新プラトン主義である。
(85) 『ホフマイスター版全集』第十八巻a、一一〇頁以下。そこから明らかになるのは、なぜ世界史の哲学が芸術や宗教や哲学も扱うのかである。この事実から、ヘーゲルの世界史の哲学の講義が体系の最終部門をなすというように、結論されなければならないわけではない(『ベルリン版全集』第一巻、XV頁におけるミシュレを参照)。芸術、宗教、哲学がすでに世界史のうちに存するということの論理的な理由は、「善の理念」のうちにある。「善の理念」は、たとえなお主観的なものとして、前提された外的現実に対して向けられているとしても、すでに自己を知る**規定された**概念であり、それによって潜在的には絶対的理念である(『論理学』第二巻、四七八頁)。しかしまたこの〔主観的なものと外的現実との〕差異の故に、芸術、宗教、哲学はこの領域の実現において単に意志の諸形態として他の諸形態の下に現われ、それ故本質的に外的に働き掛ける操作の対象である、ということも出てくる。したがって芸術、宗教、哲学は世界史においてはそれら自身として現われるのではなく、単に客観的精神の形成の諸形態として現われるにすぎない。同様のカテゴリー的先取りは、さらに目的論の領域にも認められる（『論理学』第二巻、三八七頁参照）。

(86)『ラッソン版全集』第十五巻a、三四頁。

(87)『グロックナー版全集』第十八巻、三八四頁第二段落。

(88)上記［注(87)］の三〇〇頁。

(89)上記［注(87)］の四一三頁第二段落。

(90)『グロックナー版全集』第十九巻、六八六頁。

(91)この点についてはゲッシェルの『思想の一元論』に対するヒンリクスの書評（『学的批判年報』、ベルリン、一八三二年、第二巻所収、七七頁）参照。

(92)『論理学』第二巻、二九九頁参照。

(93)『ホフマイスター版全集』第十八巻a、二五四頁以下。

(94)上記［注(93)］の二五六頁。

(95)『歴史哲学講義』、九三三頁、『ラッソン版全集』第十二巻、三一一頁参照。

(96)本書二六九頁、『ホフマイスター版全集』第十八巻a、二〇九頁参照。

(97)上記引用書［注(96)］の二五七頁。

(98)『ホフマイスター版全集』第十八巻a、一八〇頁第二段落。

(99)『法哲学』第三六〇節。

(100)『ラッソン版全集』第十五巻a、一二七頁以下。

(101)『現象学』、一二頁。

(102)この原理とその遂行ないし世界への適用との区別については、『ラッソン版全集』第十五巻a、一二六頁、一三七頁以下、参照。

(103)『現象学』、五五九頁第一段落。

(104)この好機の現前に関するヘーゲルの経験については、R・カクシュケ、上記［第一部第二章注(151)］の第六節、

IIを参照。
(105) 『ホフマイスター版全集』第十八巻a、四五頁、四八頁第二段落参照。
(106) 文化がかくて将来哲学の進行から規定されねばならないかどうかという問題は、放置しておくことにしよう。いずれにせよ人倫的世界の他の諸側面も学の登場後もなお、これまでの世界史を特徴づけた運命的進行という性格をもつということは、既述したことからして明らかである。
(107) 『グロックナー版全集』第十巻、六九〇頁。
(108) 『ラッソン版全集』第十五巻a、一四六頁。
(109) 『グロックナー版全集』第十巻、六九〇頁第一段落、『ラッソン版全集』第十五巻a、六一頁第二段落。
(110) これとは異なり、現象学の導入については、『現象学』六八頁第二段落以下、参照。
(111) 『ラッソン版全集』第十五巻a、一一九頁第一段落。
(112) 『ベルリン版全集』第十五巻、五三五頁、二七五頁。
(113) 『ラッソン版全集』第十五巻a、一五五頁以下、『ベルリン版全集』第十五巻、五一〇頁。
(114) 『ベルリン版全集』第十五巻、六八五頁。
(115) 『グロックナー版全集』第一巻、四三一頁以下。
(116) 『現象学』、一二頁第二段落。
(117) 『現象学』、六七頁第二段落、『ハイデルベルク・エンツュクロペディー』第三六節注解。
(118) 『現象学』、三一五頁第二段落。
(119) 『現象学』、五五三頁。
(120) 『現象学』、五四七頁第一段落。
(121) 『現象学』、一三頁第一段落、参照。
(122) 『現象学』、五四七頁以下。
(123) 歴史的状況については、M・B・フォスター、上記［注(81)］の一〇六頁以下、参照。
(124) 『現象学』、五六一頁。人倫的なものの領域が自己のうちに有限的な諸学の領域を含む限り、哲学の必然性は、信仰と世俗的知性との和解の必然性としても示される。それは『エンツュクロペディー』の緒論において（第六節以下）また宗教史において（『ラッソン版全集』第十二巻、一三頁第二段落）強調された観点である。

(125) すなわち、宗教。宗教は、第五五四節で絶対的精神の領域一般が特徴づけられたように、主観から出発し、主観のうちにあるものとみなされる（『ラッソン版全集』第十二巻、六八頁第三段落、参照）。宗教はそれと同時に、絶対的精神から出発し、絶対的精神のうちにとどまり、そのうちに帰るものでもある。

(126) 『ラッソン版全集』第十二巻、二四八頁第三段落以下、第十五巻a、四六頁第二段落、四九頁第一段落、一七六頁第三段落、『ラッソン版全集』第五巻、四七七頁第一段落、参照。

(127) ヘーゲルの［第五五二節での］注解は国家と宗教の関係を扱っている。それが『エンツュクロペディー』第二版ではまだ五六三節［「芸術」の最後］にあったことは、興味深い。この［第三版では「客観的精神」の最後、「国家」で扱うようになったという］修正は、前の規定［例えば、国家］と後の規定［例えば、宗教］との関係に関する付随的説明を前の規定に続けて行なう、というヘーゲルの習慣による。ただし注解のうちでである。というのは前の規定との関係の［付随的でない］学的な解明は後の規定の展開に属するからである。ヘーゲルは宗教と国家との関係を『エンツュクロペディー』ではとびとびにしか示していないので、その関係は国家の宗教への関係として客観的精神の哲学の最後に出てこざるをえなかった。

(128) 第五四九節、四五四頁第三段落。

(129) 『ラッソン版全集』第五巻、四六三頁以下参照、『エンツュクロペディー』第三八節注解。

(130) 第五七三節、『現象学』五七三頁第三段落、参照。

(131) 第五四九節、『ラッソン版全集』第十五巻a、一一頁第二段落以下、九一頁第二段落、参照。

(132) 第六節参照。

(133) 『論理学研究』第三版、ライプチヒ　一八七〇年、七九頁以下。

(134) 『現象学』四七七頁、『ラッソン版全集』第五巻四六二頁、第五五二節注解（第二版）。客観的精神（例えば、道徳性、市民社会、国家）の歴史的位置と意味は、それ故、本来は絶対的精神の哲学において初めて生じ、規定される。絶対的精神の哲学から客観的精神の哲学の歴史的部分と非歴史的部分との出会いが位置づけられる。

(135)『書簡集』第一巻、一六七頁。

(136) 絶対的精神の展開が一**つの**歴史的過程である場合にのみ、この問題が解決可能であること、このことは論理学において種々の箇所で示すことができる。例えば、「外的目的論」から「理念」にいたる弁証法や「善の理念」から「絶対的理念」にいたる弁証法において。これは世界史から絶対知への進行の本来の論理的基礎をなす。しかしまた推論の全領域を貫く「概念の判断」と「推論」との媒介においても。

(137) 本書二六四頁。

(138) 第五五八節（第二版）参照。

(139)『ラッソン版全集』第五巻、四六二頁、『グロックナー版全集』第十七巻、三〇〇頁第二段落、参照。

(140)『ラッソン版全集』第十五巻a、二三七頁以下、二五一頁第三段落。

(141)『ホフマイスター版全集』第十八巻a、一七七頁第二段落、『エンツュクロペディー』第五五二節、『ラッソン版全集』第十五巻a、一四九頁以下。

(142) 例えば、『ラッソン版全集』第十五巻a、一五一頁。

(143)『ラッソン版全集』第十五巻a、六七頁。

(144)『現象学』、四九〇頁参照。

(145)『ラッソン版全集』第十二巻、二七九頁以下。

(146)『ラッソン版全集』第十二巻、二三六頁第三段落。

(147) 本書二七五頁、二九九頁。

(148)『ラッソン版全集』第十二巻、三〇三頁第二段落、三〇五頁以下。

(149) 生きた形態との違い（第三五三節以下）は、そうなると、生きた形態においては部分が全体から切り離されえないということである。というのは全体が一つの中心にまとまっているからである。ここではこの違いに関心を抱く必要はない。

(150) 第五五五節は絶対的精神の主観的意識を過程として規定するが、それは以下の点を非常に集約した表現とみなしうる。

(151) それ故、芸術に「絶対的な地位」が与えられることが必要である（『ラッソン版全集』第十巻a、一五一頁第二段落）。そこから、また、我々は有機的形態に結びついたのであって、生きた形態に結びついたのではないということも、正当化される。

(152) 『ラッソン版全集』第十二巻、二八三頁第四段落、二八四頁第三段落、第十巻a、一五三頁第三段落以下。宗教は自己を知の形式として定立する。というのは絶対的精神は精神的なものとして、つまり自己と知（この知にとって実体がそのものとして存在する）への根源的分割として実体であるからである。それ故絶対的精神の展開においては「適合」の観点が決定的である。

(153) 『ラッソン版全集』第十二巻、二三六頁第三段落、二三七頁第二段落。

(154) 『グロックナー版全集』第十巻、四一頁第一段落。

(155) 『ラッソン版全集』第十巻a、一五三頁、一一二頁、『グロックナー版全集』第十二巻、四〇四頁。

(156) 『ラッソン版全集』第十巻a、一五一頁第二段落以下。

(157) ヘーゲルが『ハイデルベルク・エンツュクロペディー』においてまだ「芸術の宗教」と題していた節を、一八二七年［第二版］以後単純に「芸術」と呼ぶようになったことは、解明が明確になり限定されたという点で一つの進歩を意味する。絶対的歴史は芸術宗教から哲学へ進むのではなく、古典的芸術から近代哲学へ進む。

(158) 本書三〇〇頁以下。

(159) クローナー『カントからヘーゲルまで』、チュービンゲン　一九二一／二四年、第二巻、結語、参照。

(160) 同じ個体へ還帰することが、他の実在哲学の諸部分に対する絶対的精神の哲学の特徴であり、またその解明を非常に困難にしている点である。

(161) 本書三一四頁以下。

(162) 『グロックナー版全集』第十九巻、六九〇頁。

(163) 『ラッソン版全集』第五巻、四六二頁。

(164) 『論理学』第二巻、二九〇頁以下、参照。

(165) 哲学史の結末が哲学史自身のうちにはないという点において、哲学史は芸術と似ている。というのは芸術の結末はキリスト教のうちにあるからである。しかし芸術はその結末を自らのうちで定立するのに対し、哲学史の結末は自己のうちでは規定されていない。――ここで行なわれたものよりも詳しい分析を行なうならば、おそらく、哲学史の構造を芸術の構造と宗教の構造との統一として示すことになろう。

(166) 本来ここでは余り特定の哲学的科目を探求すべきではなく、絶対的精神の実現という事柄における進行の必然性を探求すべきである。我々ないし「ヘーゲルの立場」を引き合いに出すことは、体系的にまだ導出されていない概念を用いることになる。というのは「我々」とは主観的意味における学の「我々」であるから。体系的には、ヘーゲル哲学は、自己を知る理念を原理とし主題とするような哲学の形態の方法の問題（それはシェリングでは未解決に止まっていた）を解決しようとする一つの必然的な試みとして導出されている。この試みが、一切のそれまでの内容を考えている試みだということは、確かにその通りである。しかしその試みが何であるか、またお望みならば、真理とは何であるかを反省するということは、依然としてなしえていない。ヘーゲル哲学からまたはるか遠く別の内容へ進行するということも、ありうる。そうなると、この別の内容が確かにこれまでのものと同様に今後は内容**として**あることになり、本来の意味で思想であることになる。しかしそれらは己れの真理性と信頼性をそこから得るのではなく、概念の客観的連関から得る。概念の客観的連関が結果的にヘーゲル哲学を学として有するということになって初めて、内容の主観的［特殊ヘーゲル的］遂行が真理の根拠として示されることになろう。

(167) ［哲学史の］終結が時代の進行、伝統の変化など、他者によって規定されるものではないということは、もはや指摘するには及ばない。そのような考え方は哲学史の概念を引き下げることになる。

(168) 我々は世界史と宗教史との媒介をさらに詳しく解明することを断念する。というのはそれは叙述を非常に複雑にせざるをえないからである。

(169) 『現象学』、五五九頁第二段落。

(170) 以下に引用する箇所『現象学』、二六頁第三段落を参照。そこでヘーゲルは第二版では「世界精神」を「自己意識的精神」と書き換えた。

(171) 『現象学』、二四頁第三段落、五六四頁。

(172) 『現象学』、二六頁第三段落、五五九頁第一段落。

(173) 『ラッソン版全集』第十五巻a、四一頁。
(174) 本書二四一―二四二頁。
(175) 『現象学』、五五七頁以下。
(176) 『現象学』、一九頁第一段落、参照。
(177) それ故、形成史は哲学史とは異なり、論理的理念の体系に全く照応しうる。というのは形成史は本質的に意識史であり、したがって否定性の契機を初めから含んでいるからである。
(178) 抽象的には上述の二四六頁以下を参照。
(179) 『ホフマイスター版全集』第十八巻a、六四頁、一七九頁。
(180) 上述の二五二頁以下を参照。
(181) 『現象学』、五五九頁。
(182) 本書二九六頁参照。
(183) 『ラッソン版全集』第五巻、四六二頁。
(184) 『現象学』、五七八頁c参照。
(185) 『論理学』第二巻、四三五頁第二段落。
(186) 『論理学』第二巻、四三七頁第三段落。
(187) 『論理学』第二巻、四八六頁第一段落。
(188) ヘンリッヒ『神の存在論的証明』、チュービンゲン、一九六〇年、一九五頁以下、参照。
(189) 『信仰と知』、一八〇二年。
(190) 『哲学的批判一般の本質、とりわけ哲学的批判と現代の哲学の状態との関係について』、一八〇二年。
(191) 『ラッソン版全集』第十五巻a、一四頁第三段落。
(192) 『ヘーゲルの生涯』、ベルリン、一八四四年、二〇五頁。
(193) 『現象学』、一二頁第三段落。
(194) 『現象学』、三一五頁第二段落。

(195) 『現象学』、四七四頁以下。
(196) 『現象学』、二七一頁、二二五頁第二段落、参照。
(197) 『エンツュクロペディー』第三八五節補遺、第三八七節補遺、『ラッソン版全集』第十五巻a、六一頁、九二頁、二二二頁、参照。
(198) 形態の概念については、『エンツュクロペディー』第三一〇節、第三四三節、第三四六節、第三五二節以下、『現象学』、一三七頁以下、参照。
(199) 『現象学』、三二頁、七五頁第一段落、一七七頁第一段落、参照。『現象学』にとって形態概念が基礎をなすが、そのことは『現象学』の主題設定が絶対的精神の哲学に錨を降ろしていることを明確に示している。上述の三一一頁を見よ。
(200) 『ハイデルベルク・エンツュクロペディー』第三六節注解、『現象学』三一頁第三段落、参照。
(201) 『現象学』、二六頁以下、参照。
(202) 『ラッソン版全集』第十五巻a、七三頁。
(203) その限り、ヘーゲルの意味では、学が要請から始まる（J・E・エルトマン『論理学と形而上学の要綱』第二三節以下）とは言われえない。学は本来、単に思考されるようにと、**要求し**ない。何故なら学の端緒は全く学そのものとの関係をもたず、ただ哲学的思索をしようと決意する主観との関係をもつのみであるから。しかしこの関係は導入において廃棄される。導入が媒介する決意において、知はもはや内容に外的なものではない。知は自己を内容へと開示する。かくて私、この者は確かに絶対知のうちに含まれているが、消滅し、自己を放棄する偶然的な契機としてある。それ故、学はもはや私に対するいかなる要求も必要としない。
(204) 本書三七四頁以下を見よ。
(205) 『現象学』、五五六頁第一段落、参照。
(206) 『現象学』、二八頁。
(207) その点が一八〇七年の『現象学』に該当することは、ヘーゲル自身一八三一年に注記していた（『現象学』、五七八頁）。すなわち、『現象学』が立脚している哲学的地平は、抽象的な絶対者が支配する地平である（『現象学』、一九頁第二段落以降、参照)。［ヘーゲルが一八三一年に『現象学』の改訂を企てた際のメモに、「——執筆当時の時代と関わる——緒言（Vorrede）において。当時は抽象的な絶対者が支配していた」という文言がある。ちなみに「緒言」（一九頁）には、「実体性」（すなわち「抽象的絶対者」）に関して、スピノザのみならずカントやシェリングの立場が言及されている。それ故、これらの近代哲学における「抽象的絶対者」の立場が『現象学』の哲学的地平であろう。］

(208) 一層厳密な意味において、『現象学』、三一五頁第二段落、参照。

(209) 『現象学』、四六七頁以下、参照。

(210) 『現象学』、二七頁。

(211) 『法哲学』、六六七頁以下、六九四頁以下、『現象学』、三四三頁、参照。

(212) 『現象学』、五二五頁、五三三頁、参照。

(213) 形成史の諸形態はそれらに照応する世界史の諸領域と同じ区分をもたなければならないわけではない。それと共に、学の「超越論的」証明と歴史的証明との結合は歴史の混乱に導くという、ハイムの非難（『ヘーゲルとその国家』第二版、一九二七年、二三八頁）は取り除かれる。ミシュレに従って世界史の哲学を体系の究極的科目に高める場合にのみ、精神の諸形態の形成史的秩序は奇異の念を起こさせるにちがいない。

(214) 『グロックナー版全集』第十巻、四二五頁第二段落、さらに四一七頁、参照。

(215) 例えば、『グロックナー版全集』第十九巻二七〇頁第三段落以下および『現象学』、一八五頁以下、参照。

(216) 力と悟性に関する章を参照。

(217) 『現象学』、四七七頁。

(218) 『現象学』、三一四頁。

(219) 『現象学』、三〇六頁以下。

(220) 『現象学』、三一四頁。

(221) 『現象学』、二七頁。

第二章

(1) 本書一四八頁以下。

(2) 思考と思考するものについては、『エンツュクロペディー』第二〇節参照。

(3) 『現象学』、二四頁(「精神的なもののみが現実的なものである」)参照。

(4) 『エンツュクロペディー』第五〇節注解、第六二節、一八三頁、第五五二節注解。

(5) 彼はこの表現を一度だけ(『論理学』第二巻、四九一頁)絶対的方法と有限的認識との区別に関して付随的に用いている。しかしそこではまさに、対象の内在的原理が方法と呼ばれるという、方法と対象との関係として用いている。

(6) 『論理学』第二巻、二四七頁第一段落、二四八頁第二段落、二五〇頁第一段落。

(7) 『論理学』第一巻、五六頁第一段落。

(8) 『論理学』第一巻、四二頁第二段落。

(9) また、『現象学』の**後に**、精神は学として、自己の本質においてあるという様相であれ、**現われる**。

(10) 例えば、『現象学』一二四頁第二段落参照。

(11) 『論理学』第一巻、五三頁第二段落。

(12) 『論理学』第一巻、四三頁。

(13) それは知として純粋である、すなわち意識の対立から解放されている。しかし原理として解放されているのではなく、現象から解放されているのではない。

(14) 本書二四七頁。

(15) 『論理学』第二巻、四三九頁以下、さらに『ラッソン版全集』第十二巻、五〇頁第二段落、参照。

(16) 『論理学』第一巻、六二頁以下。

(17) 『グロックナー版全集』第二十巻、三〇二頁。

(18) 『現象学』、五三頁。

(19) 『書簡集』第一巻、四〇八頁。

(20)『論理学』第二巻、二四二頁。
(21) 例えば、『ラッソン版全集』第十四巻、五八頁参照。
(22)『論理学』第一巻、四二頁。
(23)『論理学』第二巻、一〇一頁。
(24)『論理学』第一巻、三〇頁。
(25) 体系の三つの推論に関するヘーゲルの説は立ち入った叙述に値する。論理学に取り組む場合に、論理学の立場に適切に接近することが困難であるとなると、思想と事物との一致を素直に受け取ることは難しくなるだろう。というのは、もしも論理学の**うちで**何かを把握しようとするならば、論理学の**前に**思想と事物との一致の認識を獲得してしまっていなければならないからである。このことは、つまり、導入の欠如は後の思考の遂行を危機に陥らせることを意味する――問題が思考にとって歴史的な獲得であろうと、ヘーゲル批判であろうとも。この危機に陥ってしまうと、「論理的なもの」における「現象」の側面は論理学の理解をいかなる段階においてもその都度新たに惑わさざるをえない。一方では思想が事物であるという断言に固執して、定立されたものと単に我々にとってあるにすぎないもの（『論理学』第一巻、九六頁）とを区別する権利をヘーゲルに対し認めない。もしくは他方でこの区別のさまざまなあり方を精査し、その区別のために思想と事物との同一性の主張を放棄する。そのどちらかになる。いずれの場合にも粗悪な騙し取りの弁証法という疑念が生じざるをえない。弁証法の概念において「現象」の契機に注意を払うような論理学の分析によって初めて、別の判断をすることができよう。ヘーゲル哲学への接近は何らかの導入に頼ることはできないのだから、したがって、絶対的推論が論理学解釈の本質的な構成要素となる。
(26)『論理学的理念の学』、ケーニヒスベルク　一八五八年、第一巻、四一頁。
(27)『カント研究』第三六巻、一九三一年、二六七頁以下。
(28)『ヘーゲル』、ハンブルク　一九五八年、三三九頁以下。
(29)『現象学』五六一頁第二段落―五六二頁第一段落参照。［『現象学』の行程において、「学」の契機に「意識」の形態が対応している。］
(30)『グロックナー版全集』第九巻、七二一頁第二段落。

(31)『現象学』、六七頁。
(32)『エンツュクロペディー』第一版序文、さらに第一四節以下、参照。
(33)例えば、『ラッソン版全集』第十二巻、一一七六頁。
(34)例えば、『論理学』第二巻、五〇三頁。
(35)形式的なものについては、『エンツュクロペディー』第四一四節参照。
(36)『論理学』第二巻、一六四頁、一七〇頁参照。
(37)『ラッソン版全集』第十四巻、七八頁。
(38)内容とその進行の必然性との統一が出現しているが、この統一によって学の第一の推論は有限的な「定在の推論」から区別される。両者が一致するとなると、内容は「理念のうちに」ある。
(39)『ラッソン版全集』第十四巻、八八頁。
(40)ヘーゲルはアリストテレスの第二格と第三格とを意識的に取り替える。『グロックナー版全集』第二十巻、二五六頁参照。
(41)絶対的宗教における第三の推論の第一の局面［『エンツュクロペディー』第五六九節参照］と『ラッソン版全集』第十四巻、九〇頁を参照。
(42)『ラッソン版全集』第十四巻、一三六頁、一三九頁、一五九頁。
(43)『論理学』第二巻、三四三頁参照。
(44)『論理学』第二巻、五〇三頁。
(45)『論理学』第一巻、五六頁参照。
(46)『グロックナー版全集』第九巻、四九頁。
(47)例えば、『グロックナー版全集』第十巻、三七頁、『論理学』第一巻、五六頁参照。
(48)『論理学』第一巻、五七頁。
(49)『論理学』第一巻、五四頁。
(50)決意の概念についてはこの箇所以外に、『論理学』第二巻、九三頁、『ホフマイスター版全集』第十二巻第一二節以下、『グロックナー版全集』第三巻第八節、第一三節、『ハイデルベルク・エンツュクロペディー』第三六節、『エンツュクロペディー』第一七節、第七八節、参照。

(51) 『論理学』第一巻、五四頁。

(52) 本書一三三頁を見よ。

(53) 『現象学』、六六頁。

(54) 本書五九頁以下を見よ。

(55) 『現象学』、二五頁。

(56) 『論理学』第一巻、六一頁。

(57) 『論理学』第一巻、二九頁。

(58) 『ラッソン版全集』第十二巻、一八四頁、一七一頁以下参照。

(59) 『論理学』第二巻、二四八頁。

「現象学の論理学」の論議について——訳者あとがき

本書は著者フルダのヘーゲル研究の代表作ともいうべきものであり、また一九六〇年代半ば以後「現象学の論理学」に関してペゲラーとの論争を引き起こしたことでも知られるように、当時話題の書であった。そこにはヘーゲルの『精神現象学』の性格や体系との関係に関して多くの新たな着眼点や洞察が示され、しばしば研究論文で取り上げられ、一九六〇〜七〇年代以後のヘーゲル研究を刺激し続けた名著である。したがって、ヘーゲルに対する関心が少なくないわが国でも、もっと早く訳されてしかるべきであったと思われる。しかしそもそもヘーゲルの体系形式やテクストの編別構成を問題にすること自体、通常人が哲学に対し求める切実な思想的関心にとって何かトリヴィアルで衒学的なことのように思われたのかもしれない。またヘーゲルに肉薄しようとするフルダの入念な思索についていくことは、必ずしも容易ではなく、文章も一般読者にとって決して分かりやすいとは言えない。そのような理由でフルダのこの書は何か敬遠されてきたように思われる。

けれどもフルダやペゲラーが取り上げた問題領域は、ヘーゲルの個々の思想を理解する上で不可欠な視点を意味すると共に、哲学の問い一般に関わるものである。というのはヘーゲルの思想は、何か断片的に語られるものではなく、学問的形式において叙述されねばならないものである。したがって同じ思想でも、それが現象学において述べられているのか、積極的な体系のうちで語られているのか、さらに体系のどの位置で示されているのかによって、意味が異なってくるからである。また概して哲学は人が生きていくための支えの探求であるだけでなく、その支えがいかに知られうるかに関して正当化を求めるものと思われる。だがその正当化は、既定の方法や理解の方式によって行なわれうるものではなく、その方法や理解の方式そのものを問うという次元において自己遡及的に行なわれざるをえない。ヘーゲルの『精神現象学』は歴史的な問題状況において提示される真なる事柄をめぐる哲学的解答を、まさに自己遡及的に正当化する営みであり——フルダはそれを「哲学的思想の自己媒介のテーマ」と言う——、その意味で広く哲学的な関心にこたえうるものであろう。本書はそれらの問題に関して種々の示唆と刺激を与えてくれる。もとよりフルダ自身の今日の見地からしてみると、「日本の読者への序文」で言われているように、本書の内容は、『エンツュクロペディー』の評価を含め、幾つかの点で不十分になってきているかもしれない。しかし他方、今日ヘーゲルについて論じる場合、はたしてどれほどフルダの当時の議論の水準を越えているか、疑問なしとしない。そこで一度はこのフルダの労作に立ち止まり、彼の議論とその射程を考えてみる必要があろう。

以下では本書の概要と論議の連関について少し述べることにするが、その前に、フルダの経歴について簡単に触れておこう（詳しくは、上妻精編、フルダ『カントとヘーゲル』晃陽書房、一九九四年、「解説」を参照）。

フルダ（Hans Friedrich Fulda）は一九三〇年八月二日にドイツのシュトゥットガルトで生まれた。ハイデルベルク大学、フランクフルト大学で学んだ後、一九六一年にヘーゲルの『精神現象学』に関する論文で博士の学位を取得し、その研究を仕上げて一九六五年に本書を刊行した。さらに一九六九年にパースに関する論文で教授資格を取得した。一九六九年にハイデルベルク大学の講師になり、七四年に同大学の員外教授、七四年にビーレフェルト大学正教授になった後、八二年から九五年までハイデルベルク大学正教授の職にあった。この間、ヘンリッヒのあとを継いで、国際ヘーゲル協会の第三代の会長を勤めた。また一九九〇年秋には訪日し、東京、仙台、京都で講演を行なっている。

1

まず、本書の内容に関して、扱われている問題の所在を見ておくことにする。本書はヘーゲルの『精神現象学』の体系的意味を主題としているが、その背景として、少なくとも従来次の二つの点が研究者によって問題とされてきたことがあったように思う。一つは、一八〇七年に公刊されたこのテクスト自身の性格や意味に関してである。これが何を扱い、いかなる意味をもっているかについては、当初から種々の議論を呼んだ。それは、周知のように、「意識の経験の学」と「精神現象学」という二つの表題をもち、「学への道」つまり「導入(Einleitung)」とみなされながら、それ自身「学」とされ、しかも一時「体系の第一部」とも規定されていた。目次には二通りの区分(ローマ数字のⅠ〜Ⅷと、アルファベットのA〜C)があり、また二つの序文――「序論」(Einleitung)と「緒言」(Vorrede)――が付いていた。内容的には、当初「意識」の諸形態を中心に扱っていたのが、途中で「世界」の諸形態も含む「精神」にまで拡張し、また個人の意識の歴史が同時に精神史的意味を有しているという点などが、奇異の念を抱かせた。確かにヘーゲルの執筆の事情に或る混乱があったことは、事実であろう。しかしそれがどういう意味を持つかが問題である。例えばヘーリンクやペゲラーなどは、当初の構想が執筆途中で根本的に変化したと解することによって、これら種々の二義的な事情を説明しようとした。

他の一つは、『精神現象学』と後の『エンツュクロペディー』の体系（論理学—自然哲学—精神哲学）、とりわけ論理学との関係に関してである。上述の「体系の第一部」という規定は後に撤回され、精神現象学という名の科目は精神哲学の一項目に限定され、もはや体系への導入としての精神現象学は不要になったかのように見えた。というのは論理学と自然哲学と精神哲学は互いに他を媒介し、この閉じた体系にはいかなる導入も不要に見えたからである。或いは体系への導入はせいぜい「予備概念」など別の構想に取って代られたように見えた。しかし他方では、『論理学』第一版の序論などでは『精神現象学』による論理学への媒介が否定されていなかった。また「学の先立ち（Voraus）」が晩年になって再度容認されているようにも見えた。そこでこれらの齟齬をどのように解釈するのか、——整合的に解釈するとすれば、どこに重点を置くのか。或いは整合的解釈を断念するのか、——ヘーゲルの直弟子以来、種々の解釈が現われた。或るものは『エンツュクロペディー』の体系を重視して、『精神現象学』をその体系への予備学にすぎないものとみなした。或るものは、体系の端緒が複数あった可能性（「客観的端緒」としての論理学、「主観的端緒」としての精神現象学）を認めた。或るものは、学への導入の必要性を認めつつ、その内容は修正されるべきだという提案を行なった。しかし、或るものはそのような諸々の整合的解釈を断念し、精神現象学は『エンツュクロペディー』によって全く不要になったと解釈した。

これらの問題点についてフルダは本書で次のようなテーゼを立てているように思う。

（I）『精神現象学』の構想の骨組み自体は一八〇五年頃からの成立過程において根本的に変化していない。ただ個々の具体的な肉づけにおいて変化が見られるにすぎない。

（II）『精神現象学』と『エンツュクロペディー』の体系あるいは『論理学』との関係については、

（II—1）確かに『精神現象学』が基づいていた論理学構想と、『エンツュクロペディー』や『論理学』

のそれとは異なっている。また「体系の第一部」という規定が後に撤回されたのは正当である。しかし導入としての精神現象学の理念は基本的には『エンツュクロペディー』にも保持されていた。換言すれば、同じ導入の理念が『精神現象学』では体系の一部として実現されたのに対し、『エンツュクロペディー』では体系外において実現されるはずであったと解される。

(II―2)　その際、精神現象学は予備学（学の内容や方法を、非学的な立場で予め示すにすぎない）でも学への歴史的移行点のみでもなく、学的な導入である。つまり、それは二重の視点――意識史ないし世界史を通した実体としての精神の自己形成の視点（これをフルダは「形成史」(Bildungsgeschichte) とも名づける）と非学的意識に対する学の正当化という視点――を併せもつ。すなわち、精神現象学は、精神が学の境地に至る形成の最後の局面における、非学的意識に対する学の正当化にほかならない。したがって、――(I) について言うと――精神現象学は本来何か単に意識の経験の学であるはずだったというより、最初からすでに「精神の定在」としての意識の或る学である。ただし、精神の定在の無時間的な境地における本質学ではなく、特定の現代的な意識において精神の自己知の開示をめざして学的に構成される現象の学である。

(II―3)　この学への導入の理念は、しかし、ヘーゲル自身によっては体系のうちで明確には基礎づけられていなかった。ヘーゲル哲学への生成を述べる哲学史も導入の機能を果たしうるものではない。しかし彼の体系の最後、すなわち絶対的精神の記述の或る拡張解釈を行なうならば、精神現象学の理念は体系的に基礎づけられうる。そして自ら自己を根拠づける体系の終結においてなお導入学の必要性が容認される。

2

このうち（II―1）が主に本書の第一部第一章で、（I）と（II―2）が第一部第二章で、（II―3）が第二部全体で扱われている。以下では、それらの内容に少し立ち入ってみることにしよう。

第一部第一章では、『エンツュクロペディー』の予備概念が取り上げられ、そこにも精神現象学の導入のモチーフが保持され、『精神現象学』が容認されていたことが確認される。また導入の性格として、懐疑論に留まり得ない点（学的であり、具体的であること、「余分」でないこと等）が明らかにされると共に、「純粋に哲学的に思考しようとする決意」との関係が説かれる。一方で、歴史的な「問題状況」が決意の必然的条件であるが、他方で導入という偶然的な要素が、「体系から分離したネガティブな正当化」において、この決意を主観的に必然的なものにもする。

第一部第二章では、『精神現象学』における体系との関係が分析される。まず『精神現象学』が導入であると共に学そのもの、しかも「学の体系の第一部」であるというヘーゲル自身の言明が、「緒言」（Vorrede）における『精神現象学』の論理学的構成を暗示する「精神」に関する記述（『現象学』二四頁）、また「自然的意識」と「われわれ」という現象学特有の観点から、解釈される。意識論である導入が学の第一部であるのは、それが「精神の定在」という境地――そこにおいて学（論理学）の諸契機は「われわれ」が相対する内容としてのみ現われる――に基づき、自己を精神として知る精神という学の立場の顕在化をめざす限りである。その限り、『精神現象学』の導入的性格について語り得るのは――「絶対知」章の現象学に関する記述が示すように――、精神の形成の立場からでしかない。かくて『精神現象学』は、精神の形成の最後の局面において、非学的意識に対する学の正当化として置かれ、その後に学の体系が展開されるべきである。この理念が一八〇七年に具体的に、「精神現象学」—「論理学」—「自然哲学」—「歴史哲学」という体系構想（しかもこれは一八〇五／〇六年の精神哲学の末尾における体系のスケッチと照応する）において実現され、その最初の部分として『精神現象学』が位置づけられたと考えられる。しかし『精神現象学』がそのような位置によって、あたかも学の成立の歴史的条件と学の媒体をも産み出すような印象を与えるならば、適当ではない。したがって「学の体系の第一部」という規定が後に撤回されたのは、正当である。

導入を精神の定在の或る学とみなしうることは、『精神現象学』の範囲と区分の問題とも関連してくる。その範囲は、「意識の形式的なもの」に限定されるようなもの、例えば「理性」までの意識の経験の過程（ヘーリンク）には留まらない。当然「精神」をも含むものでなければならない。区分に関しても、ペゲラーの言うように、当初「自己意識」が転換点であり後に「精神」が中心になったのではない。一八〇五／〇六年の精神哲学末尾の論理学の編成スケッチと「緒言（Vorrede）」における「精神」に関する記述とが一致しているように、また精神現象学と論理学との照応が「序論（Einleitung）」でも「緒言（Vorrede）」でも同様に語られている以上、区分は執筆の間一貫して、「精神」の自己知の開示を構成するのにふさわしいものであった。目次における二つの区分のうち、Ⅰ～Ⅷは学（論理学）の内容の区分を表わし、「論理学的区分」と呼ばれる。それは、上述の「緒言」（Vorrede）の「精神」に関する箇所に見られるが（第一部第二章、注90参照）、ニュルンベルク時代の一八〇八／〇九年の論理学の諸カテゴリーとも類似していたと推測される。他方A～Cは「意識に対する内容の関係の廃棄」に関わる区分であり、「現象学的区分」と呼ばれる。それは、“an sich”と“für sich”と“an und für sich”という三段階の形式に基づく。これら両区分の一方だけが成立史的に真正なものではなく、両者共に正当なものである。

第二部では、第一部で『精神現象学』と『エンツュクロペディー』予備概念を通して析出された導入としての精神現象学の理念が、その位置を「エンツュクロペディー」の体系のどこに占めうるかが問題にされる。第一章では、この導入学の条件の一つである「意識の歴史」、あるいは精神の「形成史」の体系的基礎づけが、第二章では、もう一つの条件である「非学的意識に対する学の正当化」の体系的基礎づけが行なわれる。

第一章では、しかし、いきなり精神の形成史が取り上げられるのではなく、まず、哲学史が検討される。というのは学の歴史的成立状況が問われる限り、ヘーゲル哲学の成立を述べる哲学史も問題にされうるからである。まず『エンツュクロペディー』最後の哲学の概念に関する記述から、芸術と宗教の合一としての哲学が一面的な形式からの「解放」として時間的に継起すること、すなわち哲学史の可能性が引き出される。しかしこの可能性は決定的なものではなく、さらに哲学の歴史性の意味が一層立ち入って考察される。その結果、哲学の歴史性とは、①哲学的思索が悟性的である限り「時間」のうちで現われ、②哲学が「民族の原理」の把握として世界史と関連して生成消滅し、③そのような諸々の民族哲学の陳列において「哲学の普遍史」が成立するというように、導出される。それ故哲学は世界史との絡み合いにおいて展開するが、それはしかし、哲学がもはや現実の世界に拘束されなくなり、哲学の概念が示されることでもって終結する。この事情は絶対的精神自身が客観的精神との連関の故に歴史的であることから理解されねばならない。この絶対的精神の歴史性は絶対的精神の構造をあらたに解釈することにより明らかにされる。

それは次のような重層的な構造をもっていたはずだと考えられる。I①芸術一般、宗教一般、哲学一般、②それらと人倫的世界との関係、③古典的芸術―キリスト教―近代哲学という「絶対的歴史」、II①芸術史、②宗教史、③哲学史、④形成史、III学。このうちヘーゲルが『エンツュクロペディー』で実際に述べたのは、I③とIIIのみであり、II①②③は諸講義に照応する。そして哲学史は最後に「哲学の概念」(「絶対的理念」)を把握するようになる。しかし哲学史においてはなお「原理」と「形態」との差異が残る。この差異を克服するべく、哲学史の後に、実体の自己意識の展開であると同時に意識の歴史でもあるような形成史という領域が要請され、それが学の直前の段階をなす。実は『精神現象学』もこの形成史を基にしていたと考えられる。

第二章では、IIIの学自身における学の正当化と、なお導入として求められる「非学的意識に対する学の正当化」が解明される。確かに学はその最後で端緒に戻り、すでに自己を循環論的に根拠づけている。しかしさらに学の正当化が求められるのは、「主観的認識」としての学、純粋に哲学的に思考しようとする決意に対してである。けだし学の自己根拠づけとは、「論理的なもの」がその根源的分割、すなわち「現象」から解放されることだが、それはさらに自己を「自己の純粋な原理であると同時に自己の境地であるところ」すなわち「精神的なもの」に高める。そしてこの「精神的なもの」という境地が正当化されねばならない。そしてこの境地は『エンツュクロペディー』の最後で述べられる三つの推論のうちの二番目の推論で取り上げられている。したがって三つの推論は、通説のように、三つの分野の三様の組合せと解されるべきではない。第一の推論では「理念」の「客観的現象」が、第二の推論では「理念」の「主観的現象」が扱われており、第三の推論では両者の総合が表わされている。これらは次のことを意味する。客観的現象は主観的現象に、主観的現象は客観的現象に反省することによって、両者の実体的なものが出現するが、その実体的なものからの「顕示」として両現象が捉え直される。そのような仕方で「理念」の「主観的現象」、すなわち純粋に哲学的に思考しようという決意が学自身のうちで正当化されている。

しかし純粋に哲学的に思考しようという決意が正当化されたからと言って、必ずしも非学的意識も満足させられたことにはならない。もしも学が非学的意識を無視して自分で真理を確信するだけならば、それは非学的意識にとっては自己の意見と並ぶ、一つの断言としてしか映らず、その限り「現象」でしかない。学はこの「現象」から解放されねばならない。そこで学は自己が真理であるという確信をもちつつも、自己の立場をいったん放棄して体系外的な意識の立場と真理要求を承認し、その立場が学の知見を認めうるようにするのでなければならない。かくて「導入的な学の可能性は体系の最後において確保されている」。

3

以上が本書の概要だが、フルダはそのうちで上述のごとく特に『精神現象学』の編成原理に関してペゲラーの解釈を批判した。そこから両者の間に「現象学の論理学」に関して論争が生じた。そこで次に両者のこの議論の経過を見てみることにしよう。

(1) フルダがここで取り上げたペゲラーの論文は「精神現象学の解釈について」(『ヘーゲル研究』第一巻、一九六一年) であった。まずこのペゲラーの論文の内容を見てみることにしよう。ペゲラーによると、ヘーゲルは一八〇三/〇四年の精神哲学や一八〇五年の予稿では「絶対的意識」や「絶対知」を「普遍的自己意識」の「真理」として捉えており、『精神現象学』においても執筆当初は「意識の経験の学」の構想を抱き、「自己意識」を中心に置いていた。「序言 (Einleitung)」の末尾で言及された転回点——そこで「意識」が「外的なもの」にまといつかれているという見かけを取り去り、「現象」が「本質」に等しくなる——は、当初「自己意識」にあったと推測される。しかし当初のプランは自己意識のあたりから次第に厳密に守られなくなり、加えて理性の叙述が異常に膨張し、かくてかの転回点は「精神」に置かれるようになった。「意識の経験の学」は「精神の現象学」になった。この基本的立場の変更は編成や目次の変化にも反映されるようになる。当初、ローマ数字で表わされた章では、章の表題が（「意識の経験の学」のプランに照応した）「確信」や「真理」という言葉で表わされていたが、「精神」において最初の三章が「A意識」とまとめられ、それに加えて「B自己意識」と「C理性」とが「精神」の構成諸契機として位置づけられるようになった。

(2) それに対してフルダは本書で、『精神現象学』の編成の中心が「自己意識」から「精神」に変動したとする、ペゲラーのテーゼの論拠を逐一批判した。第一に、ペゲラーは「本質と現象」と「概念と対象」という二組の対立を混同したが、「概念と対象」は「現象」に属する対立にすぎない。自己意識において「概念」と「対象」の一致に至ったとしても、まだ「現象」と「本質」の対立は克服されておらず、事実、自己意識ではまだ種々の「外的なもの」にまといつかれている。第二に、「我々にとってすでに精神の概念が存在している」とか「今後意識に対して生じるのは、精神とはいったい何であるかという経験である」というヘーゲルの文も、自己意識がすでに本質的に精神であると言っているのではない。「我々にとって」あるものはまだ意識にとってあるものではなく、「今後」というのは「後に」という意味である。第三に、理性章には、観察的理性がいかなる形態も産まないという欠陥があるというが、そういう欠陥はない。第四に、一八〇五年の予稿には確かに『精神現象学』の編成とは異なった、「A意識、B自己意識、C絶対知（A精神、B宗教、C学）」という編成があったと推測されるが、しかしそれは根本的視点の違いを意味しない。

(3) 一九六四年に『精神現象学』解釈をテーマとした学会が開かれ、そこでペゲラーとフルダが発表した。それらが後に、フルダのこの書の刊行（一九六五年）後に、『ヘーゲル研究』別冊第3巻（一九六六年）に掲載された（ペゲラー「精神現象学の構成」、フルダ「一八〇七年の現象学の論理学をめぐって」）。ペゲラーは論文の執筆時にはフルダの書を知り得ており、それに対決している。だがペゲラーはここでフルダの批判にほとんど答えておらず、むしろ自説を一層徹底し、『精神現象学』の構想と編成は確定するに至らなかったと結論づける。ただ『精神現象学』の執筆過程のうちのすべての試みで一貫しているものが認められる。それは、意識が最初から全体を見通しており、その都度全体のうちで諸形態をまとめるという考え方である。ただ当初は「前方」に目を向けて全体へ至ろうとしたのに対して、後には「結果」から全体を捉え直すようになるとされる。他方、ペゲラーは、フルダが精神現象学と論理学との対応の一貫性を説くために、一八〇八／〇九年の論理学との対応を示した点について、そこで自己意識に「相関」というカテゴリーを対応づけたのには、無理があると批判する。むしろ自己意識は「概念」に対応しうるはずだと言う。また『精神現象学』では悟性において「現象と超感覚的世界」から「生」に進むが、一八〇八／〇九年の論理学ではその点が欠けているという。ペゲラーによれば、結局、『精神現象学』の行程を当初から一義的に編成されたものとして示すような、論理学は存在しない。

しかし、ペゲラーはフルダを全く批判するのではなく、彼の研究の画期的な意義を一部認めている。それは、フルダが——本書の第二部で論究したように——体系期における精神現象学の存立可能性を問い、しかもその際「精神の歴史性への問い」から出発した点である。ペゲラーは、本書によって、「ベルリンのヘーゲルが現象学をもはや彼の思想への導入として認めさせようとしなくなった……というようには、将来、単純に主張できなくなるだろう」と述べている。それにもかかわらず、ペゲラーは、体系期では方法が絶対化されたために、『精神現象学』で認められたような「経験」は現われないのではないかとか、また精神現象学の理念——それは結局「自己意識」の原理に認められる——が「目的論」によって破壊されてしまうのではないか、という懸念を示した。

(4) それに対し、フルダ(「一八〇七年の現象学の論理学をめぐって」)は新たな論点を加えつつ自説を展開している。新たな論点とは、本書では十分に扱われなかった論理学の発展史と『精神現象学』の方法の考察である。ただし論理学の発展史の考察は、実はペゲラーの論文(「ヘーゲルのイェーナ体系構想」:『哲学年報』第七一巻、一九六三/六四年)に触発されたものと思われる。フルダによれば、ペゲラーは、論理学と形而上学(それは一八〇四/〇五年では「絶対的精神」に終結する)とに分けられていた二科目がやがて一つの思弁的論理学に統合され、それが『精神現象学』の執筆の当初からヘーゲルの念頭にあったことを、説得力をもって指摘した。だがそのことは、むしろ、『精神現象学』における論理学の諸契機が一貫して「精神」の諸契機であるとみなしたフルダの解釈を、補強することになるという。ただこの論理学の諸契機は一八〇五/〇六年の精神哲学末尾の論理学のそれ(「存在」「相関」「生と認識」「知る知」「精神」「精神の自己知」)と合致するものではなく、またこれを修正したもの(思考の「相関」と「生」の間に「絶対的概念」が挿入される)でもなかったとされる。その点についてフルダは、かつて「論理学的区分」と称した系列自身に、新たに二つの面を区別し、それらの連関について論じている。一つは「意識の諸形態の境地」における諸契機であり、「定在」「本質」「実体と現象との相関」「生きた定在」「認識する定在」「精神」「精神の自己意識」「純粋概念」というものである。他方は「意識に対して自体であるもの」の諸契機であり、「存在」「自己同等性」「単純な内的なもの」「相関」(「自立的なものの相関」「思考の相関」)「統覚の統一」(「統覚と物との統一」「生の構造」「認識」)「精神」「精神の自己意識」「純粋な概念」である。

ただしフルダがかつて『精神現象学』に照応する論理学として一八〇八/〇九年の論理学を挙げた点は、

ペゲラーにより上述のように批判されたが、それに対しフルダはこの論文の注で、「一面的で幾分図式的に留まった」点を反省しつつも、次のように弁明している。第一に、一八〇八／〇九年の意識論などを見ると、『精神現象学』と一八〇八／〇九年の構想の間に根本的変化があるとは言えない。第二に、自己意識と「相関」との対応の問題に関して、ペゲラーは、精神現象学と論理学の対応をめぐる上述の二つの「基準」の区別を怠った（つまり、「自己意識」は、「意識形態の境地」の基準では「生きた定在」に対応するが、「意識に対して自体であるもの」の基準では依然として「相関」に対応するということであろう）。しかしこの論文の最後でフルダは、一八〇五年の予稿と『精神現象学』との間には、「現象学の変化と論理学の変化が同時に行なわれた」点を認めている。したがって、その点で「根本的に変化しない」というかつての解釈を訂正しているように見える。

(5)　その後、ペゲラーは、『精神現象学』の理念は自己意識にあるという見方を一層強め、その形成過程を究明する。また『精神現象学』の編成を引き続き一八〇五／〇六年「精神哲学」末尾の論理学の構成に基づくと見、それをさらに「論理学的部分」（「意識」「自己意識」）と「形而上学的部分」（「理性」以後）とに分ける（「ヘーゲルの自己意識の現象学」（一九七二年）、「精神現象学の着想と構成」（一九八八年）等）。他方、フルダは本書で扱ったテーマについて殆ど書かなくなった。ただし、本書に対するフルダ自身の今日の見地からの評価、また本書の受容や批判に対する思い、関連するテーマの展開に関しては、本書冒頭の「日本の読者への序文」に記されている。

4

以上見てきたように、フルダとペゲラーの論争は主に『精神現象学』の編成における論理学との対応について、——それがいかなるものか、執筆過程において変化したかいなかをめぐって、——行なわれた。その細部の分析はなお検討されねばならないにしても、少なくとも、ヘーリンク説とは異なり『精神現象学』が当初から精神などの内容も含むものであり、全体として当時の論理学構想に基づいていたという、両者によって共に確認された点は、その後の研究において定説になっている。しかし、フルダの書にはなお注目すべき点——精神現象学の理念は何か、精神現象学は「エンツュクロペディー」の体系的視点からいかに基礎づけられるか、体系の理念は何か、絶対的精神の歴史性およびその解釈の枠組としての「生の構造」への着目等——があったと思われるが、十分に取り上げられなかった。

精神現象学の理念について言うと、そこではおそらく「歴史」の意味が問われ、ペゲラーもフルダもその点では共通していたように思われる。ただペゲラーの場合には歴史は「自己意識」というカント的形而上学の原理が存立する経験の場とされたのに対して、フルダにおいてはあくまでも（「意識史」を含む）「精神」の形成史が問題であり、しかも精神が学にいたる直前の段階において、現代の「意識」との関連で導入という契機が存立する。そのようなフルダの学的導入の見方は、しかし、（フルダ自身まだ十分に扱い得なかった）イェーナ時代当初の哲学構想と通ずるように思われる。そこでは哲学が歴史の転換期において、既存の制約からの純化によって成立するとされ、しかもその純化が、「哲学の普遍的欲求の一面」としての「助走」、すなわち導入としての「論理学」によって企てられていたと思われる。しかし論理学の展開を通した形而上学の正当化は容易ではなく、なおイェーナ時代に種々の努力が重ねられた。確かにペゲラーはその努力の過程をかなり追求しえた。しかしペゲラーにおいては、この論理学の発展史が現象学の方法との連関において十分に論究されておらず、現象学の理念をめぐって「自己意識」と「目的論」が安易に対立させられているように見える。その点ではむしろフルダの研究に学ぶべきところがあるように思われる。少なくともフルダが問うた問題を問い直してみる必要があるだろう。こうしてフルダの議論の中から幾つかの線を引き出し、それらを今日の改善された研究事情のもとで、展開することが求められよう。

本書の翻訳は当初高山氏が今から一〇年ほど前にもちかけ、久保が共訳者として加わった。その後翻訳の作業は遅々として進まなかった。その理由の大半は、――訳者の怠慢もあるが、――本書の叙述の難解さにあった。そこで幾度となく著者に直接会って質問したり、手紙やファックスで問い合せたりした。また二人の訳稿を互いに何度も検討しあった。その検討のなかで、当然のことだが、訳者自身には理解できないことを極力なくすように、また読者が本文を読み通しても理解してもらえるようにという方針を立てて、推敲を重ねた。そこであえて訳注をつけず、著者の叙述の晦渋さを、本文のなかの訳者の補足や表現の工夫によって緩和することに努めた。しかしなお誤解や不適切な表現があるのではないか、晦渋さの緩和の努力には限界があるのではないか、という懸念をぬぐいさることはできない。それらは今後読者諸賢のご批判やご指摘を待つことにしたい。

本書の語彙のうちでとりわけ多義的なのは、Phänomenologie や Encyklopädie であるが、その訳語を原則として次のようにした。Phänomenologie des Geistes は一八〇七年のテクストである場合には『精神現象学』(ないし『現象学』)と表わし、「精神哲学」の中の章を指す場合には「現象学」、それ以外の、例えば理念的な意味などで使われている場合にはすべて、括弧なしで現象学とした。Logikも一八一二〜一三／一六年のいわゆる「大論理学」は『論理学』とし、『エンツュクロペディー』の中のいわゆる「小論理学」は「論理学」とし、それ以外は論理学と表記した。Encyklopädieについては、公刊テクストをすべて『エンツュクロペディー』とし、理念としてのエンツュクロペディー構想を「エンツュクロペディー」と表わした。Anfangは主に「端緒」としたが、Endeは「終結」「結末」「終極」「終わり」などさまざまである。aufhebenはほぼ「廃棄する」とし、Schlußは「推論」とした。その他の訳語や表記においても極力統一を図ったが、細部にいたるまで完全に両訳者の表現、言い回しが一致しているわけではない。なお、日本の読者への序文と第一部の訳を高山氏が、第二部の訳を久保が担当した。

本書の成立にあたっては、何よりも著者のフルダ教授に感謝したい。フルダ教授は幾度となく訳者たちの質問に丁寧に答えていただき、翻訳作業の非常な遅滞にもかかわらず辛抱強く待っていただいた。また、昨今とりわけ翻訳の出版事情が厳しい折にもかかわらず、本書の価値を認めて出版を引き受けていただき、訳書名のアドバイスや原稿の整理など種々の世話をいただいた法政大学出版局の平川俊彦氏と松永辰郎氏に感謝申しあげる。なお本書の出版に際し駒沢大学より平成一三年度特別研究出版助成を受けている。

訳者の一人として、

久保陽一

二〇〇一年十月

《叢書・ウニベルシタス　739》
導入としての現象学

2002年5月20日　初版第1刷発行

ハンス・フリードリッヒ・フルダ
久保陽一／高山　守 訳
発行所　財団法人　法政大学出版局
〒102-0073 東京都千代田区九段北3-2-7
電話03(5214)5540/振替00160-6-95814
製版，印刷　三和印刷／鈴木製本所

Printed in Japan

ISBN4-588-00739-4

著者

ハンス・フリードリッヒ・フルダ

1930年ドイツのシュトゥットガルトに生まれる．ハイデルベルク大学，フランクフルト大学で学んだ後，1961年にヘーゲル『精神現象学』に関する論文で博士の学位を取得し，その研究を仕上げて1965年に本書を刊行した．さらに1969年にパースに関する論文で教授資格を取得．同年ハイデルベルク大学講師になり，74年に同大学の員外教授，ビーレフェルト大学正教授となる．82年から95年まではハイデルベルク大学正教授の職にあった．この間，ヘンリッヒのあとを継いで，国際ヘーゲル協会の第三代会長をつとめる．1990年秋に訪日し，東京，仙台，京都で講演を行なった．

訳者

久保陽一（くぼ　よういち）

1943年生まれ．東京大学大学院人文科学研究科哲学専攻博士課程修了．文学博士．現在，駒沢大学文学部教授．著書：『初期ヘーゲル哲学研究』（東京大学出版会，1993年），『ヘーゲル論理学の基底』（創文社，1997年）ほか．訳書：ヘーゲル『信仰と知』（公論社，1976年），ペゲラー／ヤメ編『ヘーゲル，ヘルダーリンとその仲間』（公論社，1985年）ほか．

高山　守（たかやま　まもる）

1948年生まれ．東京大学大学院人文科学研究科博士過程中途退学．文学博士．現在，東京大学文学部助教授．著書：『シェリング――ポスト私の哲学』（理想社，1996年），『ヘーゲル哲学と無の論理』（東京大学出版会，2001年）ほか．

1	芸術はなぜ心要か	E.フィッシャー／河野徹訳	品切	3
2	空と夢〈運動の想像力にかんする試論〉	G.バシュラール／宇佐見英治訳		4
3	グロテスクなもの	W.カイザー／竹内豊治訳		3
4	塹壕の思想	T.E.ヒューム／長谷川鉱平訳		3
5	言葉の秘密	E.ユンガー／菅谷規矩雄訳		1
6	論理哲学論考	L.ヴィトゲンシュタイン／藤本，坂井訳		3
7	アナキズムの哲学	H.リード／大沢正道訳		3
8	ソクラテスの死	R.グアルディーニ／山村直資訳		3
9	詩学の根本概念	E.シュタイガー／高橋英夫訳		3
10	科学の科学〈科学技術時代の社会〉	M.ゴールドスミス，A.マカイ編／是永純弘訳		3
11	科学の射程	C.F.ヴァイツゼカー／野田，金子訳		2
12	ガリレオをめぐって	オルテガ・イ・ガセット／マタイス，佐々木訳		2
13	幻影と現実〈詩の源泉の研究〉	C.コードウェル／長谷川鉱平訳		4
14	聖と俗〈宗教的なるものの本質について〉	M.エリアーデ／風間敏夫訳		28
15	美と弁証法	G.ルカッチ／良知，池田，小箕訳		37
16	モラルと犯罪	K.クラウス／小松太郎訳		2
17	ハーバート・リード自伝	北條文緒訳		46
18	マルクスとヘーゲル	J.イッポリット／宇津木，田口訳	品切	25
19	プリズム〈文化批判と社会〉	Th.W.アドルノ／竹内，山村，板倉訳		24
20	メランコリア	R.カスナー／塚越敏訳		38
21	キリスト教の苦悶	M.de ウナムーノ／神吉，佐々木訳		20
22	アインシュタイン ゾンマーフェルト往復書簡	A.ヘルマン編／小林，坂口訳	品切	19
23 24	群衆と権力（上・下）	E.カネッティ／岩田行一訳		44 35
25	問いと反問〈芸術論集〉	W.ヴォリンガー／土肥美夫訳		27
26	感覚の分析	E.マッハ／須藤，廣松訳		38
27 28	批判的モデル集（I・II）	Th.W.アドルノ／大久保健治訳	〈品切〉 〈品切〉	I 23 II 27
29	欲望の現象学	R.ジラール／古田幸男訳		37
30	芸術の内面への旅	E.ヘラー／河原，杉浦，渡辺訳	品切	284
31	言語起源論	ヘルダー／大阪大学ドイツ近代文学研究会訳		270
32	宗教の自然史	D.ヒューム／福鎌，斎藤訳		144
33	プロメテウス〈ギリシア人の解した人間存在〉	K.ケレーニイ／辻村誠三訳	品切	268
34	人格とアナーキー	E.ムーニエ／山崎，佐藤訳		292
35	哲学の根本問題	E.ブロッホ／竹内豊治訳		194
36	自然と美学〈形体・美・芸術〉	R.カイヨワ／山口三夫訳		112
37 38	歴史論（I・II）	G.マン／加藤，宮野訳	I・品切 II・品切	274 202
39	マルクスの自然概念	A.シュミット／元浜清海訳		316
40	書物の本〈西欧の書物と文化の歴史，書物の美学〉	H.プレッサー／轡田収訳		448
41 42	現代への序説（上・下）	H.ルフェーヴル／宗，古田監訳		220 296
43	約束の地を見つめて	E.フォール／古田幸男訳		320
44	スペクタクルと社会	J.デュビニョー／渡辺淳訳	品切	188
45	芸術と神話	E.グラッシ／榎本久彦訳		266
46	古きものと新しきもの	M.ロベール／城山，島，円子訳		318
47	国家の起源	R.H.ローウィ／古賀英三郎訳		204
48	人間と死	E.モラン／古田幸男訳		448
49	プルーストとシーニュ（増補版）	G.ドゥルーズ／宇波彰訳		252
50	文明の滴定〈科学技術と中国の社会〉	J.ニーダム／橋本敬造訳	品切	452
51	プスタの民	I.ジュラ／加藤二郎訳		382

				(頁)
2 3	社会学的思考の流れ（I・II）	R.アロン／北川, 平野, 他訳		350 392
4	ベルクソンの哲学	G.ドゥルーズ／宇波彰訳		142
5	第三帝国の言語LTI〈ある言語学者のノート〉	V.クレムペラー／羽田, 藤平, 赤井, 中村訳		442
6	古代の芸術と祭祀	J.E.ハリスン／星野徹訳		222
7	ブルジョワ精神の起源	B.グレトゥイゼン／野沢協訳		394
8	カントと物自体	E.アディッケス／赤松常弘訳		300
9	哲学的素描	S.K.ランガー／塚本, 星野訳		250
0	レーモン・ルーセル	M.フーコー／豊崎光一訳		268
61	宗教とエロス	W.シューバルト／石川, 平田, 山本訳	品切	398
62	ドイツ悲劇の根源	W.ベンヤミン／川村, 三城訳		316
63	鍛えられた心〈強制収容所における心理と行動〉	B.ベテルハイム／丸山修吉訳		340
64	失われた範列〈人間の自然性〉	E.モラン／古田幸男訳		308
65	キリスト教の起源	K.カウツキー／栗原佑訳		534
66	ブーバーとの対話	W.クラフト／板倉敏之訳		206
67	プロデメの変貌〈フランスのコミューン〉	E.モラン／宇波彰訳		450
68	モンテスキューとルソー	E.デュルケーム／小関, 川喜多訳	品切	312
69	芸術と文明	K.クラーク／河野徹訳		680
70	自然宗教に関する対話	D.ヒューム／福鎌, 斎藤訳		196
71 72	キリスト教の中の無神論（上・下）	E.ブロッホ／竹内, 高尾訳		234 304
73	ルカーチとハイデガー	L.ゴルドマン／川俣晃自訳		308
74	断　想　1942—1948	E.カネッティ／岩田行一訳		286
75 76	文明化の過程（上・下）	N.エリアス／吉田, 中村, 波田, 他訳		466 504
77	ロマンスとリアリズム	C.コードウェル／玉井, 深井, 山本訳		238
78	歴史と構造	A.シュミット／花崎皋平訳		192
79 80	エクリチュールと差異（上・下）	J.デリダ／若桑, 野村, 阪上, 三好, 他訳		378 296
81	時間と空間	E.マッハ／野家啓一編訳		258
82	マルクス主義と人格の理論	L.セーヴ／大津真作訳		708
83	ジャン=ジャック・ルソー	B.グレトゥイゼン／小池健男訳		394
84	ヨーロッパ精神の危機	P.アザール／野沢協訳		772
85	カフカ〈マイナー文学のために〉	G.ドゥルーズ, F.ガタリ／宇波, 岩田訳		210
86	群衆の心理	H.ブロッホ／入野田, 小崎, 小岸訳	品切	580
87	ミニマ・モラリア	Th.W.アドルノ／三光長治訳		430
88 89	夢と人間社会（上・下）	R.カイヨワ, 他／三好郁郎, 他訳		374 340
90	自由の構造	C.ベイ／横越英一訳		744
91	1848年〈二月革命の精神史〉	J.カスー／野沢協, 他訳		326
92	自然の統一	C.F.ヴァイツゼカー／斎藤, 河井訳	品切	560
93	現代戯曲の理論	P.ションディ／市村, 丸山訳	品切	250
94	百科全書の起源	F.ヴェントゥーリ／大津真作訳	品切	324
95	推測と反駁〈科学的知識の発展〉	K.R.ポパー／藤本, 石垣, 森訳		816
96	中世の共産主義	K.カウツキー／栗原佑訳		400
97	批評の解剖	N.フライ／海老根, 中村, 出淵, 山内訳		580
98	あるユダヤ人の肖像	A.メンミ／菊地, 白井訳		396
99	分類の未開形態	E.デュルケーム／小関藤一郎訳	品切	232
100	永遠に女性的なるもの	H.ド・リュバック／山崎庸一郎訳		360
101	ギリシア神話の本質	G.S.カーク／吉田, 辻村, 松田訳	品切	390
102	精神分析における象徴界	G.ロゾラート／佐々木孝次訳		508
103	物の体系〈記号の消費〉	J.ボードリヤール／宇波彰訳		280

				(頁
104	言語芸術作品〔第2版〕	W.カイザー／柴田斎訳	品切	68
105	同時代人の肖像	F.ブライ／池内紀訳		21
106	レオナルド・ダ・ヴィンチ〔第2版〕	K.クラーク／丸山, 大河内訳		34
107	宮廷社会	N.エリアス／波田, 中埜, 吉田訳		48
108	生産の鏡	J.ボードリヤール／宇波, 今村訳		18
109	祭祀からロマンスへ	J.L.ウェストン／丸小哲雄訳		29
110	マルクスの欲求理論	A.ヘラー／良知, 小箕訳		19
111	大革命前夜のフランス	A.ソブール／山崎耕一訳	品切	42
112	知覚の現象学	メルロ=ポンティ／中島盛夫訳		904
113	旅路の果てに〈アルペイオスの流れ〉	R.カイヨワ／金井裕訳		222
114	孤独の迷宮〈メキシコの文化と歴史〉	O.パス／高山, 熊谷訳		320
115	暴力と聖なるもの	R.ジラール／古田幸男訳		618
116	歴史をどう書くか	P.ヴェーヌ／大津真作訳		604
117	記号の経済学批判	J.ボードリヤール／今村, 宇波, 桜井訳	品切	304
118	フランス紀行〈1787, 1788&1789〉	A.ヤング／宮崎洋訳		432
119	供　犠	M.モース, H.ユベール／小関藤一郎訳		296
120	差異の目録〈歴史を変えるフーコー〉	P.ヴェーヌ／大津真作訳	品切	198
121	宗教とは何か	G.メンシング／田中, 下宮訳		442
122	ドストエフスキー	R.ジラール／鈴木晶訳		200
123	さまざまな場所〈死の影の都市をめぐる〉	J.アメリー／池内紀訳		210
124	生　成〈概念をこえる試み〉	M.セール／及川馥訳		272
125	アルバン・ベルク	Th.W.アドルノ／平野嘉彦訳		320
126	映画　あるいは想像上の人間	E.モラン／渡辺淳訳		320
127	人間論〈時間・責任・価値〉	R.インガルデン／武井, 赤松訳		294
128	カント〈その生涯と思想〉	A.グリガ／西牟田, 浜田訳		464
129	同一性の寓話〈詩的神話学の研究〉	N.フライ／駒沢大学フライ研究会訳		496
130	空間の心理学	A.モル, E.ロメル／渡辺淳訳		326
131	飼いならされた人間と野性的人間	S.モスコヴィッシ／古田幸男訳		336
132	方　法　1. 自然の自然	E.モラン／大津真作訳	品切	658
133	石器時代の経済学	M.サーリンズ／山内昶訳		464
134	世の初めから隠されていること	R.ジラール／小池健男訳		760
135	群衆の時代	S.モスコヴィッシ／古田幸男訳	品切	664
136	シミュラークルとシミュレーション	J.ボードリヤール／竹原あき子訳		234
137	恐怖の権力〈アブジェクシオン〉試論	J.クリステヴァ／枝川昌雄訳		420
138	ボードレールとフロイト	L.ベルサーニ／山縣直子訳		240
139	悪しき造物主	E.M.シオラン／金井裕訳		228
140	終末論と弁証法〈マルクスの社会・政治思想〉	S.アヴィネリ／中村恒矩訳	品切	392
141	経済人類学の現在	F.プイヨン編／山内昶訳		236
142	視覚の瞬間	K.クラーク／北條文緒訳		304
143	罪と罰の彼岸	J.アメリー／池内紀訳		210
144	時間・空間・物質	B.K.ライドレー／中島龍三訳	品切	226
145	離脱の試み〈日常生活への抵抗〉	S.コーエン, N.テイラー／石黒毅訳		321
146	人間怪物論〈人間脱走の哲学の素描〉	U.ホルストマン／加藤二郎訳		206
147	カントの批判哲学	G.ドゥルーズ／中島盛夫訳		160
148	自然と社会のエコロジー	S.モスコヴィッシ／久米, 原訳		440
149	壮大への渇仰	L.クローネンバーガー／岸, 倉田訳		368
150	奇蹟論・迷信論・自殺論	D.ヒューム／福鎌, 斎藤訳		200
151	クルティウス-ジッド往復書簡	ディークマン編／円子千代訳		376
152	離脱の寓話	M.セール／及川馥訳		178

				(頁)
153	エクスタシーの人類学	I.M.ルイス／平沼孝之訳		352
154	ヘンリー・ムア	J.ラッセル／福田真一訳		340
155	誘惑の戦略	J.ボードリヤール／宇波彰訳		260
156	ユダヤ神秘主義	G.ショーレム／山下,石丸,他訳		644
157	蜂の寓話〈私悪すなわち公益〉	B.マンデヴィル／泉谷治訳		412
158	アーリア神話	L.ポリアコフ／アーリア主義研究会訳		544
159	ロベスピエールの影	P.ガスカール／佐藤和生訳		440
160	元型の空間	E.ゾラ／丸小哲雄訳		336
161	神秘主義の探究〈方法論的考察〉	E.スタール／宮元啓一,他訳		362
162	放浪のユダヤ人〈ロート・エッセイ集〉	J.ロート／平田,吉田訳		344
163	ルフー，あるいは取壊し	J.アメリー／神崎巌訳		250
164	大世界劇場〈宮廷祝宴の時代〉	R.アレヴィン,K.ゼルツレ／円子修平訳	品切	200
165	情念の政治経済学	A.ハーシュマン／佐々木,旦訳		192
166	メモワール〈1940-44〉	レミ／築島謙三訳		520
167	ギリシア人は神話を信じたか	P.ヴェーヌ／大津真作訳	品切	340
168	ミメーシスの文学と人類学	R.ジラール／浅野敏夫訳		410
169	カバラとその象徴的表現	G.ショーレム／岡部,小岸訳		340
170	身代りの山羊	R.ジラール／織田,富永訳	品切	384
171	人間〈その本性および世界における位置〉	A.ゲーレン／平野具男訳		608
172	コミュニケーション〈ヘルメスⅠ〉	M.セール／豊田,青木訳		358
173	道　化〈つまずきの現象学〉	G.v.バルレーヴェン／片岡啓治訳	品切	260
174	いま,ここで〈アウシュヴィッツとヒロシマ以後の哲学的考察〉	G.ピヒト／斎藤,浅野,大野,河井訳		600
175 176 177	真理と方法〔全三冊〕	H.-G.ガダマー／轡田,麻生,三島,他訳	Ⅰ・350 Ⅱ・ Ⅲ・	
178	時間と他者	E.レヴィナス／原田佳彦訳		140
179	構成の詩学	B.ウスペンスキイ／川崎,大石訳	品切	282
180	サン=シモン主義の歴史	S.シャルレティ／沢崎,小杉訳		528
181	歴史と文芸批評	G.デルフォ,A.ロッシュ／川中子弘訳		472
182	ミケランジェロ	H.ヒバード／中山,小野訳	品切	578
183	観念と物質〈思考・経済・社会〉	M.ゴドリエ／山内昶訳		340
184	四つ裂きの刑	E.M.シオラン／金井裕訳		234
185	キッチュの心理学	A.モル／万沢正美訳		344
186	領野の漂流	J.ヴィヤール／山下俊一訳		226
187	イデオロギーと想像力	G.C.カバト／小箕俊介訳		300
188	国家の起源と伝承〈古代インド社会史論〉	R.=ターパル／山崎,成澤訳		322
189	ベルナール師匠の秘密	P.ガスカール／佐藤和生訳		374
190	神の存在論的証明	D.ヘンリッヒ／本間,須田,座小田,他訳		456
191	アンチ・エコノミクス	J.アタリ,M.ギヨーム／斎藤,安孫子訳		322
192	クローチェ政治哲学論集	B.クローチェ／上村忠男編訳		188
193	フィヒテの根源的洞察	D.ヘンリッヒ／座小田,小松訳		184
194	哲学の起源	オルテガ・イ・ガセット／佐々木孝訳	品切	224
195	ニュートン力学の形成	ベー・エム・ゲッセン／秋間実,他訳		312
196	遊びの遊び	J.デュビニョー／渡辺淳訳	品切	160
197	技術時代の魂の危機	A.ゲーレン／平野具男訳	品切	222
198	儀礼としての相互行為	E.ゴッフマン／広瀬,安江訳	品切	376
199	他者の記号学〈アメリカ大陸の征服〉	T.トドロフ／及川,大谷,菊地訳		370
200	カント政治哲学の講義	H.アーレント著,R.ベイナー編／浜田監訳		302
201	人類学と文化記号論	M.サーリンズ／山内昶訳		354
202	ロンドン散策	F.トリスタン／小杉,浜本訳		484

				(頁
203	秩序と無秩序	J.-P.デュピュイ／古田幸男訳		32
204	象徴の理論	T.トドロフ／及川馥, 他訳		53
205	資本とその分身	M.ギヨーム／斉藤日出治訳		24
206	干　渉〈ヘルメスII〉	M.セール／豊田彰訳		27
207	自らに手をくだし〈自死について〉	J.アメリー／大河内了義訳		22
208	フランス人とイギリス人	R.フェイバー／北條, 大島訳	品切	30
209	カーニバル〈その歴史的・文化的考察〉	J.カロ・バロッハ／佐々木孝訳	品切	62
210	フッサール現象学	A.F.アグィーレ／川島, 工藤, 林訳		23
211	文明の試練	J.M.カディヒィ／塚本, 秋山, 寺西, 島訳		538
212	内なる光景	J.ポミエ／角山, 池部訳		526
213	人間の原型と現代の文化	A.ゲーレン／池井望訳		422
214	ギリシアの光と神々	K.ケレーニイ／円子修平訳		178
215	初めに愛があった〈精神分析と信仰〉	J.クリステヴァ／枝川昌雄訳		146
216	バロックとロココ	W.v.ニーベルシュッツ／竹内章訳		164
217	誰がモーセを殺したか	S.A.ハンデルマン／山形和美訳		514
218	メランコリーと社会	W.レペニース／岩田, 小竹訳		380
219	意味の論理学	G.ドゥルーズ／岡田, 宇波訳		460
220	新しい文化のために	P.ニザン／木内孝訳		352
221	現代心理論集	P.ブールジェ／平岡, 伊藤訳		362
222	パラジット〈寄食者の論理〉	M.セール／及川, 米山訳		466
223	虐殺された鳩〈暴力と国家〉	H.ラボリ／川中子弘訳		240
224	具象空間の認識論〈反・解釈学〉	F.ダゴニェ／金森修訳		300
225	正常と病理	G.カンギレム／滝沢武久訳		320
226	フランス革命論	J.G.フィヒテ／桝田啓三郎訳		396
227	クロード・レヴィ=ストロース	O.パス／鼓, 木村訳		160
228	バロックの生活	P.ラーンシュタイン／波田節夫訳		520
229	うわさ〈もっとも古いメディア〉増補版	J.-N.カプフェレ／古田幸男訳		394
230	後期資本制社会システム	C.オッフェ／寿福真美編訳		358
231	ガリレオ研究	A.コイレ／菅谷暁訳		482
232	アメリカ	J.ボードリヤール／田中正人訳		220
233	意識ある科学	E.モラン／村上光彦訳		400
234	分子革命〈欲望社会のミクロ分析〉	F.ガタリ／杉村昌昭訳		340
235	火, そして霧の中の信号―ゾラ	M.セール／寺田光徳訳		568
236	煉獄の誕生	J.ル・ゴッフ／渡辺, 内田訳		698
237	サハラの夏	E.フロマンタン／川端康夫訳		336
238	パリの悪魔	P.ガスカール／佐藤和夫訳		256
239 240	自然の人間的歴史（上・下）	S.モスコヴィッシ／大津真作訳		上・494 下・390
241	ドン・キホーテ頌	P.アザール／円子千代訳	品切	348
242	ユートピアへの勇気	G.ピヒト／河井徳治訳		202
243	現代社会とストレス〔原書改訂版〕	H.セリエ／杉, 田多井, 藤井, 竹宮訳		482
244	知識人の終焉	J.-F.リオタール／原田佳彦, 他訳		140
245	オマージュの試み	E.M.シオラン／金井裕訳		154
246	科学の時代における理性	H.-G.ガダマー／本間, 座小田訳		158
247	イタリア人の太古の知恵	G.ヴィーコ／上村忠男訳		190
248	ヨーロッパを考える	E.モラン／林　勝一訳		238
249	労働の現象学	J.-L.プチ／今村, 松島訳		388
250	ポール・ニザン	Y.イシャグプール／川俣晃自訳		356
251	政治的判断力	R.ベイナー／浜田義文監訳		310
252	知覚の本性〈初期論文集〉	メルロ=ポンティ／加賀野井秀一訳		158

No.	書名	著者／訳者		(頁)
253	言語の牢獄	F.ジェームソン／川口喬一訳		292
254	失望と参画の現象学	A.O.ハーシュマン／佐々木,杉田訳		204
255	はかない幸福—ルソー	T.トドロフ／及川馥訳		162
256	大学制度の社会史	H.W.プラール／山本尤訳		408
257 258	ドイツ文学の社会史（上・下）	J.ベルク,他／山本,三島,保坂,鈴木訳		上・766 下・648
259	アランとルソー〈教育哲学試論〉	A.カルネック／安斎,並木訳		304
260	都市・階級・権力	M.カステル／石川淳志監訳		296
261	古代ギリシア人	M.I.フィンレー／山形和美訳	品切	296
262	象徴表現と解釈	T.トドロフ／小林,及川訳		244
263	声の回復〈回想の試み〉	L.マラン／梶野吉郎訳		246
264	反射概念の形成	G.カンギレム／金森修訳		304
265	芸術の手相	G.ピコン／末永照和訳		294
266	エチュード〈初期認識論集〉	G.バシュラール／及川馥訳		166
267	邪な人々の昔の道	R.ジラール／小池健男訳		270
268	〈誠実〉と〈ほんもの〉	L.トリリング／野島秀勝訳		264
269	文の抗争	J.-F.リオタール／陸井四郎,他訳		410
270	フランス革命と芸術	J.スタロバンスキー／井上尭裕訳		286
271	野生人とコンピューター	J.-M.ドムナック／古田幸男訳		228
272	人間と自然界	K.トマス／山内昶,他訳		618
273	資本論をどう読むか	J.ビデ／今村仁司,他訳		450
274	中世の旅	N.オーラー／藤代幸一訳		488
275	変化の言語〈治療コミュニケーションの原理〉	P.ワツラウィック／築島謙三訳		212
276	精神の売春としての政治	T.クンナス／木戸,佐々木訳		258
277	スウィフト政治・宗教論集	J.スウィフト／中野,海保訳		490
278	現実とその分身	C.ロセ／金井裕訳		168
279	中世の高利貸	J.ル・ゴッフ／渡辺香根夫訳		170
280	カルデロンの芸術	M.コメレル／岡部仁訳		270
281	他者の言語〈デリダの日本講演〉	J.デリダ／高橋允昭編訳		406
282	ショーペンハウアー	R.ザフランスキー／山本尤訳		646
283	フロイトと人間の魂	B.ベテルハイム／藤瀬恭子訳		174
284	熱　狂〈カントの歴史批判〉	J.-F.リオタール／中島盛夫訳		210
285	カール・カウツキー 1854-1938	G.P.スティーンソン／時永,河野訳		496
286	形而上学と神の思想	W.パネンベルク／座小田,諸岡訳		186
287	ドイツ零年	E.モラン／古田幸男訳		364
288	物の地獄〈ルネ・ジラールと経済の論理〉	デュムシェル,デュピュイ／織田,富永訳		320
289	ヴィーコ自叙伝	G.ヴィーコ／福鎌忠恕訳	品切	448
290	写真論〈その社会的効用〉	P.ブルデュー／山縣熙,山縣直子訳		438
291	戦争と平和	S.ボク／大沢正道訳		224
292	意味と意味の発展	R.A.ウォルドロン／築島謙三訳		294
293	生態平和とアナーキー	U.リンゼ／内田,杉村訳		270
294	小説の精神	M.クンデラ／金井,浅野訳		208
295	フィヒテ-シェリング往復書簡	W.シュルツ解説／座小田,後藤訳		220
296	出来事と危機の社会学	E.モラン／浜名,福井訳		622
297	宮廷風恋愛の技術	A.カペルラヌス／野島秀勝訳		334
298	野蛮〈科学主義の独裁と文化の危機〉	M.アンリ／山形,望月訳		292
299	宿命の戦略	J.ボードリヤール／竹原あき子訳		260
300	ヨーロッパの日記	G.R.ホッケ／石丸,柴田,信岡訳		1330
301	記号と夢想〈演劇と祝祭についての考察〉	A.シモン／岩瀬孝監修.佐藤,伊藤,他訳		388
302	手と精神	J.ブラン／中村文郎訳		284

				(頁
303	平等原理と社会主義	L.シュタイン／石川, 石塚, 柴田訳		6
304	死にゆく者の孤独	N.エリアス／中居実訳		1
305	知識人の黄昏	W.シヴェルブシュ／初見基訳		2
306	トマス・ペイン〈社会思想家の生涯〉	A.J.エイヤー／大熊昭信訳		37
307	われらのヨーロッパ	F.ヘール／杉浦健之訳		61
308	機械状無意識〈スキゾ-分析〉	F.ガタリ／高岡幸一訳		42
309	聖なる真理の破壊	H.ブルーム／山形和美訳		40
310	諸科学の機能と人間の意義	E.パーチ／上村忠男監訳		55
311	翻　訳〈ヘルメスIII〉	M.セール／豊田, 輪田訳		40
312	分　布〈ヘルメスIV〉	M.セール／豊田彰訳		44
313	外国人	J.クリステヴァ／池田和子訳		28
314	マルクス	M.アンリ／杉山, 水野訳	品切	61
315	過去からの警告	E.シャルガフ／山本, 内藤訳		30
316	面・表面・界面〈一般表層論〉	F.ダゴニェ／金森, 今野訳		33
317	アメリカのサムライ	F.G.ノートヘルファー／飛鳥井雅道訳		51
318	社会主義か野蛮か	C.カストリアディス／江口幹訳		49
319	遍　歴〈法, 形式, 出来事〉	J.-F.リオタール／小野康男訳		20
320	世界としての夢	D.ウスラー／谷　徹訳		566
321	スピノザと表現の問題	G.ドゥルーズ／工藤, 小柴, 小谷訳		460
322	裸体とはじらいの文化史	H.P.デュル／藤代, 三谷訳		572
323	五　感〈混合体の哲学〉	M.セール／米山親能訳		582
324	惑星軌道論	G.W.F.ヘーゲル／村上恭一訳		250
325	ナチズムと私の生活〈仙台からの告発〉	K.レーヴィット／秋間実訳		334
326	ベンヤミン-ショーレム往復書簡	G.ショーレム編／山本尤訳		440
327	イマヌエル・カント	O.ヘッフェ／薮木栄夫訳		374
328	北西航路〈ヘルメスV〉	M.セール／青木研二訳		260
329	聖杯と剣	R.アイスラー／野島秀勝訳		486
330	ユダヤ人国家	Th.ヘルツル／佐藤康彦訳		206
331	十七世紀イギリスの宗教と政治	C.ヒル／小野功生訳		586
332	方　法　2. 生命の生命	E.モラン／大津真作訳		838
333	ヴォルテール	A.J.エイヤー／中川, 吉岡訳		268
334	哲学の自食症候群	J.ブーヴレス／大平具彦訳		266
335	人間学批判	レペニース, ノルテ／小竹澄栄訳		214
336	自伝のかたち	W.C.スペンジマン／船倉正憲訳		384
337	ポストモダニズムの政治学	L.ハッチオン／川口喬一訳		332
338	アインシュタインと科学革命	L.S.フォイヤー／村上, 成定, 大谷訳		474
339	ニーチェ	G.ピヒト／青木隆嘉訳		562
340	科学史・科学哲学研究	G.カンギレム／金森修監訳		674
341	貨幣の暴力	アグリエッタ, オルレアン／井上, 斉藤訳		506
342	象徴としての円	M.ルルカー／竹内章訳		186
343	ベルリンからエルサレムへ	G.ショーレム／岡部仁訳		226
344	批評の批評	T.トドロフ／及川, 小林訳		298
345	ソシュール講義録注解	F.de　ソシュール／前田英樹・訳注		204
346	歴史とデカダンス	P.ショーニュー／大谷尚文訳		552
347	続・いま, ここで	G.ピヒト／斎藤, 大野, 福島, 浅野訳		580
348	バフチン以後	D.ロッジ／伊藤誓訳		410
349	再生の女神セドナ	H.P.デュル／原研二訳		622
350	宗教と魔術の衰退	K.トマス／荒木正純訳		1412
351	神の思想と人間の自由	W.パネンベルク／座小田, 諸岡訳		186

				(頁)
52	倫理・政治的ディスクール	O.ヘッフェ／青木隆嘉訳		312
53	モーツァルト	N.エリアス／青木隆嘉訳		198
54	参加と距離化	N.エリアス／波田, 道籏訳		276
55	二十世紀からの脱出	E.モラン／秋枝茂夫訳		384
56	無限の二重化	W.メニングハウス／伊藤秀一訳		350
57	フッサール現象学の直観理論	E.レヴィナス／佐藤, 桑野訳		506
58	始まりの現象	E.W.サイード／山形, 小林訳		684
59	サテュリコン	H.P.デュル／原研二訳		258
60	芸術と疎外	H.リード／増渕正史訳	品切	262
61	科学的理性批判	K.ヒュプナー／神野, 中才, 熊谷訳		476
62	科学と懐疑論	J.ワトキンス／中才敏郎訳		354
63	生きものの迷路	A.モール, E.ロメル／古田幸男訳		240
64	意味と力	G.バランディエ／小関藤一郎訳		406
65	十八世紀の文人科学者たち	W.レペニース／小川さくえ訳		182
66	結晶と煙のあいだ	H.アトラン／阪上脩訳		376
367	生への闘争〈闘争本能・性・意識〉	W.J.オング／高柳, 橋爪訳		326
368	レンブラントとイタリア・ルネサンス	K.クラーク／尾崎, 芳野訳		334
369	権力の批判	A.ホネット／河上倫逸監訳		476
370	失われた美学〈マルクスとアヴァンギャルド〉	M.A.ローズ／長田, 池田, 長野, 長田訳		332
371	ディオニュソス	M.ドゥティエンヌ／及川, 吉岡訳		164
372	メディアの理論	F.イングリス／伊藤, 磯山訳		380
373	生き残ること	B.ベテルハイム／高尾利数訳		646
374	バイオエシックス	F.ダゴニェ／金森, 松浦訳		316
375 376	エディプスの謎（上・下）	N.ビショッフ／藤代, 井本, 他訳		上・450 下・464
377	重大な疑問〈懐疑的省察録〉	E.シャルガフ／山形, 小野, 他訳		404
378	中世の食生活〈断食と宴〉	B.A.ヘニッシュ／藤原保明訳	品切	538
379	ポストモダン・シーン	A.クローカー, D.クック／大熊昭信訳		534
380	夢の時〈野生と文明の境界〉	H.P.デュル／岡部, 原, 須永, 荻野訳		674
381	理性よ，さらば	P.ファイヤアーベント／植木哲也訳		454
382	極限に面して	T.トドロフ／宇京頼三訳		376
383	自然の社会化	K.エーダー／寿福真美監訳		474
384	ある反時代的考察	K.レーヴィット／中村啓, 永沼更始郎訳		526
385	図書館炎上	W.シヴェルブシュ／福本義憲訳		274
386	騎士の時代	F.v.ラウマー／柳井尚子訳		506
387	モンテスキュー〈その生涯と思想〉	J.スタロバンスキー／古賀英三郎, 高橋誠訳		312
388	理解の鋳型〈東西の思想経験〉	J.ニーダム／井上英明訳		510
389	風景画家レンブラント	E.ラルセン／大谷, 尾崎訳		208
390	精神分析の系譜	M.アンリ／山形頼洋, 他訳		546
391	金《かね》と魔術	H.C.ビンスヴァンガー／清水健次訳		218
392	自然誌の終焉	W.レペニース／山村直資訳		346
393	批判的解釈学	J.B.トンプソン／山本, 小川訳		376
394	人間にはいくつの真理が必要か	R.ザフランスキー／山本, 藤井訳		232
395	現代芸術の出発	Y.イシャグプール／川俣晃自訳		170
396	青春　ジュール・ヴェルヌ論	M.セール／豊田彰訳		398
397	偉大な世紀のモラル	P.ベニシュー／朝倉, 羽賀訳		428
398	諸国民の時に	E.レヴィナス／合田正人訳		348
399 400	バベルの後に（上・下）	G.スタイナー／亀山健吉訳		上・482 下・
401	チュービンゲン哲学入門	E.ブロッホ／花田監修・菅谷, 今井, 三国訳		422

				(頁
402	歴史のモラル	T.トドロフ／大谷尚文訳		38
403	不可解な秘密	E.シャルガフ／山本,内藤訳		26
404	ルソーの世界〈あるいは近代の誕生〉	J.-L.ルセルクル／小林浩訳	品切	37
405	死者の贈り物	D.サルナーヴ／菊地,白井訳		18
406	神もなく韻律もなく	H.P.デュル／青木隆嘉訳		29
407	外部の消失	A.コドレスク／利沢行夫訳		27
408	狂気の社会史〈狂人たちの物語〉	R.ポーター／目羅公和訳		42
409	続・蜂の寓話	B.マンデヴィル／泉谷治訳		43
410	悪口を習う〈近代初期の文化論集〉	S.グリーンブラット／磯山甚一訳		35
411	危険を冒して書く〈異色作家たちのパリ・インタヴュー〉	J.ワイス／浅野敏夫訳		30
412	理論を讃えて	H.-G.ガダマー／本間,須田訳		19
413	歴史の島々	M.サーリンズ／山本真鳥訳		30
414	ディルタイ〈精神科学の哲学者〉	R.A.マックリール／大野,田中,他訳		57
415	われわれのあいだで	E.レヴィナス／合田,谷口訳		36
416	ヨーロッパ人とアメリカ人	S.ミラー／池田栄一訳		35
417	シンボルとしての樹木	M.ルルカー／林 捷 訳		27
418	秘めごとの文化史	H.P.デュル／藤代,津山訳		66
419	眼の中の死〈古代ギリシアにおける他者の像〉	J.-P.ヴェルナン／及川,吉岡訳		14
420	旅の思想史	E.リード／伊藤誓訳		49
421	病のうちなる治療薬	J.スタロバンスキー／小池,川那部訳		35
422	祖国地球	E.モラン／菊地昌実訳		23
423	寓意と表象・再現	S.J.グリーンブラット編／船倉正憲訳		38
424	イギリスの大学	V.H.H.グリーン／安原,成定訳		51
425	未来批判 あるいは世界史に対する嫌悪	E.シャルガフ／山本,伊藤訳		27
426	見えるものと見えざるもの	メルロ=ポンティ／中島盛夫監訳		61
427	女性と戦争	J.B.エルシュテイン／小林,廣川訳		48
428	カント入門講義	H.バウムガルトナー／有福孝岳監訳		20
429	ソクラテス裁判	I.F.ストーン／永田康昭訳		47
430	忘我の告白	M.ブーバー／田口義弘訳		34
431 432	時代おくれの人間(上・下)	G.アンダース／青木隆嘉訳		上・43 下・54
433	現象学と形而上学	J.-L.マリオン他編／三上,重永,檜垣訳		388
434	祝福から暴力へ	M.ブロック／田辺,秋津訳		42
435	精神分析と横断性	F.ガタリ／杉村,毬藻訳		462
436	競争社会をこえて	A.コーン／山本,真水訳		53
437	ダイアローグの思想	M.ホルクウィスト／伊藤誓訳		370
438	社会学とは何か	N.エリアス／徳安彰訳		250
439	E.T.A.ホフマン	R.ザフランスキー／識名章喜訳		636
440	所有の歴史	J.アタリ／山内昶訳		580
441	男性同盟と母権制神話	N.ゾンバルト／田村和彦訳		516
442	ヘーゲル以後の歴史哲学	H.シュネーデルバッハ／古東哲明訳		282
443	同時代人ベンヤミン	H.マイヤー／岡部仁訳		140
444	アステカ帝国滅亡記	G.ボド,T.トドロフ編／大谷,菊地訳		662
445	迷宮の岐路	C.カストリアディス／宇京賴三訳		404
446	意識と自然	K.K.チョウ／志水,山本監訳		422
447	政治的正義	O.ヘッフェ／北尾,平石,望月訳		598
448	象徴と社会	K.バーク著,ガスフィールド編／森常治訳		580
449	神・死・時間	E.レヴィナス／合田正人訳		360
450	ローマの祭	G.デュメジル／大橋寿美子訳		446

			(頁)
451	エコロジーの新秩序	L.フェリ／加藤宏幸訳	274
452	想念が社会を創る	C.カストリアディス／江口幹訳	392
453	ウィトゲンシュタイン評伝	B.マクギネス／藤本, 今井, 宇都宮, 髙橋訳	612
454	読みの快楽	R.オールター／山形, 中田, 田中訳	346
455	理性・真理・歴史〈内在的実在論の展開〉	H.パトナム／野本和幸, 他訳	360
456	自然の諸時期	ビュフォン／菅谷暁訳	440
457	クロポトキン伝	ピルーモヴァ／左近毅訳	384
458	征服の修辞学	P.ヒューム／岩尾, 正木, 本橋訳	492
459	初期ギリシア科学	G.E.R.ロイド／山野, 山口訳	246
460	政治と精神分析	G.ドゥルーズ, F.ガタリ／杉村昌昭訳	124
461	自然契約	M.セール／及川, 米山訳	230
462	細分化された世界〈迷宮の岐路III〉	C.カストリアディス／宇京頼三訳	332
463	ユートピア的なもの	L.マラン／梶野吉郎訳	420
464	恋愛礼讃	M.ヴァレンシー／沓掛, 川端訳	496
465	転換期〈ドイツ人とドイツ〉	H.マイヤー／宇京早苗訳	466
466	テクストのぶどう畑で	I.イリイチ／岡部佳世訳	258
467	フロイトを読む	P.ゲイ／坂口, 大島訳	304
468	神々を作る機械	S.モスコヴィッシ／古田幸男訳	750
469	ロマン主義と表現主義	A.K.ウィードマン／大森淳史訳	378
470	宗教論	N.ルーマン／土方昭, 土方透訳	138
471	人格の成層論	E.ロータッカー／北村監訳・大久保, 他訳	278
472	神　罰	C.v.リンネ／小川さくえ訳	432
473	エデンの園の言語	M.オランデール／浜﨑設夫訳	338
474	フランスの自伝〈自伝文学の主題と構造〉	P.ルジュンヌ／小倉孝誠訳	342
475	ハイデガーとヘブライの遺産	M.ザラデル／合田正人訳	390
476	真の存在	G.スタイナー／工藤政司訳	266
477	言語芸術・言語記号・言語の時間	R.ヤコブソン／浅川順子訳	388
478	エクリール	C.ルフォール／宇京頼三訳	420
479	シェイクスピアにおける交渉	S.J.グリーンブラット／酒井正志訳	334
480	世界・テキスト・批評家	E.W.サイード／山形和美訳	584
481	絵画を見るディドロ	J.スタロバンスキー／小西嘉幸訳	148
482	ギボン〈歴史を創る〉	R.ポーター／中野, 海保, 松原訳	272
483	欺瞞の書	E.M.シオラン／金井裕訳	252
484	マルティン・ハイデガー	H.エーベリング／青木隆嘉訳	252
485	カフカとカバラ	K.E.グレーツィンガー／清水健次訳	390
486	近代哲学の精神	H.ハイムゼート／座小田豊, 他訳	448
487	ベアトリーチェの身体	R.P.ハリスン／船倉正憲訳	304
488	技術〈クリティカル・セオリー〉	A.フィーンバーグ／藤本正文訳	510
489	認識論のメタクリティーク	Th.W.アドルノ／古賀, 細見訳	370
490	地獄の歴史	A.K.ターナー／野﨑嘉信訳	456
491	昔話と伝説〈物語文学の二つの基本形式〉	M.リューティ／高木昌史, 万里子訳	品切 362
492	スポーツと文明化〈興奮の探究〉	N.エリアス, E.ダニング／大平章訳	490
493 494	地獄のマキアヴェッリ（I・II）	S.de.グラツィア／田中治男訳	I・352 II・306
495	古代ローマの恋愛詩	P.ヴェーヌ／鎌田博夫訳	352
496	証人〈言葉と科学についての省察〉	E.シャルガフ／山本, 内藤訳	252
497	自由とはなにか	P.ショーニュ／西川, 小田桐訳	472
498	現代世界を読む	M.マフェゾリ／菊地昌実訳	186
499	時間を読む	M.ピカール／寺田光徳訳	266
500	大いなる体系	N.フライ／伊藤誓訳	478

501	音楽のはじめ	C.シュトゥンプ／結城錦一訳	2
502	反ニーチェ	L.フェリー他／遠藤文彦訳	3
503	マルクスの哲学	E.バリバール／杉山吉弘訳	2
504	サルトル，最後の哲学者	A.ルノー／水野浩二訳	2
505	新不平等起源論	A.テスタール／山内昶訳	2
506	敗者の祈禱書	シオラン／金井裕訳	1
507	エリアス・カネッティ	Y.イシャグプール／川俣晃自訳	3
508	第三帝国下の科学	J.オルフ＝ナータン／宇京頼三訳	4
509	正も否も縦横に	H.アトラン／寺田光徳訳	6
510	ユダヤ人とドイツ	E.トラヴェルソ／宇京頼三訳	3
511	政治的風景	M.ヴァルンケ／福本義憲訳	2
512	聖句の彼方	E.レヴィナス／合田正人訳	3
513	古代憧憬と機械信仰	H.ブレーデカンプ／藤代，津山訳	2
514	旅のはじめに	D.トリリング／野島秀勝訳	6
515	ドゥルーズの哲学	M.ハート／田代，井上，浅野，暮沢訳	2
516	民族主義・植民地主義と文学	T.イーグルトン他／増渕，安藤，大友訳	1
517	個人について	P.ヴェーヌ他／大谷尚文訳	1
518	大衆の装飾	S.クラカウアー／船戸，野村訳	3
519 520	シベリアと流刑制度（I・II）	G.ケナン／左近毅訳	I・6 II・6
521	中国とキリスト教	J.ジェルネ／鎌田博夫訳	3
522	実存の発見	E.レヴィナス／佐藤真理人，他訳	4
523	哲学的認識のために	G.-G.グランジェ／植木哲也訳	3
524	ゲーテ時代の生活と日常	P.ラーンシュタイン／上西川原章訳	8
525	ノッツ nOts	M.C.テイラー／浅野敏夫訳	4
526	法の現象学	A.コジェーヴ／今村，堅田訳	7
527	始まりの喪失	B.シュトラウス／青木隆嘉訳	1
528	重　合	ベーネ，ドゥルーズ／江口修訳	1
529	イングランド18世紀の社会	R.ポーター／目羅公和訳	6
530	他者のような自己自身	P.リクール／久米博訳	5
531	鷲と蛇〈シンボルとしての動物〉	M.ルルカー／林捷訳	2
532	マルクス主義と人類学	M.ブロック／山内昶，山内彰訳	2
533	両性具有	M.セール／及川馥訳	2
534	ハイデガー〈ドイツの生んだ巨匠とその時代〉	R.ザフランスキー／山本尤訳	6
535	啓蒙思想の背任	J.-C.ギユボー／菊地，白井訳	2
536	解明　M.セールの世界	M.セール／梶野，竹中訳	3
537	語りは罠	L.マラン／鎌田博夫訳	1
538	歴史のエクリチュール	M.セルトー／佐藤和生訳	5
539	大学とは何か	J.ペリカン／田口孝夫訳	3
540	ローマ　定礎の書	M.セール／高尾謙史訳	4
541	啓示とは何か〈あらゆる啓示批判の試み〉	J.G.フィヒテ／北岡武司訳	2
542	力の場〈思想史と文化批判のあいだ〉	M.ジェイ／今井道夫，他訳	3
543	イメージの哲学	F.ダゴニェ／水野浩二訳	4
544	精神と記号	F.ガタリ／杉村昌昭訳	1
545	時間について	N.エリアス／井本，青木訳	2
546	ルクレティウスのテキストにおける物理学の誕生	M.セール／豊田彰訳	3
547	異端カタリ派の哲学	R.ネッリ／柴田和雄訳	2
548	ドイツ人論	N.エリアス／青木隆嘉訳	5
549	俳　優	J.デュヴィニョー／渡辺淳訳	3

601	ギリシア文学概説	J.ド・ロミイ／細井, 秋山訳
602	パロールの奪取	M.セルトー／佐藤和生訳
603	68年の思想	L.フェリー他／小野潮訳
604	ロマン主義のレトリック	P.ド・マン／山形, 岩坪訳
605	探偵小説あるいはモデルニテ	J.デュボア／鈴木智之訳
606 607 608	近代の正統性〔全三冊〕	H.ブルーメンベルク／斎藤, 忽那 佐藤, 村井訳
609	危険社会〈新しい近代への道〉	U.ベック／東, 伊藤訳
610	エコロジーの道	E.ゴールドスミス／大熊昭信訳
611	人間の領域〈迷宮の岐路II〉	C.カストリアディス／米山親能訳
612	戸外で朝食を	H.P.デュル／藤代幸一訳
613	世界なき人間	G.アンダース／青木隆嘉訳
614	唯物論シェイクスピア	F.ジェイムソン／川口喬一訳
615	核時代のヘーゲル哲学	H.クロンバッハ／植木哲也訳
616	詩におけるルネ・シャール	P.ヴェーヌ／西永良成訳
617	近世の形而上学	H.ハイムゼート／北岡武司訳
618	フロベールのエジプト	G.フロベール／斎藤昌三訳
619	シンボル・技術・言語	E.カッシーラー／篠木, 高野訳
620	十七世紀イギリスの民衆と思想	C.ヒル／小野, 圓月, 箭川訳
621	ドイツ政治哲学史	H.リュッベ／今井道夫訳
622	最終解決〈民族移動とヨーロッパのユダヤ人殺害〉	G.アリー／山本, 三島訳
623	中世の人間	J.ル・ゴフ他／鎌田博夫訳
624	食べられる言葉	L.マラン／梶野吉郎訳
625	ヘーゲル伝〈哲学の英雄時代〉	H.アルトハウス／山本尤訳
626	E.モラン自伝	E.モラン／菊地, 高砂訳
627	見えないものを見る	M.アンリ／青木研二訳
628	マーラー〈音楽観相学〉	Th.W.アドルノ／龍村あや子訳
629	共同生活	T.トドロフ／大谷尚文訳
630	エロイーズとアベラール	M.F.B.ブロッチェリ／白崎容子訳
631	意味を見失った時代〈迷宮の岐路IV〉	C.カストリアディス／江口幹訳
632	火と文明化	J.ハウツブロム／大平章訳
633	ダーウィン, マルクス, ヴァーグナー	J.バーザン／野島秀勝訳
634	地位と羞恥	S.ネッケル／岡原正幸訳
635	無垢の誘惑	P.ブリュックネール／小倉, 下澤訳
636	ラカンの思想	M.ボルク=ヤコブセン／池田清訳
637	羨望の炎〈シェイクスピアと欲望の劇場〉	R.ジラール／小林, 田口訳
638	暁のフクロウ〈続・精神の現象学〉	A.カトロッフェロ／寿福真美訳
639	アーレント=マッカーシー往復書簡	C.ブライトマン編／佐藤佐智子訳
640	崇高とは何か	M.ドゥギー他／梅木達郎訳
641	世界という実験〈問い, 取り出しの諸カテゴリー, 実践〉	E.ブロッホ／小田智敏訳
642	悪　あるいは自由のドラマ	R.ザフランスキー／山本尤訳
643	世俗の聖典〈ロマンスの構造〉	N.フライ／中村, 真野訳
644	歴史と記憶	J.ル・ゴフ／立川孝一訳
645	自我の記号論	N.ワイリー／船倉正憲訳
646	ニュー・ミメーシス〈シェイクスピアと現実描写〉	A.D.ナトール／山形, 山下訳
647	歴史家の歩み〈アリエス　1943-1983〉	Ph.アリエス／成瀬, 伊藤訳
648	啓蒙の民主制理論〈カントとのつながりで〉	I.マウス／浜田, 牧野監訳
649	仮象小史〈古代からコンピューター時代まで〉	N.ボルツ／山本尤訳

	書名	著者／訳者	(頁)
	知の全体史	C.V.ドーレン／石塚浩司訳	766
	法の力	J.デリダ／堅田研一訳	220
	男たちの妄想 (I・II)	K.テーヴェライト／田村和彦訳	I・II 816
	十七世紀イギリスの文書と革命	C.ヒル／小野, 圓月, 箭川訳	592
	パウル・ツェラーンの場所	H.ベッティガー／鈴木美紀訳	176
	絵画を破壊する	L.マラン／尾形, 梶野訳	272
	グーテンベルク銀河系の終焉	N.ボルツ／識名, 足立訳	330
	批評の地勢図	J.ヒリス・ミラー／森田孟訳	550
	政治的なものの変貌	M.マフェゾリ／古田幸男訳	290
	神話の真理	K.ヒュプナー／神野, 中才, 他訳	736
1	廃墟のなかの大学	B.リーディングズ／青木, 斎藤訳	354
2	後期ギリシア科学	G.E.R.ロイド／山野, 山口, 金山訳	320
3	ベンヤミンの現在	N.ボルツ, W.レイイェン／岡部仁訳	180
4	異教入門〈中心なき周辺を求めて〉	J.-F.リオタール／山縣, 小野, 他訳	242
5	ル・ゴフ自伝〈歴史家の生活〉	J.ル・ゴフ／鎌田博夫訳	290
6	方　法　3. 認識の認識	E.モラン／大津真作訳	398
7	遊びとしての読書	M.ピカール／及川, 内藤訳	478
8	身体の哲学と現象学	M.アンリ／中敬夫訳	404
9	ホモ・エステティクス	L.フェリー／小野康男, 他訳	496
0	イスラームにおける女性とジェンダー	L.アハメド／林正雄, 他訳	422
1	ロマン派の手紙	K.H.ボーラー／高木葉子訳	382
2	精霊と芸術	M.マール／津山拓也訳	474
3	言葉への情熱	G.スタイナー／伊藤誓訳	612
4	贈与の謎	M.ゴドリエ／山内昶訳	362
5	諸個人の社会	N.エリアス／宇京早苗訳	308
6	労働社会の終焉	D.メーダ／若森章孝, 他訳	394
77	概念・時間・言説	A.コジェーヴ／三宅, 根田, 安川訳	448
78	史的唯物論の再構成	U.ハーバーマス／清水多吉訳	438
79	カオスとシミュレーション	N.ボルツ／山本尤訳	218
80	実質的現象学	M.アンリ／中, 野村, 吉永訳	268
81	生殖と世代継承	R.フォックス／平野秀秋訳	408
82	反抗する文学	M.エドマンドソン／浅野敏夫訳	406
83	哲学を讃えて	M.セール／米山親能, 他訳	312
84	人間・文化・社会	H.シャピロ編／塚本利明, 他訳	
85	遍歴時代〈精神の自伝〉	J.アメリー／富重純子訳	206
86	ノーを言う難しさ〈宗教哲学的エッセイ〉	K.ハインリッヒ／小林敏明訳	200
87	シンボルのメッセージ	M.ルルカー／林捷, 林田鶴子訳	590
88	神は狂信的か	J.ダニエル／菊地昌実訳	218
89	セルバンテス	J.カナヴァジオ／円子千代訳	502
90	マイスター・エックハルト	B.ヴェルテ／大津留直訳	320
91	マックス・プランクの生涯	J.L.ハイルブロン／村岡晋一訳	300
92	68年－86年　個人の道程	L.フェリー, A.ルノー／小野潮訳	168
93	イダルゴとサムライ	J.ヒル／平山篤子訳	704
94	〈教育〉の社会学理論	B.バーンスティン／久冨善之, 他訳	420
695	ベルリンの文化戦争	W.シヴェルブシュ／福本義憲訳	380
96	知識と権力〈クーン, ハイデガー, フーコー〉	J.ラウズ／成定, 網谷, 阿曽沼訳	410
697	読むことの倫理	J.ヒリス・ミラー／伊藤, 大島訳	230
698	ロンドン・スパイ	N.ウォード／渡辺孔二監訳	506
699	イタリア史〈1700－1860〉	S.ウールフ／鈴木邦夫訳	1000

			(頁
700	マリア〈処女・母親・女主人〉	K.シュライナー／内藤道雄訳	6
701	マルセル・デュシャン〈絵画唯名論〉	T.ド・デューヴ／鎌田博夫訳	3
702	サハラ〈ジル・ドゥルーズの美学〉	M.ビュイダン／阿部宏慈訳	2
703	ギュスターヴ・フロベール	A.チボーデ／戸田吉信訳	4
704	報酬主義をこえて	A.コーン／田中英史訳	6
705	ファシズム時代のシオニズム	L.ブレンナー／芝健介訳	4
706	方　法　4．観念	E.モラン／大津真作訳	4
707	われわれと他者	T.トドロフ／小野，江口訳	6
708	モラルと超モラル	A.ゲーレン／秋澤雅男訳	
709	肉食タブーの世界史	F.J.シムーンズ／山内昶監訳	6
710	三つの文化〈仏・英・独の比較文化学〉	W.レペニース／松家，吉村，森訳	54
711	他性と超越	E.レヴィナス／合田，松丸訳	2
712	詩と対話	H.-G.ガダマー／巻田悦郎訳	3
713	共産主義から資本主義へ	M.アンリ／野村直正訳	24
714	ミハイル・バフチン　対話の原理	T.トドロフ／大谷尚文訳	4
715	肖像と回想	P.ガスカール／佐藤和生訳	23
716	恥〈社会関係の精神分析〉	S.ティスロン／大谷，津島訳	28
717	庭園の牧神	P.バルロスキー／尾崎彰宏訳	27
718	パンドラの匣	D.&E.パノフスキー／尾崎彰宏，他訳	29
719	言説の諸ジャンル	T.トドロフ／小林文生訳	46
720	文学との離別	R.バウムガルト／清水健次・威能子訳	40
721	フレーゲの哲学	A.ケニー／野本和幸，他訳	30
722	ビバ　リベルタ！〈オペラの中の政治〉	A.アーブラスター／田中，西崎訳	47
723	ユリシーズ　グラモフォン	J.デリダ／合田，中　訳	21
724	ニーチェ〈その思考の伝記〉	R.ザフランスキー／山本尤訳	44
725	古代悪魔学〈サタンと闘争神話〉	N.フォーサイス／野呂有子監訳	844
726	力に満ちた言葉	N.フライ／山形和美訳	46
727	産業資本主義の法と政治	I.マウス／河上倫逸監訳	49
728	ヴァーグナーとインドの精神世界	C.スネソン／吉水千鶴子訳	27
729	民間伝承と創作文学	M.リューティ／高木昌史訳	43
730	マキアヴェッリ〈転換期の危機分析〉	R.ケーニヒ／小川，片岡訳	382
731	近代とは何か〈その隠されたアジェンダ〉	S.トゥールミン／藤村，新井訳	398
732	深い謎〈ヘーゲル，ニーチェとユダヤ人〉	Y.ヨベル／青木隆嘉訳	360
733	挑発する肉体	H.P.デュル／藤代，津山訳	702
734	フーコーと狂気	F.グロ／菊地昌実訳	164
735	生命の認識	G.カンギレム／杉山吉弘訳	330
736	転倒させる快楽〈バフチン，文化批評，映画〉	R.スタム／浅野敏夫訳	
737	カール・シュミットとユダヤ人	R.グロス／山本尤訳	
738	個人の時代	A.ルノー／水野浩二訳	
739	導入としての現象学	H.F.フルダ／久保，高山訳	